著作：“马克思文本视域下的社会主义”（政治经济学卷）：——项目基金：2018年度大连市社科联课题：“理论”和“实践”双重视角下的社会主义初级阶段理论研究（2018dlskyb143）。

2019年度大连外国语大学学科建设专项经费资助项目。

马克思诞辰200周年纪念文库
The 200th Anniversary Books for Karl Marx

马克思主义文本视域下的社会主义

政治经济学卷

刘 昱 陈海丰 | 著

中央编译出版社
CCTP Central Compilation & Translation Press

图书在版编目（CIP）数据

马克思主义文本视域下的社会主义．政治经济学卷 /
刘昱，陈海丰著．—北京：中央编译出版社，2019.4
ISBN 978-7-5117-3667-3

Ⅰ．①马…
Ⅱ．①刘…②陈…
Ⅲ．①马克思主义政治经济学
Ⅳ．①A81②F0-0

中国版本图书馆 CIP 数据核字（2018）第 288088 号

马克思主义文本视域下的社会主义．政治经济学卷

出 版 人：葛海彦
责任编辑：杜永明
责任印制：刘　慧
出版发行：中央编译出版社
地　　址：北京西城区车公庄大街乙 5 号鸿儒大厦 B 座（100044）
电　　话：（010）52612345（总编室）　（010）52612339（编辑室）
（010）52612316（发行部）　（010）52612346（馆配部）
传　　真：（010）66515838
经　　销：全国新华书店
印　　刷：三河市华东印刷有限公司
开　　本：710 毫米×1000 毫米　1/16
字　　数：368 千字
印　　张：20.5
版　　次：2019 年 4 月第 1 版
印　　次：2019 年 4 月第 1 次印刷
定　　价：99.00 元

网　　址：www.cctphome.com　**邮　　箱**：cctp@cctphome.com
新浪微博：@中央编译出版社　**微　　信**：中央编译出版社(ID: cctphome)
淘宝店铺：中央编译出版社直销店(http://shop108367160.taobao.com)(010)55626985

本社常年法律顾问：北京市吴栾赵阎律师事务所律师　闫军　梁勤
凡有印装质量问题，本社负责调换，电话：（010）55626985

序

本书的目的是重新学习马克思列宁主义，所以在行文中大量地引述了经典作家们的论述，这是必然的，也是必需的。因为：首先，其他任何人说马克思主义经典作家阐述过什么观点，都不能认定他们真的有这样的观点，只有他们自己说出的话，才能证明他们确实阐述过这样的观点；其次，学习马克思列宁主义，首先就要读懂经典作家们的著作，首先要从具体的字面上读明白，然后要在他们的一贯思想中读明白，同时还要在他们写作的社会历史背景中读明白，而读明白的前提，就是必须要认真地读他们的原著。所以，大量引述经典作家们的论述，就“确认他们说过”和“读明白他们的观点”而言，是学术上的必须，对马克思主义“道听途说”的了解，往往会被引入歧途。

从另外一个角度来说，就是那些不赞同马克思主义的人也应该知道马克思主义的立场和观点究竟是什么，盲目地排斥，只能证明自己的愚昧。

大量引述经典作家们的论述，使本书看起来好像是一本读书笔记，事实上本书也可以说就是一本学习马列著作的读书笔记。这可能是本书的一个“弱项”，因为这不但会增加本书的阅读难度，而且显得枯燥。但是，这也可能是本书的一个“强项”，因为阅读这些的经典作家的论述，对准备重新学习马克思主义理论的人，是最好的帮助。

引 子

在共产主义运动的历史上，马克思和恩格斯始终是以共产主义者自居的。但是，在他们对自己所投身的这一事业的称呼这个问题上，却有这样一个值得注意的现象：在革命活动的早期，他们称呼无产阶级的革命运动时使用的是“共产主义”这个名称，但是到了后期，他们却改用“社会主义”这个名称。作为一个坚定的共产主义者，他们为什么会在自己革命生涯的后期放弃了“共产主义”这个名称，转而使用“社会主义”这个名称来称呼自己为之献身的共产主义事业呢？这应该是一个非常值得我们注意、并且应该认真深入地去探究其中的奥秘的现象。

其实，在一开始的时候，马克思和恩格斯是反对使用“社会主义”这个名称来称呼工人阶级的革命运动的。

恩格斯在《共产党宣言》1888 年英文版序言中说的一番话就是证据。他说：《共产党宣言》“无疑是全社会主义文献中传播最广和最带国际性的著作”，但是，“当我们写这个《宣言》时，我们不能把它叫做社会主义宣言。在 1847 年，所谓社会主义者，一方面是指各种空想主义体系的信徒……另一方面是指形形色色的社会庸医……只有工人阶级中确信单纯政治变革还不够而公开表明必须根本改造全部社会的那一部分人，只有他们当时把自己叫做共产主义者……在 1847 年，社会主义是资产阶级的运动，而共产主义则是工人阶级的运动”①。在这句话中显然包含着这样的意思，即：如果不是在 1847 年而是在 1888 年写《共产党宣言》的话，他们就会把它叫做“社会主义宣言”，但是在 1847 年，他们只能把它叫做“共产党宣言”。

事实上，不仅是在 1847 年，就是在马克思 1857—1858 年写的《经济

---

① 《马克思恩格斯选集》第 1 卷，人民出版社 2012 年版，第 384、385 页。

学手稿》中我们还是可以看到这样的话："这里也暴露了社会主义者的愚蠢"①；"经济学家和社会主义者从经济条件的角度来考察社会时所采取的那种方式，是再错误不过的了"② 等等。很显然，就是在十年之后，马克思仍然会在自己很自然的意思表述中说出他对社会主义者的鄙视，说明他当时仍然认为社会主义者和资产阶级经济学家在理论上是犯了同样的错误的，他对他们持有同样的批判态度。

他们为什么在一开始鄙视社会主义者，不使用"社会主义"这个名称，而到了后来又放弃使用"共产主义"而改用"社会主义"呢？弄清楚其中的原因，这无疑是一件很有意义的事情。因为，通过对其中原因的了解，我们可以加深对科学社会主义理论的理解和对社会主义运动的认识。

① 《马克思恩格斯全集》第46卷上册。人民出版社1979年版，第201页。

② 《马克思恩格斯全集》第46卷上册。人民出版社1979年版，第220页。

Contents

目录

一、马克思和恩格斯使用“社会主义”名称情况回顾 ……………………… 1

（一）在等同于“共产主义”的意义上使用“社会主义”名称 ………… 2

（二）开始区别工人运动中的“社会主义”和“共产主义” …………… 5

二、马克思和恩格斯以共产主义者自居与形形色色的社会主义思想和学说作斗争 ………………………………………………………………… 18

（一）以共产主义者自居 ………………………………………………… 18

（二）共产主义与社会主义的区别 ……………………………………… 26

（三）与形形色色社会主义的斗争 ……………………………………… 30

三、马克思和恩格斯赋予“社会主义”新的灵魂 ……………………… 36

（一）改用“社会主义”来称呼工人阶级的运动 ……………………… 36

（二）确立了一个到处都引向胜利的策略 ……………………………… 41

（三）“社会主义”在《资本论》中得到科学的论述 ………………… 48

四、马克思划分历史阶段的理论 ………………………………………… 70

（一）马克思划分历史阶段理论观点概述 ……………………………… 70

（二）在划分历史阶段时应该注意的问题 …………………………… 120

（三）对三个阶段理论表述的阅读和分析 …………………………… 140

（四）原始社会、奴隶社会、封建社会的共同性 …… 149

五、马克思“阶级”概念和“公有制”概念辨析 …… 156
（一）阶级是资产阶级社会特有的现象 …… 156
（二）私有制是原始社会就有的现象 …… 161

六、准确地理解和把握马克思划分历史阶段的几个核心概念 …… 203
（一）马克思分析和解释历史的总思路 …… 203
（二）生产关系和财产关系 …… 211
（三）分工和私有制 …… 213
（四）抽象的一般概念是把握客观事物必不可少的理论武器 …… 215

七、马克思划分历史阶段理论与传统哲学教科书的区别 …… 219
（一）着眼于生产关系还是着眼于生产力的差别 …… 220
（二）对生产力与生产关系之间关系的不同看法 …… 231
（三）马克思划分历史阶段的理论基点——历史是人本身的发展史 …… 236
（四）《经济学手稿》对划分历史阶段标准问题的思考 …… 241
（五）小结 …… 250

八、对划分历史阶段问题的进一步思考和学习 …… 254
（一）对三个历史阶段和四种社会形态之争的思考和学习 …… 254
（二）对原始社会所有制问题的思考和学习 …… 260
（三）对两种完全不同的个人关系的思考和学习 …… 267
（四）对人的依赖关系和物的依赖关系的思考和学习 …… 274
（五）关于划分历史阶段的思考 …… 281

主要参考文献 …… 313

后　记 …… 317

一、马克思和恩格斯使用“社会主义”名称情况回顾

在欧洲语言中，“社会主义”一词导源于古拉丁文“socialis”，原意是“同辈的”、“同伙的”、“同伴”、“善于社交”等。“社会主义”作为一个名词被使用，最早见于德国神学家、天主教本尼迪克派教士安塞尔姆·德辛。他在1753年与人论战时，把遵循自然规律的人称之为“社会主义者”。后来到了19世纪二三十年代，欧文主义者和圣西门主义者在报刊上使用了“社会主义”这个名称，作为对他们的未来理想社会的称谓，用来表示他们为了提高劳动群众的福利和保障社会和平而改造社会制度的思想。

但是，社会主义作为一种思想，其起源一直可以追溯到柏拉图的《理想国》，之后16世纪初英国人莫尔的《乌托邦》、17世纪意大利人康帕内拉的《太阳城》、18世纪在法国出现的一些乌托邦式的空想主义著作等等，延续了这一思想。到了19世纪，在欧洲——主要是在英国、法国、德国——出现了许许多多自称为社会主义或被冠之于社会主义名称的思想和主张。马克思和恩格斯在《共产党宣言》中把它们大致归纳为三大类，即：（1）反动的社会主义——包括封建的社会主义、小资产阶级的社会主义和德国的“真正的”社会主义等等；（2）保守的或资产阶级的社会主义；（3）批判的空想的社会主义和共产主义。其中的第三类，是真正现代意义上的社会主义思想，是由圣西门、傅立叶和欧文提出的，马克思和恩格斯将它称之为“本来意义的社会主义和共产主义的体系”①。（恩格斯在《共产主义原理》中把这类社会主义者称之为“民主主义的社会主义者”②）

---

① 《马克思恩格斯选集》第1卷，人民出版社2012年版，第431页。

② 《马克思恩格斯选集》第1卷，人民出版社2012年版，第310页。

（一）在等同于“共产主义”的意义上使用“社会主义”名称

在马克思和恩格斯完成《德意志意识形态》这本著作之前，也就是在他们高举起科学社会主义这面大旗并承担起了指引工人运动的责任之前，他们并不是特别注意要区分使用社会主义和共产主义这两个名称的，这两个名称常常被他们混在一起使用。这反映了当时工人运动发展初期的特点，和人们对这两个名称认识的模糊性。

例如，马克思在1844年7月写的关于里昂丝织工人起义的评论中称，工人们的“政治理智就蒙蔽了他们的社会的本能”，他们“以为自己只是共和国的战士，可是事实上他们却是社会主义的战士”①，这里所称的“社会主义战士”，显然应该按“共产主义战士”来理解。——因为马克思所说的工人阶级的“社会的本能”，指的就是历史赋予工人阶级消灭资产阶级私有制、解放全人类的使命，即建立共产主义社会的历史使命。在文章最后的论述中，他的这种意思就表述得更为明确了。他说：

> 如果说**具有政治精神的社会革命**不是同义语就是废话，那么**具有社会精神的政治革命**确是合理的思想。一般的**革命——推翻**现政权和**破坏**旧关系——是**政治行为**。而**社会主义**不通过**革命**是不可能实现的。社会主义需要这种**政治**行为，因为它需要**消灭**和**破坏**旧的东西。但是，只要它的**组织活动**在哪里开始，它的**自我目的**，即它的**精神**在哪里显露出来，社会主义也就在哪里抛弃了**政治的**外壳。②

在马克思主义理论中，“社会的本能”和“具有社会精神的政治革命”中的“社会”③一词具有特殊的含义，是一个与“共产主义”紧密联系着的概念，所以说，所谓的“社会主义的战士”，实际上是“共产主义的战士”。

1844年11月至1845年5月，恩格斯为英国《新道德世界》周报撰写了几篇介绍“共产主义在德国的迅速进展”的文章。在第一篇文章里，从头到尾介绍的都是“社会主义”如何在德国迅速发展，其中有这样的话：“德国社会主义

---

① 《马克思恩格斯全集》第1卷，人民出版社1956年版，第486页。

② 《马克思恩格斯全集》第1卷，人民出版社1956年版，第488、489页。

③ “社会”一词在唯物史观中的含义是“真正的人”、“作为人的人”或者“承认自己是人的人”。在本书作者的另外一本书即《马克思主义文本视域下的社会主义（哲学卷）》中有详细的论述。

者当中最积极的作家有：巴黎的卡尔·马克思博士……巴门（在莱茵普鲁士）的弗里德里希·恩格斯……此外，德国当代最杰出的诗人亨利希·海涅也参加了我们的队伍，他出版了一本政治诗集，其中也收集了几篇宣传社会主义的诗作”①。也就是说，在这篇文章中他称自己和马克思是社会主义者。而在第二篇文章中，凡是在第一篇文章中用“社会主义”的地方，都改用“共产主义”了。——在第一篇文章中他向读者介绍说：“社会主义在我国传播之快简直是一个奇迹”②，在第二篇文章中他接着这个话题继续向读者介绍时，“社会主义”一词就改成“共产主义”了，说：“自从上次给你去信后，共产主义的事业仍然在迅速的进展，就象在1844年最后几个月里一样”③。在最后的第三篇文章中，他还特意指出了社会主义一词在德国的含义。他说“鲍威尔和施蒂纳是德国抽象哲学的最终结论的代表人物，因而也是在哲学上反对社会主义或者宁可说是反对共产主义的头等重要的人物；因为社会主义一词在德国指的就是这样一些人所具有的各种不明确而且也无法明确的模模糊糊的幻想；这些人认为需要采取某种措施，但是不能决定是否就采取共产主义的整套制度”④。这里已经蕴含着这样的一个结论，即：社会主义只是想采取某种改革措施，而共产主义是主张改变整个社会制度。

他在同时期写的《英国工人阶级状况》中，也是把社会主义和共产主义这两个名称同等看待的。例如，他在“序言”中说：

> 工人阶级的状况是当代一切社会运动的真正基础和出发点，因为它是我们目前社会一切灾难的最尖锐最露骨的表现。法国和德国的工人共产主义是它的直接产物，而傅立叶主义和英国社会主义以及德国有教养的资产阶级的共产主义则是它的间接产物。所以，为了给社会主义理论，同时给那些认为社会主义理论有权存在的见解提供坚实的基础，为了肃清赞成和反对社会主义理论的一切空想和臆造，研究无产阶级的境况是十分必要的。⑤
>
> 德国的社会主义和共产主义比起任何其他国家的社会主义和共产主义来，都更加是从理论前提出发的，因为我们，德国的理论家们，对现实世界了解得太少，以致现实的关系还不能直接推动我们去改造这个“丑恶的

---

① 《马克思恩格斯全集》第2卷，人民出版社1957年版，第591页。
② 《马克思恩格斯全集》第2卷，人民出版社1957年版，第588页。
③ 《马克思恩格斯全集》第2卷，人民出版社1957年版，第593页。
④ 《马克思恩格斯全集》第2卷，人民出版社1957年版，第600页。
⑤ 《马克思恩格斯全集》第2卷，人民出版社1957年版，第278页。

现实”。在公开拥护这种改造的人们当中，几乎没有一个不是通过费尔巴哈对黑格尔哲学的克服而走向共产主义的。①

在这本书的结尾处，他写道：

无产阶级所接受的社会主义思想和共产主义思想愈多，革命中的流血、报复和残酷性将愈少。在原则上，共产主义是超乎资产阶级和无产阶级之间的敌对的；共产主义只承认这种敌对在目前的历史意义，但是否认它在将来还有存在的必要；共产主义正是以消除这种敌对为目的的。所以，只要这种敌对还存在，共产主义就认为，无产阶级对他们的奴役者时愤怒是必然的，是**正在开始的**工人运动的最重要的杠杆；但是共产主义比这种愤怒更进了一步，因为它并不仅仅是工人的事业，而是全人类的事业。没有一个共产主义者想到要向个别的人复仇，或者认为某个资产者在现存的条件下能够有不同于现在的行动。英国的社会主义（即共产主义）正是从不归咎于个别人的原则出发的。因此，英国工人所接受的社会主义思想愈多，他们现在的愤怒就愈快地成为多余的（如果这种愤怒今后仍然表现在以前的那种暴力行动中，那它无论怎样也不会有什么结果），在他们反对资产阶级的运动中粗暴行为和野蛮行为也就愈少。假如能够在斗争展开以前使全体无产阶级共产主义化，那末斗争就会很和平地进行。②

在马克思和恩格斯合写的《神圣家族》中，这两个名称也是被放在一起使用的。下面就是几个实例：

把实在的现实只看作一些范畴的“**精神**”，当然要把人的一切活动和实践统统归结为批判的批判的辩证思维过程。**它的**社会主义同**群众的**社会主义和共产主义的区别也就在这里。③

一切共产主义的和社会主义的著作家都从这样的观察出发：一方面，甚至安排得最顺利的出色的行动显然都没有出色的结果，并且还蜕化为平庸的事情；另一方面，**精神的一切进步**到现在为止都是**损害群众的进步**，使群众陷入每况愈下的**非人**境遇。因此，他们宣称“进步”（见**傅立叶**）是不能令人满意的抽象**词句**；他们猜到了（见**欧文**及其他人）文明世界的根本缺陷的存在；因此，他们对现代社会的**现实**基础进行了无情的**批判**。

---

① 《马克思恩格斯全集》第2卷，人民出版社1957年版，第279页。
② 《马克思恩格斯全集》第2卷，人民出版社1957年版，第586页。
③ 《马克思恩格斯全集》第2卷，人民出版社1957年版，第67页。

在实践中，一开始就和这种共产主义批判相适应的，是迄今仍遭到历史发展的损害的**广大群众**的运动。①

费尔巴哈在理论方面体现了和**人道主义**相吻合的**唯物主义**，而法国和英国的**社会主义**和**共产主义**则在**实践**方面体现了这种唯物主义。②

把社会主义和共产主义这两个名称在同等意义上一起使用，在当时是一个比较普遍的现象。例如：马克思和恩格斯在《德意志意识形态》中批评施蒂纳说：“最后，圣桑乔在第169页上给共产主义以致命的打击，提出了这样的论点：‘当社会主义者也取消〈!〉Eigentum〔财产〕的时候，他们没有注意到它在Eigenheir〔独自性〕中是根深蒂固的……’”，“圣麦克斯在这里拿自己的意见作为资本来反对共产主义，其实他仍然不过是运用最陈腐庸俗的资产阶级的责难来反对共产主义”③。显然，他们认为施蒂纳所说的社会主义指的就是共产主义。

当时的实际情况是这样的，在同样的含义上，英国一般使用“社会主义”这个名称，而在德国则习惯使用“共产主义”这个名称。于是，他们也就在同样的含义上入乡随俗地有时使用“社会主义”，有时使用“共产主义”。

（二）开始区别工人运动中的“社会主义”和“共产主义”

在《共产党宣言》的第三节即“社会主义的和共产主义的文献”一节中，马克思和恩格斯把此种文献分为三类。对前两类文献的称呼分别是“反动的社会主义”和“保守的或资产阶级的社会主义”。所谓“反动的社会主义”就是企图从已有的资本主义倒退的社会主义，所谓“保守的或资产阶级的社会主义”就是企图完善资产阶级社会或代表资产阶级利益的社会主义。而对第三类文献，则称其为“批判的和空想的社会主义和共产主义”，他们显然是认为，这一类的社会主义是工人运动中的社会主义，所以这种社会主义是有资格与共产主义并列的。对于其中的这个理由，马克思和恩格斯虽然没有直接做出说明（大概因为这对当时的人说来不是一个问题，所以无须解释），但是从他们的著作中我们还是可以看出，他们是从理论的思想渊源和工人阶级运动的历史发展过程这两

---

① 《马克思恩格斯全集》第2卷，人民出版社1957年版，第106、107页。
② 《马克思恩格斯全集》第2卷，人民出版社1957年版，第160页。
③ 《马克思恩格斯全集》第3卷，人民出版社1960年版，第251页。

个方面，得出这个结论的。

首先，从理论的思想渊源上说，工人运动中的社会主义与共产主义之间存在着“纯粹文献上的联系”。

《德意志意识形态》在指出“真正的社会主义”的错误的同时，也点出了社会主义与共产主义为什么总是被并列提及的这个原因，即：

> 他们赋予社会主义和共产主义的那个“**真理**”究竟是什么呢？他们企图用德国的特别是黑格尔和费尔巴哈的意识形态，来阐明社会主义和共产主义文献的思想，而这些思想对他们来说却是完全不可解释的，一方面是由于他们对这些思想的纯粹文献上的联系甚至一无所知，另一方面是由于上面已经提到过的他们对这类文献的错误了解。①

所谓社会主义思想和共产主义思想之间有“纯粹文献上的联系”指的是什么呢？马克思在《〈法兰西内战〉初稿》中评价巴黎公社的一段话，可以说就是对这个问题的最好的注释，他说：

> 工人阶级运动成为现实运动的时刻起，各种幻想的乌托邦消逝了——这不是因为工人阶级放弃了这些乌托邦主义者所追求的目的，而是因为他们找到了实现这一目的的现实手段……乌托邦主义者所宣布的运动的两个最终目的，也是巴黎革命和国际所宣布的最终目的。②

所谓“文献上的联系”，指的就是乌托邦主义者宣布的运动的两个最后目的也是共产主义所宣布的最后目的；而之所以说这种文献上的联系是“纯粹”文献上的联系，是在强调，两者之间在实现最后目的的手段方面是截然不同的。

其次，从工人阶级运动的历史过程说，这种批判的和空想的社会主义的理论家是无产者阶级运动的早期理论家。

马克思在《哲学的贫困》中说：

> **社会主义者**和**共产主义者**是无产阶级的理论家。在无产阶级尚未发展到足以确立为一个阶级，因而无产阶级同资产阶级的斗争尚未带政治性以前，在生产力在资产阶级本身的怀抱里尚未发展到足以使人看到解放无产阶级和建立新社会必备的物质条件以前，这些理论家不过是一些空想主义者，他们为了满足被压迫阶级的需求，想出各种各样的体系并且力求探寻

---

① 《马克思恩格斯全集》第3卷，人民出版社1960年版，第536页。

② 《马克思恩格斯选集》第3卷，人民出版社2012年版，第153—154页。

一种革新的科学。[①]

后来他又在《〈法兰西内战〉初稿》中重申了这个看法，说这种社会主义是这样的一个时期的产物：

> 工人阶级自己一方面还没有在资本主义社会本身的发展进程中得到足够的锻炼并被充分地组织起来，因此还没有作为历史动力登上世界舞台；另一方面，他们取得解放的物质条件在旧世界内部也还没有完全成熟。工人阶级的贫困状态是存在着的，但是他们开展自己的运动的条件则尚未具备。[②]

前两类社会主义因为具有鲜明的非无产阶级的特点，所以比较容易被工人群众摈弃。正因为如此，它们对工人运动可能造成的危害也就不会太大。但是，第三类社会主义，恰恰是它代表了工人阶级的现实的利益，更因为其在工人运动中有一定的积极意义，因而很可能会影响到工人群众对自己最终目的的了解，所以它对工人运动的危害，很可能会比前两类社会主义更大一些。

马克思在《1848 年至 1850 年的法兰西阶级斗争》中对此做了较为详细的分析，他说：

> 跟……资产阶级社会主义不同的是本来意义的社会主义，即**小资产阶级社会主义**，地道的社会主义。资本主要以**债权人**的身份来迫害这个阶级，所以这个阶级要求设立**信贷机关**；资本以**竞争**来扼杀它，所以它要求设立由国家支持的**协作社**；资本以**积聚**来战胜它，所以它要求征收**累进税**、限制继承权并由国家兴办大型工程以及采取其他各种**强力抑止资本增长**的措施。既然它梦想和平实现自己的社会主义——至多允许再来一次短促的二月革命，那么它自然就把未来的历史进程想象为正在或已经由社会思想家协力或单独设计的种种**体系的实现**。于是这些思想家就成为各种现有社会主义**体系**，即**空论的社会主义**的折中主义者或行家，这种社会主义只有在无产阶级尚未发展为自由的历史的自主运动的时候，才是无产阶级的理论表现。
>
> 这种**乌托邦**，这种**空论的社会主义**，想使全部运动都服从于运动的一个阶段，用个别学究的头脑活动来代替共同的社会生产，而主要是幻想借助小小的花招和巨大的感伤情怀来消除阶级的革命斗争及其必要性；这种空论的社会主义实质上只是把现代社会理想化，描绘出一幅没有阴暗面的

---

① 《马克思恩格斯全集》第 4 卷，人民出版社 1958 年版，第 157 页。
② 《马克思恩格斯选集》第 3 卷，人民出版社 2012 年版，第 153 页。

现代社会的图画，并且不顾这个社会的现实而力求实现自己的理想。①

因此，当马克思和恩格斯系统地确立起了唯物史观的理论思想之后，就特别注意在理论上区分使用社会主义和共产主义这两个名称，以避免在工人运动中造成思想上认识上的混乱。马克思说：

> 当无产阶级把这种社会主义让给小资产阶级，而各种社会主义首领间的斗争又表明每个所谓体系都是特意强制社会变革中一个过渡段落以与其他各个段落相对抗时，**无产阶级**就愈益团结在**革命社会主义**周围，团结在被资产阶级叫作**布朗基思想的共产主义**周围。②

能与共产主义等同的社会主义只有一种，那就是“革命社会主义”，而“革命”的含义是：不停留在“社会变革中一个过渡段落”上，坚持把变革不停顿地继续进行下去，直至改变整个社会制度。所以“革命社会主义”也就是当时被击中布朗基思想的“共产主义”。

可以看出，尽管他们在一段时间内同时使用共产主义和社会主义，但是，对什么是社会主义、什么是共产主义以及它们之间的差别，他们实际上从一开始就是十分清楚的。

前面我们已经提到了，恩格斯在向英国人介绍德国的情况时，就对德国的社会主义与共产主义之间的差别就做了这样的说明：“社会主义一词在德国指的就是这样一些人所具有的各种不明确而且也无法明确的模模糊糊的幻想；这些人认为需要采取某种措施，但是不能决定是否就采取共产主义的整套制度”。也就是说，社会主义和共产主义有一个共同点，那就是它们都看到了当时社会产生的苦难，并希望消除这些苦难。但是，站在这个共同点上，对如何消除这些苦难，它们就有了各自不同的主张。——在理论上，凡是停留在通过政治的途径即希望通过制定各种改进措施来解除这些苦难的，就是社会主义；凡是提出最终要消灭了私有制（废除财产权）建立公社式社会组织从而消除这些苦难的，就是共产主义。在实际的运动中，凡是仅仅提出政治要求并且把这些要求与经济割裂开的，都属于社会主义，凡是代表或者体现工人阶级的根本的经济利益提出社会的要求的，就是共产主义。

马克思在写《评“普鲁士人”的“普鲁士国王和社会改革”一文》这篇文章时，虽然仍然是用“社会主义”这个名称（在共产主义的意义上）来称呼西

---

① 《马克思恩格斯选集》第1卷，人民出版社2012年版，第531—532页。

② 《马克思恩格斯全集》第7卷，人民出版社1959年版，第104页。

里西亚纺织工人的"社会革命"，但是，文章通过对"政治精神"和"社会精神"的阐述，实际上也就是对什么是社会主义、什么是共产主义这个问题，做出的阐述——即社会主义体现的是政治精神，共产主义体现的是社会精神。同时他还指出，虽然政治革命本质上是资产阶级的东西，社会革命本质上是工人阶级的东西，但是具有社会精神的政治革命却是合理的思想，这实际上就是他们后来最终决定用社会主义这个名称称呼无产阶级的社会革命的理论依据。

下面摘录的就是他在文章中的部分阐述：

> 如果"普鲁士人"站在正确的观点上，那他就会看出，法国和英国的工人起义**没有一次**像西里西亚纺织工起义那样具有如此的**理论**性和**自觉**性。
>
> 首先请回忆一下**织工的那支歌**[①]吧！这是一个勇敢的战斗的呼声。这支歌中根本没有提到家庭、工厂、地区，相反地，无产阶级在这支歌中一下子就毫不含糊地、尖锐地、直截了当地、威风凛凛地厉声宣布，它反对私有制社会。西里西亚起义**一开始**时就恰好做到了法国和英国工人在起义**结束**时才做到的事，那就是意识到无产阶级的本质。……
>
> 谈到德国工人总的文化、知识的水平或者他们的接受文化、知识的能力，那我就提请读者注意**魏特林**的天才著作，不管这些著作在论述的技巧方面如何不如**蒲鲁东**，但在理论方面有很多地方却胜过他。资产阶级及其哲学家和科学家哪里有一部论述资产阶级解放（政治解放）的著作能和魏特林的"**和谐与自由的保证**"一书媲美呢？只要把德国的政治论著中那种俗不可耐畏首畏尾的平庸气拿来和德国工人的这种**史无前例**光辉灿烂的处女作比较一下，只要把无产阶级巨大的**童鞋**拿来同德国资产阶级极小的政治烂鞋比较一下，我们就能够预言**德国的灰姑娘**将来必然长成一个**大力士**。应该承认，德国无产阶级是欧洲无产阶级的**理论家**，正如同英国无产阶级是它的**经济学家**，法国无产阶级是它的**政治家**一样。必须承认，德国对**社会**革命是**典型**的，可是它对**政治**革命的能力也是典型的。因为德国资产阶级的无能就是德国政治上的无能，同样，德国无产阶级的能力——即使不谈德国的理论——就是德国的**社会的能力**。在德国，哲学和政治的发展之间的不相称并不是什么**反常现象**。这种不相称是必然的。一个哲学的民族只有在社会主义里面才能找到适合它的实践，因而也只有在**无产阶级**身上才能找到自己的解放的积极因素。

---

① 这支当时在西里西亚纺织区流行的歌曲名字是《血腥的屠杀》，歌中唱道："我们全都知道，什么是你们的贪欲，剥削穷人的最后一件衣裳，掏干他们的心肝五脏！……"

……

一个民族的**政治**理智越是发达和普遍，**无产阶级**就越是会把自己的力量浪费在那种盲目的、无益的、在血泊中被扼杀的起义上，至少在运动的初期是这样。无产阶级如果在政治范围内思考问题，那它就会认为一切罪恶的根源都在于**意志**，认为全部有效的办法就在于使用**暴力**，在于把这种或那种**特定的**国家形式**推翻**。**法国**无产阶级最初的起义就是证明。里昂的工人以为自己追求的只是政治的目的，以为自己只是共和国的战士，可是事实上他们却是社会主义的战士。于是他们的政治理智就把社会贫困的根源弄得模糊不清，就歪曲了他们对自己真正目的的认识，他们的**政治理智**就**蒙蔽**了他们的**社会的本能**。

……

我们已经看到，**社会革命**之所以采取了**整体**观点，是因为社会革命——即使只在**一个**工厂区里发生的时候也是一样——乃是人对非人生活的抗议；我们看到，它是因为它从**各个真正的个人的观点**出发的，那个脱离了个人就引起他反抗的**共同体**才是人的**真正**的共同体，是**人**的实质。相反，革命的**政治精神**就在于没有政治地位的阶级**渴望着**消除自己被排斥于**国家**和**统治**之外的这种**孤立状态**。

……

具有**政治**精神的**"社会"**革命要末是一堆毫无意义的废话（如果"普鲁士人"把"社会"革命理解为和政治革命**对立**的"社会"革命，可是却赋予社会革命以政治精神）；要末**"具有政治精神的社会革命"**只不过是从前人们所谓的**"政治革命"**或**"革命"**的**同义语**。每一次革命都破坏**旧社会**，所以它是**社会的**。每一次革命都推翻**旧政权**，所以它具有**政治**性。

……可是，如果说**具有政治精神的社会革命**不是同义语就是废话，那末**具有社会精神的政治革命**却是合理的思想。一般的**革命**——**推翻**现政权和**破坏**旧关系——是**政治行为**。而**社会主义**不通过**革命**是不可能实现的。社会主义需要这种**政治**行为，因为它需要**消灭**和**破坏**旧的东西。但是，只要它的**组织活动**在哪里开始，它的**自我目的**，即它的**精神**在哪里显露出来，社会主义也就在哪里抛弃了**政治的**外壳。①

下面我们通过一些实例，来看看马克思和恩格斯是如何区分社会主义和共

① 《马克思恩格斯全集》第1卷，人民出版社1956年版，第483、484、486、487、488、489页。

产主义这两个名词的。

我们先来看看恩格斯在《英国工人阶级状况》一书中的表述。

恩格斯指出，在英国工人运动的早期，以宪章主义面貌出现的、处于萌芽状态的社会主义有两个负面的特点：其一，他们在理论上错误地认为，因工业发展而已经过时的那种把土地分为小块份地的办法是消灭贫穷的主要方法，其二，“他们在实践方面的大多数建议（保护工人的利益的措施等等）就外表看来一般都带有反动的性质”——如反对自由竞争、贸易自由等等。

在指出它的这两个负面特点的同时，恩格斯还指出，尽管有这些负面的特点，但是它终究还是工人阶级的运动，所以从本质上说它是“社会”的即共产主义的。这一方面是因为，经济发展的必然趋势“将迫使工人更多地从社会方面而不是从政治方面去寻找摆脱贫困的出路”；另一方面是因为，工人宪章主义本身的“那些由其社会本质所决定的**特征**”的“进一步的发展”，使得“宪章主义与社会主义接近”成为了“不可避免的”[①] 结果。

> 英国社会主义的创始者是厂主**欧文**。所以他的社会主义虽然在实质上要超越于资产阶级和无产阶级的对立，但在形式上仍然以极宽容的态度对待资产阶级，同时在许多方面都对无产阶级很不公道。社会主义者十分驯顺温和；不管现存的制度如何坏，他们还是承认它，因为他们除争取社会舆论外，对改变现存制度的其他一切途径是一概否定的。……此外，社会主义者还经常抱怨下层阶级道德堕落，他们看不见社会制度的这种瓦解中的进步成分，看不见只会追求私利的伪善的有产阶级更严重的道德堕落。他们不承认历史的发展，所以他们打算一下子就把国家置于共产主义的境界，而不是进一步开展政治斗争以达到国家自行消灭的目的。他们固然了解工人为什么痛恨资产者，但是，他们认为这个惟一能够引导工人前进的愤怒并没有什么用处，并宣扬对英国目前的实际情况更加没有什么用处的慈善和博爱。他们只承认心理的发展，只承认和过去毫无联系的抽象的人的发展。可是整个世界，包括每一个单独的人在内，都是从过去成长起来的。所以他们太学究气、太形而上学了，他们是做不出什么大事来的。……社会主义在其现在的形式下决不能成为工人阶级的公共财产。[②]

恩格斯认为，在工人运动的发展过程中，英国工人运动中比较落后的、比

---

① 《马克思恩格斯全集》第 2 卷，人民出版社 1957 年版，第 524 页。

② 《马克思恩格斯全集》第 2 卷，人民出版社 1957 年版，第 525、526 页。

较不开展的但却是由真正的、道道地地的无产者组成的宪章主义者，与那些看得远得多的、提出了消灭穷困的实际办法的但却因其来自资产阶级而不能和工人阶级融合的社会主义者，他们之间必然会出现取长补短的汇合。在这个过程中，“经过宪章运动的考验并清除了资产阶级成分的、真正的无产阶级社会主义现在已经在许多社会主义者和宪章运动的领袖（他们几乎全是社会主义者）那里形成起来”①。所谓“真正的无产阶级社会主义”（后来恩格斯也把它称之为“广义的社会主义”——在这本书1892年的德文版中，恩格斯在“他们几乎全是社会主义者”这句话后面加了一个注解说：“自然是广义的社会主义者而不是狭义的欧文主义者”②。）其实就是共产主义。

> 在原则上，共产主义是超乎资产阶级和无产阶级之间的敌对的；共产主义只承认这种敌对在目前的历史意义，但是否认它在将来还有存在的必要；共产主义正是以消除这种敌对为目的的。所以，只要这种敌对还存在，共产主义就认为，无产阶级对他们的奴役者的愤怒是必然的，是**正在开始的**工人运动的最重要的杠杆；但是共产主义比这种愤怒更进了一步，因为它并不仅仅是工人的事业，而是全人类的事业。没有一个共产主义者想到要向个别的人复仇，或者认为某个资产者在现存的条件下能够有不同于现在的行动。英国的社会主义（即共产主义）正是从不归咎于个别人的原则出发的。……宪章运动的多数领袖都已经成了共产主义者。而因为共产主义**超乎**无产阶级和资产阶级间的对立，所以它和纯粹无产阶级的宪章主义比起来，更容易为资产阶级的优秀的代表人物……所赞同”③。

在以上的论述中，恩格斯把“从政治方面”去寻找摆脱贫困的出路的“社会主义”，和“从社会方面”去寻找摆脱贫困的出路的“无产阶级社会主义”做了区别。尽管这时两者都被称之为“社会主义”，但是从后者使用了“无产阶级”这个定语来看，我们可以推断出，前者应该是“资产阶级”、“小资产阶级”或者其他“非无产阶级”的，所以两者的性质是完全不同的。前者是社会主义的本来的意义，也就是狭义的社会主义概念；后者是社会主义扩展了的意义，也就是广义的社会主义概念，实际上也就是后来他们称之为“科学社会主义”或“共产主义”的概念。

马克思和恩格斯在《共产党宣言》中指出，欧文以及圣西门、傅立叶等的

---

① 《马克思恩格斯全集》第2卷，人民出版社1957年版，第526页。
② 《马克思恩格斯全集》第2卷，人民出版社1957年版，第526页。
③ 《马克思恩格斯全集》第2卷，人民出版社1957年版，第586、587页。

思想是“本来意义的社会主义和共产主义的体系”，他们所写的著作是“批判的空想的社会主义和共产主义”的著作。为什么说这些人的思想和著作既是社会主义的又是共产主义的呢？他们说：一方面，这些著作是具有批判性的即共产主义性质的文献，具体体现在：这些著作“抨击现存社会的全部基础”，为共产主义运动“提供了启发工人觉悟的极为宝贵的材料”，是“无产阶级对社会普遍改造的最初的本能的渴望”的直接反映。另一方面，由于他们的理论是空想的，他们热衷于提出了一些消灭阶级对立的“关于未来社会的积极主张”，却并不真正知道阶级对立的本质，所以“带有纯粹空想的性质”。因此，它和工人运动的发展成反比关系——工人运动愈发展，“阶级斗争越发展和越具有确定的形式，这种超乎阶级斗争的幻想，这种反对阶级斗争的幻想，就越失去任何实践意义和任何理论根据。所以，虽然这些体系的创始人在许多方面是革命的，但是他们的信徒总是组成一些反动的宗派”而对运动造成危害，不可避免地要“堕落到……反动的或保守的社会主义者的一伙中”① 去。

恩格斯在介绍德国社会主义的时候所说的话——“社会主义是一些不明确而且也无法明确的模模糊糊的幻想，它认为需要采取某种措施，但是不能决定是否就采取共产主义的整套制度”——，实际上就是指出了区别社会主义与共产主义的标志，即：社会主义主张采取“某种措施”，共产主义主张采取“整套制度”。也就是说，社会主义是一种政治诉求，它只看见政治看不见经济，所要求的革命仅限于历史的形式方面，即主张采取“某种措施”改进和完善现有社会；而共产主义是一种经济诉求，它透过形式看到了作为内容的经济，所要求的革命是经济的发展和变革，是历史本身也就是人本身的解放，即主张采取包括经济的和政治的“整套制度”彻底改变现有社会。正因为如此，马克思和恩格斯才把社会主义的原则叫做“政治革命”，把共产主义的原则叫做“社会革命”。（至于马克思和恩格斯为什么把实行共产主义的原则叫做“社会革命”的问题，本书将放在后面的章节中讨论。）

恩格斯在《共产主义原理》中所说的社会主义者与共产主义者作为同路人之间的区别，就是对“政治革命”和“社会革命”这两个概念的注释。他说：所谓的“政治革命”，是指那些把在当时条件下提出来的解决社会中存在的不公平现象的种种措施，不是“当做走向共产主义的过渡办法，而是当做足以消除贫困和现今社会的弊病的措施”② 的革命。所谓的“社会革命”，则是指那种把

① 《马克思恩格斯选集》第 1 卷，人民出版社 2012 年版，第 431、432、433 页。

② 《马克思恩格斯选集》第 1 卷，人民出版社 2012 年版，第 310 页。

这些种种的措施仅仅看成是引向共产主义的过渡办法，并以消灭私有制为最终解决办法的革命。例如，恩格斯在《在伦敦举行的各族人民庆祝大会》一文中说，参加实际运动而不空谈理论的无产阶级在谈论“民主”的时候，“绝不应该只就其政治意义来理解。……实际上，这些言论现在已经具有了社会意义，而且它们的政治意义已经溶于社会意义之中”①。也就是说，在提出克服社会不平等现象的措施时，只要不是只就其政治意义来理解这些措施，而是把它们看成是共产主义运动在现实社会中的实际行动，这些措施就已经具有社会意义，而且它们的政治意义已经溶于社会意义之中了。因为工人阶级除了提出了政治平等的要求之外，还提出了社会平等的要求。

恩格斯在德国宣传共产主义时是这样解说“社会革命”的：

> **社会革命**将是我们现在的社会关系在任何条件和任何情况下必然引起的后果。正如我们可以有把握地从已知的数学公理中得出新的定理一样，我们也可以有把握地从现存的经济关系和政治经济学的原理中得出社会革命即将到来的结论。但是，让我们比较仔细地研究一下这个革命。它将以什么形式出现呢？它的结果会怎样呢？它和以往一切暴力革命有什么区别呢？社会革命完全不同于以往的政治革命，它的矛头不是对着垄断权的所有，而是对着所有权的垄断；社会革命是**穷人反对富人的公开的战争**。②

（在理解“穷人反对富人的公开的战争”这句话时，有一个需要必须注意到的问题，那就是：恩格斯是在讲“产业工人”反对“有产阶级”的革命这个特定的问题时说这句话的，也就是《共产党宣言》中所说的消灭资产阶级的大私有制。所以，千万不要对这句话做出一般性的理解，绝不能把它扩大到对其他类型的穷人反对富人的战争的理解上。恩格斯的这句话只对“产业工人”反对“有产阶级”的革命这场特定的以建立共产主义社会为目的的战争有效，即只有这一场战争才是“社会革命”。这句话对其他任何场次的穷人反对富人的战争都是无效的，即它们都绝不是“社会革命”。如果把恩格斯的这句话用到对其他任何一场穷人反对富人的战争上，那就是对恩格斯的侮辱。）

多年以后，马克思在《〈法兰西内战〉初稿》中再次谈到了这种区别。他说：

> 各乌托邦宗派的创始人虽然在批判现存社会时明确地描述了社会运动

---

① 《马克思恩格斯全集》第2卷，人民出版社1957年版，第663页。

② 《马克思恩格斯全集》第2卷，人民出版社1957年版，第624页。

的目的——消除雇佣劳动制度和这一制度下的阶级统治的一切经济条件，但是他们既不能在社会本身中找到改造社会的物质条件，也不能从工人阶级身上发现运动的有组织的力量和对运动的认识。他们企图用新社会的幻想图景和方案来弥补运动所缺乏的历史条件，并且认为宣传这些空想的图景和方案是真正的救世之道。从工人阶级运动成为现实运动的时刻起，各种幻想的乌托邦消逝了——这不是因为工人阶级放弃了这些乌托邦主义者所追求的目的，而是因为他们找到了实现这一目的的现实手段——取代乌托邦的，是对运动的历史条件的真正理解以及工人阶级战斗组织的力量的日益积聚。但是，乌托邦主义者所宣布的运动的两个最终目的，也是巴黎革命和国际所宣布的最终目的。只是手段不同，运动的现实条件也不再为乌托邦寓言的云雾所掩盖。①

我们再通过几个例子，看看马克思和恩格斯是如何通过对实际的工人运动所代表的和体现的利益的分析，来确认工人运动所具有的、有别于政治性质的“社会主义”的、经济性质的“共产主义”的本质的。

首先一个例子是马克思对西里西亚纺织工人起义的评价。

他指出，尽管这次起义表面上看是政治性的，而且起义的工人自己也是这样认为的，但是起义实际上是社会性的。工人们这样认为只是因为他们是在政治范围内思考问题的，因而就把社会贫困的根源弄得模糊不清，歪曲了他们对自己真正目的的认识，他们的政治理智就蒙蔽了他们的社会的本能。

其次一个例子是恩格斯对法国二月革命的评价。

1848 年欧洲多个国家相继发生革命，法国是整个革命的中心，武装的巴黎工人是革命的主力。1848 年 2 月 24 日，以工人为主的起义群众冲进王宫，推翻了奥尔良王朝取得了二月革命的胜利，建立了法兰西第二共和国。二月革命爆发之后，恩格斯到了巴黎，他身临其境亲眼目睹了巴黎当时发生的事情。1848 年 3 月 28 日，他给自己的妹夫埃米尔·布兰克（恩格斯称他为“伦敦的共产主义者”）写了一封信，信中说道：

当资产者又变得极端厚颜无耻，甚至发动八千名国民自卫军到市政厅去抗议临时政府的法令，特别是抗议赖德律－洛兰的果断措施的时候，他们竟真的吓坏了政府的多数成员，特别是软弱无能的拉马丁，致使他公开地抛弃了赖德律。但是在第二天，即 3 月 17 日，就有二十万工人涌向市政

① 《马克思恩格斯选集》第 3 卷，人民出版社 2012 年版，第 153—154 页。

> 厅，宣布他们无条件地信任赖德律－洛兰，并迫使政府的多数成员和拉马丁撤销了原来的决定。因此，在这时，《改革报》派……又占了上风。在整个政府中，他们还是最能代表工人的，他们是共产主义者，但是他们自己不知道这一点。①

第三个例子是恩格斯和马克思对英国社会主义的评价。

由于当时英国的工人阶级已经占英国人口的大多数，因此，工人阶级与资产阶级之间的矛盾已经成为英国的主要矛盾，反抗社会中不平等现象的斗争都是由工人阶级参加，代表了工人阶级的利益，所以恩格斯在《英国工人阶级状况》一书中说到英国的社会主义时特别地注明："英国的社会主义（即共产主义）"。十年后，即1855年6月5日，在马克思为《新奥得报》写的一篇题为《行政改革协会。——人民宪章》的文章中，这种观点就表达得更加明确了。他说：

> "1848**年**法国的实验使人们对**普选权**失去了信心，从此以后，大陆上的居民就有轻视**宪章**对英国的重要性和意义的倾向。他们没有看到，在法国社会中农民占人口三分之二而市民占人口三分之一；可是在英国，三分之二以上的人口住在城市而不到三分之一的人口住在农村。普选权在英国所产生的效果同它在法国所产生的效果**相反**，正像这两个国家的城市和农村的情况相反一样。这也就说明了法国和英国对普选权的要求具有恰好相反的性质。在那里，这是政治思想家的要求，这种要求在某种程度上（以他的信仰为转移）能够得到每一个"受过教育的人"的支持。而在这里，这种要求是贵族和资产阶级为一方和人民群众为另一方之间的分水岭。在那里，它具有政治问题的性质；而在这里，它具有社会问题的性质。在英国，当普选权成为人民群众的口号以前，争取普选权的鼓动工作就已有了一个很长的历史发展时期。在法国，普选权**先**实行，**然后**才开始它的历史道路。在法国，遭到毁灭的是普选权的实践；而在英国，则是普选权的思想。……这是人民群众的**宪章**，它意味着人民群众取得作为实现他们的社会要求的手段的政治权力。1848年普选权在法国被理解为全民团结的口号，而在英国却被理解为战争的口号。在那里，普选权是革命的直接内容；在这里，革命是普选权的直接内容。如果追溯一下普选权在英国的历史，那末可以看到，随着英国现代社会及其永无止境的矛盾——由于工业的发展而

---

① 《马克思恩格斯全集》第27卷，人民出版社1972年版，第502页。

产生的矛盾的发展，普选权逐渐地摆脱了唯心主义的性质。①

第四个例子是马克思对巴黎公社革命的评价。

他说1871年3月18日发生的巴黎公社革命是“使工人阶级作为唯一具有社会首创能力的阶级得到公开承认的第一次革命”②。尽管他认为巴黎公社本身并不是工人阶级的“真正生命”，只是工人阶级“**社会解放的政治形式**”，所以“不是工人阶级的社会运动，从而也不是全人类复兴的运动，而只是有组织的行动手段”③，但是他还是着重指出了他认为是非常重要的一点，那就是：正是巴黎公社这个非社会运动宣告了社会运动的目的。他说：

> 公社的最伟大的措施就是它本身的存在，它在闻所未闻的困难情况下工作着、行动着！巴黎公社升起的红旗实际上只是标志着巴黎的工人政府的建立！工人们已经清楚地、有意识地宣告他们的目的是解放劳动和改造社会！但是他们的共和国的真正“社会”性质仅仅在于工人管理巴黎公社这一点！④

除了工人们管理着巴黎公社这一点之外，巴黎公社所采取的其他措施都被马克思评价为：“除了倾向之外根本没有什么社会主义的东西”⑤。也就是说，哪怕其他的一切都是非社会主义（即共产主义）的，但只要有了工人们管理着巴黎公社这一点，因而解放劳动和改造社会就会成为其目的，那么它就属于共产主义。毋庸置疑，尽管是仅仅只有这一点，但它就是共产主义的。

---

① 《马克思恩格斯全集》第11卷，人民出版社1962年版，第300、301页。
② 《马克思恩格斯选集》第3卷，人民出版社2012年版，第104页。
③ 《马克思恩格斯选集》第3卷，人民出版社2012年版，第143页。
④ 《马克思恩格斯选集》第3卷，人民出版社2012年版，第152—153页。
⑤ 《马克思恩格斯选集》第3卷，人民出版社2012年版，第153页。

二、马克思和恩格斯以共产主义者自居与形形色色的社会主义思想和学说作斗争

（一）以共产主义者自居

我们先来看看在1847年前后的欧洲，什么是“共产主义”，以及马克思和恩格斯为什么在开始的时候使用“共产主义”这个名称。

在德语中，“kommunismus”的主要含义是“公社（式）的组织方式”，即以财产公有为主要特征的社会生活共同体。关于共产主义的思想出现的时间和背景，在马克思和恩格斯合著的《神圣家族》中有这样的记述：

> 法国革命产生了超出整个旧世界秩序的思想范围的思想。1789年在Gerclesocial〔**社会小组**〕中开始、中途以**勒克莱尔克**和**卢**为主要代表、最后以**巴贝夫**密谋的失败而暂时遭到失败的革命运动，产生了**共产主义的**思想。1830年革命以后，在法国，这种思想又为**巴贝夫**的友人**邦纳罗蒂**所倡导。这种思想经过彻底的研讨，就成为**新世界秩序的思想**。①

按照他们的这个说法，共产主义思想是在早期无产阶级运动的革命中产生的。

当共产主义思想产生以后不久，在当时的德国，一段时间里曾经出现了一个让今天的人们看起来会感到十分奇怪和不解的现象，即：到处都有很多并非是工人的人自称为共产主义者。1844年10月恩格斯写信告诉马克思：“在巴门，警察局长是个共产主义者。前天有一个老同学、中学教员来访，尽管他从来没有跟共产主义者接触过，但他也受到强烈的感染。”他还告诉马克思，自己“去

---

① 《马克思恩格斯全集》第2卷，人民出版社1957年版，第152页。

了一下爱北斐特，又遇到几个素不相识的共产主义者。不管走到哪里，转到哪里，到处都可以碰到共产主义者”①。他在向英国的读者介绍德国的共产主义发展情况时说：“我刚从附近的几个城市旅行归来，没有一个地方我没有碰到五个以至十个彻底的社会主义者。在我自己的家——这是一个真正虔诚而善良的家庭——中，我就可以数出六个甚至更多的社会主义者，而且每一个都不是因为受其余的人的影响而转变的。我们在各种人当中，在商人、厂主、律师、官吏、军官、医生、编辑、土地承租人等等当中都有我们的支持者”②。他告诉英国读者：“到目前为止我们的力量仍然靠中等阶级，——这一事实或许会使英国读者大为吃惊，假使他们不明了德国的中等阶级远没有英国中等阶级那么自私、偏颇和愚笨（这只是因为他们不那么富有）的话”③。他还这样描述自己参加的一次宣传共产主义的集会：“那些参加了辩论会但是根本不了解我们的观点或者甚至对它抱嘲讽态度的人，大多数都对共产主义怀着尊敬的心情回家。这种尊敬部分地也是由于我们这一群人在会上显得很有身份而引起的，因为该市所有的名门富家几乎都有自己家里的人或亲戚出席，和共产主义者同坐在一个大餐桌上”④。恩格斯把这些人所信奉的共产主义，称之为“德国有教养的资产阶级的共产主义⑤。”

为什么会有这种现象呢？这与共产主义理论本身特有的、使自己区别于当时的社会主义的原则有关。

共产主义的基本原则是：追求全人类的解放，马克思和恩格斯在《共产党宣言》中把共产主义的这一最根本的原则表述为：“代替那存在着阶级和阶级对立的资产阶级旧社会的，将是这样一个联合体，在那里，每个人的自由发展是一切人的自由发展的条件”⑥。恩格斯认为从理论上说共产主义的原则是超乎资产阶级和无产阶级之间的对立的，而正是“因为共产主义**超乎**无产阶级和资产阶级间的对立，所以它和纯粹无产阶级的宪章主义比起来，更容易为资产阶级的优秀的代表人物（但是这种人是极少的，而且只能从正在成长的一代中去寻找）所赞同”⑦。这应该就是出现这一现象的原因。

至于为什么这种现象出现在当时的德国，而不是英国和法国，那是因为德

---

① 《马克思恩格斯全集》第27卷，人民出版社1972年版，第6、8页。
② 《马克思恩格斯全集》第2卷，人民出版社1957年版，第591页。
③ 《马克思恩格斯全集》第2卷，人民出版社1957年版，第589页。
④ 《马克思恩格斯全集》第2卷，人民出版社1957年版，第598页。
⑤ 《马克思恩格斯全集》第2卷，人民出版社1957年版，第278页。
⑥ 《马克思恩格斯选集》第1卷，人民出版社2012年版，第422页。
⑦ 《马克思恩格斯全集》第2卷，人民出版社1957年版，第587页。

国的资产阶级革命还远没有完成。一方面，就是我们已经看到的恩格斯所说的那种情况，即与英国的资产阶级相比较，德国的中等阶级因为不那么富有而远没有英国中等阶级那么自私、偏颇和愚笨；另一方面，就是由于德国的现代工业起步不久，德国工人阶级还没有经过现代社会化大生产方式的彻底洗礼，还处在形成阶段，还没有成熟到可以接受共产主义的程度。——恩格斯在1844年10月给马克思的信中除了表达他对德国工人阶级以后发展的热切盼望之外，也表露了对其现实发展状态的无奈。他说：

> 近几年来，工人们已达到了旧文明的最后阶段，他们通过迅速增多的犯罪、抢劫和杀人来反对旧的社会制度。晚间，街上很不安全，资产阶级被殴打、刺杀和抢劫；如果这里的无产者按照英国无产者那样的规律发展下去，那他们不久就会明白，用这种方式，即作为个人和以暴力来反对旧社会制度是没有用的，要作为具有普遍品质的人通过共产主义来反对它。如果把道路指给他们该多好！但是这办不到。①

后来在《德意志意识形态》中，马克思和恩格斯对这一现象做了一个总结，他们说：

> 德国人没有英法两国人所有的那种发达的阶级关系。所以，德国共产主义者只能从他们出身的那个等级的生活条件中攫取自己的体系的基础。因此，惟一存在着的德国共产主义体系是法国思想在受小手工业关系限制的那种世界观范围内的复制，这是十分自然的事。②

德国出现的这种现象，是共产主义在一种特殊社会条件下的特殊表现。正是基于德国这样一个特殊的社会条件，1845年2月8日，恩格斯在宣传共产主义时是这样发表演说的：

> 这种困难处境的真正原因究竟在哪里呢？小资产阶级的破产、贫富之间的鲜明的对照、商业的不景气和由此而产生的资本浪费的现象是由什么引起的呢？就是人们的利益彼此背离。我们大家辛勤劳动的目的只是为了追求一己之利，根本不关心别人的福利。可是，每一个人的利益、福利和幸福同其他人的福利有不可分割的联系，这一事实却是一个显而易见的不言而喻的真理。虽然我们大家都应该承认，没有自己的伙伴我们就寸步难

---

① 《马克思恩格斯全集》第27卷，人民出版社1972年版，第7页。

② 《马克思恩格斯全集》第3卷，人民出版社1960年版，第544页。

行，应该承认仅仅是利益把我们大家联系起来，但是我们却以我们的行动来践踏这一真理，我们把我们的社会安排得好像我们的利益不但不能一致，而且还是直接对立的。我们已经看到，这种严重的错误带来了什么样的后果。要消除这种悲惨的后果，就必须消灭这种错误。而共产主义就抱着这样的目的。①

可以看出，在当时的德国国情中，恩格斯不是从无产阶级与资产阶级的阶级对立和阶级斗争的政治角度，也不是从社会平等的经济角度，而是从人类解放、社会和谐的角度，并且从德国的实际情况出发，具体地从宣传应该而且必须克服德国人身上存在的小生产者作为为自己利益奋斗的战士所具有的狭隘性这一点着手，开始宣传共产主义的原则和主张的。

共产主义的原则之所以能够超乎于无产阶级和资产阶级之间的阶级对立，是因为共产主义的原则是建立在唯物史观基础之上的，反映了历史发展的自然规律。《共产主义原理》在讲到“能不能用和平的办法废除私有制?”这个问题时，恩格斯是这样说的：

但愿如此，共产主义者当然是最不反对这种办法的人。共产主义者很清楚，任何密谋都不但无益，甚至有害。他们很清楚，革命不能故意地、随心所欲地制造，革命在任何地方和任何时候都是完全不以单个政党和整个阶级的意志和领导为转移的各种情况的必然结果。②

正是基于共产主义的这个最基本的原则，所以恩格斯才在《英国工人阶级状况》中从实践的角度这样说道：虽然历史的进程已经到达了这样一种阶段，即

革命**是不可避免的**，要从既成的形势中找到和平的出路已经太晚了；但是革命可以进行得比我在这里所描述的温和些。这与其说将取决于资产阶级的发展，倒不如说将取决于无产阶级的发展。无产阶级所接受的社会主义思想和共产主义思想愈多，革命中的流血、报复和残酷性将愈少。在原则上，共产主义是超乎资产阶级和无产阶级之间的敌对的；共产主义只承认这种敌对在目前的历史意义，但是否认它在将来还有存在的必要；共产主义正是以消除这种敌对为目的的。所以，只要这种敌对还存在，共产主义就认为，无产阶级对他们的奴役者的愤怒是必然的，是**正在开始的**工

---

① 《马克思恩格斯全集》第 2 卷，人民出版社 1957 年版，第 605 页。

② 《马克思恩格斯选集》第 1 卷，人民出版社 2012 年版，第 304 页。

人运动的最重要的杠杆；但是共产主义比这种愤怒更进了一步，因为它并不仅仅是工人的事业，而是全人类的事业。没有一个共产主义者想到要向个别的人复仇，或者认为某个资产者在现存的条件下能够有不同于现在的行动。英国的社会主义（即共产主义）正是从不归咎于个别人的原则出发的。因此，英国工人所接受的社会主义思想愈多，他们现在的愤怒就愈快地成为多余的（如果这种愤怒今后仍然表现在以前的那种暴力行动中，那它无论怎样也不会有什么结果），在他们反对资产阶级的运动中粗暴行为和野蛮行为也就愈少。假如能够在斗争展开以前使全体无产阶级共产主义化，那末斗争就会很和平地进行。①

他在1845年2月15日的演说中再次说道：

如果这些结论是正确的，如果社会革命和共产主义的实现是我们的现存关系的必然结果，那末我们首先就得采取措施，使我们能够在实现社会关系的变革的时候避免使用暴力和流血。要达到这个目的只有**一种**办法，就是和平实现共产主义，或者至少是和平准备共产主义。所以，如果我们不愿意用**流血的办法**解决社会问题，如果我们不愿意使我们的无产者的智力水平和生活状况之间的日益加深的矛盾尖锐到像我们对人性的理解所启示的那样，必须要用暴力来解决，要在绝望和强烈的复仇心中来解决，那末，诸位先生，我们就应当认真地和公正地处理社会问题，就应当尽一切努力使现代的奴隶得到与人相称的地位。或许你们当中有人觉得，要提高以前被轻视的阶级的地位，就不能不降低自己的生活水平，如果是这样的话，那末就应当记住，我们谈的是为**所有的人**创造生活条件，以便每个人都能自由地发展他的人的本性，按照人的关系和他的邻居相处，不必担心别人会用暴力来破坏他的幸福；而且也应当记住，个人不得不牺牲的东西并不是真正的人生乐趣，而仅仅是我们的丑恶的制度所引起的表面上的享乐，它是和目前享受这些虚伪的特权的人们的理智和良心相矛盾的。我们绝不想破坏那种能满足一切生活条件和生活需要的真正的人的生活；相反地，我们尽一切力量创造这种生活。即使把这点撇开不谈，如果你们认真地考虑一下，我们现代的制度一定会引起什么样的后果，这种制度会把我们引入什么样的矛盾的迷宫，什么样的混乱状态，那末，诸位先生，你们也肯定地会得出结论说，社会问题是值得认真而彻底地加以研究的。如果

① 《马克思恩格斯全集》第2卷，人民出版社1957年版，第586页。

我能促使你们这样做，那末我的演说的目的也就完全达到了。[①]

马克思在论战中，在理论的创立中，也常常发表这种基于共产主义根本原则的观点。例如我们已经多次提到的那个声明——共产主义并不特别强调阶级对立和阶级斗争，否则共产主义就不成其为共产主义，而是政治经济学或资产阶级社会了——就是一个典型的例子。共产主义之所以不特别强调阶级对立和阶级斗争，是因为共产主义超乎无产阶级和资产阶级之间的对立，不能超乎这一对立的是资产阶级社会。

1867 年，马克思发表了科学巨著《资本论》第一卷，将共产主义的理想和原则放到了最坚实的科学基础之上。在这本被列宁称之为“工人阶级的圣经”的书中，马克思也表达了这个观点。他一方面向人们揭示了资本正以铁的必然性发生作用并且正在实现的趋势及其最后的结果，即：

> 一旦这一转化过程使旧社会在深度和广度上充分瓦解，一旦劳动者转化为无产者，他们的劳动条件转化为资本，一旦资本主义生产方式站稳脚跟，劳动的进一步社会化，土地和其他生产资料的进一步转化为社会使用的即公共的生产资料，从而对私有者的进一步剥夺，就会采取新的形式。现在要剥夺的已经不再是独立经营的劳动者，而是剥削许多工人的资本家了。[②]

也就是说，资本本身不可阻挡的自然发展趋势，决定了共产主义的理想和原则是无可置疑的。另一方面，他还告诉欧洲大陆的工人阶级：“在英国，变革过程已经十分明显。它达到一定程度后，一定会波及大陆。在那里，它将采取较残酷的还是较人道的形式，那要看工人阶级自身的发展程度而定”[③]。按照马克思的观点，只要事态的发展能像恩格斯说的那样出现了“全体无产阶级共产主义化”了的状况的话，那么变革是一定会以“较人道的形式”完成的。他说：“我的观点是：社会经济形态的发展是一种自然历史过程。不管个人在主观上怎样超脱各种关系，他在社会意义上总是这些关系的产物。同其他任何观点比起来，我的观点是更不能要个人对这些关系负责的”[④]，实际上就是重申了恩格斯关于没有一个共产主义者想到要向个别的人复仇，或者认为某个资产者在现存的条件下能够有不同于现在的行动的观点。按照工人阶级的本性，它在运动中

① 《马克思恩格斯全集》第 2 卷，人民出版社 1957 年版，第 625、626 页。

② 《马克思恩格斯全集》第 23 卷，人民出版社 1972 年版，第 831 页。

③ 《马克思恩格斯全集》第 23 卷，人民出版社 1972 年版，第 11 页。

④ 《马克思恩格斯全集》第 23 卷，人民出版社 1972 年版，第 12 页。

关心的是历史的发展趋势，在这个过程中，尽管资产阶级迫使工人阶级不得不与其开展激烈的，而且经常是你死我活的阶级斗争，但是工人阶级知道，问题本身并不存在于资产阶级中的个人身上，所以马克思认为，工人阶级反对资产阶级的斗争最好能用和平的方式完成。恩格斯告诉工人：

> 我们决不认为，赎买在任何情况下都是不容许的；马克思曾向我讲过（并且讲过好多次！）他的意见：假如我们能用赎买摆脱这整个匪帮，那对于我们是最便宜不过的事情了。①

在马克思主义的共产主义诞生之前，所谓的共产主义是一种追求人与人之间平等和社会公平的要求和主张。它所追求的目标是：每个人都应该拥有其他人拥有的物质财富，既不能比其他人多，也不能比其他人少。这种要求从本质上说，实际上就是“私有财产的**普遍化**和**完成**”，就是在物质财富占有问题上的平均主义。这种所谓的共产主义为了实现其所追求的目标，“以致它想把不能被所有人作为**私有财产**占有的**一切**都消灭；它想**用强制的办法**把才能等等舍弃”。马克思称之为“完全粗陋的和无思想的共产主义”②。虽然如此，但是马克思仍然非常赞赏地认为，尽管这种“共产主义是从私有财产的普遍性来看私有财产关系”的，但是它从一开始就是一种“扬弃私有财产的积极表现”③，其中包含着这样一种科学的和革命的精神，即：它“已经把自己理解为人向自身的还原和复归，理解为自我异化的扬弃”了。只不过“它还没有弄清楚私有财产的积极本质，也还不理解需要的人的本性，所以它还受私有财产的束缚和感染”。一句话，它“虽然已经理解私有财产这一概念，但是还不理解它的本质”④。

马克思和恩格斯完全赞同、接受并继承了这种科学的和革命的精神，并把它作为了自己毕生的奋斗的事业，——当然是在完全理解私有财产的本质、从而摆脱了私有财产的束缚的基础上。对自己立志为之奋斗终生的这个事业，马克思是这样理解并表述的：

> **共产主义**是**私有财产**即**人的自我异化的积极的**扬弃，因而是通过人并且为了人而对**人的**本质的真正**占有**；因此，它是人向自身、向**社会的**（即人的）人的复归，这种复归是完全的、自觉的而且保存了以往发展的全部财富的。这种共产主义，作为完成了的自然主义，等于人道主义，而作为

① 《马克思恩格斯全集》第22卷，人民出版社1965年版，第585页。
② 《马克思恩格斯全集》第42卷，人民出版社1979年版，第117、118页。
③ 《马克思恩格斯全集》第42卷，人民出版社1979年版，第117页。
④ 《马克思恩格斯全集》第42卷，人民出版社1979年版，第120页。

完成了的人道主义，等于自然主义，它是人和自然界之间、人和人之间的矛盾的**真正**解决，是存在和本质、对象化和自我确证、自由和必然、个体和类之间的斗争的真正解决。它是历史之谜的解答，而且知道自己就是这种解答。①

与此同时，恩格斯也认为：

工人阶级的状况是当代一切社会运动的真正基础和出发点，因为它是我们目前社会一切灾难的最尖锐最露骨的表现。法国和德国的工人共产主义是它的直接产物，而傅立叶主义和英国社会主义以及德国有教养的资产阶级的共产主义则是它的间接产物。所以，为了给社会主义理论，同时给那些认为社会主义理论有权存在的见解提供坚实的基础，为了肃清赞成和反对社会主义理论的一切空想和臆造，研究无产阶级的境况是十分必要的。②

因此，他也把共产主义表述为“以财产公有为基础的社会生活和活动”③。

他们共同认为：人只有活着，才能创造历史，为了能够活着，就要拥有吃喝穿住的物质资料。所以，“需要”是人的本性。围绕着一个一无所有的人所存在的，只能是各种违反人性的现象。所以“不拥有……是人的最完全的非现实，人的非人生活的最完全的现实，是极其实际的拥有，即饥饿、寒冷、疾病、罪恶、屈辱、愚钝以及种种违反人性的和违反自然的现象的拥有”。他们指出，在“所有的社会主义著作家以前很少有人考虑这个对象”④。而对人的本性的这个认识，正是他们的共产主义理想的奠基石。

当马克思和恩格斯坐在一起将自己的思想观点进行了理论上的归纳和梳理之后，关于什么是共产主义的问题，他们是这样表述它的：

共产主义对我们来说不是应当确立的**状况**，不是现实应当与之相适应的**理想**。我们所称为共产主义的是那种消灭现存状况的**现实**的运动。这个运动的条件是由现有的前提产生的。⑤

在他们看来，这个过程，就是作为人的人（真正的人）的本性实现的过程。

---

① 《马克思恩格斯全集》第42卷，人民出版社1979年版，第120页。
② 《马克思恩格斯全集》第2卷，人民出版社1957年版，第278页。
③ 《马克思恩格斯全集》第42卷，人民出版社1979年版，第221页。
④ 《马克思恩格斯全集》第2卷，人民出版社1957年版，第52页。
⑤ 《马克思恩格斯选集》第1卷，人民出版社2012年版，第166页。

所以，共产主义理想不是乌托邦，而是建立在对人本身的自然即人的本性的科学认识基础上的实际信念。他们努力向世人宣传这个观点，始终用它来指导工人阶级的革命运动，推动建立了“共产主义者同盟”。在为同盟的纲领而准备的初稿《共产主义原理》中，恩格斯总结说：“共产主义是关于无产阶级解放的条件的学说”[①]。之后在最终发表的《共产党宣言》中，马克思和恩格斯说：“共产党人可以把自己的理论概括为一句话：消灭私有制。”[②] 这句话就是对无产阶级解放的条件的高度概括，而它的基础，则是对人的本性的正确认识。

（二）共产主义与社会主义的区别

1. 在诉求上的特征和区别

（1）共产主义诉求的特征。

《共产党宣言》宣布：

> 共产主义的特征并不是要废除一般的所有制，而是要废除资产阶级的所有制。[③]

既然特别强调指出了共产主义的特征是废除资产阶级所有制，那么弄清楚共产主义所要废除的“资产阶级所有制”的特征，这对于我们理解马克思和恩格斯为什么会从开始使用“共产主义”这个名称、而后来又转而主要使用“社会主义”这个名称的现象，是十分重要的。

关于无产阶级革命的目的，传统理论常说的一句话是：“共产党人可以用一句话把自己的理论概括起来：消灭私有制”。这本是《共产党宣言》中的一句话，这句话被这样孤立地一说，就好像它是一个无条件定论似的。于是乎，“消灭私有制”成为了一个是否革命的绝对标准。其实在《共产党宣言》中，这句话是一个完整的思想观点的表述中的半句话。完整的表述是：“从这个意义上说，共产党人可以把自己的理论概括为一句话：消灭私有制。”[④] 也就是说，

---

① 《马克思恩格斯选集》第1卷，人民出版社2012年版，第295页。
② 《马克思恩格斯选集》第1卷，人民出版社2012年版，第414页。
③ 《马克思恩格斯选集》第1卷，人民出版社2012年版，第414页。
④ 《马克思恩格斯选集》第1卷，人民出版社2012年版，第414页。

“消灭私有制”不是无条件的，而是有条件的，即只有从“这个意义上”才能这样概括。

那么，“这个意义”是什么意义呢？那就是马克思和恩格斯在之前特别强调指出的共产主义的特征，即共产主义并不是要废除一般的所有制，而是要废除资产阶级的所有制。事实上，仅仅就消灭私有制这件事情本身而言，它其实是一项包括有前后相连和相继的两个部分的任务：前一部分是消灭“小私有制”；后一部分是消灭“大私有制”（即“资产阶级的私有制”）。马克思和恩格斯认为，消灭小生产的小私有制的任务，是历史赋予资本的历史任务，应该、而且也只能由资本去完成。共产主义本身并不承担这个任务。所以，《共产党宣言》中所宣布的“消灭私有制”，就是专指后一部分的任务，即消灭资产阶级大私有制的任务。因此，这句话只有在马克思和恩格斯为它设定的这个前提条件下讲才是正确的，即：从现代无产阶级的历史使命是废除资产阶级所有制的意义上说，共产党人可以用一句话把自己的理论概括起来：消灭私有制。离开了前提，后半句话就不正确了。

对消灭私有制前后相连、相继的这两部分任务的关系，马克思做了详细的研究，他的结论是：

第一，这两部分任务相比较而言，前一部分比后一部分艰巨得多。——他说：

> 以个人自己的劳动为基础的分散的私有制转化为资本主义私有制，同事实上已经以社会生产为基础的资本主义所有制转化为公有制比较起来，自然是一个长久得多、艰苦得多、困难得多的过程。因为前者是少数掠夺者剥夺人民群众，后者是人民群众剥夺少数掠夺者。

第二，这两部分的任务是一个否定之否定的自然过程。——他说：

> 从资本主义生产方式产生的资本主义占有方式，从而资本主义的私有制，是对个人的、以自己劳动为基础的私有制的第一个否定。但资本主义生产由于自然过程的必然性，造成了对自身的否定。这是否定的否定。这种否定不是重新建立私有制，而是在资本主义时代的成就的基础上，也就是说，在协作和对土地及靠劳动本身生产的生产资料的共同占有的基础上，重新建立个人所有制。①

所以《共产党宣言》在把共产党人的理论概括为“消灭私有制”之后，针

① 《马克思恩格斯选集》第2卷，人民出版社2012年版，第299—300页。

对有人说共产党人要“消灭个人挣得的、自己劳动得来的财产”的责备接着说道:“你们说的是资产阶级财产出现以前的那种小资产阶级的、小农的财产吗?那种财产用不着我们去消灭,工业的发展已经把它消灭了,而且每天都在消灭它。”①

(2)社会主义诉求的特征。

与共产主义的特征不同,社会主义的特征是提出改善社会的措施。

恩格斯在《共产主义原理》中对当时社会中的社会主义做出了归纳和分析,对他们为什么用“共产主义”而非“社会主义”来称呼工人阶级历史性的革命运动,做出了说明和解释。他说,当时的“社会主义者”可分三类,第一类是那些封建和宗法社会的拥护者,第二类是资本主义社会的拥护者,第三类是民主主义的社会主义者。他说,第三类社会主义者“和共产主义者相同的道路去实现×××问题中所提出的部分措施,但他们不是把这些措施当做走向共产主义的过渡办法,而是当做足以消除贫困和现今社会的弊病的措施”②。第三类社会主义是本来意义上的社会主义,而所谓“本来意义的社会主义,即小资产阶级社会主义,Parexcellence〔地道〕的社会主义”③。

也就是说,在当时所谓的“社会主义者”是对所有提出了应该采取某些具体的措施以消除社会中的“弊端”、使现存在的社会变得更加“完善”的要求和主张的人的称谓。只要具有了希望或要求“采取具体措施以完善现存的社会”这个表面特征,不论这些要求和主张所持有的立场和思想观点本身有多么的不同,都可以给自己戴上,或者由别人给他戴上“社会主义”桂冠,人们并不在乎这些同样拥有社会主义名称的要求和主张在性质上是不是完全不同的(有的甚至是截然相反的)。

总之,在当时,共产主义和社会主义在诉求上的区别就在于,前者主张“消灭私有制”,而后者只要求采取“消除现代社会中的贫困和苦难的措施”,“劝告工人不要触动旧社会,以便更好地进入他们用非凡的先见之明准备就绪的新社会去”④。

---

① 《马克思恩格斯选集》第1卷,人民出版社2012年版,第414页。
② 《马克思恩格斯选集》第1卷,人民出版社2012年版,第310页。
③ 《马克思恩格斯全集》第7卷,人民出版社1972年版,第103、104页。
④ 《马克思恩格斯全集》第4卷,人民出版社1958年版,第195页。

2. 在立脚点上的特征和区别

共产主义与社会主义的不同特征是由它们的不同立脚点决定的。

共产主义只不过是在资本所创造出来的生产力本身已经提出了让全社会共同占有生产资料的要求时，主张无产阶级通过革命取得政权，然后利用这个政治手段满足了生产力提出的要求而已，所以共产主义所提出的消灭私有制的主张，实际上是经济性质的变革。

而社会主义提出实施“消除现代社会中的贫困和苦难的措施”的主张，并不是因为认识到生产力的发展有什么要求，而是认为现实的社会与自己心目中的理想社会不相符合，希望利用现有政权的力量改变社会中那些不符合理想的东西，企图以政治的手段建设理想社会，所以他们所提出的“消除现代社会中的贫困和苦难的措施”，实际上就是单纯的政治变革。

总之，共产主义的立脚点是经济、是历史，而社会主义的立脚点是政治、是眼前的社会。这就是它们在立脚点上的特征和区别。

比如，按照恩格斯的分析，当时英国的社会主义（即共产主义）就是这样的。他说：虽然经济的发展最终“将迫使工人更多地从社会方面而不是从政治方面去寻找摆脱贫困的出路”，但是，由于当时英国的社会主义还处在萌芽状态，所以他们仍然还错误地认为，“因工业发展而已经过时的那种把土地分为小块份地的办法……是消灭贫穷的主要方法，他们在实践方面的大多数建议（保护工人的利益的措施等等）就外表看来一般都带有反动的性质”。当时

> 英国的社会主义者要求以建立两三千人（这些人都从事工业和农业，享有平等的权利和接受同样的教育）的“国内移民区”的方法来逐渐实行财产公有。英国社会主义者要求：为离婚提供便利条件；建立合理的政府，使人们有充分发表意见的自由；取消刑罚，给犯人以合理的待遇。这就是他们在实践方面的建议……英国社会主义的创始者是厂主欧文。所以他的社会主义虽然在实质上要超越于资产阶级和无产阶级的对立，但在形式上仍然以极宽容的态度对待资产阶级，同时在许多方面都对无产阶级很不公道。社会主义者十分驯顺温和；不管现存的制度如何坏，他们还是承认它，因为他们除争取社会舆论外，对改变现存制度的其他一切途径是一概否定的。然而他们的原则又这么抽象，如果他们的原则保持现在的形式，他们是永远也不能争得社会舆论的。此外，社会主义者还经常抱怨下层阶级道

德堕落，他们看不见社会制度的这种瓦解中的进步成分，看不见只会追求私利的伪善的有产阶级更严重的道德堕落。他们不承认历史的发展，所以他们打算一下子就把国家置于共产主义的境界，而不是进一步开展政治斗争以达到国家自行消灭的目的……并宣扬对英国目前的实际情况更加没有什么用处的慈善和博爱。①

再比如，恩格斯记述的当时德国的社会主义，更是这样的一种情况。即：

1847年末，在资产阶级中间是很难找到一个出名的政治人物不冒充"社会主义者"以取得无产阶级的同情的。……先进的资产阶级所以急于要给自己的运动至少在表面上披上一件社会主义的外衣，是因为德国工人阶级已经发生了很大的变化。自从1840年起，一部分曾到过法国和瑞士的德国工人多少都受到了一些当时法国工人中间流行的不成熟的社会主义或共产主义思想的熏染。1840年以后，这些思想在法国愈来愈引人注意，这使社会主义和共产主义在德国也成了时髦的东西，而且从1843年起，所有的报纸都絮絮不休地讨论起社会问题来了。德国很快就出现了社会主义学派，这一学派的特点与其说是思想新颖不如说是思想含混。它的主要工作是把傅立叶派、圣西门派和其他派别的学说，从法文翻译成晦涩的德国哲学的语言。②

这样的一些"冒牌的"和"思想含混"的社会主义者，他们除了"絮絮不休地讨论起社会问题"，从政治方面提出一些对社会进行某种改良的措施之外，完全不可能做出比这更好的事情了。

（三）与形形色色社会主义的斗争

不仅仅是只在《共产党宣言》发表的时候，而且是在马克思和恩格斯为无产阶级革命事业奋斗的一生中，"社会主义"这个名称就一直被各式各样的人物使用着，不断对工人阶级的运动造成破坏性的影响，迫使他们不得不与之进行着不懈的斗争。只要翻开马克思和恩格斯的著作随便浏览一下，我们可以看到他们与当时"形形色色的社会主义"进行斗争的文字，光是他们对自己与之做

① 《马克思恩格斯全集》第2卷，人民出版社1957年版，第524、525页。
② 《马克思恩格斯全集》第8卷，人民出版社1961年版，第23页。

坚决斗争的各种“社会主义”的称呼就有：“批判的社会主义”、“绝对的社会主义”、“纯精神的社会主义”、“思辨的社会主义”、“激进社会主义”、“小资产阶级社会主义”、“封建的社会主义”、“皇帝的社会主义”、“波拿巴社会主义”、“僧侣的社会主义”、“基督教的社会主义”、“庸俗的社会主义”、“民主主义的社会主义”、“民主派社会主义”、“民主社会主义”、“独特的社会主义”、“反动的社会主义”、“反动的或保守的社会主义”、“讲坛社会主义”、“名利社会主义”、“俾斯麦名利社会主义”、“国家社会主义”、“官方的社会主义”、“自称社会主义”、“冒牌社会主义”、“资产阶级的冒牌社会主义”、“资产阶级社会主义”、“受了资产阶级熏染的社会主义”、“代表工商业、农业利益的社会主义”、“并非出于本意的社会主义”、“折衷社会主义”、“极端社会主义”、“农民社会主义”、“博爱主义社会主义”、“多愁善感、慈悲为怀的社会主义”、“伤感的善于辞令的社会主义”、“不中用的社会主义”，如此等等，不一而足。这些林林总总的社会主义名称，真能让人看得眼花缭乱。可以说，在一开始，就是为了与这些乌七八糟的、头上顶着“社会主义”桂冠的思想或学说划清界限，为了捍卫自己的革命理论，为了消除这些形形色色的社会主义，尤其是小资产阶级社会主义对工人阶级运动的有害的影响，他们选择了“共产主义”这个名称。

1879 年 12 月 19 日，恩格斯在给一位老朋友的信中说起了这件事。他在信中写道：

> 从《宣言》发表时起（确切些说，早在马克思反对蒲鲁东的著作[①]问世时起），我们就在不断地同那种小资产阶级社会主义进行斗争，现在当它利用反社会党人法，企图重新举起自己的旗帜时，我们也不能同它一道走。[②]

对于这一点，他们从来没有含糊过，也从来没有放弃过。就是在写这封信的前三天，为《社会民主党人报》刊载了宣传小资产阶级社会主义思想的文章一事，他还给倍倍尔写了一封信，态度坚决果断地说，在出现了这种在党的机关报上公开将小资产阶级社会主义观点与无产阶级社会主义观点并列的事情之后，除了与这些党内的小资产阶级分子公开决裂、与他们划清界限之外，已经没有其他办法能够保持无产阶级社会主义的纯洁性了。是否允许将这两种社会主义观点在党的机关报上并列刊载不是一个可以进行谈判的问题，“这里涉及的

---

① 指马克思的《哲学的贫困》。

② 《马克思恩格斯全集》第 34 卷，人民出版社 1972 年版，第 409 页。

是任何一个无产阶级政党内根本不容讨论的问题。在党内讨论这些问题，就意味着对整个无产阶级社会主义提出怀疑”①。

当恩格斯在无产阶级革命运动的实践活动中与小资产阶级社会主义进行不懈的斗争的时候，将主要精力投入到《资本论》写作中去的马克思也在理论战线上与小资产阶级社会主义进行着坚决的斗争。他在1857—1858年《经济学手稿》中分析“劳动过程和价值增值过程”这个问题时，说出了一个在科学社会主义理论中具有重大意义的观点，即：资本的伟大的历史方面就是创造剩余劳动，即从单纯使用价值的观点，从单纯生存的观点来看的多余劳动，而正是在这个过程中，资本为人类的自由王国即共产主义社会准备好了各方面的条件，只有到了那个时候，资本的历史使命才算完成了，它才可以退出历史的舞台。他批评小资产阶级社会主义，说它想在保存雇佣劳动的同时消灭资本，在历史领域中表现出了完全的无知。他指出，只有资本才能为共产主义准备好物质条件，历史之所以让资本肩负起这样的使命，那是因为资本的本性就是增值其自身，也就是说，它在本质上是生产的（即是生产剩余劳动的）。而它特有的这种生产本质，来源于它本身独特的形式规定性，即资本与劳动进行交换并将其并入自身这种生产方式及其与之相适应的生产关系。他说，在资本的生产方式中，即在

> 资本家是生产的指挥者的地方，劳动本身**只有**在被资本吸收时才是**生产的**。正如商品的一般交换价值固定在货币上一样，劳动的生产性也会变成资本的生产力。与资本相对立的、**自为**存在于工人身上的劳动，也就是在自己的**直接存在中的**、与资本相分离的劳动，是**非生产**的。作为工人活动的劳动也是非生产的，因为它只加入简单的、仅仅在形式上发生变化的流通过程。因此，有些人证明说，归于资本的一切生产力是劳动**生产力的倒置**，**换位**，这些人恰恰忘记了，资本本身在本质上就是这种**倒置**，这种**换位**，而雇佣劳动本身以资本为前提，因而从劳动方面来看，它也是这种**变体**；是把这种劳动本身的力量变成对工人来说是**异己的**力量的必要过程。因此，要求保存雇佣劳动，同时又要扬弃资本，这是自相矛盾和自相取消的要求。②

《资本论》在论述“货币结晶是交换过程的必然产物……随着劳动产品转化

① 《马克思恩格斯全集》第34卷，人民出版社1972年版，第406页。

② 《马克思恩格斯全集》第46卷上册，人民出版社1972年版，第268页。

为商品，商品就在同一程度上转化为货币”① 这一原理时，马克思特地在此处加了一个“脚注”：

> 小资产阶级社会主义既想使商品生产永恒化，又想废除“货币和商品的对立”，就是说废除货币本身，因为货币只是存在于这种对立中。这么说，我们同样也可以废除教皇而保存天主教了。②

他加上这个注脚的目的，就是为了指出并且批判蒲鲁东和他的小资产阶级社会主义学派下面这个的错误，即：不懂得资本的生产本质及其所承载的历史使命，“把贬低**货币**和颂扬**商品**当作社会主义的核心来认真宣传，从而使社会主义变成根本不了解商品和货币的必然联系”③ 的东西。

在当时，要想顺利地开展无产阶级的社会主义运动，仅仅与小资产阶级社会主义进行斗争是不够的，因为资产阶级也从蒲鲁东的小资产阶级社会主义那里获得了灵感。恩格斯曾在1891年3月24日写给一位西班牙朋友的信中提到过这一现象。他说：蒲鲁东的小资产阶级社会主义仍然是“西欧的资产阶级激进派和冒牌社会主义者从中取得麻痹工人的空洞词句的一个巨大武库”，“法国的情形就是如此，那里残存的惟一的蒲鲁东派，就是自称社会主义者的资产阶级激进派或共和派。如果我没有搞错的话，在你们那里，在你们的议会里和你们的报刊上也有这类共和派，他们以社会主义者自居，只是因为他们看到蒲鲁东的思想是一种十分合适的手段，以便用资产阶级的冒牌社会主义来反对真正的社会主义、反对无产阶级意志的正确而扼要的表现”。④

因此，马克思和恩格斯一方面与党内的小资产阶级社会主义进行着坚决的斗争，另一方面还要与党外的资产阶级社会主义进行不懈的斗争。例如，1874年德国社会民主党在德国的议会选举中获得很大的胜利，德国的资产阶级为了镇压工人阶级的社会主义运动，于1878年制定了“反社会党人非常法”，德国社会民主党被宣布为非法，党员被大量关押、驱逐，社会主义的报刊被查禁，书刊被没收。但是，德国社会民主党在德国的议会选举中却继续获得了非常大的胜利。对德国的议会选举情况十分关注的恩格斯在1884年10月11日写信给参加竞选的倍倍尔说：“竞选运动整天在我脑子里打转。对我们力量每三年一次的大检验，是一个具有全欧洲意义的事件”。他提醒倍倍尔，“在实行反社会党

---

① 《马克思恩格斯全集》第23卷，人民出版社1972年版，第105页。

② 《马克思恩格斯全集》第23卷，人民出版社1972年版，第105页。

③ 《马克思恩格斯全集》第13卷，人民出版社1962年版，第76页。

④ 《马克思恩格斯全集》第22卷，人民出版社1965年版，第230页。

人法的情况下，资产阶级社会主义者①和受了资产阶级熏染的社会主义者，很容易讨好选民和满足自己出风头的欲望。在比较落后的选区提名和选出这种人，那是理所当然的。但他们也会钻进理应选出优秀代表的老选区，并从那些应当较清楚地明白这一点的人们中获得支持。……如果资产阶级阵营竟敢夺取多数选票来制胜无产阶级阵营，那这就会挑起分裂。我认为必须注意到这种可能性。如果他们挑起分裂，这倒不是坏事，不过他们还得喝点酒壮壮胆才敢这样干。我仍然坚持这样一种看法：只要反社会党人法还有效，我们就不应挑起分裂。如果分裂还是发生，那就迎上去，我就跟你一起投入战斗”②。

自从马克思主义诞生以后，与形形色色的冒牌社会主义进行的斗争就一直没有停止过。恩格斯就这样说过，他和马克思“一生中对冒牌社会主义者所作的斗争比对其他任何人所作的斗争都多”③。那个时候各种各样的冒牌社会主义就像雨后的蘑菇一样，总是不断地冒出来，对无产阶级运动造成了严重的干扰和破坏，迫使马克思和恩格斯不得不与之展开针锋相对的斗争。比如马克思在1847年写的《哲学的贫困》就是专门批判蒲鲁东的小资产阶级社会主义的。过了37年，恩格斯在1884年写给倍倍尔的信中仍然不得不用厌恶的口气说：“这些无赖的家伙——大学生、店员等等，简直是运动的灾星。他们根本一无所知，正因为如此，又什么都不想学习；他们所谓的社会主义，不过是平庸之谈而已”④。又过了十年，1894年的情况依旧，恩格斯在写给拉法格的信中仍然对冒牌社会主义在法国的泛滥感到忧虑，他以十分担心的心情说：“您所描述的社会主义在法国风行的情况，实在使我发笑。……对一个分裂成马克思派、布朗基派、阿列曼派、布鲁斯派以及其他派别……的政党来说，就很难说这种风行会把你们带到何处了。”⑤

实事求是地说，马克思和恩格斯对出现这种状况还是有心理准备的。因为他们清楚地知道，“当资产阶级刚刚一取得政权的时候，在小资产者中间就会重新发生分裂。小资产阶级为每一支资产阶级的队伍准备了后备军，此外它还在资产阶级和从现在起提出自己的利益和要求的无产阶级之间，形成许多带有激

---

① 在1894年3月6日写给保·拉法格的信中，恩格斯使用“国家社会主义”这个名称来称呼当时德国的“资产阶级社会主义”。他说：“国家社会主义是无产阶级社会主义的一种**幼稚病**，十二年以前，在非常法制度下曾流行于德国，当时它是**政府许可**（甚至鼓励）的**唯一形式**。”（见《马克思恩格斯全集》第39卷，人民出版社1975年版，第209页）

② 《马克思恩格斯全集》第36卷，人民出版社1975年版，第214、215页。

③ 《马克思恩格斯全集》第35卷，人民出版社1971年版，第380页。

④ 《马克思恩格斯全集》第36卷，人民出版社1975年版，第89页。

⑤ 《马克思恩格斯全集》第39卷，人民出版社1974年版，第245页。

进色彩的政治流派和社会主义流派"①，所以出现这样的斗争是不可避免的，问题仅仅在于必须旗帜鲜明地与之进行坚决的斗争。只有经过斗争，工人阶级历史性的运动才能与这些形形色色的冒牌社会主义划清界限，才能消除它们对共产主义运动的破坏性影响。

① 《马克思恩格斯全集》第4卷，人民出版社1958年版，第55页。

三、马克思和恩格斯赋予“社会主义”新的灵魂

（一）改用“社会主义”来称呼工人阶级的运动

尽管与不断冒出来的各种各样的冒牌社会主义的斗争让人不胜其烦，尽管工人阶级历史性的运动最恰当的名称就是“共产主义”，但是马克思和恩格斯最终还是决定使用“社会主义”这个名称而不是用“共产主义”这个名来称呼争取人类解放的共产主义运动。一直到去世时，他们始终没有改变自己在运动名称上的这一选择。

例如，1894 年考茨基准备出版的一套论社会主义史的丛书，他给恩格斯写了一封信，就该书究竟是使用“社会主义史”这个书名还是使用“共产主义史”这个书名征求恩格斯的意见。恩格斯回信说，“‘共产主义’一词我认为当前不宜**普遍**使用，最好留到必须**更确切地**表达时才用它。即使到那时也需要加以注释，因为实际上它已三十年不曾使用了”①。恩格斯在这里说了一个准确的时间“三十年”，那么从 1894 年往前数 30 年，就是 1864 年，也就是说，从 1864 年开始，马克思和恩格斯就不使用“共产主义”这个名称来称呼无产阶级的运动了。

事实上，如果单纯从名称上说，由于“共产主义”与“社会主义”是两个不同的名称，要是继续使用“共产主义”来称呼工人阶级的运动的话，就可以轻而易举地在名称上把工人阶级历史性的运动与形形色色的冒牌社会主义区分开来，而用不着就无产阶级的社会主义与它们的不同之处做出专门的解释，因为一个完全不同的名称本身就能起到避免人们把工人阶级历史性的运动与它们混为一谈的作用。

---

① 《马克思恩格斯全集》第 39 卷，人民出版社 1974 年版，第 203 页。

既然如此，那么马克思和恩格斯为什么还要用“社会主义”这个名称呢？对这个问题，他们从来没有直接地予以说明过。但是，从恩格斯写给考茨基的这封信中，我们可以得到这样一个信息，即：实际上马克思和恩格斯心里十分明白，“社会主义”这个名称并不是对无产阶级历史性运动的“更确切的”表达，但是他们认为，在当时的情况下，使用这个不那么确切的名称比使用那个更确切的名称——即“共产主义”，对运动说来是一个最好的选择。也就是说，当年他们做出这个决定，是因为运动本身要求在名称上“不宜”更确切地表达出自己的性质和特征，而是需要表现出明显的社会主义的性质和特征。

为什么说“社会主义”是对无产阶级的历史性运动不那么确切的表达呢？对于它的特征，马克思和恩格斯做过这样的分析：

> 法国人和英国人的批判并不是什么在人类之外的、抽象的、彼岸的人格，它是那些作为社会积极成员的个人所进行的真正的人类活动，这些个人也是人，同样有痛苦，有感情，有思想，有行动。因此，他们的批判同时也贯串着实践，他们的共产主义是这样一种社会主义，在这里面他们提出了显明的实际措施，这里面不仅体现着他们的思维，并且更主要的是体现着他们的实践活动。因此，他们的批判是对现存社会的生动的现实的批判，是对“颓废”原因的认识。①

事实上，在这个分析中，他们已经明确地把他们做出这个选择的原因和理由告诉了我们。

首先，他们的这个选择是建立在唯物史观基础之上的。

唯物史观认为，历史是人本身发展的过程。人的本性是“需要”，历史的画卷是在人们为了满足自己的需要而进行的“有意识的生命活动”中展开的。所以，解放全人类的运动必须是从、也只能是从解决工人阶级眼前的实际利益开始的，因为工人“也是人，同样有痛苦，有感情，有思想，有行动”。也就是说，崇高的、美好的共产主义的理想，只有从现实的、有生命的个人本身即只有吃饭才能活着的肉体的人出发，才能实现。

其次，这种社会主义的特征是这样的：

第一，从形式上说，它具有社会主义的特征，即为改善社会“提出了显明的实际措施”；

第二，从本质上说，它体现着无产阶级要废除资产阶级的所有制的原则，

---

① 《马克思恩格斯全集》第2卷，人民出版社1957年版，第195页。

即"体现着他们的思维"，也就是以实现共产主义为自己的最终目的；

第三，最主要的是它"体现着他们的实践活动"，即这种社会主义是由无产阶级领导的，所以它强调无产阶级在运动中对资产阶级私有制最有效、最实际的废除，要求工人阶级完成眼前直接要完成的任务，因而是对资产阶级私有制生动的现实的批判。

因此，从内在本质上，他们称这种社会主义是"无产阶级的社会主义"①，是承载着无产阶级最终利益的最实际的行动；从外在的表现形式上，他们称其是"革命社会主义"。这种社会主义把过去的社会主义，即"每个所谓体系都是特意强制社会变革中一个过渡段落以与其他各个段落相对抗"的社会主义，改变成了把每一个阶段都看成是暂时存在的和向其他阶段过渡的过渡阶段的社会主义。在这里，所谓"革命社会主义"的含义就是："这种社会主义就是宣布不间断革命"，即不是直接要求实现共产主义的目标，而是要求首先"实现无产阶级的阶级专政，把这种专政作为必经的过渡阶段"，然后再在这个基础上继续前进，"以求达到根本消灭阶级差别，消灭一切产生这些差别的生产关系，消灭一切和这些生产关系相适应的社会关系，改变一切由这些社会关系产生出来的观念"。② 也就是说，它突出地强调了无产阶级的运动必须从眼前的、直接的、也就是最实际和最生动的目标开始。

因此，无产阶级的社会主义（或革命社会主义）是一个这样的一种社会主义，如果单独地看它在每个阶段提出的任务的话，它都是社会主义性质的；但是，它不会因为达到了该阶段的目标而停止前进，在一个阶段完成后，新的变革又不断地又在另一个阶段中开始，所以它是一个不停顿地在重新开始中前进的运动和发展过程，而这个过程最终必然导致共产主义的实现。所以，这样的革命社会主义，就是通过不断地采取最实际的具体措施，宣布共产主义是革命的最终目标的社会主义。这样的社会主义体现着他们的思维，即建立在对人的本性理解上的共产主义信念，更重要的，它是以社会主义的形式存在的共产主义，体现着他们为实现共产主义理想的实践活动，即他们的批判是对现存社会的生动的现实的批判。

其实在这之前，他们就已经在生动的现实的社会中，敏锐地看到了工人阶级的解放运动正在发生这种情况。早在1845年，恩格斯就在《英国工人阶级状况》中写道：英国的"工人运动分裂为两个派别，一派是宪章主义者，一派是

---

① 《马克思恩格斯全集》第7卷，人民出版社1959年版，第69页。

② 《马克思恩格斯全集》第7卷，人民出版社1959年版，第104页。

社会主义者。宪章主义者比较落后，比较不开展，但他们是真正的道地的无产者，是无产阶级的代表。社会主义者看得远得多，提出消灭穷困的实际办法，但他们来自资产阶级，因此不能和工人阶级融合在一起。社会主义和宪章主义的合流，法国共产主义在英国条件下的重现，——这必然是最近的将来就要发生的，而且已经部分地发生了”①。恩格斯在这里所说的“社会主义”就是资产阶级、小资产阶级的社会主义；“宪章主义”就是当时英国的共产主义；“法国共产主义”就是以“乌托邦”为目标的共产主义。而他所说的“英国条件”，则是指英国的资本主义已经得到充分的发展，绝大多数人口由工人构成，是欧洲最有资格实现乌托邦目标的国家这个条件。所以，他所说的“社会主义和宪章主义的合流，法国共产主义在英国条件下的重现”，就是处于萌芽状态的无产阶级的社会主义。这件事就像他们自己说过的那样，无产阶级的理论家不需要、也根本不可以“在自己头脑里找寻科学真理”，那样做的结果只能产生空想主义者，无产阶级的理论家“只要注意眼前发生的事情，并且有意识地把这些事情表达出来就行了”②。恩格斯所说的，就是他所注意到了的、已经在他眼前发生了的事情。

“社会主义”之所以能和“宪章主义”合流，法国共产主义之所以能在英国条件下重现，首先是因为，从理论产生的根源和发展历程上讲，本来意义上的社会主义与共产主义之间天然就存在着割不断的联系，两者之间存在着“纯粹文献上的联系”和工人阶级运动历史上的联系。其次是因为，从现实的革命运动实践上讲，两者之间的界线并不是不可逾越的，在理论上提出和实际上实现“消除现代社会中的贫困和苦难的措施”的问题上，共产主义者与社会主义者事实上是“同道”。共产主义者必须认识到，只有首先消除现代社会中的贫困和苦难，才能实现未来的共产主义。换句话说，消除现代社会中的贫困和苦难，就是现实生活中最实际的和最真实的共产主义。

当共产主义与社会主义之间的“合流”逐渐实现之后，应该用它们两个中间的谁的名称来称呼工人阶级的解放运动呢？马克思和恩格斯选择了社会主义。用“社会主义”这个名称代替“共产主义”作为无产阶级解放运动的称谓，其必要性表现在以下两个方面。

第一，它可以避免误解。

共产主义思想在它产生之时，曾经有过这样的特点，即：它长于提出想要

---

① 《马克思恩格斯全集》第2卷，人民出版社1957出版，第526、527页。

② 《马克思恩格斯全集》第4卷，人民出版社1958年版，第157页。

实现的美好的理想，短于制定出实现美好理想的正确措施。但是，随着马克思主义的宣传和普及，工人阶级已经逐渐认识到了“建立共产主义实质上具有经济的性质”①；共产主义“不是应当确立的**状况**，不是现实应当与之相适应的**理想**”，而是“那种消灭现存状况的**现实的**运动”②；它的“任务不再是想出一个尽可能完善的社会制度，而是研究必然产生这两个阶级及其相互斗争的那种历史的经济的过程；并在由此造成的经济状况中找出解决冲突的手段”③。于是，工人阶级的运动在其本身的发展过程中就有了这样一个要求，即：必须从自己身上褪去因“共产主义”这个名称而留下的乌托邦的胎记，以免人们的误解。而用“社会主义”这个名称代替“共产主义”这个名称，正好可以达到这个目的。——从名称上避免人们可能产生的误解，即把只会提出消灭私有制的目标而不能提出实现这一目标的切实可行的具体行动方案和措施的乌托邦与工人阶级的运动联系在一起。

第二，最根本的是它表明共产主义找到了实现目的的现实手段。

如果工人阶级已经可以做到只是把消除现代社会中的贫困和苦难的措施当作引向共产主义的过渡办法而不是最终解决社会问题的灵丹妙药的话，在这个范围内，共产主义和社会主义之间在社会革命的表现形式上就是没有区别的，在这个时期内，共产主义是以典型的社会主义的面貌存在的。这是马克思和恩格斯亲身参加了和认真研究了实际的无产阶级的革命活动、总结和积累了大量的无产阶级革命运动的实践经验后，看到了现实的共产主义运动的条件，因而清楚地知道必须要提出和努力实现当时社会所需要的实际措施，把它们当作引向共产主义的过渡办法，只有这样共产主义才是争取工人阶级解放的实际运动。这一点是让他们决定选择社会主义这个名称称呼工人阶级的运动最重要也是最根本的理由。因为它表示，共产主义理想必须要与眼前的实际需要结合，所以采用它是共产主义理想不再停留在思想中的标志。正如恩格斯所说的那样，在希望实现若干个问题中所提出的部分措施以消除现代社会中的贫困和苦难这个问题上，共产主义者与第三类社会主义者是同道。换句话说，不经过共产主义和第三类社会主义所共同要求的目标——实现从社会生活存在的实际问题中提出的改进措施，以消除现代社会中的贫困和苦难，——共产主义运动就不能从现实的社会情况向前发展一步，就会归于“乌托邦”。他们认为：

---

① 《马克思恩格斯选集》第1卷，人民出版社2012年版，第202页。

② 《马克思恩格斯选集》第1卷，人民出版社2012年版，第166页。

③ 《马克思恩格斯选集》第3卷，人民出版社2012年版，第796页。

共产主义是用实际手段来追求实际目的的最实际的运动……①

所以，采用社会主义这个名称，就是在向所有的人大声地宣布：

从工人阶级运动成为现实运动的时刻起，各种幻想的乌托邦消逝了——这不是因为工人阶级放弃了这些乌托邦主义者所追求的目的，而是因为他们找到了实现这一目的的现实手段——取代乌托邦的，是对运动的历史条件的真正理解以及工人阶级战斗组织的力量的日益积聚。②

宣布工人阶级运动是最实际的运动，就是他们最终决定用社会主义这个名词来称呼工人阶级的运动的最根本的原因。

按照恩格斯在《共产党宣言》1888年英文版序言中的说法，在他和马克思直接领导下建立起来的国际工人协会（即第一国际）所成功地领导的欧洲工人运动，就是他们带领工人阶级与第三类社会主义者同行的实践活动。所以，马克思起草的协会的纲领即《告工人阶级书》，也是一个能“使英国工联，法国、比利时、意大利和西班牙的蒲鲁东派以及德国的拉萨尔派都能接受”③ 的文件。可以说，他们建立和领导第一国际的实践活动，和起草的作为其理论表现的《告工人阶级书》，就是共产主义在与社会主义“合流”之后，转变成为“用实际手段来追求实际目的的最实际的运动”的最有力的证据。

（二）确立了一个到处都引向胜利的策略

1. 恩格斯反常做法的意义

共产党人为工人阶级的最近的目的和利益而斗争，但是他们在当前的

① 《马克思恩格斯全集》第3卷，人民出版社1960年版，第236页。

② 《马克思恩格斯选集》第3卷，人民出版社2012年版，第153—154页。

③ 《马克思恩格斯选集》第1卷，人民出版社2012年版，第383页。另外：这句话是下面这段话中的一句：“当欧洲工人阶级重新聚集了足以对统治阶级发动另一次进攻的力量的时候，便产生了国际工人协会。但是这个协会成立的明确目的是要把欧美正在进行战斗的整个无产阶级团结为一个整体，因此，它不能立刻宣布《宣言》中所申述的那些原则。国际应该有一个充分广泛的纲领，使英国工联，法国、比利时、意大利和西班牙的蒲鲁东派以及德国的拉萨尔派都能接受。马克思起草了这个能使一切党派都满意的纲领，当时是把希望完全寄托于共同行动和互相讨论必然要产生的工人阶级智慧的发展。”

运动中同时代表运动的未来。①

上面的这句话是《共产党宣言》第四章第二个自然段的第一句话。

恩格斯在写《美国工人运动》这篇文章时，引述了《共产党宣言》中包括这句话在内的内容，但是他引述时的具体做法，却是非常地反常的。——他把这句话与在“宣言”中和这句话并不相连的第二章中的第二、三、四、五、六这五个自然段，直接地连接在一起，重新组合成了一个整体，并称：“这就是现代社会主义的伟大创始人卡尔·马克思、还有我以及同我们一起工作的各国社会主义者四十多年来所遵循的策略；结果，这个策略到处都引向胜利”②。

引述过去已有的书或者文章的内容时，应当忠实于原文，这是一个原则。所以恩格斯的这种做法非常罕见，是违反常规的。——因为如果只看恩格斯的引述，按照他对标点符号的使用情况，一定会让读者认为这段话在《共产党宣言》中原本就是这样的一个整体。正因为是如此的违反常规，所以，我们应该把它理解为：这个新的理论表述，是恩格斯对《共产党宣言》思想的进一步的阐释。

使用这种方法，说明了恩格斯对第四章第二自然段中第一句话所包含的思想非常重视。正是这句话，明确地阐明了的无产阶级的社会主义的一个最基本的原则——共产主义运动的未来是消灭私有制建立共产主义社会，但是，共产党人应该清醒地认识到，这个理想在条件成熟之前是不能实现的。所以，共产主义者必须一方面始终坚持这个理想，另一方面为“工人阶级的最近的目的和利益”而实际地努力奋斗，这是为实现未来理想而采取的过渡措施。共产主义者必须为实现从社会生活存在的实际问题中所提出的改进措施而奋斗，因为它们是符合历史的经济的过程所提出的现实要求的，只有通过实现这些措施，才能一步一步地迈向共产主义社会。这个最基本的原则来自于实践，是对几十年无产阶级革命运动实践经验的总结。

其实，他们在《共产党宣言》中提出的那十条具体措施，也都是“消除现代社会中的贫困和苦难的措施”，即社会主义的措施。虽然这些措施本身并不是共产主义的，但是每一条都是引向共产主义的过渡办法，因而都蕴含着共产主义的原则。对这十条措施，马克思和恩格斯特别强调，一方面这些措施本身没有什么特别的意义，作为过渡手段，共产党人对它们的唯一要求就是它们应该符合社会中现有的条件，并随着条件的变化而变化。另一方面，这些过渡措施

① 《马克思恩格斯选集》第1卷，人民出版社2012年版，第434页。
② 《马克思恩格斯全集》第21卷，人民出版社1965年版，第392页。

并不是没有实质的意义而可有可无、无足轻重的东西，实现这些过渡措施所提出来的目标，就是“那种消灭现存状况的现实的运动”本身，无产阶级在争取解放的运动进程中，必须采取这些作为过渡手段的一个又一个的措施，只有通过它们，才能使建立共产主义社会制度成为历史的经济的过程的必然结果。

实际的无产阶级解放运动，是在实现“社会主义”的措施中开始的。《共产党宣言》在提出十条措施时就说过：“这些措施在经济上似乎是不够充分的和无法持续的，但是在运动进程中它们会越出本身，而且作为变革全部生产方式的手段是必不可少的”①。虽然如此，但是由于它们体现了工人阶级现实的利益，因而也就成为无产阶级最近的目的，共产党人必须首先为工人阶级的这些利益和目的而斗争。由于共产党人在当前的运动中同时代表运动的未来，所以这些措施最终是一定会越出本身的。这种事情之所以必然会发生，关键就在于这些措施是被无产阶级当作“引向共产主义的过渡办法”而自觉采用的。通过一次又一次这样的过渡，最终就会出现恩格斯特别强调指出的社会状态情况，即：“使进一步向旧的社会制度进攻成为必要”②，这时人类就可以开始建立共产主义社会制度了。

社会主义的措施在用科学社会主义理论武装起来的无产阶级手中，成为趋向共产主义的过渡手段。这样一来，社会主义已经与共产主义融为一体。“共产主义”是对所追求的最终目标的称谓，因而也就是一个充满了追求美好理想色彩的名称，而“社会主义”是一个表达解决所面临的实际的具体的社会问题的要求的名称。他们说，对觉悟了的现代无产阶级来说，

> 共产主义是这样一种社会主义，在这里面他们提出了显明的实际措施，这里面不仅体现着他们的思维，并且更主要的是体现着他们的实践活动。因此，他们的批判是对现存社会的生动的现实的批判，是对“颓废”原因的认识。③

马克思进一步解释说：

> 这种社会主义就是**宣布不间断的革命**，就是实现无产阶级的**阶级专政**，把这种专政作为必经的过渡阶段，以求达到**根本消灭阶级差别**，消灭一切产生这些差别的生产关系，消灭一切和这些生产关系相适应的社会关系，

① 《马克思恩格斯选集》第1卷，人民出版社2012年版，第421页。

② 《马克思恩格斯选集》第1卷，人民出版社2012年版，第421页。另外：这句话在《共产党宣言》中本来是没有的，但是恩格斯却在1888年的英文版中加上了这句话。

③ 《马克思恩格斯全集》第2卷，人民出版社1957年版，第195页。

改变一切由这些社会关系产生出来的观念。[①]

之后不久，马克思在《致〈新德意志报〉编辑的声明》中重述这段话时，把第一句修改成："这种社会主义（即共产主义）就是宣布不间断的革命"[②]。

总而言之，首先，改用"社会主义"这个名称之后，共产主义的原则本身并没有因为名称的改变而有丝毫的改变，工人阶级的解放运动的性质还是共产主义的，"共产主义"是这一事业最终的美好理想，"社会主义"是这一事业现实的实际运动；其次，改用"社会主义"这个名称来称呼工人阶级历史性的革命运动及其学说，就是要表明，无产阶级的革命运动和理论必须要彻底消除乌托邦的影响，绝不能希望和要求在革命中一下子就实现共产主义的原则，就是要告诉人们而且首先是要告诉工人阶级，共产主义是用实际手段来追求实际目的的最实际的运动。

在一个国家里追求共产主义的这个过程中的具体细节，完全取决于当时的具体情况。例如，马克思称赞巴黎公社说，在巴黎的工人政府建立之后，它所采取的各项措施除了倾向之外根本没有什么社会主义的东西；恩格斯也认为巴黎公社莫大的荣幸，就在于它的一切经济措施的"活的灵魂"不是由什么原则，而是由简单的实际需要所构成。正因为如此，所以这些措施——废除面包工人的夜工、禁止工厂罚款、没收停业工厂和作坊并将其交给工人团体——才合乎德国科学社会主义的精神。

马克思特别重视这一点，专门对此做了一番精辟的说明。他说：虽然那些"对于工人阶级的真正理想和真正运动一窍不通"的人因此认为，这说明巴黎的工人政府放弃了共产主义，放弃了从以前乌托邦开始就宣布的目的，但是，恰恰是巴黎的工人政府采取的这些措施"根本没有什么社会主义的东西"，才证明了

从工人阶级运动成为现实运动的时刻起，各种幻想的乌托邦消逝了——这不是因为工人阶级放弃了这些乌托邦主义者所追求的目的，而是因为他们找到了实现这一目的的现实手段——取代乌托邦的，是对运动的历史条件的真正理解以及工人阶级战斗组织的力量的日益积聚。但是，乌托邦主义者所宣布的运动的两个最终目的，也是巴黎革命和国际所宣布的最终目的。只是手段不同，运动的现实条件也不再为乌托邦寓言的云雾所

① 《马克思恩格斯全集》第7卷，人民出版社1959年版，第104页。

② 《马克思恩格斯全集》第7卷，人民出版社1959年版，第378页。

掩盖。因此，无产阶级的这些以保护人自居的朋友们之百般曲解这次革命所响亮地宣布的社会主义趋向，只不过是受自己无知的欺骗而已。如果这些人认为工人运动的先知们所创造的那些乌托邦寓言仍然是“社会革命”，也就是说，如果他们认为社会革命仍然是“乌托邦式的”，那么过错并不在巴黎无产阶级身上。①

所以，马克思所说的“这种社会主义就是宣布不间断的革命”，其实就是“把这些措施当做引向共产主义的过渡办法”的另一种表述方式，即：无产阶级要根据实际情况，为实现工人阶级眼前的利益，不断地提出和实现新的措施，促进社会生产力向前发展，把运动推向前进（比如恩格斯在25年后说：《共产党宣言》“第二章末尾提出的那些革命措施根本没有特别的意义。如果是在今天，这一段在许多方面都会有不同的写法了”②）。而这场运动之所以必须要“实现无产阶级的阶级专政，把这种专政作为必经的过渡阶段”的原因，则是这些社会主义的措施只有在无产阶级的手中，才能趋向共产主义。反之，如果在资产阶级手中，它们就是维护资产阶级统治的手段。

使用社会主义这个名称表明，他们对共产党人通过采取社会主义的措施为工人阶级的最近目的和利益而进行的斗争十分重视，认为只有这样，共产主义才是现实的运动。关于这一点，可以从恩格斯对自己早年写的《英国工人阶级状况》一书的下面这个评价中得到印证。——他说：“几乎完全是由于马克思的功绩”，才使得“现代社会主义”“彻底发展成为科学。我这本书只是它的胚胎发展的一个阶段”，所以

本书，特别是在末尾，很强调这样一个论点：共产主义不是一种单纯的工人阶级的党派性学说，而是一种最终目的在于把连同资本家在内的整个社会从现存关系的狭小范围中解放出来的理论。这在抽象的意义上是正确的，然而在实践中在大多数情况下不仅是无益的，甚至还要更坏。既然有产阶级不但自己不感到有任何解放的需要，而且全力反对工人阶级的自我解放，所以工人阶级就应当单独地准备和实现社会革命。③

也就是说，如果在资本家从社会的各个方面压迫和剥削工人的现实中，只是从理论上说共产主义的“最终目的在于把连同资本家在内的整个社会从现存

① 《马克思恩格斯选集》第3卷，人民出版社2012年版，第153—154页。
② 《马克思恩格斯选集》第1卷，人民出版社2012年版，第376—377页。
③ 《马克思恩格斯全集》第22卷，人民出版社1965年版，第372页。

关系的狭小范围中解放出来”，那么这对工人阶级的解放不仅没有任何实际的意义，反而有害即把运动引向歧途。共产党人既应该在现实运动的角度上使用社会主义这个名称；也应该在运动未来的角度上使用共产主义这个名称。在当前的历史阶段上的现实的无产阶级解放运动，从形式上、从直接的效用上看，它是社会主义的；但其本质、其最终目的是共产主义的。所以，无论是从形式和直接效用上将称其为社会主义，还是从内容和最终目的上将其称为共产主义，都是可以的，所指的是同一个东西。

就这样，——一方面，随着马克思主义理论对无产阶级解放运动的影响日益加深，工人阶级逐渐认识到了建立共产主义实质上具有经济的性质；另一方面，随着马克思和恩格斯在亲身参加并且认真研究了实际的无产阶级的革命活动，因而总结和积累了大量的运动实践经验。——他们就决定使用“社会主义”这个名称来称呼自己为之奋斗的事业了。从开始时是“社会主义”与“共产主义”并用，逐渐地发展到主要使用“社会主义”基本上不用“共产主义”，他们赋予了“社会主义”这个名称全新的内涵，使之拥有了朝气蓬勃的新的生命力。

无产阶级只有解放全人类才能最终解放自己。从最终目的的意义上说，建立共产主义社会是运动过程在结束时得到的结果，是无产阶级同时也是全人类获得解放的标志。从过程的意义上说，无产阶级的解放运动就是一个不断积累解放所必需的条件的活动，这些条件和产生这些条件的过程是客观的、必须经过的和不以人的意志为转移的。用马克思的话说就是“全部历史是为了使‘人’成为**感性**意识的对象和使‘人作为人’的需要成为需要而作准备的发展史”①。从只使用共产主义这个名称，到共产主义和社会主义这两个名称一起用，再到只使用社会主义这个名称不使用共产主义这个名称，表明马克思主义理论从书桌之上走入了无产阶级争取解放的运动之中，并在实践中最终成熟。其精神实质是，无产阶级的解放事业应该从现实的、历史的、经济的实际出发，共产主义只能是用实际手段来追求实际目的的最实际的运动。所谓实际，就是作为肉体的、此岸的人格的工人阶级的眼前利益这个实际，是历史即生产力发展这个实际，是无产阶级解放条件这个实际，一句话，是代表人类真正利益的实际。

在这里，本书认为需要附带地说明一个问题，即“社会主义社会”这个名称的问题。

首先要说明的是，马克思在他的著作中从来没有使用过这个名称。

① 《马克思恩格斯全集》第42卷，人民出版社1979年版，第128页。

其次要说明的是，恩格斯也只是在1875年以后的4封信和5部著作中使用过这个名称①，而且是在与“共产主义社会”完全等同的意义上使用这个名称的。

例如，他第一次使用社会主义社会这个名称时是这样说的：“马克思驳斥蒲鲁东的著作和后来的‘共产党宣言’都已经直接指出，随着社会主义社会制度的建立，国家就会自行解体和消失”②。国家自行解体和消失这种事情，只能发生在共产主义社会中，所以他所说的社会主义社会，就是共产主义社会。

还有，当时有这样一种观点，即认为“在社会主义社会也将生产**交换价值**，因而也将生产用来出卖的商品，**劳动价格**也将继续存在，因而劳动力也将和从前一样作为商品出卖，这一切完全是自然的”③。他批驳说，这是“概念的混乱”。我们知道，只生产使用价值不生产交换价值是共产主义社会的特征。

再有，在讨论“那些刚刚踏上资本主义生产道路而仍然保全了氏族制度或氏族制度残余的国家，可以利用这些公社所有制的残余和与之相适应的人民风尚作为强大的手段，来大大缩短自己向社会主义社会发展的过程”这个问题时，他说这是一个关于“原始土地公共所有制形式，是能直接过渡到高级的共产主义的土地所有制形式呢？或者，它还须先经历西方的历史发展所经历的那个解体过程呢？”④ 的问题。这就直接点明了，所谓的“社会主义社会”就是实行“共产主义的土地所有制”的社会即共产主义社会。

2. 社会主义与共产主义的辩证关系

从以上的考察分析中，我们可以看到：马克思和恩格斯从开始使用“共产主义”名称，到后来转而使用“社会主义”名称，其中间经历了一个“否定之否定”的变化过程。

第一个否定——否定社会主义，用共产主义自称。

他们认为，所有的社会主义，要么是些信奉各种空想学说一事无成的分子，要么是各种各样或者反动或者保守的社会庸医，而他们坚信必须根本改造全部社会的立场和观点，是与社会主义完全不同的关于无产阶级解放的科学学说，

---

① 见《马克思恩格斯全集》中文第一版第19卷第7、8、239页，第20卷第347、708页，第21卷第554页，第22卷第56、502页，第37卷第432、443页，第38卷第119页。

② 《马克思恩格斯全集》第19卷，人民出版社1963年版，第7页。

③ 《马克思恩格斯全集》第21卷，人民出版社1965年版，第554页。

④ 《马克思恩格斯全集》第22卷，人民出版社1965年版，第502、503页。

所以他们选用共产主义这个名称来自称，以与社会主义划清界限。

第二个否定，即对前一个否定的否定——肯定社会主义，用社会主义自称。

第二个否定经历了一个“从量变到质变”的过程。

“量变”就是指，在“第二个否定”开始的时候，他们对社会主义的肯定，是以对工人运动中表现为社会主义的东西的共产主义实质的肯定的形式存在的，可以把它表述为“社会主义在今天就是共产主义”。他们对巴黎公社的评价就是这个量变过程的最终的体现。——在首先说明巴黎公社是工人阶级的政府，是生产者阶级同占有者阶级斗争的结果，是终于发现的、可以使劳动在经济上获得解放的政治形式之后，又特别地肯定和赞扬了巴黎公社所采取的措施除了倾向之外根本没有一点与消灭资产阶级私有制原则有关的东西，并说，这就是把工人阶级的运动变成现实的运动，是巴黎公社的幸运之所在。

“质变”就是指“第二个否定”最终达到的肯定结论，可以把它表述为“今天的共产主义就是社会主义”。最能代表这一肯定性结论的，就是恩格斯对他与马克思以及同他们一起工作的各国社会主义者40多年来所遵循的、结果到处都把工人阶级的运动引向胜利的策略的表述——“共产党人为工人阶级的最近的目的和利益而斗争，但是他们在当前的运动中同时代表运动的未来”；最集中地表现了这一肯定性结论的，就是他希望考茨基用“社会主义史”作书名而不要用“共产主义史”的建议——“‘共产主义’一词我认为当前不宜**普遍**使用，最好留到必须**更确切的**表达时才用它”。

（三）“社会主义”在《资本论》中得到科学的论述

1. 资本以铁的必然性发生作用

1867年终于在汉堡出版了“**资本论**。政治经济学批判”第一卷。这部著作是整个一生科学研究的成果。它是工人阶级政治经济学的科学表述。这里所涉及的不是鼓动性的词句，而是严密的科学结论。任何人，不管他对社会主义采取什么态度，都不能不承认，社会主义在这里第一次得到科学的论述……现在谁还要想同社会主义作斗争，那他就必须对付马克思。①

上面是1869年7月28日恩格斯写的《卡尔·马克思》一文中的一段话。他告诉人们，对社会主义的科学的论述，存在于对资本中。所以，对“谁还要想同社会主义作斗争，那他就必须对付马克思”一句，我们也可以做进一步的延伸理解，即：如果谁想真正懂得社会主义，那他就必须了解马克思的资本理论。

《资本论》是马克思的一部最伟大的著作，它科学地揭示了资本走上历史舞台的必然性和之后的社会发展趋势。在发表这部著作的时候，马克思向读者特别地强调说：

> 问题本身并不在于资本主义生产的自然规律所引起的社会对抗的发展程度的高低。问题在于这些规律本身，在于这些以铁的必然性发生作用并且正在实现的趋势。工业较发达的国家向工业较不发达的国家所显示的，只是后者未来的景象。②

通过写在序言中的这个被他特别强调的问题，马克思实际上是给读者指出了《资本论》对社会主义所做的科学论述中最核心的理论观点。——这个理论观点就是：对资本规律的揭示，就是对社会主义的科学论述；正是资本本身的自然规律以铁的必然性所发挥的作用，决定了共产主义正在不可阻挡地实现着的趋势；所以，尊重资本，就是尊重人类解放运动即社会主义本身。

在任何一个存在着资本的现实的社会中，都会有这样的一个社会现象，即：“资本”与“资本家”（占有社会生产资料的人）在现实生活中是分不开的，也就是说，没有资本家，就没有资本。这是一个一般的社会现象。在这个问题上，马克思既指出了普通经济学家忽略了资本家和雇佣工人的产生，是资本增殖过程的主要产物的错误，同时也批判了有些社会主义者的错误言论。——他说：在资本的增殖过程中，

> 物化的劳动同时又表现为工人的**非对象性**，表现为与工人对立的一个主体的对象性，表现为工人之外的异己意志的**财产**，所以资本就必然的同时是**资本家**，而有些社会主义者则认为，我们需要资本，但不需要资本家，——这是完全错误的。在资本的概念中包含着这样一点：劳动的客观条件（而这种客观条件是劳动本身的产物）对劳动来说**人格化了**，或者同

① 《马克思恩格斯全集》第16卷，人民出版社1964年版，第411、412页。

② 《马克思恩格斯全集》第23卷，人民出版社1972年版，第8页。

样可以说，客观条件表现为对工人来说是异己的人格的财产。资本的概念中包含着资本家。①

因此，马克思和恩格斯在使用“资本”和“资本家”这两个概念时，也往往是不做严格区分的。

马克思和恩格斯是他们生活的那个年代的人，他们观察的是他们自己眼前的资本时代。换句话说，他们所看到的生动的社会生活，是西欧发达资本主义国家的社会生活，是资产阶级占统治地位的因而财产所有权和资本的生产方式及其与之相适应的生产关系两者相互重合而存在的社会。所以，虽然在理论上说，资本家作为“人格化的资本”，即作为他所承担的资本的生产职能，和他作为“资产阶级的所有制”的主要体现者，即作为生产资料的私人占有者的身份，是两个可以区分开的不同的东西，但是，在现实的社会生活中，两者却是严丝合缝地重合在一起的。简单地说就是：资本的生产职能是由生产资料的私人占有者承担的。马克思和恩格斯没有也不可能看到，十月革命以后，陆续在经济落后的国家——例如俄国、中国等等国家——中陆续出现的社会主义国家的情况。

正像他们自己所说的那样，工人阶级的理论家需要做的事情，只是注意眼前发生的事情并且有意识地把这些事情表达出来而已。他们的社会存在的时代特殊性，决定了他们的理论的特殊性。所以，在他们的理论著述即对现实生活的忠实的理论表述中，“资本家”这个概念就与“生产资料的所有权”、“资产阶级的所有制”的概念发生了重合。也就是说，资本（即资本的生产方式和与之相适应的生产关系）与资产阶级私有制这两个东西，在西欧发达国家的现实生动的社会中，通过资本家这个中介，它们完全地重合在了一起，从而表现为它们似乎天生就是“同一”的。所以，“资本”与“资产阶级私有制”这两个概念，在理论上也就不必特别加以区别，而且事实上也是可以相互替代使用的。由于这个原因，在理论上就出现了这样一个实际上存在的等式：“资本=资本家=资产阶级私有制”。这样一来，与之相对应，在工人阶级解放的运动中也就有了这样一个等式：“消灭资产阶级私有制=消灭资本家=消灭资本”。这是他们那个特殊时代的特殊社会现象与资本时代的一般社会现象相遇之后，在理论上必然会产生的结果。

但是，在马克思和恩格斯的理论中所存在的这个反映了当时社会生活实际

① 《马克思恩格斯全集》第46卷上册，人民出版社1979年版，第517页。

情况的特点，并不意味着在《资本论》的科学理论中，这几个概念本身的含义是同一的，或者说是没有什么区别的。相反，无可争辩的事实是，在马克思主义的理论中，“资本”、“资本家”、“资产阶级私有制”这三个概念各自都是有自己明确的、特有的含义的。

所谓“资本”，从静态的存在形式即积累起来的物化劳动的角度看，它是一定数量的自我增殖的价值；从动态的存在形式即生产活动的角度看，它是一种生产方式——即先将“生产资料”与“劳动”分离，然后又通过在两者之间进行的商品交换活动再把两者结合在一起的生产方式。通过这种生产方式，及其由这种生产方式决定的生产关系，资本表现出了自己的生产本性。马克思的结论是：

> 由此可见，**资本是生产的**；也就是说，是**发展社会生产力的重要关系**。①

所谓“资本家”，他是资本的人格化。资本无止境地增殖自身的本性，就是通过资本家无止境地占有财富的欲望实现的。所以，在以物的依赖性为基础的资本时代，所谓的“资本家”，他不是作为一个人而存在的，更为确切地说，他是作为人格化了的资本、自为存在的资本而存在的。由于资本家有着无止境地追求利润的欲望，所以资本家也就成为了资本时代社会机构中的主动轮。

所谓“资产阶级私有制”，则是在社会化的大生产中存在于一切生产要素上的私人占有权的社会（即政治）表现形式。

如果我们不能在理论上因而也在自己的头脑中把它们明确地区分开来，而是把它们混为一谈，那必然会带来灾难性的后果。例如，长期以来，我们认为我国公有制经济中不存在资本，原因就是把资本等同于资本家、等同于对工人的剥削，等同于资产阶级私有制。所以，从我们已经消灭了剥削制度这个事实出发，就推论说，在我们的国家，资本已不存在了，资本在中国这个舞台上的历史使命已经结束了，所以市场经济自然也已经随着它退出了中国的历史舞台。

其实马克思并没有把资本本身等同于资产阶级的统治、资产阶级私有制。他不过是因为在他生活的时代资本本身与资产阶级的统治、资产阶级私有制完全重合，从而把它们视为同一个东西而已。但是，这绝不意味着马克思认为它们不是各自独立存在的东西。如果社会中的这种重合现象不存在，那他是绝对不会把它们视为同一个东西了——视为“同一”是因为它们事实上“不同一”。

---

① 《马克思恩格斯全集》第46卷上册，人民出版社1979年版，第287页。

这一点，可以从他认为在资产阶级的统治、资产阶级私有制产生之前或者消亡之后，社会中都存在着资本中得到证明。

第一个证据是，马克思认为，在资本主义制度出现之前，因而同时也是资产阶级的所有制出现之前，资本就已经存在了。——他说："商业资本是资本本身的最早的自由存在方式"，"生息资本也是资本的古老形式"①。

他举了多个实例来说明商业资本比资本主义生产方式出现的要早得多：

例如十七世纪英国的呢绒商人曾经把那些仍然是独立的织工置于自己的控制之下，把羊毛卖给他们，而向他们购买呢绒，——但就它本身来说，它并没有引起旧生产方式的变革，而不如说保存了这种生产方式，把它当作自己的前提予以维持。例如，直到本世纪中叶，法国的丝织业以及英国的织袜业和花边业的工厂主，大部分仍然只是名义上的工厂主，实际上只是商人，他让织工按照他们原来的分散的方式继续劳动，而他只是作为商人实行统治，织工实际上是为这种商人劳动。这个方法到处都成了真正的资本主义生产方式的障碍，它随着资本主义生产方式的发展而消灭。它不变革生产方式，只是使直接生产者的状况恶化，把他们变成单纯的雇佣工人和无产者，使他们所处的条件比那些直接受资本支配的人所处的条件还要坏，并且在旧生产方式的基础上占有他们的剩余劳动。同样的情况在伦敦一部分手工家具制造业上也可以看到，不过略有变化。这种制造业，特别在哈姆雷特塔区，经营的规模非常大。整个生产分成许多互相独立的营业部门。一个部门只做椅子，另一个部门只做桌子，第三个部门只做柜子等等。这些部门本身或多或少都是按手工业方式由一个小老板带领几个帮工经营的。不过，如果是直接为了私人劳动，生产规模就未免太大了。它们的购买者是家具店主。每星期六老板都上他们那里去，并把产品卖给他们；这时进行讨价还价，就象在当铺内对这件或那件东西该当多少钱进行讨价还价一样。这些老板单是为了在下一周能够重新购买原料并支付工资，就需要逐周出售自己的产品，在这种情况下，他们实质上只是商人和他们自己的工人之间的媒介。商人是真正的资本家，他把剩余价值的最大部分装进了自己的腰包。在那些过去用手工业方法经营，或者作为农村副业经营的部门向工场手工业过渡时，可以看到类似的情况。②

生息资本或高利贷资本（我们可以把古老形式的生息资本叫作高利贷

① 《马克思恩格斯全集》第25卷，人民出版社1974年版，第376页。

② 《马克思恩格斯全集》第25卷，人民出版社1974年版，第373、375页。

> 资本)，和它的孪生兄弟商人资本一样，是洪水期前的资本形式，它在资本主义生产方式以前很早已经产生，并且出现在极不相同的社会经济形态中。高利贷资本的存在所需要的只是，至少已经有一部分产品转化为商品，同时随着商品买卖的发展，货币已经在它的各种不同的职能上得到发展。高利贷资本的发展，和商人资本的发展，并且特别和货币经营资本的发展，是联系在一起的。在古代罗马，从共和国末期开始，虽然手工制造业还远远低于古代的平均发展水平，但商人资本、货币经营资本和高利贷资本，却已经——在古代形式范围内——发展到了最高点。我们已经知道，有了货币，就必然出现货币贮藏。但是，职业的货币贮藏家只有当他转化为高利贷者时，才起重要的作用。商人借货币，是为了用这个货币牟取利润，是为了把它作为资本使用，也就是为了把它作为资本耗费。因此，即使在以前的社会形式内，贷款人对于商人的关系，也完全和他对于现代资本家的关系一样。……在奴隶经济（不是家长制的奴隶经济，而是后来希腊罗马时代那样的奴隶经济）作为致富手段存在的一切形式中，因而，在货币通过购买奴隶、土地等等而成为占有别人劳动的手段的一切形式中，货币正是因为可以这样使用，所以作为资本可以增殖，生出利息。①

这就是说，资本的发展历史是这样的：起初工业生产是以商业为基础的，只是到了工场手工业（尤其是大工业）相当巩固并为自己创造市场和用自己的商品来夺取市场时，商业才成了工业生产的奴仆。所以，与之相一致，资本与资产阶级私有制之间的关系应当是这样的：当资产阶级占统治地位的资本主义关系的基本形式即产业资本在社会中形成时，它碰到了商业资本和生息资本或高利贷资本这些更为古老的形式，并把它们作为自己的前提。

所以，通过以上的关于商业资本和生息资本或高利贷资本的论述，完全可以证明，在马克思的理论中，资本本身与资产阶级私有制之间没有直接的关系。如果马克思认为资本就是资产阶级私有制的话，他就不会说在没有资本家和雇佣工人存在的时候就有资本存在了。

第二个证据是，马克思认为，资产阶级统治的灭亡并不意味着资本也随之灭亡，资本会因其存在的条件存在而仍然继续存在。

例如《共产党宣言》中提出了十条“须对所有权和资产阶级生产关系实行强制性干涉”的措施，其中的第五条是：

---

① 《马克思恩格斯全集》第25卷，人民出版社1974年版，第671、672页。

通过拥有国家资本和独享垄断权的国家银行，把信贷集中在国家手里。①

在这里不仅提到了“国家资本”即资产阶级的政治统治灭亡之后归无产阶级的国家所有的资本，而且认为，应该利用国家资本和国家对银行的垄断性的所有权，让社会中存在的在资本的生产方式中进行的生产为无产阶级的国家服务。——这条措施中提到了“银行”、“信贷”，它们毫无疑问是属于无产阶级国家“信用制度”的机构，而无产阶级的国家中存在信用制度这件事本身，就是无产阶级的国家中存在资本的最有力的证明，因为信用制度是以资本的存在为前提的：

只要生产资料不再转化为资本，信用本身就不会再有什么意义。②

关于资本的历史地位，马克思是这样讲的：

资本的伟大的历史方面就是创造这种剩余劳动，即从单纯使用价值的观点，从单纯生存的观点来看的多余劳动，而一旦到了那样的时候，即一方面，需要发展到这种程度，以致超过必要劳动的剩余劳动本身成了从个人需要本身产生的普遍需要，另一方面，普遍的勤劳，由于世世代代所经历的资本的严格纪律，发展成为新的一代的普遍财产，最后，这种普遍的勤劳，由于资本的无止境的致富欲望及其唯一能实现这种欲望的条件不断地驱使劳动生产力向前发展，而达到这样的程度，以致一方面整个社会只需求较少的劳动时间就能占有并保持普遍财富，另一方面劳动的社会将科学地对待自己的不断发展的再生产过程，对待自己的越来越丰富的再生产过程，从而，人不再从事那种可以让物来替人从事的劳动，——一旦到了那样的时候，资本的历史使命就完成了。③

在这段话中，马克思在指出资本的伟大的历史方面的同时，也提出了资本消亡的三个条件：一是生产力条件；二是人自身的条件；三是社会条件。

第一，生产力条件。

他说：“靠消耗最小的力量，在最无愧于和最适合于他们的人类本性的条件下来进行”与自然之间的“物质变换”④ 也就是说，一方面社会必要劳动时间

① 《马克思恩格斯选集》第1卷，人民出版社2012年版，第421—422页。

② 《马克思恩格斯全集》第25卷，人民出版社1974年版，第687页。

③ 《马克思恩格斯全集》第46卷上册，人民出版社1979年版，第287页。

④ 《马克思恩格斯全集》第25卷，人民出版社1974年版，第927页。

已缩小到最低限度；另一方面，大量的生产活动由机器来完成，人不再是生产过程的主要当事者，而是站在生产过程旁边的监督者和调节者。

第二，人本身的条件。

他说：“代替那存在着阶级和阶级对立的资产阶级旧社会的，将是这样一个联合体，在那里，每个人的自由发展是一切人的自由发展的条件。”① 也就是说，全面而自由地发展个人本身的能力作为社会生活的原则，已经实现，个人本身之外的任何东西都不再是目的，例如劳动不再是谋生的手段，而是人对自身能力的自我享受。

第三，社会条件。

他说：要“重新建立个人所有制”②，这是一个自由人的联合体，在那里，人们用公共的生产资料进行劳动，并且自觉地把他们许多个人劳动力当作一个社会劳动力来使用，鲁滨孙的劳动的一切规定在社会范围内又重演了。也就是说，就像鲁滨孙不会、也没有必要向什么人主张他对自己的劳动产品的独占的所有权一样，在个人所有制的社会里，人们已经没有财产所有权的概念，面对着充分涌流的财富，每个人各取所需，同时也各尽所能地进行生产财富的创造性活动。而且，由于这种活动就是对人的本性的满足，所以它成为了人的自我享受，乐在其中。

但是，资本消亡的这三个条件并不是某种外在的力量为它准备好的，而是资本本身内在的力量创造出来的，也只有它自己才有资格为自己创造出这些消亡的条件。马克思反复指出，只有资本自己才能创造出使自身消亡的条件，这是一个铁的自然规律。人们虽然能够认识这个规律，也能够通过掌握这个自然规律来加快历史发展的进程和减轻发展过程中产生的痛苦，但绝不可能跳过，也绝不可能用法令取消这个自然的发展阶段。他说：资本家

> 作为人格化的资本，他是为生产而生产，想为发财而发财。既然他是资本职能的单纯执行者，即资本主义生产的承担者，他所关心的就是交换价值和它的增加，而不是使用价值和它的数量的增加。他只关心抽象财富的增加，对别人劳动的愈来愈多的占有。他象货币贮藏者一样，完全受发财的绝对欲望支配，所不同的只是，他并不以形成金银财宝的幻想形式来满足这种欲望，而是以形成资本的形式即实际生产的形式来满足这种

---

① 《马克思恩格斯选集》第1卷，人民出版社2012年版，第422页。

② 《马克思恩格斯全集》第23卷，人民出版社1972年版，第832页。

欲望。①

这就是说，

他狂热地追求价值的增殖，肆无忌惮地迫使人类去为生产而生产，从而去发展社会生产力，去创造生产的物质条件；而只有这样的条件，才能为一个更高级的、以每个人的全面而自由的发展为基本原则的社会形式创造现实基础。资本家只是作为资本的人格化才受到尊敬。②

正因为如此，所以马克思说：

李嘉图把资本主义生产方式看作最有利于生产、最有利于创造财富的生产方式，对于他那个时代来说，李嘉图是完全正确的。他希望**为生产而生产**，这是**正确的**。如果像李嘉图的感伤主义的反对者们那样，断言生产本身不是目的本身，那就是忘记了，为生产而生产无非就是发展人类的生产力，也就是**发展人类天性的财富这种目的本身**。如果……把个人的福利同这个目的对立起来，那就是主张，为了保证个人的福利，全人类的发展应该受到**阻碍**，因而，举例来说，就不能进行任何战争，因为战争无论如何会造成个人的死亡。……这种议论，就是不理解："**人**"类的才能的这种发展，虽然在开始时要靠牺牲多数的个人，甚至靠牺牲整个阶级，但最终会克服这种对抗，而同每个个人的发展相一致；因此，个性的比较高度的发展，只有以牺牲个人的历史过程为代价。至于这种感伤议论的徒劳，那就不用说了，因为在人类，也像在动植物界一样，种族的利益总是要靠牺牲个体的利益来为自己开辟道路的，其所以会如此，是因为种族的利益同**特殊个体的利益**相一致，这些特殊个体的力量，他们的优越性，也就在这里。

由此可见，李嘉图的毫无顾忌不仅是**科学上的诚实**，而且从他的立场来说也是**科学上的必要**。因此对李嘉图来说，生产力的进一步发展究竟是毁灭土地所有权还是毁灭工人，这是无关紧要的。如果这种进步使工业资产阶级的资本贬值，李嘉图也是欢迎的。如果劳动生产力的发展使**现有的**固定资本贬值一半，那将怎样呢？——李嘉图说，——要知道人类劳动生产率却因此提高了一倍。这就是**科学上的诚实**。如果说李嘉图的观点整个说来符合工业资产阶级的利益，这只是因为工业资产阶级的利益符合生产

① 《马克思恩格斯全集》第26卷第一册，人民出版社1972年版，第292页。
② 《马克思恩格斯全集》第23卷，人民出版社1972年版，第649页。

的利益，或者说，符合人类劳动生产率发展的利益，并且**以此为限**。[①]

从马克思的以上论述中，我们可以得出下面两个结论：第一，资本不等于资产阶级私有制，它是一个——也是唯一的一个——能为更高级的社会形式即以每个人的全面而自由的发展为基本原则的社会形式创造出现实基础的实际的生产形式；第二，在资本为每个人都能自由发展的社会形式创造出现实的基础之前，消灭资本是违背历史发展规律的。

这就决定了，我国的经济必须融入到世界性的市场经济之中才能快速发展；我们能够而且必须向发达的资本主义国家学习发展经济的经验，学习先进的经营方式和管理办法。

2. 资本是“生产的”

资本是“生产的”。——这就是马克思“资本”理论的核心和灵魂。

关于“资本”，他首先指出：“必须把资本在某**一定**点上表现出来的一定形式固定下来。否则就会发生混乱。”就是说，首先应该研究的是资本的产生过程，并由此认识“**资本一般**，也就是使作为资本的价值同单纯作为价值或货币的价值区别开来的那些规定的总和”[②]。那么，应该在哪个“一定点上表现出来的一定形式”上把资本固定下来呢？认真读一下马克思的《资本论》和其他研究政治经济学的手稿就能得出结论——马克思所说的那个“一定点上表现出来的一定形式”，就是自为存在、自我增殖的价值。因为，只有通过自我增殖，资本才表明了自己是资本。

他指出，在资本概念的形成中，要阐明三个因素。“第一个因素以由流通产生并以流通为前提的价值为出发点”，这是资本的简单概念，是进一步直接规定为资本的货币；“第二个因素以作为生产的前提和结果的资本为出发点”，这是以增值为目的而进入生产过程并最终实现了目的的资本；“第三个因素，是与劳动对立的原始积累，从而也是与积累对立的无对象的劳动”[③]，这是在生产过程中的、以生产资料和劳动相分离的生产方式存在的资本。说得通俗一点，所谓资本，在它产生之时是这样一种价值：首先，它是已经在流通中发展起来并以货币形式存在的交换价值；其次，它是物化了的并且独立化了的交换价值，即

① 《马克思恩格斯全集》第26卷第二册，人民出版社1973年版，第124、125页。

② 《马克思恩格斯全集》第46卷上册，人民出版社1979年版，第270页。

③ 《马克思恩格斯全集》第46卷上册，人民出版社1979年版，第280页。

为了不断更新自己并从自己出发重新开始流通；最后，它是有一定价值量的交换价值，即独立于活劳动之外的、积累起来的物化劳动，它把自己变成劳动材料，同时又把劳动并入自身，因此它就表现为一个生产过程而成为一个自我增殖的交换价值。马克思指出，资本的前两个因素在第三个因素中形成了一个统一体，这个统一体就是资本本身，是刚刚产生出来的资本即资本一般；它是产生资本的实际运动在观念上的反映，以后的资本是这一萌芽的发展。

具备了以上三个要素之后，资本——作为前一个社会生产方式瓦解的产物，和后一个社会生产方式的前提——就产生了。也就是说，资本是生产力本身在发展过程中产生出来的要求呼唤出来的。这三个要素的总和之所以能够被称之为“资本”，那是因为它体现了一种关系，即生产关系（生产方面社会关系），而不是一种物，不是货币。因为同样的机器、货币，“有时可以包括在资本的规定中，有时可以包括在另外的、对立的规定中，因此，它或者**是**资本，或者**不是**资本。可见，资本显然是**关系**，而且**只能是生产关系**”①。正因为资本是这种生产方面的社会关系，即为满足生产的需求而产生和存在的社会关系，资本才是生产的，或者说才称得上是资本。

在资本的生产性问题上，马克思为什么说资本是“生产的”，而不说直接的生产活动本身即劳动是“生产的”呢？关于这个问题，他是这样说明的：

> 在资本构成生产的基础，从而资本家是生产的指挥者的地方，劳动本身**只有**在被资本吸收时才是**生产的**。正如商品的一般交换价值固定在货币上一样，劳动的生产性也会变成资本的生产力。与资本相对立的、**自为**存在于工人身上的劳动，也就是在自己的**直接存在中的**、与资本相分离的劳动，是**非生产的**。作为工人活动的劳动也是非**生产的**，因为它只加入简单的、仅仅在形式上发生变化的流通过程。因此，有些人证明说，归于资本的一切生产力是劳动**生产力的倒置**，**换位**，这些人恰恰忘记了，资本本身在本质上就是这种**倒置**，这种**换位**，而雇佣劳动本身以资本为前提，因而从劳动方面来看，它也是这种**变体**；是把这种劳动本身的力量变成对工人来说是**异己的**力量的必要过程。因此，要求保存雇佣劳动，同时又要扬弃资本，这是自相矛盾和自相取消的要求。
>
> 其他一些人，如本身是经济学家的李嘉图、西斯蒙第等等则说，**只有劳动**是生产的，而资本不是生产的。但是他们不是把资本看作处在**独特形**

① 《马克思恩格斯全集》第46卷上册，人民出版社1979年版，第518页。

式规定性上的资本，看作自身反映的生产关系，而只是想到资本的物质实体，原料等等。可是这种物质要素还不能把资本变成资本。①

所以，在形成资本概念的三个因素中，第三个因素是核心、是本质性的因素。因为只有劳动资料与劳动分离之后，即只有出现了“与劳动对立的原始积累，从而也是与积累对立的无对象的劳动”的时候，被称之为资本的“生产的”关系才能产生，资本才是生产的。

对资本生产关系之所以能拥有这种生产特性的原因，它对人本身的发展即对历史的意义，马克思也有论述。他说：

> 资本和劳动的关系在这里就像货币和商品的关系一样；如果说资本是财富的一般形式，那么，劳动就只是以直接消费为目的的实体。但是，资本作为孜孜不倦地追求财富的一般形式的欲望，驱使劳动超过自己自然需要的界限，来为发展丰富的个性创造出物质要素，这种个性无论在生产上和消费上都是全面的，因而个性的劳动也不再表现为劳动，而表现为活动本身的充分发展，在那种情况下，直接形式的自然必然性消失了；这是因为一种历史形成的需要代替了自然的需要。由此可见，**资本是生产的**；也就是说，是**发展社会生产力的重要的关系**。只有当资本本身成了这种生产力本身发展的限制时，资本才不再是这样的关系。②

发展社会劳动生产力是资本的历史任务和存在理由，并因此具有了自己的本性、自己的特点和自己的趋势。

首先，增殖自身是资本的本性。资本合乎目的的活动只能是“发财致富”，也就是使自己增大或者说增殖，这是一个永无止境的目标。所以，资本通过资本家而表现出来的追求财富的欲望作为生产力发展的动力，不仅永远不会枯竭，反而会在得到每一次的满足之后变得更加旺盛。

其次，社会化是资本的特点。资本从一开始就表现为集体力量，社会力量，表现为对分散性的扬弃。资本的生产方式本身不再容许生产工具处于分散状态和劳动者处于孤立状态，而是要求工具变成机器，劳动者联合在大工场内从事有分工但又互相衔接的活动，大规模地生产面向市场的商品，并且把世界的每一个角落都纳入自己的市场之中。

最后，无限度地提高劳动生产力是资本的必然趋势。马克思说：当“**固定**

---

① 《马克思恩格斯全集》第46卷上册，人民出版社1979年版，第268、269页。

② 《马克思恩格斯全集》第46卷上册，人民出版社1979年版，第287页。

资本在生产过程内部作为机器来同劳动相对立的时候，而整个生产过程不是从属于工人的直接技巧，而是表现为科学在工艺上的应用的时候，只有到这个时候，资本才获得了充分的发展，或者说，资本才造成了与自己相适应的生产方式。可见，资本的趋势是赋予生产以科学的性质，而直接劳动则被贬低为只是生产过程的一个要素。同价值转化为资本时的情形一样，在资本的进一步发展中，我们看到：一方面，资本是以生产力的一定的现有的历史发展为前提的，——在这些生产力中也包括科学，——另一方面，资本又推动和促进生产力向前发展"①。

总之，资本的本性、特点和趋势充分证明了，资本是一个自为存在、自我增殖的价值。

在生动的现实生活中，资本是积累起来的交换价值。当它体现在生产原料和生产工具上时，它们作为生产条件是资本的实体，而作为资本的实体，它们是资本物质要素的静止的形式；当积累起来的交换价值体现在活劳动上时，它作为无对象的劳动是资本的形式，而作为资本的形式，它是资本物质要素的活动的形式。资本的这两个物质要素——生产原料、生产工具和无对象的劳动——作为资本自身的实体和形式，它们的统一和相互关系构成了资本的内容，即资本本身。它们两者之间区别的形成和扬弃，就是生产过程即构成资本内容的过程（资本的生产方式）。所以资本本质上是生产的。

但是，这时的资本只是自在地表现为资本，或者说，只是资本的物质要素，还不是表现出来的资本。历史是人本身有意识、有目的的活动，因此资本的物质要素只有人格化以后，即采取一定的社会形式以后，才是真正的资本。也就是说，资本作为自为的价值，是通过资本所有者对财富无止境的追求的意识和意志实现的，所以资本的概念中必然包含着资本家。这时，与资本对立、并被资本并入自身的劳动，必然表现为工人，而作为自为存在的劳动，它是通过工人不断产生的生存需要而实现的。资本内容中的这两种物质要素的关系，只要它一成为现实的关系，即成为生产过程，就立刻表现为生产条件所有者与劳动力所有者之间的生产关系。由于资本本身就是两种物质要素之间区别的形成和扬弃，所以这两种物质要素只有分别人格化并构成生产关系时，资本才能实现自己，才能自我增殖。这是资本存在的前提。因此，哪怕就是在生产资料的所有者同时又是使用这个生产资料进行生产的劳动者的情况下，资本的两种物质要素也必须同时人格化在这一个人身上，即必须使这个人同时具有两种相互独

① 《马克思恩格斯全集》第46卷下册，人民出版社1980年版，第211页。

立的人格。资本之所以必须同时造就两种相互对立的独立人格，这是资本实现自己职能的需要，也是生产力发展的需要。

综上所述，对资本的正确理解应该是：资本是以物质要素为内容，以社会规定性为形式的自为存在、自我增殖的价值。资本的内容与形式之间的关系是对立统一，相辅相成的，缺任何一方，就不能称其为资本。但是，这绝不意味着两者没有主次之别。从生产力的角度看，内容更为根本。所以，马克思一方面说，自为存在的资本就是资本家，另一方面又说，“资本家所执行的**职能**，不过是用**意识**和**意志**来执行的资本本身的职能（通过吸收活劳动来自行增值的价值职能）。资本家只是作为人格化的资本，作为表现为人的资本执行职能”[①]，资本家只有作为人格化的资本执行资本的生产职能时，他才具有历史的价值。显然，资本本身是主客体颠倒的异化现象——在资本中，物质要素是生产的、是主体，劳动要素是非生产的、是客体，作为客体它只有被主体吸收后才是生产的。

所以，对于资本，我们应该这样来认识它：虽然它是物质生产中即现实社会生产过程中把主体颠倒为客体的人本身劳动的异化，但是**“从历史上看**，这种颠倒是靠牺牲多数来强制地创造财富本身，即创造无限的社会劳动生产力的必经之点，只有这种无限的社会劳动生产力才能构成自由人类社会的物质基础。这种对立的形式是必须经过的，正象人起初必须以宗教的形式把自己的精神力量作为一种独立的力量来与自己相对立完全一样。这是人本身的劳动的**异化过程**”。我们应该看到，“既然生产过程同时就是实际劳动过程，既然资本家作为生产过程的**监督者**和**指挥者**必须在实际生产中执行职能，他的活动实际上就获得了特殊的、多种多样的内容”；但是，我们同时也要看到，在这个生产关系中，**“劳动过程**本身只表现为**价值增殖过程**的**手段”**，“资本家活动的绝对欲望和内容，实际上只是货币贮藏者的合理化了的欲望和目的，——这是非常贫乏和抽象的内容，它从另一方面使资本家完全同工人一样地处于资本关系的奴役下，尽管是在另一方面，在对立的一极上”[②]。也就是说，要透过资本家活动看到资本这种“生产的”关系，看到资本的正反两个方面：既要看到它有“特殊的、多种多样的内容”，即生产出尽可能多种多样的商品（使用价值）并且在这个过程中培养出人们尽可能丰富的能力的一面；又要看到它有“非常贫乏和抽象的内容”，即仅仅为了获得价值而生产的一面。

---

① 《马克思恩格斯全集》第49卷，人民出版社1982年版，第48页。

② 《马克思恩格斯全集》第49卷，人民出版社1982年版，第49页。

在明确地给出了资本的概念、科学地揭示了资本的本质的同时，马克思也批判了两种错误的观点。

第一种错误观点是资产阶级政治经济学家们的观点，他们抓住资本的生产过程作为一种特殊的生产过程它必然首先是一个一般生产过程这一点不放，“以便把资本说成是一切生产过程的必要因素”①，借以为资产阶级的所有制辩护，希望它永世长存。

第二种错误观点是一种虽然相对于第一种错误而言是从相反的一极出发的，但是它“也具有政治经济学家们的局限性，即把这一发展的**对立形式**和这一发展的内容本身混淆起来……为了摆脱这种对立而决心牺牲在这种对立形式范围内产生的成果”②。

恩格斯说，自从《资本论》发表后，社会主义就第一次得到科学的论述，如果谁还要想同社会主义作斗争，那他就必须对付马克思。他为什么会这么说即他这么说的道理是什么呢？那就是马克思已经在《资本论》中无可辩驳地证明了：

第一，资本的生产内容所创造的财富正是人的创造天赋的绝对发挥，它使人类全部力量的全面发展成为目的本身。

马克思说：

> 古代的观点和现代世界相比，就显得崇高得多，根据古代的观点，人，不管是处在怎样狭隘的民族的、宗教的、政治的规定上，毕竟始终表现为生产的目的，在现代世界，生产表现为人的目的，而财富则表现为生产的目的。事实上，如果抛掉狭隘的资产阶级形式，那么，财富岂不正是在普遍交换中造成的个人的需要、才能、享用、生产力等等的普遍性吗？财富岂不正是人对自然力——既是通常所谓的‘自然’力，又是人本身的自然力——统治的充分发展吗？财富岂不正是人的创造天赋的绝对发挥吗？这种发挥，除了先前的历史发展之外没有任何其他前提，而先前的历史发展使这种全面的发展，即不以**旧有的**尺度来衡量的人类全部力量的全面发展成为目的本身。在这里，人不是在某一种规定性上再生产自己，而是生产出他的全面性；不是力求停留在某种已经变成的东西上，而是处在变易的绝对运动之中。③

① 《马克思恩格斯全集》第46卷上册，人民出版社1979年版，第261页。
② 《马克思恩格斯全集》第26卷第三册，人民出版社1974年版，第287页。
③ 《马克思恩格斯全集》第46卷上册，人民出版社1979年版，第486页。

第二，只有资本本身才能消灭资本狭隘的形式。

马克思说：

只有资本才创造出资产阶级社会，并创造出社会成员对自然界和社会联系本身的普遍占有。由此产生了资本的伟大的文明作用；它创造了这样一个社会阶段，与这个社会阶段相比，以前的一切社会阶段都只表现为人类的**地方性发展**和**对自然的崇拜**。只有在资本主义制度下自然界才不过是人的对象，不过是有用物；它不再被认为是自为的力量；而对自然界的独立规律的理论认识本身不过表现为狡猾①，其目的是使自然界（不管是作为消费品，还是作为生产资料）服从于人的需要。资本按照自己的这种趋势，既要克服民族界限和民族偏见，又要克服把自然神化的现象，克服流传下来的、在一定界限内闭关自守地满足于现有需要和重复旧生活方式的状况。资本破坏这一切并使之不断革命化，摧毁一切阻碍发展生产力、扩大需要、使生产多样化、利用和交换自然力量和精神力量的限制。

但是，决不能因为资本把每一个这样的界限都当作限制，因而**在观念上**超越它，所以就得出结论说，资本已在**实际上**克服了它，并且，因为每一个这样的限制都是同资本的使命相矛盾的，所以资本主义生产是在矛盾中运动的，这些矛盾不断地被克服，但又不断地产生出来。不仅如此。资本不可遏止地追求的普遍性，在资本本身的性质上遇到了界限，这些界限在资本发展到一定阶段时，会使人们认识到资本本身就是这种趋势的最大限制，因而驱使人们利用资本本身来消灭资本。②

第三，在资本创造的物质基础上就能实现人自身的解放。

马克思说：

如果**资本**｛即生产条件和劳动者相分离｝是利润的源泉｛也就是说，剩余劳动表现为资本的收入，而不表现为劳动的收入｝，那末现在利润又成了资本的源泉，成了新资本形成的源泉，也就是说，追加的生产条件作为资本同工人相对立，作为手段来保持工人的工人身份并一再占有工人的剩余劳动。劳动者和劳动条件之间原有的统一｛我们不谈奴隶关系，因为当

---

① 参看《马克思恩格斯全集》中文版第23卷第203页注2，即：“理性何等强大，就何等狡猾。理性的狡猾总是在于它的间接活动，这种间接活动让对象按照它们本身的性质互相影响，互相作用，它自己并不直接参与这个过程，而只是实现自己的目的。”（黑格尔《哲学全书》第一部《逻辑》，1840年柏林版第382页）——译者注

② 《马克思恩格斯全集》第46卷上册，人民出版社1979年版，第393、394页。

> 时劳动者自身属于客观的劳动条件｝有两种主要形式：亚洲村社（原始共产主义）和这种或那种类型的小家庭农业（与此相结合的是家庭工业）。这两种形式都是幼稚的形式，都同样不适合于把劳动发展为**社会**劳动，不适合于提高社会劳动的生产力。因此，劳动和所有权（后者应理解为对于生产条件的所有权）之间的分离、破裂和对立就成为必要的了。这种破裂的最极端的形式（在这种形式下社会劳动的生产力同时会得到最有力的发展）就是资本的形式。①

马克思在《资本论》中还证明了一个问题，那就是：在社会主义运动即工人阶级争取人类解放的运动过程中，也有资本的位置。——他认为，资本作为自为存在的价值，它既然是物质内容和社会形式的统一，那么，社会制度的变化必定要引起资本的社会形式发生某种不违反内容要求的变化。也就是说，在一般的情况下，资产阶级的统治使相互分离的生产资料和劳动分属于不同的人，占有生产资料的人成为资本家，拥有劳动的人成为雇佣工人，造成了资产阶级对工人阶级的剥削。但是，如果一旦工人们在某一个生产机构（如工厂）中占有了生产资料，而与此同时，资本消亡的条件这时还不具备（经济的条件），那么在这种情况下：一方面，这必然会在这个生产机构中消灭阶级压迫和剥削，因为工人们在为自己劳动；另一方面，又必须要继续保持生产条件和劳动者相分离这个资本的生产关系，继续让剩余劳动表现为资本（所有权属于劳动者自己的资本）的收入而不表现为劳动的收入，即要继续保持资本的生产方式，使得社会劳动的生产力可以继续在这种生产方式下得到最有力的发展。

一方面消灭了资本家的统治和剥削，另一方面要让资本继续发挥它对生产力的极大推动作用。这种情况可能存在吗？在马克思的研究中，这种资本与资产阶级的私人财产所有权相分离而独立存在的情况，在两种条件下是可以出现的。而且，按照他的观点，只要这种情况所要求的特殊条件具备了，出现这种情况不仅是可能的，而且是必然的。

第一种条件是：在资本的一定发展阶段上，产业资本家与货币资本家出现了分离，在这一条件下，就可以出现这种资本与私人财产所有权相分离而独立存在的情况。

下面我们就来看看马克思的具体分析。

首先，马克思认为，资本家是可以分成“货币资本家”和“产业资本家”

---

① 《马克思恩格斯全集》第26卷第三册，人民出版社1974年版，第465、466页。

两种身份的，而这两种身份可以相互分离，独立存在。例如他在指出产业资本家的特点时说：

> 同货币资本家相对来说，产业资本家是劳动者，不过是作为资本家的劳动者，即作为对别人劳动的剥削者的劳动者。他为这种劳动所要求和所取得的工资，恰好等于他所占有的别人劳动的量，并且当他为进行剥削而亲自花费必要气力的时候，还直接取决于对这种劳动的剥削程度，而不是取决于他进行这种剥削所作出的并且在他支付适当的报酬时可以让一个经理去作出的那种努力的程度。①

这就是说，货币资本家只是人格化的“资本”，而产业资本家既是人格化的“资本”，同时又是人格化的“劳动”。对产业资本家而言，他把别人的劳动和这个别人劳动的对象一起看成是自己的生产资料，他自己使用自己的生产资料进行劳动。这时他似乎就像是一个小私有者，所以在他看来，“他为这种劳动所要求和所取得的工资”，就是他自己在使用自己的生产资料的劳动中所获得的劳动收入。但是，这只是一种表面现象。实际上，现实的生产活动是在资本的生产方式中进行的，所以“他为这种劳动所要求和所取得的工资”是由两部分构成的：一部分是他作为“资本”所获得的利润；一部分是他作为“劳动”所获得的工资。即使产业资本家使用他自己的资本，也有一部分利润被看作是利息，这仅仅是因为，这种收入具有单独的存在形式。

其次，马克思指出，一个没有财产的人也可以成为产业资本家。例如他在分析生息资本时说：

> 就生息资本是资本主义生产方式的重要要素来说，它和高利贷资本的区别，绝不在于这种资本本身的性质或特征。区别只是在于，这种资本执行职能的条件已经变化，从而和贷款人相对立的借款人的面貌已经完全改变。即使得到贷款的产业家或商人是没有财产的人，那也是由于相信他会用借来的资本执行资本家的职能，占有无酬劳动。他是作为可能的资本家得到贷款的。一个没有财产但精明强干、稳重可靠、经营有方的人，通过这种方式也能成为资本家（因为在资本主义生产方式中，每一个人的商业价值总会得到相当正确的评价），这是经济辩护士们所赞叹不已的事情，这种情况虽然不断地把一系列不受某些现有资本家欢迎的新的幸运骑士召唤到战场上来，但巩固了资本本身的统治，扩大了它的基础，使它能够从社

---

① 《马克思恩格斯全集》第25卷，人民出版社1974年版，第435页。

会下层不断得到新的力量来补充自己。①

"一个没有财产但精明强干、稳重可靠、经营有方的人"可以因为他能够履行"资本执行职能"而成为资本家，这个事实足可以证明，资本执行职能与资产阶级私有制不是同一个东西，它们之间没有必然的、不可分离的关系。

第二种条件是：在同一个人既是"资本家"又是"雇佣工人"的条件下，可以直接出现这种资本与私人财产所有权相分离而独立存在的情况。

他说：

在资本主义生产方式的基础上，即使劳动者拥有自己的生产资料，并且不雇用其他任何劳动者，这些生产资料仍被看作是资本，而劳动者自己的在普通工资以外实现的那部分劳动，表现为由他的资本产生的利润。在这种情况下，劳动者本身将分解为不同的经济身份。他作为他自己的工人得到自己的工资，又作为资本家得到自己的利润。②

事实上，在工人自己的合作工厂中，马克思亲眼看到了他所描述的这种情况。他从理论上分析和评论说：

工人自己的合作工厂，是在旧形式内对旧形式打开的第一个缺口，虽然它在自己的实际组织中，当然到处都再生产出并且必然会再生产出现存制度的一切缺点。但是，资本和劳动之间的对立在这种工厂内已经被扬弃，虽然起初只是在下述形式上被扬弃，即工人作为联合体是他们自己的资本家，也就是说，他们利用生产资料来使他们自己的劳动增殖。这种工厂表明，在物质生产力和与之相适应的社会生产形式的一定的发展阶段上，一种新的生产方式怎样会自然而然地从一种生产方式中发展并形成起来。没有从资本主义生产方式中产生的工厂制度，合作工厂就不可能发展起来；同样，没有从资本主义生产方式中产生的信用制度，合作工厂也不可能发展起来。信用制度是资本主义的私人企业逐渐转化为资本主义的股份公司的主要基础，同样，它又是按或大或小的国家规模逐渐扩大合作企业的手段。资本主义的股份企业，也和合作工厂一样，应当被看作是由资本主义生产方式转化为联合的生产方式的过渡形式，只不过在前者那里，对立是消极地扬弃的，而在后者那里，对立是积极地扬弃的。③

---

① 《马克思恩格斯全集》第25卷，人民出版社1974年版，第679页。

② 《马克思恩格斯全集》第26卷第三册，人民出版社1974年版，第466页。

③ 《马克思恩格斯全集》第25卷，人民出版社1974年版，第497、498页。

按照马克思的这个观点，我们完全可以进一步推论说，在工人阶级上升为国家的统治阶级，并把生产资料、最起码是把主要的生产资料收归国家所有之后，如果这个国家还不具备资本消亡的条件的话，资本将会继续存在。这，应该是一件理所当然的事情。在这样的国家里，劳动条件与劳动者必须继续保持分离的状况，即继续保持资本的生产方式，只有这样，才能让社会的生产力得到最有力的发展。

让劳动条件与劳动者继续保持分离与所有制的性质没有关系，它是生产力发展本身所要求的，资本与劳动之间的商品交换关系是生产力在其现实的发展水平上借以实现的必然形式。所以我们必须认识到：资本，它既存在于资产阶级统治的社会中，也会存在于无产阶级统治的社会中；在这两种社会中存在的资本之间的根本区别仅仅在于：在资产阶级的社会中，劳动条件和劳动分别属于不同的人，而在无产阶级的社会中，劳动条件和劳动属于同一个人即社会主义的劳动者——我国的企业家和工人都是社会主义的建设者，他们都是社会主义社会中的劳动者。

有人可能会说，既然无产阶级已经取得了国家政权，劳动者已经掌握了劳动条件，那么劳动者把自己分成两种经济身份就完全没有必要了。但是，正如马克思的分析已经说明的那样，只有劳动条件与劳动实现了分离，才能造就资本，否定了这种分离，就否定了资本。而只有资本，才能在人本身有资格获得解放之前，或者说，在获得自己把自己当作人来看的能力之前，最有力地促进生产力发展，为人的解放准备好物质财富方面的和人本身素质方面的条件。分析工人阶级在巴黎公社中的革命行动时，马克思所说的那段话，明确地表达了他的这种观点：

> 工人阶级并没有期望公社做出奇迹。他们不是要凭一纸人民法令去推行什么现成的乌托邦。他们知道，为了谋求自己的解放，并同时创造出现代社会在本身经济因素作用下不可遏止地向其趋归的那种更高形式，他们必须经过长期的斗争，必须经过一系列将把环境和人都加以改造的历史过程。工人阶级不是要实现什么理想，而只是要解放那些由旧的正在崩溃的资产阶级社会本身孕育着的新社会因素。①

而工人阶级所要解放的“新社会因素”，正是由资本孕育的。如果在资本还没有将新社会因素孕育成熟（即“环境和人都完全改变”）之前，我们就把资

① 《马克思恩格斯选集》第3卷，人民出版社2012年版，第103页。

本在我们的意识中因而也就在我们的现实社会生活中"否定"掉，那么我们所要解放的新社会的因素就会连同资本一起，被我们自己扼杀在母腹之中。

在无产阶级掌握政权的国家里，要想让资本继续孕育存在于它的腹中的新社会因素，劳动者就必须把自己分成两种经济身份。这是因为，如果资本没有被"人格化"即没有人来执行它的职能的话，就等于没有资本（无论是货币，还是生产资料，它们作为"物"是没有精神的，是不会"自己"去追求自身的增殖的）。对无产阶级专政的社会主义国家说来，如果工人自己没有承担起资本家的身份的话，就等于否定了资本。马克思十分看重人格化的资本的社会作用和意义，这一点可以从他把人格化的资本即资本家称之为"社会机构中的一个主动轮"这个称谓中充分地表现出来。如果没有这个主动轮，资本就无法发挥自己的职能，因而社会生产力也就得不到最有力的促进。——我们不妨再阅读一遍他的表述：

资本家只有作为人格化的资本，他才有历史的价值，才有象聪明的利希诺夫斯基所说的"没有任何日期"的历史存在权。也只有这样，他本身的暂时必然性才包含在资本主义生产方式的暂时必然性中。但既然这样，他的动机，也就不是使用价值和享受，而是交换价值和交换价值的增殖了。他狂热地追求价值的增殖，肆无忌惮地迫使人类去为生产而生产，从而去发展社会生产力，去创造生产的物质条件；而只有这样的条件，才能为一个更高级的、以每个人的全面而自由的发展为基本原则的社会形式创造现实基础。资本家只是作为资本的人格化才受到尊敬。作为这样一种人，他同货币贮藏者一样，具有绝对的致富欲。但是，在货币贮藏者那里，这表现为个人的狂热，在资本家那里，这却表现为社会机构的作用，而资本家不过是这个社会机构中的一个主动轮罢了。①

马克思说：

全面发展的个人——他们的社会关系作为他们自己的共同的关系，也是服从于他们自己的共同的控制——不是自然的产物，而是历史的产物。要使**这种**个性成为可能，能力的发展就要达到一定的程度和全面性，这正是以建立在交换价值基础上的生产为前提的，这种生产才在产生出个人同自己和同别人的普遍异化的同时，也产生出个人关系和个人能力的普遍性

① 《马克思恩格斯全集》第23卷，人民出版社1972年版，第649页。

和全面性。[①]

也就是说，在人成为真正的人的过程中资本的历史阶段是不可缺少的，它是人类必然要经过的一个历史阶段，谁也不能例外。全面发展的个人不是自然的产物，而是历史的产物——即在资本家这个社会机构中的主动轮驱动下的、建立在交换价值基础上的生产活动的产物。因此，像中国这样的一个处于社会主义初级阶段的国家，劳动者保有资本家的经济身份是绝对必需的，也是必然的。

所以，按照马克思和恩格斯的理论观点，我们应该这样认识中国特色社会主义：第一，当生产力从小生产向社会化大生产发展时，劳动和所有权之间的分离、破裂和对立是必要的，这种破裂的最极端的形式就是资本的形式；第二，因为只有在资本的形式下社会生产力才会得到最有力的发展，所以这种破裂是必然的；第三，劳动与所有权之间的统一只有在资本所能创造出的物质基础上才有可能实现，也就是说，如果中国在资本消亡的条件没有具备的情况下就否定资本存在的客观必然性，因而资本的生产方式特有的经济运动规律得不到尊重的话，那么中国就不会有社会主义事业的胜利。

马克思在《资本论》中揭示了上述这个客观地存在于历史之中的自然规律，而正是因为揭示了这个规律，他才最终让社会主义运动变成了科学，才让共产主义理想不再是乌托邦。恩格斯说，现在任何人想要对付无产阶级的社会主义，他就必须对付马克思所揭示的这个历史发展的自然规律。在今天的社会主义的中国，否认资本存在的客观必然性，即否认社会主义市场经济存在的客观必然性，就是认为共产主义仍然是乌托邦，就是否认中国特色社会主义本身。

---

① 《马克思恩格斯全集》第46卷上册，人民出版社1979年版，第108、109页。

四、马克思划分历史阶段的理论

对“社会主义是什么”这个问题，邓小平理论给出的明确答案是：社会主义的原则，第一是发展生产，第二是共同致富。

对如何认识和定位中国社会主义这个问题，邓小平理论给出的基本结论是：中国现在正处在社会主义初级阶段。

中国共产党第十五次代表大会报告对社会主义初级阶段做了阐述，即：“社会主义初级阶段，就是不发达阶段。就生产力发展水平来说，还远远落后于发达国家。这就决定了必须在社会主义条件下经历一个相当长的初级阶段，去实现工业化和经济的社会化、市场化、现代化”①。这个结论是党的新一代领导集体在邓小平理论的指导下做出的科学结论，它让中国人民今后的社会主义建设和发展活动，实实在在地站在了一个坚实的基础之上。站在这个真实的基础上，党中央按照社会主义的原则，接着又提出了“三个代表”的思想，进而又提出了促进社会生产力发展应该“以人为本”的“科学发展观”，这是我们党对在中国如何进行社会主义建设做出的科学的决策和部署。

因此，正确地理解和掌握马克思关于历史阶段划分的理论，是我们正确地理解和掌握社会主义初级阶段理论的思想武器。

（一）马克思划分历史阶段理论观点概述

马克思并不曾专门就历史阶段划分问题进行过专题的理论阐述，他关于这个问题的理论观点散见于他的各种著作中。梳理他在这个问题上的理论阐述，归纳起来有“一个过程”、“两个时期”、“三个阶段”、“四种社会经济形态”等理论观点。

① 《中国共产党第十五次全国代表大会文件汇编》，人民出版社1997年版，第15页。

1. “一个过程”理论观点

(1) 历史是人的本质的实现过程

所谓“一个过程”理论观点，就是把整个的人类历史看成是一个“人的本性”或“人的本质”的实现过程，即个人的全面性的实现过程。马克思说：

> 个人的全面性不是想象的或设想的全面性，而是他的现实关系和观念关系的全面性。由此而来的是把他自己的历史作为**过程**来理解，把对自然界的认识（这也表现为支配自然界的实际力量）当作对他自己的现实体的认识。发展过程本身被当作是并且被意识到是个人的前提。①

把整个的人类历史看成是人的本质的一个实现过程的理论观点，是马克思主义在历史问题上的首要的和基础的理论。说它是“首要”的和“基础”的，是因为：把整个的人类历史看成是人的本质的一个实现过程，这既是马克思和恩格斯无怨无悔地把自己的一生完全投入到追求人类解放的革命事业中的价值基础（如果不是对他们自己科学地揭示出的人的本质的坚定不移的信念和义无反顾的追求，他们就不会有他们如此辉煌的革命生涯）；同时这也是马克思和恩格斯从事革命活动的哲学基础（如果不是把人的本质的实现看成是一个自然的过程，就不会有他们的科学理论和在这个科学理论指导下的革命行动）。

把历史看成是人的本质逐步实现的过程，这是贯穿马克思和恩格斯革命生涯始终的、使共产主义信念得以建立的价值基础。这么说是有根据的。

第一个依据。

他们在刚刚开始自己的革命生涯的时候，就十分明确地在《神圣家族》中说出了这样的观点，即：必须“把**唯物主义**学说当作**现实的人道主义**学说和**共产主义的逻辑**基础加以发展”②。就是说，唯物史观是能够真正实现人本身的解放即实现人的本性的学说，由此而产生的共产主义思想，是以确认人的本性作为自己的逻辑基础的。

在与《神圣家族》同时间写作的《1844 年经济学哲学手稿》里，马克思也同样地写下了这一观点——他把共产主义称之为“彻底的自然主义或人道主义”，说“只有自然主义能够理解世界历史的行动”③。这里所说的“自然”，是

---

① 《马克思恩格斯全集》第 46 卷下册，人民出版社 1980 年版，第 36 页。
② 《马克思恩格斯全集》第 2 卷，人民出版社 1957 年版，第 167、168 页。
③ 《马克思恩格斯全集》第 42 卷，人民出版社 1979 年版，第 167 页。

人的自然，即客观真实存在的人的本性。所谓的“自然主义”，就是始终坚信需要是人的本性的观点和坚持追求实现人的本性的信念。

第二个依据。

他们在第一部系统阐述唯物史观的著作《德意志意识形态》中说：

> 共产主义的最重要的不同于一切反动的社会主义的原则之一就是下面这个以研究人的本性为基础的实际信念，即人们的**头脑**和智力的差别，根本不应引起**胃**和肉体**需要**的差别；由此可见，“按能力计报酬”这个以我们目前的制度为基础的不正确的原理应用——因为这个原理是仅就狭义的消费而言——变为“**按需分配**”这样一个原理，换句话说：活动上，劳动上的**差别**不会引起在占有和消费方面的任何**不平等**，任何**特权**。①

在这段话里，他们指出了，让共产主义的按需分配原理得以建立的基础，就是“人的本性”。

他们还说：生活在资本的生产方式中的

> 无产者已经有了现实的任务：使现存的关系发生革命。当然他可以把这件事想象为自己的“职责”，如果他想进行宣传的话，他也可以这样来说明自己的“职责”：无产者的合人情的职责就是要做这件事或那件事，尤其因为他的地位使他连直接属于他的人的本性的那些需要都不能满足，所以他更可以这样宣传。②

在这段话里，他们指出了，无产者开展革命运动有无可辩驳的理由，这个理由就是体现着“人的本性”的那些需要应该得到满足。

马克思和恩格斯还指出：由于费尔巴哈和所有历史唯心主义者都看不到、因而也就根本不知道人的“本质”③ 是什么，所以他们也就根本不懂得，在人类社会的史前时期——即人能够开始创造自己真正人（作为人的人）的历史之前的时期，——人们的生存条件、生活方式和活动是完全不符合人的本性的。因此，在他们的眼里，如果千百万无产者根本不满足于他们的生活条件，如果他们的“存在”同他们的“本质”完全不符合，那么，根据上述论点，这是不可避免的不幸，应当平心静气地忍受这种不幸。

---

① 《马克思恩格斯全集》第 3 卷，人民出版社 1960 年版，第 637 页。

② 《马克思恩格斯全集》第 3 卷，人民出版社 1960 年版，第 327 页。

③ 在唯物史观理论中，“人的本质”就是实现“人的本性”，它们说的是一个东西，只不过“人的本性”是就其静态的存在而言的，“人的本质”是就其动态的实现而言的。详见本书后面的论述和作者的《社会主义是让“社会”成为人的本质的历史运动》一书。

可是这千百万无产者或共产主义者所想的完全不一样，而且这一点他们将在适当时候，在实践中，即通过革命使自己的“存在”同自己的“本质”协调一致的时候予以证明。①

在这段话中，马克思和恩格斯明确地表示，共产主义者坚信，个人自由而全面地发展作为人的本性，是客观真实地存在着的东西，所以无产阶级革命的目的，就是要让人们现实的生存条件、生活方式和活动完全符合人的本性。他们说：

逃亡农奴只是想自由地发展他们已有的生存条件并让它们发挥作用，因而归根结底只达到了自由劳动；而无产者，为了实现自己的个性，就应当消灭他们迄今面临的生存条件，消灭这个同时也是整个迄今为止的社会的生存条件，即消灭劳动。因此，他们也就同社会的各个人迄今借以表现为一个整体的那种形式即同国家处于直接的对立中，他们应当推翻国家，使自己的个性得以实现。②

毫无疑问，共产主义者进行革命的目的，是要保住个人的“个性”（即人的“本性”），让每一个人都能够作为“个性的个人”，即实现了自己本性的人存在。

另外，在这之前，恩格斯在《英国工人阶级状况》中谈到：得出无产阶级一定能够推翻资产阶级的统治、进而建立起共产主义社会的结论所依据的两个依据中的第二个依据也是“人的本性”。他说：

我们可以满怀信心地做出所有这些结论，因为这些结论所依据的一方面是历史发展的无可争辩的事实，另一方面是人类的本性。③

他还在1844年11月19日写给马克思的信中说：

如果说肉体的个人是我们的“人”的真正的基础，真正的出发点，那末不言而喻，利己主义——当然，不**仅仅**是施蒂纳的理性的利己主义，而且也包括**心灵的利己主义**——也就是我们的对人的爱的出发点，否则这种爱就要飘浮在空中了。④

---

① 《马克思恩格斯全集》第42卷，人民出版社1979年版，第369页。
② 《马克思恩格斯选集》第1卷，人民出版社2012年版，第201页。
③ 《马克思恩格斯全集》第2卷，人民出版社1957年版，第586页。
④ 《马克思恩格斯全集》第27卷，人民出版社1972年版，第13页。

他在这里所说的“肉体的个人”指的就是人的“本能”即人的“必然王国”，“心灵的利己主义”指的就是“需要”即“人的本性”。他在这里所说的心灵的利己主义“是我们的对人的爱的出发点，否则这种爱就要漂浮在空中了”，就是后来他们在《德意志意识形态》中所说的共产主义是“以研究人的本性为基础的实际信念”的另外一种说法。而在这个说法中，一个“爱”字——对“人”的爱，最直接地表达出了他们坚定的共产主义信念的价值基础。

第三个依据。

在以后的整个革命生涯中，他们从一开始就公开宣布和说明了的这个观点从没有改变过，始终是他们崇高信念的价值基础。

例如，马克思在研究资本和写作《资本论》时，将共产主义社会称之为是最无愧于和最适合于“人类本性”的社会。他说：

> 事实上，自由王国只是在由必需和外在目的规定要做的劳动终止的地方才开始；因而按照事物的本性来说，它存在于真正物质生产领域的彼岸。象野蛮人为了满足自己的需要，为了维持和再生产自己的生命，必须与自然进行斗争一样，文明人也必须这样做；而且在一切社会形态中，在一切可能的生产方式中，他都必须这样做。这个自然必然性的王国会随着人的发展而扩大，因为需要会扩大；但是，满足这种需要的生产力同时也会扩大。这个领域内的自由只能是：社会化的人，联合起来的生产者，将合理地调节他们和自然之间的物质变换，把它置于他们的共同控制之下，而不让它作为盲目的力量来统治自己；靠消耗最小的力量，在最无愧于和最适合于他们的人类本性的条件下来进行这种物质变换。①

在肯定了李嘉图的“为生产而生产”观点的正确性时，他说：

> 李嘉图把资本主义生产方式看作最有利于生产、最有利于创造财富的生产方式，对于他那个时代来说，李嘉图是完全正确的。他希望**为生产而生产**，这是**正确的**。如果像李嘉图的感伤主义的反对者们那样，断言生产本身不是目的本身，那就是忘记了，为生产而生产无非就是发展人类的生产力，也就是**发展人类天性的财富这种目的本身**。②

在这段话中，马克思提出了一个在历史问题上判定一件事情正确或错误的标准，这个标准就是看它是否有利于实现“人的本性”。

---

① 《马克思恩格斯全集》第25卷，人民出版社1974年版，第926、927页。

② 《马克思恩格斯全集》第26卷第二册，人民出版社1973年版，第124页。

在马克思主义理论语境中，“历史”这个概念是一个只属于人类的概念。作为这样一个概念所指称的“历史”，是一个有意识的、有意志的、能动的过程，即人的本性的实现过程。马克思在《1844年经济学哲学手稿》中是这样说的：

> 全部历史是为了使“**人**”成为**感性**意识的对象和使“人作为人”的需要成为需要而做准备的发展史。历史本身是**自然史**的即自然界成为人这一过程的一个**现实**部分。①

后来，恩格斯在《自然辩证法导言》中说：

> 随同人，我们进入了**历史**。动物也有一部历史，即动物的起源和逐渐发展到今天这样的状态的历史。但是这部历史对它们来说是被创造出来的，如果说它们自己也参与了创造，那也是不自觉和不自愿的。②

他在《路德维希·费尔巴哈和德国古典哲学的终结》中还说：

> 社会发展史却有一点是和自然发展史根本不相同的。在自然界中（如果我们把人对自然界的反作用撇开不谈）全是没有意识的、盲目的动力……没有任何事情是作为预期的自觉的目的发生的。相反，在社会历史领域内进行活动的，是具有意识的、经过思虑或凭激情行动的、追求某种目的的人；任何事情的发生都不是没有自觉的意图，没有预期的目的的。……
>
> 人们总是通过每一个人追求他自己的、自觉预期的目的来创造他们的历史，而这许多按不同方向活动的愿望及其对外部世界的各种各样作用的合力，就是历史。③

恩格斯的这些话可以说是对马克思关于历史定义的较为通俗的说明。另外，在他们合著的《神圣家族》中也使用过这样的文字，即“在历史的范围内，在人类本身的范围内”④ 如何如何。这种用后一句中的“人类本身”，来说明前一句中的“历史”的含义的表述形式，也能说明，在他们看来，历史 = 人类本身，即历史就是人类本身的发展过程。

在他们看来，人的本性和动物的本性是根本不相同的。虽然人和任何动物一样，首先要吃、喝等等，也就是说都离不开自然界，这个领域始终是一个必

---

① 《马克思恩格斯全集》第42卷，人民出版社1979年版，第128页。
② 《马克思恩格斯选集》第3卷，人民出版社2012年版，第859页。
③ 《马克思恩格斯选集》第4卷，人民出版社2012年版，第253、254页。
④ 《马克思恩格斯全集》第2卷，人民出版社1957年版，第108页。

然王国，吃喝等等是人和动物的本能。但是，在动物的必然王国里，让动物活动起来的力量，仅仅是本能，而在人的必然王国里，人的意识代替了本能，让人活动起来的力量是人对自己本能的意识。而人的本能一经被人自己意识到之后，它就不再是单纯的本能，而是“需要”了。马克思和恩格斯说：人的生命活动的特点就是有意识，“有意识的生命活动把人同动物的生命活动直接区别开来”①，“任何人如果不同时为了自己的某种需要和为了这种需要的器官而做事，他就什么也不能做”②。正是由于“在任何条件下，个人总是‘**从自己**出发的’”，人们只是为了满足自己的某种需要才进行活动的，所以关于人的本性，结论只能是：“他们的**需要**即他们的本性”③。

既然从个人本身即他的自然中产生出来的需要就是人的本性，那么，个人本身的自然力，即人内在的能够满足自己需要的体力和智力，或者说，作为创造天赋而存在于个人之内的生产能力即生产力，就是人天性的或天赋的财富。所以，在确认了人的本性基础上，马克思进一步认为：“个人的需要、才能、享用、生产力等等”这些“人的创造天赋”，就是“人的内在本质”④，即作为天然禀赋存在于人的身体之内的、能够满足人的本性的能力。马克思对“人的本质”这个概念的理解是：“对某种物的需要最明显、最无可争辩地证明：这种物属于**我的**本质；物的为我的存在、对它的**占有**，就是我的本质的属性和特点。”⑤由此可见，所谓人的本质，就是人运用本身所具有的创造天赋对能够满足自己的人的需要的那些条件的占有。简单地说，实现人的天性即人的本质。

有意识的生命活动让人本身的发展过程有别于其他过程而成为了“历史”。因为有了“意识”，人的本能成为了需要，而需要是人生命活动的驱动力。所以，在自己的生命活动中，人首先要在与自然的关系中实现自己的本性，即满足自己的自然界的需要。实现人的本性，是人进行生产的唯一目的，作为人的人，只生产使用价值——产品只是“为了它同生产者直接的个人关系而生产的”⑥。马克思把“作为人的人”的人称之为“个人”，即一个实现了自己自然界的人，或者说，是作为自然界而存在着的人。总之，个人是现实生活中实现了自己本性的人，而本性则是抽象思维中被意识到了的个人。正因为人的本性

① 《马克思恩格斯全集》第42卷，人民出版社1979年版，第96页。
② 《马克思恩格斯全集》第3卷，人民出版社1960年版，第286页。
③ 《马克思恩格斯全集》第3卷，人民出版社1960年版，第514页。
④ 《马克思恩格斯全集》第46卷上册，人民出版社1979年版，第486页。
⑤ 《马克思恩格斯全集》第42卷，人民出版社1979年版，第26页。
⑥ 《马克思恩格斯全集》第42卷，人民出版社1979年版，第28页。

是在抽象思维中被意识到了的个人，所以，成为作为人的人即实现自己人的本性，就成为了人的精神目的，精神的需要。

（2）历史也是人的社会本质的实现过程

马克思说：

> 还必须注意上面提到的这个命题：人同自身的关系只有通过他同他人的关系，才成为对他说来是**对象性的**、**现实的**关系。①

在一个人的意识中，自己是不是作为人的人，他只能通过把另一个人当作人来对待并与之建立起人的关系，才能在这种人与人的关系中确证自己是一个作为人的人——因为一个人只能在自己的对象化的存在中，才可以看到自己是什么样的，如果一个人不能与另一个人建立作为人的人的关系，就说明他自己不是一个作为人的人。所以，人的精神目的是在每个人彼此为对方进行生产这种人的关系中实现的。也就是说，我们每个人在生产过程中，只有双重地肯定了自己和另一个人，才能实现自己人的本性，才是现实的个人。人的本质构成了人与人彼此为对方进行生产的纽带，作为人的人，即个人，只是因为他为他人生产使用价值，因而在这样的活动中证实和实现了自己的本质，成为了一个作为人类即“社会”的个人。在这里，马克思把能够以自己的自然界的面貌生活的人或者说是实现了自己本性的人，即能够自由地、直接地满足自己的物质消费需要的人，称之为“个人”，把实现了自己类本质或者说是作为人类的人的本质的人，即每个人都能够把另一个人当作人来对待从而确证自己是一个“作为人的人”的人，称之为“社会”。人为了作为人的人而从事的活动，就是社会的活动，即社会活动；人为了作为人的人而建立的关系，就是社会的关系，即社会关系。

当马克思提出“社会”是个人本身的本质这个命题时，他赋予这个概念的含义是：

> **社会**性质是整个运动的一般性质；**正像**社会本身生产**作为人的人**一样，人也**生产**社会。活动和享受，无论就其内容或就其**存在方式**来说，都是**社会的**，是**社会的**活动和**社会的**享受。自然界的**人的**本质只有对**社会的**人说来才是存在的；因为只有在社会中，自然界对人说来才是人与**人联系的纽带**，才是他为别人的存在和别人为他的存在，才是人的现实的生活要素；只有在社会中，自然界才是人自己的**人的**存在的**基础**。只有在社会中，人

① 《马克思恩格斯全集》第42卷，人民出版社1979年版，第99页。

的**自然的**存在对他说来才是他的**人的**存在，而自然界对他说来才成为人。因此，**社会**是人同自然界的完成了的本质的统一，是自然界的真正复活，是人的实现了的自然主义和自然界的实现了的人道主义。①

关于提出“社会”是个人本身的本质——“自己固有的本质”②——这个命题的理由，马克思是这样说的：

假定我们作为人进行生产。在这种情况下，我们每个人在自己的生产过程中就**双重地**肯定了自己和另一个人：(1) 我在我的**生产**中物化了我的**个性**和我的个性的**特点**，因此我既在活动时享受了个人的**生命表现**，又在对产品的直观中由于认识到我的个性是**物质的**、**可以直观地感知的**因而是**毫无疑问的**权力而感受到个人的乐趣。(2) 在你享受或使用我的产品时，我**直接**享受到的是：既意识到我的劳动满足了**人的**需要，从而物化了**人的**本质，又创造了与另一个**人的**本质的需要相符合的物品。(3) 对你来说，我是你与类之间的**中介人**，你自己意识到和感觉到我是你自己本质的补充，是你自己不可分割的一部分，从而我认识到我自己被你的思想和你的爱所证实。(4) 在我个人的生命表现中，我直接创造了你的生命表现，因而在我个人的活动中，我直接**证实**和**实现**了我的真正的本质，即我的**人的本质**，我的**社会的本质**。③

在这里，“社会”这个概念“作为**类意识**，人确证自己的现实的**社会生活**，并且只是在思维中复现自己的现实存在；反之，类存在则在类意识中确证自己，并且在自己的普遍性中作为思维着的存在物自为地存在着”④。也就是说，只有在每个人作为人是为了彼此为对方生产而存在的时候，人与自然的关系才是“直接的个人关系”即“直接消费和个人需要的关系”⑤，才真正地实现了自己人的本性。所以，人与人之间的这种真正的人与人之间的关系，因其实现了人的本性，就成为了人的本质。所以说：“**人的本质是人的真正的社会联系**”⑥。

马克思进一步指出：

人是一个**特殊的**个体，并且正是他的特殊性使他成为一个个体，成为

---

① 《马克思恩格斯全集》第42卷，人民出版社1979年版，第121、122页。
② 《马克思恩格斯全集》第42卷，人民出版社1979年版，第29页。
③ 《马克思恩格斯全集》第42卷，人民出版社1979年版，第37页。
④ 《马克思恩格斯全集》第42卷，人民出版社1979年版，第123页。
⑤ 《马克思恩格斯全集》第42卷，人民出版社1979年版，第28页。
⑥ 《马克思恩格斯全集》第42卷，人民出版社1979年版，第24页。

一个现实的、**单个的**社会存在物，同样地他也是**总体**、观念的总体、被思考和被感知的社会的主体的自为存在，正如他在现实中既作为社会存在的直观和现实享受而存在，又作为人的生命表现的总体而存在一样。

思维和存在虽有**区别**，但同时彼此又处于**统一**中。①

也就是说，“个人”，是现实的个体，是存在。“社会”，是观念的总体，是思维。在这里，“社会”这个概念的含义与“个人”概念的含义是同一的，都是指作为人的人——“**人的即社会的**”②。

所以，“社会”并不是存在于个人之外的、与个人相对立的外界物，而是个人本身。事实上，“社会的活动和社会的享受决不**仅仅**存在于**直接**共同活动和直接**共同的**享受这种形式中”。只要“我是作为**人**活动的”，“即使不采取**共同的**、同其他人一起完成的生命表现这种直接形式，也**是社会生活的**表现和确证”，也就是说，“我也是**社会的**”③。反之，哪怕是处在同别人直接交往的活动中，但我却要通过某种媒介（如货币）与其他人交往，我也不是社会的——因为在唯物史观看来，货币作为“凌驾于个人之上的独立权力”，不论是“被想象为自然的权力，偶然现象，还是其他任何形式的东西，都是下述状况的必然结果，这就是：这里的出发点不是自由的社会的个人”④。而所谓的“社会的个人”，指的就是因为实现了自己的人的本质而使自己的人的本性得到了满足的人，即一个作为人的人。

虽然个人与社会都是指作为人的人本身，但是相对而言，个人是基础，是更为根本的一方。所以，马克思认为，首先是个人生产社会，然后才是社会生产作为人的人。能够证明这一点的一个最有力的证据，是在《资本论》的手稿和正文中马克思对共产主义所有制在称谓出现的变化。

在《资本论》的手稿中，他在称谓共产主义所有制时，使用的是“社会个人所有制”。他说：资本家对这种劳动的**异己的所有制**，只有通过他的所有制改造为非孤立的单个人的所有制，也就是改造为**联合起来的社会个人**的所有制，才可能被消灭。”⑤ 在手稿中，“社会个人”是一个被他多次使用过的概念。例如：

他说，在共产主义所实现的转变中，“表现为生产和财富的宏大基石的，既

---

① 《马克思恩格斯全集》第42卷，人民出版社1979年版，第123页。

② 《马克思恩格斯全集》第42卷，人民出版社1979年版，第121页。

③ 《马克思恩格斯全集》第42卷，人民出版社1979年版，第122、123页。

④ 《马克思恩格斯全集》第46卷上册，人民出版社1979年版，第145页。

⑤ 《马克思恩格斯全集》第48卷，人民出版社1985年版，第21页。

不是人本身完成的直接劳动，也不是人从事劳动的时间，而是对人本身的一般生产力的占有，是人对自然界的了解和通过人作为社会体的存在来对自然界的统治，总之，是社会个人的发展”①；

他还说，在共产主义社会中，“社会的个人的需要将成为必要劳动时间的尺度”，人类的“真正的财富就是所有个人的发达的生产力”②，所以“财富的再生产即社会个人的富裕发展的最重大的条件，或者说，资本本身在其历史发展中所造成的生产力的发展，在达到一定点以后，就会不是造成而是消除资本的自行增殖”③；

他还说，在共产主义社会中，每一个人都是“直接以社会个人的身份参加生产的个人”④ 等等。

在正式出版的《资本论》第一卷中，他把手稿中的“社会个人所有制”，修改成“个人所有制”——“在资本主义时代的成就的基础上，也就是说，在协作和对土地及靠劳动本身生产的生产资料的共同占有的基础上，重新建立个人所有制”⑤。

多年以后，他亲自修订出版了法文版《资本论》，其中对上述这段话做了一些修改，但是对“个人所有制”这个说法并没有修改——“在资本主义时代的成就的基础上，在协作和共同占有包括土地在内的一切生产资料的基础上，重新建立劳动者的个人所有制。”⑥

在手稿和正文中发生的这一改变，可以说明两个问题。

第一，既然“社会”和“个人”是同一个概念，都是指作为人的人，那么“社会个人”这个说法就是一个不必要的同义语反复，应该做出修改，把它们中的一个省略掉；

第二，马克思的选择是：省略掉“社会”，只使用“个人”。马克思的这个选择已经证明，他认为，相对于“社会”而言，“个人”更为根本。——“个人”和“社会”的意思都是“作为人的人”，只不过“个人”是从人的身体需要这个“个人的直接本性”⑦ ——直接本性也就是排在第一位的本性即第一本

---

① 《马克思恩格斯全集》第46卷下册，人民出版社1980年版，第218页。
② 《马克思恩格斯全集》第46卷下册，人民出版社1980年版，第222页。
③ 《马克思恩格斯全集》第46卷下册，人民出版社1980年版，第268页。
④ 《马克思恩格斯全集》第46卷下册，人民出版社1980年版，第466页。
⑤ 《马克思恩格斯全集》第23卷，人民出版社1972年版，第832页。
⑥ 《马克思恩格斯全集》第49卷，人民出版社1982年版，第246页。
⑦ 《马克思恩格斯全集》第46卷下册，人民出版社1980年版，第466页。

性（天性）——角度讲的，而“社会”是从人的“社会需要”这个“第二天性”① 角度讲的。既然“社会个人”是一个不必要的同义语反复，那么在确定在“社会”和“个人”中用哪一个来表示“作为人的人”的意思时，最恰当的选择就只能是选择“个人”了。因为，“任何人类历史的第一个前提无疑是有生命的个人的存在”，“第一个**历史**行动”是个人“开始**生产**自己的生活资料”，“因此，第一个需要确认的事实就是这些个人的肉体组织”②，而社会（即人的真正的社会联系）就是个人在满足自己身体需要时生产出来的，而且也只有“个人”，才能生产出来。也就是说，比起“第二天性”来，“直接本性”（即“第一天性”）更为根本，所以用它来称谓作为人的人，当然更为科学，更合乎道理。

马克思说过，真正的社会联系是由于有了个人的需要和利己主义才出现的，是个人在积极实现其存在时的直接产物。所谓的个人的需要，当然是指人首先要吃喝等等的物质需要；所谓个人的存在，当然是指肉体的个人存在。这是能够证明他认为首先是个人生产社会，然后才是社会生产个人的一个有力的证据。他的原话是这样的：

> 不论是生产本身中人的活动的**交换**，还是**人的产品**的**交换**，其意义都相当于**类活动**和类精神——它们的真实的、有意识的、真正的存在是**社会的**活动和**社会的**享受。因为**人的**本质是人的**真正的社会联系**，所以人在积极实现自己**本质**的过程中**创造**、生产人的**社会联系**、社会本质，而社会本质不是一种同单个人相对立的抽象的一般的力量，而是每一个单个人的本质，是他自己的活动，他自己的生活，他自己的享受，他自己的财富。因此，上面提到的**真正的社会联系**并不是由反思产生的，它是由于有了个人的需**要**和**利己主义**才出现的，也就是个人在积极实现其存在时的直接产物。有没有这种社会联系，是不以人为转移的；但是，只要人不承认自己是人，因而不按照人的样子来组织世界，这种**社会联系**就以**异化**的形式出现。因为这种社会联系的**主体**，即人，是自身异化的存在物。人们——不是抽象概念，而是作为现实的、活生生的、特殊的个人——**就是**这种存在物。这些个人**是怎样的**，这种社会联系本身就是怎样的。③

之后不久，恩格斯用相对而言比较通俗直白的语言，也说了与之同样的

---

① 《马克思恩格斯全集》第25卷，人民出版社1974年版，第971页。

② 《马克思恩格斯选集》第1卷，人民出版社2012年版，第146、147页。

③ 《马克思恩格斯全集》第42卷，人民出版社1979年版，第24、25页。

话。——他在写给马克思的信中批评施蒂纳所主张的利己主义原则不够彻底，并说不应当把它丢在一旁，而是要加以利用，即：

> 我们**把它翻转过来之后**，在它上面继续进行建设。这种利己主义已经如此登峰造极，如此荒谬，同时又达到如此程度的自我意识，以致由于本身的片面性而不能维持片刻，不得不马上转向共产主义。首先，最轻而易举的是给施蒂纳证明，他的利己主义的人，单纯从利己主义中，就不能不必然地成为共产主义者。这就是应当给他的回答。其次必须告诉他：人的心灵，从一开始，直接地，由于自己的利己主义，就是无私的和富有牺牲精神的……这种原则里的正确东西，我们也必须吸收。而不管怎样，这里正确的地方是，在我们能够为某一件事做些什么以前，我们必须首先把它变成我们自己的事，利己的事，——因此，从这个意义上说，抛开一些可能的物质上的愿望不管，我们也是从利己主义成为共产主义者的，想从利己主义成为人，而不仅仅是个人。……我们必须从“我”，从经验的、肉体的个人出发，不是为了像施蒂纳那样陷在里面，而是为了从这里上升到“人”。只要“人”的基础不是经验的人，那末他始终是一个虚幻的形象。”①

（马克思和恩格斯都使用了“利己主义”这个词，虽然本书在前面已经指出，所谓的“心灵的利己主义”实际上就是指人的需要即人的本性，但是为了避免误解，还是想在这里再一次强调说明，他们所说的“利己主义”，与“自私自利”毫无关系，而是指肉体的人与自己之外的自然界之间的直接的个人关系——直接消费和个人需要的关系，指的是人的直接本性。马克思就明确地反对把“自私”与“个性的自然”联系在一起。他说，当货币充当交换手段、表现为人们相互之间的物化关系时，个人是相互独立和毫不相干、漠不关心的，每个人都把自己的产品只看作是自己的、物化的私利。但是，“如果把这种单纯**物的联系**理解为自然发生的、同个性的自然（与反思的知识和意志相反）不可分割的、而且是个性内在的联系，那是荒谬的”②。所以，“单纯从利己主义中，就不能不必然地成为共产主义者”这句话所表达的意思，与之后在《德意志意识形态》中所说的共产主义的按需分配原则是一个“以研究人的本性为基础的实际信念”的意思，是完全相同的。）

---

① 《马克思恩格斯全集》第27卷，人民出版社1972年版，第12、13页。

② 《马克思恩格斯全集》第46卷上册，人民出版社1979年版，第108页。

恩格斯在信中说的话不仅印证了马克思所说的这样一个情况，即：在1844年的这段时间里，“我同他不断通讯交换意见，他从另一条道路（参看他的《英国工人阶级状况》）得出同我一样的结果”①。同时，恩格斯的这些话也是一个最好的注解，它可以帮助我们理解马克思关于作为人的本质中的“个人”和“社会”的相互关系的思想，理解支撑起共产主义信念的价值追求和唯物主义基础。

结合马克思和恩格斯在经过他们共同讨论之后所写的《德意志意识形态》中所做的“我们的出发点是从事实际活动的人”、“我们是从人间升到天国”②等的表述和观点，我们完全可以，而且只能这样理解人的本质中的“个人”和“社会”的相互关系：（1）经验的、肉体的个人（即“个人”），是站在地上的人；而被自我意识到了的、社会的人类（即“社会”），是升到天上的人。（2）仅仅站在地上而不上升到天上的人，是不彻底的人；天上的人如果不是从地上升上去的，是虚幻的人。（3）个人是社会的坚实基础；社会是个人的真正实现。（4）人一旦真正站在了地上，立刻就会上升到天上；已经上升到天上的人，是站在地上的人积极实现其存在时的直接产物。

马克思在其一生的理论研究工作中，这一观点始终是他手中威力强大的理论武器。例如，在《资本论》的手稿中我们可以看到这样的论述：

> 任何生产都是个人的物化。但是，在货币（交换价值）上，个人的物化不是个人在其自然规定性上的物化，而是个人在一种社会规定（关系）上的物化，同时这种规定对个人来说是外在的。③

任何生产都是个人的物化，也就是人一时一刻也离不开的必然王国；个人在其自然规定性上的物化，就是人的本性；与人的本性相伴而生的，是人的本质即个人内在的社会规定性；当个人内在的社会规定性变成个人之外的一种社会规定性如货币时，人本身就变成了个人物化物的奴隶。货币的历史暂时性就这样得到了说明。

马克思在上述对共产主义之前的社会生产进行的批判中所秉持的理念，充分体现出了他把历史理解成为一个过程——人本身的发展过程或人的本质的实现过程——的观点。恩格斯曾经说过，“黑格尔第一次——这是他的伟大功绩——把整个自然的、历史的和精神的世界描写为一个过程……这个观点来看，

---

① 《马克思恩格斯选集》第2卷，人民出版社2012年版，第3—4页。

② 《马克思恩格斯选集》第1卷，人民出版社2012年版，第152页。

③ 《马克思恩格斯全集》第46卷上册，人民出版社1979年版，第176页。

人类的历史……是人类本身的发展过程”①。他甚至认为，在把历史看成是人本身永无止境的一个发展过程这个问题上，没有一个人比黑格尔本人对他和马克思的帮助更大。所以，主要同马克思的名字联系在一起的唯物史观，是从黑格尔学派中产生出来的、唯一的产生真实结果的派别。因此，马克思对人类历史所下的论断，就是恩格斯所说的那个从黑格尔学派中产生出来的唯一真实结果的集中体现：

个人的全面性不是想象的或设想的全面性，而是他的现实关系和观念关系的全面性。由此而来的是把他自己的历史作为**过程**来理解，把对自然界的认识（这也表现为支配自然界的实际力量）当作对他自己的现实体的认识。发展过程本身被当作是并且被意识到是个人的前提。②

总之，马克思认为，应该把历史看成是个人实现全面性的过程，把个人看成是这个过程的结果。——这，就是马克思在历史问题上的“一个过程”理论观点。

马克思和恩格斯不仅仅认为人的本性就是人的自然，是人作为人在自然界中生成之时就已经存在和确定下来的东西。他们还认为，人的本性的实现与其他客观存在的事物一样，是一个不断发展变化的过程。他们说，人们已经得到满足的需要本身、满足需要的活动和已经获得的为满足需要用的工具又会引起新的需要，所以人的本性的具体表现形式是不断发展变化的。与此同时，人们享受自己天性的财富的能力即生产能力，也是随着自己的需要发展而发展的。所以，马克思认为“整个历史也无非是人类本性的不断改变而已”③。因此，他认为：如果想把效用原则“运用到人身上来，想根据效用原则来评价人的一切行为、运动和关系等等，就首先要研究人的一般本性，然后要研究在每个时代历史地发生了变化的人的本性”④。在对资本进行研究中，他自己就是这样做的。例如，他在研究劳动力的价值时说：

要改变一般的人的本性，使它获得一定劳动部门的技能和技巧，成为发达的和专门的劳动力，就要有一定的教育或训练，而这就得花费或多或少的商品等价物。劳动力的教育费随着劳动力性质的复杂程度而不同。因此，这种教育费——对普通劳动力来说是微乎其微的——包括在生产劳动

① 《马克思恩格斯选集》第3卷，人民出版社2012年版，第398—399页。
② 《马克思恩格斯全集》第46卷下册，人民出版社1980年版，第36页。
③ 《马克思恩格斯选集》第1卷，人民出版社2012年版，第252页。
④ 《马克思恩格斯全集》第23卷，人民出版社1972年版，第669页，作者注。

力所耗费的价值总和中。①

应该看到，“一个过程”理论观点既是唯物史观的集中表现，也是共产主义价值观的集中表现。为此，我们不妨再来读一读马克思和恩格斯下面的几段话。

首先，在《德意志意识形态》中马克思和恩格斯认为，作为一个过程的个人全面性的实现和其他的一切过程一样，是一个否定的否定的肯定过程，是个人的“自我异化”、“自我丧失”、“自我肯定和自我确证”、“自我实现”的活动过程。在这个过程中，个人作为“非人”存在是合理的和必然的。所以，他们一方面痛斥“目光短浅的资产者”说：

> 资产者对共产主义者说，当你们消灭我**作为资产者**的存在的时候，你们也就消灭我**作为个人**存在；如果因此资产者把作为资产者的自身和作为个人的自身等同起来，那末，至少是不能否认资产者的直言不讳和厚颜无耻。在资产者看来，这确实是如此：只有当他是资产者时他才认为自己是个人。②

另一方面也指出了私有财产现实存在形式——因而资产者的现实存在——的合理性，即私有财产与个人在这个过程中所表现出来的一致性，也就是说，在过程的特定阶段中，私有财产和个人是同一的：

> 地租、利润等这些私有财产的现实存在形式是与生产的一定阶段相适应的**社会关系**，只有当这些关系还没有成为现有生产力的桎梏时，它们才是“**个人的**。”③

其次，在《1844 年经济学哲学手稿》中，马克思说：

> **共产主义**是**私有财产**即**人的自我异化的积极的**扬弃，因而是通过人并且为了人而对**人的**本质的真正**占有**；因此，它是人向自身、向**社会的**（即人的）人的复归，这种复归是完全的、自觉的而且保存了以往发展的全部财富的。这种共产主义，作为完成了的自然主义，等于人道主义，而作为完成了的人道主义，等于自然主义，它是人和自然界之间、人和人之间的矛盾的**真正**解决，是存在和本质、对象化和自我确证、自由和必然、个体和类之间的斗争的真正解决。它是历史之谜的解答，而且知道自己就是这

① 《马克思恩格斯全集》第 23 卷，人民出版社 1972 年版，第 195 页，作者注。
② 《马克思恩格斯全集》第 3 卷，人民出版社 1960 年版，第 253 页。
③ 《马克思恩格斯全集》第 3 卷，人民出版社 1960 年版，第 255 页。

种解答。

因此，历史的全部运动，既是这种共产主义的**现实的**产生活动即它的经验存在的诞生活动，同时，对它的能思维的意识说来，又是它的**被理解到和被认识到的生成**运动。①

再次，在写于1847年12月至1848年1月的《共产党宣言》中，马克思恩格斯说：

代替那存在着阶级和阶级对立的资产阶级旧社会的，将是这样一个联合体，在那里，每个人的自由发展是一切人的自由发展的条件。②

多年后，恩格斯在写于1894年1月9日的一封信中，是这样答复对方请他用一句话说明共产主义的基本思想的：

除了从《共产党宣言》中摘出下列一段话外，我再也找不出合适的了："代替那存在着阶级和阶级对立的资产阶级旧社会的，将是这样一个联合体，在那里，每个人的自由发展是一切人的自由发展的条件。"③

所谓"共产主义，作为完成了的自然主义，等于人道主义，而作为完成了的人道主义，等于自然主义"，和"每个人的自由发展是一切人的自由发展的条件"是同一句话的两种说法，它们说的其实就是"一个阶段"理论观点本身——历史本身就是人的本性的实现过程，共产主义作为这个过程的最终目的，是个人即真正的人（作为人的人）的实现。

2. "两个时期"理论观点

(1) 两个时期的分水岭

马克思说："资产阶级的生产关系是社会生产过程的最后一个对抗形式……因此，人类社会的史前时期就以这种社会形态而告终。"④ 因此，我们完全可以据此断定：马克思认为，人类社会的历史可以分为两个时期，即"史前时期"和"自由王国时期"。区分这两个时期的标准是：从意识上看，人类全部力量的全面发展是否成为人们生命活动的目的本身；从需要上看，每个人的自由发展

---

① 《马克思恩格斯全集》第42卷，人民出版社1979年版，第120页。
② 《马克思恩格斯选集》第1卷，人民出版社2012年版，第422页。
③ 《马克思恩格斯全集》第39卷，人民出版社1974年版，第189页。
④ 《马克思恩格斯选集》第2卷，人民出版社2012年版，第3页。

是否成为一切人自由发展的条件。

他还说：为了满足自己的需要，为了维持和再生产自己的生命，人在任何时候都要与自然进行斗争，从而把自然变成自己无机的身体，这是人的必然王国。

> 事实上，自由王国只是在由必需和外在目的规定要做的劳动终止的地方才开始；因而按照事物的本性来说，它存在于真正物质生产领域的彼岸。……这个领域内的自由只能是：社会化的人，联合起来的生产者，将合理地调节他们和自然之间的物质变换，把它置于他们的共同控制之下，而不让它作为盲目的力量来统治自己；靠消耗最小的力量，在最无愧于和最适合于他们的人类本性的条件下来进行这种物质变换。但是不管怎样，这个领域始终是一个必然王国。在这个必然王国的彼岸，作为目的本身的人类能力的发展，真正的自由王国，就开始了。但是，这个自由王国只有建立在必然王国的基础上，才能繁荣起来。①

从这个角度上说，人类社会的史前时期，是人类仅仅生活在必然王国中的时期，人类社会的真正的人人时期，是人类生活既生活在必然王国中，也生活在自由王国中的时期。

按照其本身的逻辑，在“一个过程”理论中事实上已经内在地包含了“两个时期”理论。——马克思在总结和宣传巴黎公社的经验时说：“工人阶级并没有期望公社做出奇迹。他们不是要凭一纸人民法令去推行什么现成的乌托邦。他们知道，为了谋求自己的解放，并同时创造出现代社会在本身经济因素作用下不可遏止地向其趋归的那种更高形式，他们必须经过长期的斗争，必须经过一系列将把环境和人都加以改造的历史过程。工人阶级不是要实现什么理想，而只是要解放那些由旧的正在崩溃的资产阶级社会本身孕育着的新社会因素。”②所谓一系列将把环境和人都完全改变的历史过程，就是史前时期；在资产阶级社会里孕育着的新社会因素，就是史前时期结束之后自由王国时期的因素。他之所以这么说，是因为在他看来，“全部历史是为了使‘**人**’成为**感性**意识的对象和使‘人作为人’的需要成为需要而作准备的发展史。历史本身是**自然史**的即自然界成为人这一过程的一个**现实**部分。”③ 也就是说，迄今为止的历史，一直都是史前时期的历史，是为了能够让人成为作为人的人而作准备的发展史，

---

① 《马克思恩格斯全集》第25卷，人民出版社1974年版，第926、927页。

② 《马克思恩格斯选集》第3卷，人民出版社2012年版，第103页。

③ 《马克思恩格斯全集》第42卷，人民出版社1979年版，第128页。

或者说，是让作为人的人的需要成为人们的需要而作准备的发展史。所以，在实现复归之前，人，就是非人，即一个不是以自己本身的自然面貌存在的人，一个偶然的人，或者说，是受制于自身之外的某种力量而活动的人；而在复归后，人，就是作为人的人，一个以自己本身的自然面貌存在的人，一个有个性的人，或者说，是能够自由发展的个人。总之，以复归作为分水岭，人类的历史可以分为两个时期，第一个时期是史前时期，第二个时期是自由王国时期。

历史就是个人本身发展的历史。所以，史前时期也可以称之为“偶然的个人”时期，自由王国时期也可以称之为“有个性的个人”时期。马克思和恩格斯说：

> 有个性的个人与偶然的个人之间的差别，不是概念上的差别，而是历史事实。①

作为一个历史过程，人本身从偶然的个人向有个性的个人发展，就将经历“偶然的个人”时期和“有个性的个人”时期这样两个有着质的差别的、同时有着内在的逻辑关系的时期。人本身发展过程要经历这样两个时期是历史的事实。两个有着质的逻辑差别的时期既然是“历史的事实”，它就包含着这样的两个信息：第一，具有质的差别的两个历史时期是客观存在的，不管人们认识到还是没有认识到，承认还是不承认；第二，历史即人本身的存在是物质的存在，所以这两个发展时期的差别也一定是物质性质的差别，而物质的力量只能用物质的力量来摧毁，不能用法令取消这一差别，也绝对不可能用法令来取消这一差别。

所谓两个历史时期之间的物质性质的差别，既是个人在实现自己的人的本性——包括第一天性和第二天性——方面的差别，同时也是个人在享受自己的人的本性的能力上的差别。

马克思认为，人的本性就是人的自然。作为人本身的自然，人的本性是在人作为人在自然界中生成之时就已经存在和确定下来的东西，这个东西，就是需要——需要就是人的本性。人的本性是否完全实现，是全部人类历史分为两个时期的标志。人的本性的实现，具体表现在两个方面：第一，每个人都能充分地满足自己的一切需要；第二，每个人都能自由地享受自己天性的财富。马克思和恩格斯在《德意志意识形态》中把这两条表述为：“消灭私有制和消灭劳

① 《马克思恩格斯选集》第1卷，人民出版社2012年版，第203页。

动本身”①。其中的第一条，即“消灭私有制”是物质基础，第二条，即“消灭劳动本身”是精神实质。

第一条相对而言比较好理解。它的含义就是，要建立起以每个人的自由发展是一切人自由发展的条件的社会——其中包含着生产力、生产方式，以及由它们决定的生产关系，还包含着上层建筑领域——中所发生的与现在完全不同的、全面彻底的改变。

第二条相对而言比较难理解。马克思和恩格斯赋予“消灭劳动本身”含义是：“针对活动迄今具有的**性质**”②。这里所说的“活动”，是指人的生命活动。

从表现形式上看，两个时期的区别是存在所有制和不存在所有制的区别：在前一个时期中存在着不同形式的所有制；在后一个时期中不存在任何形式的所有制，有的只是自由人联合体，作为自由人联合体的成员，个人用公共的生产资料进行劳动，并且按照商定的计划，把他们许多个人的劳动力当作一个社会劳动力来使用。

从本质上看，两个时期的区别是人的生命活动的新和旧两种性质的区别：在前一个时期中，人的生命活动表现为：作为谋生手段的劳动；在后一个时期中，人的生命活动表现为：作为自我享受的个人创造力量的充分发挥和发展。

关于生命活动的新、旧两种性质，马克思在《1844年经济学哲学手稿》中是这么说的：

> 为了人并且通过人对人的本质和人的生命、对象性的人和人的**产品**的**感性**的占有，不应当仅仅被理解为**直接的**、片面的**享受**，不应当仅仅被理解为**占有**、**拥有**。人以一种全面的方式，也就是说，作为一个完整的人，占有自己的全面的本质。人同世界的任何一种**人的**关系——视觉、听觉、嗅觉、味觉、触觉、思维、直观、感觉、愿望、活动、爱，——总之，他的个体的一切器官……通过自己的**对象性**关系，即通过自己**同对象的关系**而占有对象。对**人的**现实性的占有，它同对象的关系，是**人的现实性的实现**，是人的**能动**和人的**受动**，因为按人的含义来理解的受动，是人的一种自我享受。
>
> ……
>
> ……需要和享受失去了自己的**利己主义**性质，而自然界失去了自己的

① 《马克思恩格斯选集》第1卷，人民出版社2012年版，第198页。

② 《马克思恩格斯选集》第1卷，人民出版社2012年版，第170页。

纯粹的**有用性**，因为效用成了**人的**效用。①

所谓“劳动”，它所体现的是在史前时期人类生命活动的旧的性质，其含义是：人们谋生的手段，即“谋生的劳动”，生产的目的是得到财富。这种“劳动始终是令人厌恶的事情，始终是**外在的强制劳动**，而与此相反，不劳动却是‘自由和幸福’”②。

与它截然相反，人类生命活动在自由王国时期的新的性质是：生产活动是人对自己所拥有的天性财富即创造天赋的自我享受，人类全部力量的全面发展成为了目的本身。

(2) 两个时期的区别

首先，个人在实现人的第一天性方面的差别。

个人在实现自己的人的第一天性方面的差别，就是在人们已经获得的生产力方面存在的差别。

在已经获得的生产力方面，两个时期存在的差别表现在：第一，在生产活动中是否存在分工；第二，科学在生产活动中的运用程度所达到的水平。

关于分工，马克思和恩格斯说：

> 一个民族的生产力发展的水平，最明显地表现于该民族分工的发展程度。任何新的生产力，只要它不是迄今已知的生产力单纯的量的扩大（例如，开垦土地），都会引起分工的进一步发展。一个民族内部的分工，首先引起工商业劳动同农业劳动的分离，从而也引起**城乡**的分离和城乡利益的对立。分工的进一步发展导致商业劳动同工业劳动的分离。同时，由于这些不同部门内部的分工，共同从事某种劳动的个人之间又形成不同的分工。这种种分工的相互关系取决于农业劳动、工业劳动和商业劳动的经营方式（父权制、奴隶制、等级、阶级）。在交往比较发达的条件下，同样的情况也会在各民族间的相互关系中出现。
>
> 分工的各个不同发展阶段，同时也就是所有制的各种不同形式。③
>
> 分工起初只是性行为方面的分工，后来是由于天赋（例如体力）、需要、偶然性等等才自发地或“自然地”形成的分工。分工只是从物质劳动和精神劳动分离的时候起才真正成为分工。……
>
> ……**分工**使精神活动和物质活动、享受和劳动、生产和消费由不同的

---

① 《马克思恩格斯全集》第42卷，人民出版社1979年版，第123、124、125页。

② 《马克思恩格斯全集》第46卷下册，人民出版社1980年版，第112、113页。

③ 《马克思恩格斯选集》第1卷，人民出版社2012年版，第147—148页。

个人来分担这种情况不仅成为可能，而且成为现实，而要使这三个因素彼此不发生矛盾，则只有再消灭分工。①

与这种分工同时出现的还有**分配**，而且是劳动及其产品的**不平等**的分配（无论在数量上或质量上）；因而产生了所有制……其实，分工和私有制是相等的表达方式，对同一件事情，一个是就活动而言，另一个是就活动的产品而言。

其次，随着分工的发展也产生了单个人的利益或单个家庭的利益与所有互相交往的个人的共同利益之间的矛盾；而且这种共同利益不是仅仅作为一种“普遍的东西”存在于观念之中，而首先是作为彼此有了分工的个人之间的相互依存关系存在于现实之中。……

最后，分工立即给我们提供了第一个例证，说明只要人们还处在自然形成的社会中，就是说，只要特殊利益和共同利益之间还有分裂，也就是说，只要分工还不是出于自愿，而是自然形成的，那么人本身的活动对人来说就成为一种异己的、同他对立的力量，这种力量压迫着人，而不是人驾驭着这种力量。原来，当分工一出现之后，任何人都有自己一定的特殊的活动范围，这个范围是强加于他的，他不能超出这个范围：他是一个猎人、渔夫或牧人，或者是一个批判的批判者，只要他不想失去生活资料，他就始终应该是这样的人。而在共产主义社会里，任何人都没有特殊的活动范围，而是都可以在任何部门内发展，社会调节着整个生产，因而使我有可能随自己的兴趣今天干这事，明天干那事，上午打猎，下午捕鱼，傍晚从事畜牧，晚饭后从事批判，这样就不会使我老是一个猎人、渔夫、牧人或批判者。社会活动的这种固定化，我们本身的产物聚合为一种统治我们、不受我们控制、使我们的愿望不能实现并使我们的打算落空的物质力量，这是迄今为止历史发展中的主要因素之一。②

关于科学技术在生产活动中运用程度的历史意义，马克思说：

只有当劳动资料不仅在形式上被规定为**固定资本**，而且抛弃了自己的直接形式，从而，**固定资本**在生产过程内部作为机器来同劳动相对立的时候，而整个生产过程不是从属于工人的直接技巧，而是表现为科学在工艺上的应用的时候，只有到这个时候，资本才获得了充分的发展，或者说，

① 《马克思恩格斯选集》第1卷，人民出版社2012年版，第162—163页。

② 《马克思恩格斯选集》第1卷，人民出版社2012年版，第163、165页。

资本才造成了与自己相适应的生产方式。可见，资本的趋势是赋予生产以科学的性质，而直接劳动则被贬低为只是生产过程的一个要素。①

随着大工业的发展，现实财富的创造较少地取决于劳动时间和已耗费的劳动量，较多地取决于在劳动时间内所运用的动因的力量，而这种动因自身——它们的巨大效率——又和生产它们所花费的直接劳动时间不成比例，相反地却取决于一般的科学水平和技术进步，或者说取决于科学在生产上的应用。(这种科学，特别是自然科学以及和它有关的其他一切科学的发展，又和物质生产的发展相适应。)例如，农业将不过成为这样的物质代谢的科学的应用，这种物质代谢能加以最有利的调节以造福于整个社会体。

……劳动表现为不再像以前那样被包括在生产过程中，相反地，表现为人以生产过程的监督者和调节者的身份同生产过程本身发生关系。(关于机器体系所说的这些情况，同样适用于人类活动的结合和人类交往的发展。)这里已经不再是工人把改变了形态的自然物作为中间环节放在自己和对象之间；而是工人把由他改变为工业过程的自然过程作为媒介放在自己和被他支配的无机自然界之间。工人不再是生产过程的主要当事者，而是站在生产过程的旁边。

在这个转变中，表现为生产和财富的宏大基石的，既不是人本身完成的直接劳动，也不是人从事劳动的时间，而是对人本身的一般生产力的占有，是人对自然界的了解和通过人作为社会体的存在来对自然界的统治，总之，是社会个人的发展。②

由于资本的无止境的致富欲望及其惟一能实现这种欲望的条件不断地驱使劳动生产力向前发展，而达到这样的程度，以致一方面整个社会只需用较少的劳动时间就能占有并保持普遍财富，另一方面劳动的社会将科学地对待自己的不断发展的再生产过程，对待自己的越来越丰富的再生产过程，从而，人不再从事那种可以让物来替人从事的劳动，——一旦到了那样的时候，资本的历史使命就完成了。③

总之，科学技术是生产力最本质的存在形式。资本，由于它既是人类史前时期结束阶段的产物，是人类史前时期在其发展过程中最终盛开绽放的花朵，所以它能将科学技术发展到极高的程度，因而它也是真正人的历史时期得以开

① 《马克思恩格斯全集》第46卷下册，人民出版社1980年版，第211页。

② 《马克思恩格斯全集》第46卷下册，人民出版社1980年版，第217、218页。

③ 《马克思恩格斯全集》第46卷上册，人民出版社1979年版，第287页。

始的唯一基础。所以，马克思关于资本历史使命所说的这一切，其实就是对这两个历史时期物质性质的差别直接明确的阐述。

其次，是个人在实现人的第二天性方面的差别。

个人在实现自己的人的第二天性方面的差别，就是在人们是否创造出了真正属于人的社会联系方面存在的差别。

关于这一点，马克思已经说得很清楚，他的话也不难理解，所以本书就只是将马克思的表述摘录如下。他说：

> 家长制的，古代的（以及封建的）状态随着商业、奢侈、**货币**、**交换价值**的发展而没落下去，现代社会则随着这些东西一道发展起来。
>
> 交换和分工互为条件。因为每个人为自己劳动，而他的产品并不是为他自己使用，所以他自然要进行交换，这不仅是为了参加总的生产能力，而且是为了把自己的产品变成自己的生活资料。以交换价值和货币为媒介的交换，诚然以生产者互相间的全面依赖为前提，但同时又以生产者的私人利益完全隔离和社会分工为前提，而这种社会分工的统一和互相补充，仿佛是一种自然关系，存在于个人之外并且不以个人为转移。普遍的需求和供给互相产生的压力，促使毫不相干的人发生联系。①
>
> 人们说过并且还会说，美好和伟大之处，正是建立在这种自发的、不以个人的知识和意志为转移的、恰恰以个人互相独立和毫不相干为前提的联系即物质的和精神的新陈代谢上。毫无疑问，这种物的联系比单个人之间没有联系要好，或者比只是以自然血缘关系和统治服从关系为基础的地方性联系要好。同样毫无疑问，在个人创造出他们自己的社会联系之前，他们不可能把这种联系置于自己支配之下。如果把这种单纯**物的联系**理解为自然发生的、同个性的自然（与反思的知识和意志相反）不可分割的而且是个性内在的联系，那是荒谬的。这种联系是各个人的产物。它是历史的产物。它属于个人发展的一定阶段。这种联系借以同个人相对立而存在的异己性和独立性只是证明，人们还处于创造自己社会生活条件的过程中，而不是从这种条件出发去开始他们的社会生活。这是各个人在一定的狭隘的生产关系内的自发的联系。
>
> 全面发展的个人——他们的社会关系作为他们自己的共同的关系，也是服从于他们自己的共同的控制的——不是自然的产物，而是历史的产物。

① 《马克思恩格斯全集》第46卷上册，人民出版社1979年版，第104页。

> 要使**这种**个性成为可能，能力的发展就要达到一定的程度和全面性，这正是以建立在交换价值基础上的生产为前提的，这种生产才在产生出个人同自己和同别人的普遍异化的同时，也产生出个人关系和个人能力的普遍性和全面性。在发展的早期阶段，单个人显得比较全面，那正是因为他还没有造成自己丰富的关系，并且还没有使这种关系作为独立于他自身之外的社会权力和社会关系同他自己相对立。留恋那种原始的丰富，是可笑的，相信必须停留在那种完全空虚之中，也是可笑的。资产阶级的观点从来没有超出同这种浪漫主义观点的对立，因此这种浪漫主义观点将作为合理的对立面伴随资产阶级观点一同升入天堂。①

至于马克思所说的人们自己的社会联系，即当人把自己当作人来看待时所生产出来的社会联系是什么样的，我们前面已经讨论过了，这里就不再重复。

再次，个人在享受人的本性的能力上的差别。

两个历史时期之间的物质性质的差别，除了在个人实现自己的第一天性和第二天性（统称“人的本性”）方面的差别之外，同时还表现在个人在享受自己的人的本性的能力上的差别。

马克思认为，一个人要多方面享受，他就必须有享受的能力，因此他必须是具有高度文明的人。享受能力以意识、观念的形式存在于人本身之中，以人的气质、素质的形式直接表现出来。在谈到真正的人的历史时期的特点时，马克思说，在真正的人的历史时期，生产劳动不再是谋生的手段，而是个人对自己天性财富的自我享受。因此真正的人的历史时期中的个人，是一个具有享受自己天性财富的能力的人。个人有没有这种享受能力，是人类社会的两个历史时期的第二大物质性质的差别。——在谈到“资本的伟大的历史方面”时，他说：

> 资本的伟大的历史方面就是**创造**这种**剩余劳动**，即从单纯使用价值的观点，从单纯生存的观点来看的多余劳动，而一旦到了那样的时候，即一方面，需要发展到这种程度，以致超过必要劳动的剩余劳动本身成了从个人需要本身产生的普遍需要，另一方面，普遍的勤劳，由于世世代代所经历的资本的严格纪律，发展成为新的一代的普遍财产。②

在“普遍需要”和“普遍财产”概念中，“普遍”这个词的含义是：这种

---

① 《马克思恩格斯全集》第46卷上册，人民出版社1979年版，第108、109页。

② 《马克思恩格斯全集》第46卷上册，人民出版社1979年版，第287页。

需要和财产已经与个人完全地融为一体，它们就是个人本身，就是个人的生命活动本身。也就是说，劳动已经成为每个人正常生活的第一需要，是对自己天性财富的自我享受。产生出这种“普遍需要”和拥有这种“普遍财产”，是个人已经拥有了在属于真正的人的历史时期生活的享受能力的标志。换句话说，只有拥有这样的享受能力的个人，才能在满足自己的“普遍需要”因而也就是享受着自己的“普遍财产”的过程中，过上真正属于人的生活，开始真正属于人的历史时期。

这种“普遍需要”和“普遍财产”虽然表现为人们的观念，表现为意识，但是在历史过程中，它却是实实在在的物质性质——正是因为有了它，人成为了“社会个人”，并因此开始了真正属于人的历史，所以它是能够创造这种历史的肉体（即物质）的人存在本身。恩格斯说：“人离开狭义的动物越远，就越是有意识地自己创造自己的历史”①。意识是人这种物质存在的特质，正是因为有了自己的这个特质，人才是有别于其他一切物质（肉体的和非肉体的）存在的一种特殊的物质——拥有意识、观念的物质——存在。所以唯物史观中的唯物主义不仅表现在承认人的肉体的存在上，而且还表现在进一步承认人的意识上，即人的肉体是有意识的，人的肉体存在是有意识的物质的存在，人在有意识的生命活动中创造自己的历史。《德意志意识形态》中有这样的一段话：

> 历史上周期性地重演的革命动荡是否强大到足以摧毁现存一切的基础；如果还没有具备这些实行全面变革的物质因素，就是说，一方面还没有一定的生产力，另一方面还没有形成不仅反抗旧社会的个别条件，而且反抗旧的“生活生产”本身、反抗旧社会所依据的“总和活动”的革命群众，那么，正如共产主义的历史所证明的，尽管这种变革的**观念**已经表述过千百次，但这对于实际发展没有任何意义。②

其中明确地把具有“反抗旧的‘生活生产’本身、反抗旧社会所依据的‘总和活动’的革命群众”即具有这种特定观念的人，称之为实行全面变革的“物质因素”，而且它与非物质的、纯粹的“思想”直接对立起来。同样是这部分人，如果他们只具有“反抗旧社会的某种个别方面”的观念，就不是这种物质因素。可见，“观念”确实就是这种物质因素本身，是这种物质因素具有决定意义的本质部分。换一个角度说，这也就是《〈黑格尔法哲学批判〉导言》中

① 《马克思恩格斯选集》第3卷，人民出版社2012年版，第859页。
② 《马克思恩格斯选集》第1卷，人民出版社2012年版，第173页。

所说的："理论一经掌握群众，也会变成物质力量"[①]。所谓理论掌握群众，就是理论变成了群众的意识、观念。所以，在唯物史观的语境里，意识、观念是肉体的人的意识、观念，因此它是一种物质力量。

但是，我们按照传统理论的观点，一直以来只是认为马克思和恩格斯抛弃了黑格尔的绝对理念的唯心主义，批判地吸取了他的辩证法的合理内核；抛弃了费尔巴哈的形而上学和历史唯心主义，批判地吸取了他的唯物主义基本内核。但是，这种观点是不完全的。传统理论只提到了黑格尔的辩证法，而且还没有把它归入唯物主义的范畴，却没有看到在黑格尔的绝对理念理论中隐藏着的唯物主义，反而是把它完全归入到了唯心主义的范畴里。其实，在马克思和恩格斯看来，黑格尔关于绝对理念的哲学在本质上"是一种就方法和内容来说唯心主义地倒置过来的唯物主义"[②]，而不是一种唯心主义。所谓"方法"，是指辩证法；而所谓"内容"，就是指绝对理念理论。也就是说，绝对理念其实是穿着一件唯心主义外衣的唯物主义。唯心主义是虚，唯物主义是实。人不仅仅是肉体的人，而且是有意识的肉体的人，正是有意识的生命活动把人这个肉体从其他的动物中提升出来。虽然黑格尔自己并不清楚，但是实际上他所说的"理念"正是肉体的人的"意识"，他关于绝对理念所说的一切，正是用哲学语言对人这个有意识的肉体组织的生命活动的正确描述。恩格斯说："在这里，形式是唯心主义的，内容是实在论的"[③]；马克思说：作为黑格尔哲学的真正诞生地和秘密，"《现象学》是一种隐蔽的、自身还不清楚的、被神秘化的批判；由于《现象学》紧紧抓住人的**异化**，——尽管人只是以精神的形式出现的——其中仍然隐藏着批判的**一切**要素，而且这些要素往往已经以远远超过黑格尔的观点的方式**准备好**和**加过工了**。"[④]

正是基于这样的看法，所以马克思在《关于费尔巴哈的提纲》中就在第一条中首先明确地说：与费尔巴哈唯物主义的主要缺点——即"对对象、现实、感性，只是从**客体**的或者**直观**的形式去理解"——相反，黑格尔在抽象的形式中把"**能动的**方面发展了"，即把对象、现实、感性"当做**人的感性活动**，当做**实践**去理解"，也就是"从主体方面去理解"[⑤]。所谓"主观方面"，就是人的意识、观念，正是因为有了意识、观念，所以人的活动是"能动的"。没有意识、

① 《马克思恩格斯选集》第1卷，人民出版社2012年版，第9页。
② 《马克思恩格斯选集》第4卷，人民出版社2012年版，第233页。
③ 《马克思恩格斯选集》第4卷，人民出版社2012年版，第243页。
④ 《马克思恩格斯全集》第42卷，人民出版社1979年版，第162页。
⑤ 《马克思恩格斯选集》第1卷，人民出版社2012年版，第137页。

观念就没有“能动”；没有能动就没有“历史”（恩格斯在《自然辩证法》中说：“人是唯一能够由于劳动而摆脱纯粹的动物状态的动物——他的正常状态是和他的意识相适应的而且**是要由他自己创造的**”①，“人离开狭义的动物越远，就越是有意识地自己创造自己的历史”②）。因此，人们的意识、观念方面的质的差别，就成为了区分人类社会历史两个时期的标准。

以提纲形式做出的这一高度概括，是不久之前马克思已经在《1844 年经济学哲学手稿》中较为展开地阐述过了的思想的浓缩和升华。——他在该手稿中说：

> 在社会主义的人看来，**整个所谓世界历史**不外是人通过人的劳动而诞生的过程，是自然界对人说来的生成过程，所以，关于他通过自身而**诞生**、关于他的**产生过程**，他有直观的、无可辩驳的证明。因为人和自然界的**实在性**，即人对人说来作为自然界的存在以及自然界对人说来作为人的存在，已经变成实践的、可以通过感觉直观的，所以，关于某种**异己的**存在物、关于凌驾于自然界和人之上的存在物的问题，即包含着对自然界和人的非实在性的承认的问题，在实践上已经成为不可能的了。**无神论**，作为对这种非实在性的否定，已不再有任何意义，因为无神论是**对神的否定**，并且正是通过这种否定而肯定**人的存在**；但是社会主义，作为社会主义，已经不再需要这样的中介；它是从把人和自然界看作**本质**这种**理论上和实践上的感性意识**开始的。社会主义是人的不再以宗教的扬弃为中介的**积极的自我意识**，正象**现实生活**是人的不再以私有财产的扬弃即**共产主义**为中介的积极的现实一样。③

这段阐述中，所谓“社会主义的人”，就是掌握了唯物史观的人，因此他在这里使用“社会主义”一词表达的意思，我们可以而且应该理解为“唯物史观”；另外，所谓的“人”，就是“作为人的人”或“真正的人”；所谓的“自然界”，就是客观存在的世界，就人的自然界而言，就是客观存在的人的“本性”、“天性”，即作为对象性的存在物的存在。所以马克思这段话的意思是说：唯物史观有直观的、无可辩驳的证据证明，所谓历史就是作为人的人通过自己有意识的生命活动——即劳动——诞生的过程，是人的本性——即自然界——的产生过程。因为，作为人的人和人的本性的真实存在，即人的本性的实现就

① 《马克思恩格斯全集》第 20 卷，人民出版社 1971 年版，第 535、536 页。
② 《马克思恩格斯选集》第 3 卷，人民出版社 2012 年版，第 859 页。
③ 《马克思恩格斯全集》第 42 卷，人民出版社 1979 年版，第 131 页。

是作为人的人的存在以及作为人的人的存在就是人的本性的实现，已经是实践的、被直观感知的。所以，关于承认在人之外——即某种异己的——的存在物、关于凌驾于包括人的本性在内的自然界和人之上的存在物即神的问题，在实践上已经是一件不可能的事情了。所以，包括费尔巴哈在内的旧唯物主义即无神论，作为对这种非实在性的否定，已不再有任何意义，因为无神论仅仅是通过这种对神的否定而肯定了人的存在，仅此而已。

对于唯物史观而言，肯定人的存在只不过是理解历史不言而喻的前提和基础，在这个基础上，唯物史观“是从把人和自然界看作**本质**这种**理论上和实践上的感性意识**开始的”，它“是人的不再以宗教的扬弃为中介的**积极的自我意识**”。也就是说，唯物史观是一种理论上和实践上的“感性意识”，是一种积极的“自我意识”；它把作为人的人、把人的本性看作是历史的本质；它就是这种积极的自我意识本身。唯物史观是对历史的真实的反映，因为人“是一个有**激情**的存在物。激情、热情是人强烈追求自己的对象的本质力量”，所以积极的“自我意识”就是历史本身，“正象一切自然物必须**产生**一样，**人**也有自己的产生活动即**历史**，但历史是在人的意识中反映出来的，因而它作为产生活动是一种有意识地扬弃自身的产生活动。历史是人的真正的自然史。”① 正是由于历史作为有意识地扬弃自身的产生活动是人的真正的自然史，所以“意识”是人真正的自然，只要我们用“积极的自我意识”取代了“绝对理念”，即把黑格尔用一种隐蔽的、自身还不清楚的、被神秘化了的批判揭示出来的、并且是为唯物史观准备好和加过工了的东西即“自然界的**人性**和历史所创造的自然界——人的产品——的**人性**，就表现在它们是抽象精神的**产物**”②。

这里所说的“人性”，就是指，人们在有意识的生命活动所创造出来的、为我而存在的关系。从神秘化中解放出来，即：确认“**感性**意识不是**抽象**感性的意识，而是**人的**感性的意识”③，由此，自然界的“人性”和历史所创造的自然界——人的产品——的“人性”，就表现在它们不是“抽象精神”（即“抽象感性的意识”）的产物，而是“人的感性的意识”的产物，那么黑格尔“作为推动原则和创造原则的否定的辩证法”④ 就会因此而立即焕发出它真正的生命力。在这里，黑格尔的伟大之处，正是在于他确认了真实存在着的意识即感性的“意识”，他的错误仅仅在于把“人的感性的意识”抽象化，把“人的”感性的

① 《马克思恩格斯全集》第42卷，人民出版社1979年版，第169页。
② 《马克思恩格斯全集》第42卷，人民出版社1979年版，第162页。
③ 《马克思恩格斯全集》第42卷，人民出版社1979年版，第162页。
④ 《马克思恩格斯全集》第42卷，人民出版社1979年版，第163页。

意识，说成是在人之外存在的感性的意识，即一种“抽象”感性的意识，仅此而已。

所以，我们在抛弃他的“抽象感性”的同时，不应该将“意识”也一起扔掉，因为“意识”本身是“感性的”，不承认一种感性存在的东西，是错误的，是唯心主义的。正确的观点是：“意识”天生就是“人的”感性的意识，或者说，它是一种以人的肉体形式存在着的感性物质的意识，在人的感性的意识之外，根本就不存在什么别的“意识”。恩格斯说：“我们连同我们的肉、血和头脑都是属于自然界和存在于自然界之中的”，在这里，正确的观点，是要“认识到自身和自然界的一体性”，那种把“精神和物质、人类和自然、灵魂和肉体之间的对立”起来的观点，是“荒谬的、反自然的观点”①。

总之，虽然黑格尔的绝对理念是一种在天上生、在天上长的抽象东西——抽象感性的意识，但是，只要我们用双脚实实在在地站在地上的肉体的人的意识、观念来取代它，那么黑格尔关于绝对理念所说的，就是唯物史观的批判的一切要素，而且还是在理论上准备好和加过工了的。因此，人们之间在享受能力上存在的差别，即人们之间以意识、观念的形式存在着的气质方面的差别，毫无疑问是人类历史的两个时期之间的物质性的差别之一，而且，从有意识的生命活动与无意识的生命活动差别是人类与其他动物的本质差别这个角度上说，这一物质性质的差别是更为重要和根本的差别。具有一种与之前的人完全不同的另外一种全新的享受能力的人，已经是与没有这种享受能力的人完全不同的、全新的人。

马克思曾引用一位西印度的种植园主在1857年11月份的《泰晤士报》上发出的“十分可爱的叫嚣”来说明这个问题。这位种植园主像发表主张恢复黑人奴隶制的辩护词那样满腔激愤地诉说，那些刚刚获得自由的牙买加黑人“只满足于生产他们自己消费所绝对必需的东西，除了这种‘使用价值’以外，他们把游手好闲本身（放纵和懒惰）视为真正的奢侈品；他们对糖和投在种植园中的固定资本满不在乎，却幸灾乐祸地嘲笑那行将破产的种植园主，甚至把他们学到的基督教只用来为这种幸灾乐祸和懒惰辩护。”对刚刚获得自由的牙买加黑人的言行，马克思评论说：

> 他们不再是奴隶了，但并没有成为雇佣工人，而是成为自给自足的、为自己十分有限的消费而劳动的农民。对他们来说，资本不是作为资本而

---

① 《马克思恩格斯选集》第3卷，人民出版社2012年版，第998—999页。

> 存在，因为独立的财富**只有**靠**直接的**强制劳动即奴隶制，或者靠**间接**的强制劳动即**雇佣劳动**才能存在。与直接的强制劳动相对立的财富不是资本，而是**统治关系**。因而在直接的强制劳动的基础上再生产出来的也只是这种统治关系，对这种关系来说，财富本身只有享乐的意义，而没有作为财富本身的意义，因而这种关系决不能创造出**普遍的产业**。①

很显然，那位种植园主“十分可爱的叫嚣”是毫无道理的：既然过去是你们这些奴隶主把黑人置于了奴隶的地位，你怎么能够要求他们与你们这些从事资本主义生产经营的人一样具有从事资本主义生产的气质和意向呢？你怎么能怪罪这些黑人，并且把“游手好闲本身”即所谓的把“放纵和懒惰”视为真正的奢侈品这样的词语用作对他们的指责呢？

在这个问题上，马克思明确地指出：与资本的生产方式相适应的虽然是一种人与人之间的物的联系，这种物的联系比单个人之间没有联系要好，或者比只是以自然血缘关系和统治服从关系为基础的地方性联系要好。同样毫无疑问，在个人创造出他们自己的这种社会联系之前，他们不可能把这种联系置于自己支配之下。这种联系是生产力发展的产物。它是历史的产物。它属于个人发展的一定阶段。

在《资本论》第四卷中，马克思摘录了琼斯所归结出的决定积累倾向的五个原因，其中的第一个原因就是：“民族的气质和意向方面的差别”。对此，马克思特别地做了一段评述，其中说道：“并非一切民族都有相同的从事资本主义生产的才能。某些原始民族，例如土耳其人，既没有这方面的气质，也没有这方面的意向。”②

在马克思对资本的分析中，也包含着对“意识”、“观念”在历史发展中的地位与作用的确认。例如，马克思在《经济学手稿》中做了如下的分析：

> 随着财富的发展，因而也就是随着新的力量和不断扩大的个人交往的发展，那些成为共同体的基础的经济条件，那些与共同体相适应的共同体各不同组成部分的政治关系，以理想的方式来对共同体进行直观的宗教（这二者又都是建立在对自然界的一定关系上的，而一切生产力都归结为自然界），个人的性格、观点等等，也都解体了。**单是科学**——即财富的最可靠的形式，既是财富的产物，又是财富的生产者——**的发展**，就足以使这

---

① 《马克思恩格斯全集》第46卷上册，人民出版社1979年版，第288页。

② 《马克思恩格斯全集》第26卷第三册，人民出版社1974年版，第495页。

> 些共同体解体。但是，**科学**这种既是观念的财富同时又是实际的财富**的发展**，只不过是**人的生产力的发展**即财富的发展所表现的一个方面，一种形式。①

请注意：马克思明确地说，科学既是观念的财富，同时又是实际的财富，两者统一在“人的生产力”上。也就是说，科学既是精神性质的东西，同时也是物质性质的东西。作为精神性质的东西，科学是独立存在着的“知识”；作为物质性质的东西，科学是掌握了科学知识的人的意识，它属于人这种物质本身，是人这种有意识的物质的一定发展状态。科学知识是人本身的力量，即实际的生产力。

马克思接着说：

> 如果**从观念上**来考察，那么一定的意识形式的解体足以使整个时代覆灭。在现实中，意识的这个限制是**同物质生产力的一定发展程度**，因而是同财富的一定发展程度相适应的。当然，发展不仅是在旧的基础上发生的，而且就是**这个基础本身的发展**。这个**基础**本身的最高发展（这个基础变成的花朵；但这仍然是**这个**基础，是作为花朵的**这株**植物；因此，开花**以后**和开花的结果就是枯萎），是达到这样一点，这时基础本身取得的形式使它能和**生产力的最高发展**，因而也和个人的最丰富的发展相一致。一旦达到这一点，进一步的发展就表现为衰落，而新的发展则在新的基础上开始。②

请注意：在“如果**从观念上**来考察”一句中，马克思特别强调了一下“从观念上”这几个字，其意思应该是说，从观念上来考察是一种十分重要而且是必须进行的考察。还有，他说旧的基础变成的花朵“仍然是**这个**基础”，开花的结果就是枯萎，新的发展则在新的基础上开始。他在这里特别强调的是“这个”二字，其意思应该是说，在时代的变换中，观念的更换应该是一个非常重要的方面；前后两个时代的观念，一定是两种截然不同的观念，因此前者必须枯萎死亡，后者必须是另外的一种重新开始自己发展历程的全新的观念。

马克思接着说：

> 前面我们已经看到，对生产条件的所有制表现为同狭隘的、一定的共同体形式相一致，因而同狭隘的、一定的个人形式相一致，这种个人具有为组成这种共同体所需的相应品质，即狭隘性和自己的生产力的狭隘发展。

---

① 《马克思恩格斯全集》第46卷下册，人民出版社1980年版，第34、35页。

② 《马克思恩格斯全集》第46卷下册，人民出版社1980年版，第35页。

而这个前提本身又是生产力的狭隘的历史发展阶段的结果：既是财富的，也是创造财富的方式的狭隘的历史发展阶段的结果。共同体的目的，个人的目的——以及生产的条件——是再生产**这种一定的生产条件**和个人，既是单个的，也是处于他们的社会划分和社会联系之中的个人，即作为这些条件的活的承担者的个人。

请注意："目的"是人类有意识的生命活动的本质、核心和关键，正是这些"目的"，造就了生产条件和个人，即造就了历史。不论是"共同体的目的"，还是"个人的目的"，都属于意识、观念的范畴，构成了"品质"。

马克思接着说：

资本把**财富**本身**的生产**，从而也把生产力的全面的发展，把自己的现有前提的不断变革，当作它自己再生产的前提。价值并不排斥使用价值，因而不把特殊形式的消费等等，特殊形式的交往等等，当作绝对条件包括进来；同样，社会生产力、交往、知识等等的任何发展阶段，对资本来说都只是表现为它力求加以克服的限制。它的前提本身——价值——表现为产品，而不是表现为凌驾于生产之上的更高的前提。**资本**的限制就在于：这一切发展都是对立地进行的，生产力，一般财富等等，知识等等的创造，表现为从事劳动的个人本身的**异化**；他不是把他自己创造出来的东西当作**他自己的财富**的条件，而是当作**他人财富**和自己贫困的条件。但是这种对立的形式本身是暂时的，它产生出消灭它自身的现实条件。①

请注意：马克思把"知识"与"社会生产力"、"交往"放在了一个层级上，即把它们看成是社会生活中的三个并列的事物。

马克思最后说：

结果就是：生产力或一般财富从趋势和可能性来看的普遍发展成了基础，同样，交往的普遍性，从而世界市场成了基础。这种基础是个人全面发展的可能性，而个人从这个基础出发的实际发展是对这一发展的**限制**的不断消灭，这种限制被意识到是限制，而不是被当作某种**神圣的界限**。个人的全面性不是想象的或设想的全面性，而是他的现实关系和观念关系的全面性。由此而来的是把他自己的历史作为**过程**来理解，把对自然界的认识（这也表现为支配自然界的实际力量）当作对他自己的现实体的认识。发展过程本身被当作是并且被意识到是个人的前提。但是，要达到这点，

① 《马克思恩格斯全集》第46卷下册，人民出版社1980年版，第35、36页。

首先必须使生产力的充分发展成为**生产条件**，使一定的**生产条件**不表现为生产力发展的界限。①

请注意："现实关系"和"观念关系"是并列的。

恩格斯也对人类历史前后两个时期的人们在观念上的截然不同做过描述。他说：

从动产的私有制发展起来的时候起，在一切存在着这种私有制的社会里，道德戒律一定是共同的：切勿偷盗。这个戒律是否因此而成为永恒的道德戒律呢？绝对不会。在偷盗动机已被消除的社会里，就是说在随着时间的推移顶多只有精神病患者才会偷盗的社会里，如果一个道德说教者想庄严地宣布一条永恒真理：切勿偷盗，那他将会遭到什么样的嘲笑啊！②

他还说：

在共产主义制度下……谁如果坚持要人丝毫不差地给他平等的、公正的一份产品，别人就会给他两份以资嘲笑。③

再再次，两个时期问题的结论。

总而言之，人本身作为一种客观的物质存在是一个过程，这个过程必然要经历两个时期——史前时期和自由王国时期。

偶然的个人是生活在个人不能自由发展的必然王国中的人，即人类社会的史前时期中的人，这个时期的发展，实际上是在用"浪费个人发展的办法，来保证和实现人类本身的发展"④。因为在个人创造出他们自己的（即真正人的）社会联系之前，是不可能把这种社会联系置于自己支配之下的。

从人本身的发展程度上讲，这种联系只能是作为人的人（即个人）的产物，它属于个人发展的一定阶段。从发展过程的角度上讲，它是历史的产物，即人类社会在经历了史前时期之后进入自由王国时期的产物。所以，我们现在的这种联系，它借以同个人相对立而存在的异己性和独立性只是证明，人类已经获得的生产力还不足以创造出自己的社会生活条件，人们还处在创造自己社会生活条件的过程中，而不是从这种条件出发去开始他们的社会生活。全面发展的个人不是自然的产物，而是历史的产物。

---

① 《马克思恩格斯全集》第46卷下册，人民出版社1980年版，第36页。

② 《马克思恩格斯选集》第3卷，人民出版社2012年版，第471页。

③ 《马克思恩格斯全集》第20卷，人民出版社1971年版，第670页。

④ 《马克思恩格斯全集》第25卷，人民出版社1974年版，第105页。

在依据生产力标准把人类社会分成“史前时期”和“自由王国时期”这样两个前后相连的历史时期的同时，马克思还认为，史前时期结束时，在前一个时期的末端，存在着一个从前一个时期向后一个时期飞跃的、即将发生质变的转换环节，这个转换环节，就是以扬弃私有财产为目的的共产主义运动阶段。但是，整个共产主义运动阶段——从开始一直到实现彻底消灭私有制的目标为止——本身是属于史前时期，而不属于自由王国时期。建立公有财产所有权事实上是财产所有权的自我扬弃，即通过建立公有财产权最终消灭财产所有权。但是，在这个过程中，它无论如何是首先建立了另外一种形式的财产所有权。因此，在这个过程中，“人的生命的现实的异化仍在发生，而且人们越意识到它是异化，它就越成为更大的异化；所以，它只有通过共产主义的实际实现才能完成。要消灭私有财产的**思想**，有共产主义**思想**就完全够了。而要消灭现实的私有财产，则必须有**现实的**共产主义行动。历史将会带来这种共产主义行动，而我们**在思想中**已经认识到的那个正在进行自我扬弃的运动，实际上将经历一个极其艰难而漫长的过程。”由于共产主义者即用马克思主义科学理论武装了头脑的现代工人阶级已经认识到了，建立公有制并不是自己的历史使命本身，共产主义者的目的，是通过这种形式实现财产所有权的自我扬弃。所以，这种“更大的异化”就只不过是黎明前的黑暗。正是在这个意义上，马克思特别地指出：“我们必须把我们从一开始就意识到这一历史运动的局限性和目的，并有了超越历史运动的觉悟这一点，看作是现实的进步。”①

最后，本书建议读者认真读一读马克思在《詹姆斯·穆勒〈政治经济学原理〉一书摘要》，马克思在其中准确地说明了两个时期的本质区别和它们各自的特点②。

3. “三个阶段”理论观点

“三个阶段”理论观点是马克思在研究政治经济学——其核心是研究正在欧洲尤其是在英法德等西欧国家中蓬勃发展着的资本的生产方式——时提出来的。他在1857—1858年的《经济学手稿》中说：

> 人的依赖关系（起初完全是自然发生的），是最初的社会形态，在这种形态下，人们的生产能力只是在狭窄的范围内和孤立的地点上发展着。以

---

① 《马克思恩格斯全集》第42卷，人民出版社1979年版，第139、140页。

② 《马克思恩格斯全集》第42卷，人民出版社1979年版，第34、35、36、37页。

物的依赖性为基础的人的独立性，是第二大形态，在这种形态下，才形成普遍的社会物质变换，全面的关系，多方面的需求以及全面的能力的体系。建立在个人全面发展和他们共同的社会生产能力成为他们的社会财富这一基础上的自由个性，是第三个阶段。第二个阶段为第三个阶段创造条件。因此，家长制的，古代的（以及封建的）状态随着商业、奢侈、**货币**、**交换价值**的发展而没落下去，现代社会则随着这些东西一道发展起来。①

也就是说，三个历史阶段，指的就是“人的依赖关系②”→“以物的依赖性为基础的人的独立性”→“建立在个人全面发展和他们共同的社会生产能力成为他们的社会财富这一基础上的自由个性”。其中，第一个阶段包括原始社会（家长制的）、奴隶社会（古代的）、封建社会（封建的）这样三种社会状态。这就是“三个阶段”观点的理论来源。

马克思把历史分为了三个阶段，所依据的是什么？

我们先来看看马克思的两段话。第一段话是关于劳动力价值的，第二段话是关于交换价值的。

他的劳动力的实际价值和这个身体最低限度是不一致的；气候和社会发展水平不同，劳动力的实际价值也就不同；它不仅取决于身体需要，而且也取决于成为第二天性的历史上发展起来的社会需要。③

基本的前提是流通的主体生产交换价值，即直接从属于交换价值的社会规定性的产品，也就是在一定历史形态的分工下生产这些产品，而这一基本前提又包含着大量其他的前提，它们既不是从个人的意志，也不是从个人的直接本性中产生的，而是从那些使个人已成为**社会的**个人，成为由社会规定的个人的历史条件和关系中产生的；这个前提同样包含着这样一些关系，这些关系表现为同个人在流通中相互对立时具有的那种简单联系不同的个人生产联系。④

在这里，我们所关注的不是这两段话中讨论的劳动力价值和交换价值问题，而是马克思分析研究问题时所使用的方法。

---

① 《马克思恩格斯全集》第46卷上册，人民出版社1979年版，第104页。

② 所谓“人的依赖性”，指的就是在某一个狭隘的共同体中的人与人之间的关系。马克思和恩格斯说：封建社会所有制“与部落所有制和公社所有制一样，也是以某种共同体为基础的”，即封建社会的所有制与原始社会和奴隶社会的所有制一样，都是人的依赖性的表现形式。人的依赖性的特点是：个人首先是作为共同体的成员存在的。或者说，共同体成员的身份是他存在的前提。

③ 《马克思恩格斯全集》第25卷，人民出版社1974年版，第971页。

④ 《马克思恩格斯全集》第46卷下册，人民出版社1980年版，第466页。

马克思在第一段话中说，劳动力价值不仅取决于身体需要，而且也取决于成为第二天性的历史上发展起来的社会需要。——他使用的方法是：首先把身体需要看作是人的“第一天性”，把历史上发展起来的社会需要看作是人的“第二天性”，即先把两者确定下来和区分开来；然后，在分析研究问题时，既要考虑“身体需要”，也要考虑“历史上发展起来的社会需要”。

马克思在第二段话中说，交换价值不是从个人的直接本性中产生的，而是从那些使个人已成为社会的个人，成为由社会规定的个人的历史条件和关系中产生的。把第二段话与第一段话加以对照，我们可以认定，所谓“直接本性”，就是“身体需要”，也就是“第一天性”；所谓“由社会规定的个人的历史条件和关系”，就是“历史上发展起来的社会需要”，也就是人的“第二天性”。——他使用的方法是：首先确定人的天性有“第一天性”和“第二天性”之分；然后确定交换价值是第二天性产生出来的东西。

了解了马克思在上述两个问题上的分析和研究问题的方法，再看把历史分为三个阶段的理论，就可以清楚地看出，他把历史划分成三个阶段的依据，是由社会规定的个人的历史条件和关系，即人们的历史上发展起来的社会需要，社会本质。历史之所以呈现出三个阶段，是因为人的第二天性、人的社会本质在历史发展过程中，依次呈现出了三种性质的状态。

唯物史观认为，“人们的社会历史始终只是他们的个体发展的历史”①，“是发展着的、由每一个新的一代承受下来的生产力的历史，从而也是个人本身力量发展的历史”②，因此“整个历史也无非是人类本性的不断改变而已”③。马克思把历史分为三个阶段，是从生产力的角度来观察和理解历史，认为人的本性将在历史发展过程中经历三种性质上根本不同的存在状态。

把原始社会、奴隶社会、封建社会都归于历史的第一个阶段，是因为它们都具有“人的依赖性”这种“个人的历史条件和关系”，这是他们共同的特征。尽管这三种社会在社会制度以及其他很多方面有着巨大的差别，但是马克思却并不关注这些差别，他只是紧紧抓住了它们在“个人的历史条件和关系”上的共同点，把它们统统归于第一个历史阶段中，并且指出了作为第一个历史阶段，它们与第二个历史阶段的本质区别。马克思说：

古代的观点和现代世界相比，就显得崇高得多，根据古代的观点，人，

① 《马克思恩格斯选集》第4卷，人民出版社2012年版，第409页。

② 《马克思恩格斯选集》第1卷，人民出版社2012年版，第204页。

③ 《马克思恩格斯选集》第1卷，人民出版社2012年版，第252页。

不管处在怎样狭隘的民族的、宗教的、政治的规定上，毕竟始终表现为生产的目的，在现代世界，生产表现为人的目的，而财富则表现为生产的目的。①

唯物史观的第一个原则，是从主观方面去理解事物、现实、感性。从主观方面来理解历史的唯物史观认为，历史的本质是人的本性的发展和变化。人的需要即人的本性。而对自己本身的需要的意识，和在这种意识的推动下为满足自己的需要而进行的活动，即实现人的本性的生命活动，就是人的本质——“人的激情的本体论本质”②。

人的本性，或者说人的天性，可以分为第一天性和第二天性，也就是人的身体需要和社会需要。将历史分为三个阶段，直接依据的是人的第二天性即人的社会需要，社会本质。关于人的第二天性，人的社会本质，马克思说：

不论是生产本身中人的活动的**交换**，还是**人的产品**的**交换**，其意义都相当于**类活动**和类精神——它们的真实的、有意识的、真正的存在是**社会的**活动和**社会的**享受。因为**人的**本质是人的**真正的社会联系**，所以人在积极实现自己**本质**的过程中**创造**、生产人的**社会联系**、社会本质，而社会本质不是一种同单个人相对立的抽象的一般的力量，而是每一个单个人的本质，是他自己的活动，他自己的生活，他自己的享受，他自己的财富。因此，上面提到的**真正的社会联**系并不是由反思产生的，它是由于有了个人的**需要**和**利己主义**才出现的，也就是个人在积极实现其存在时的直接产物。有没有这种社会联系，是不以人为转移的；但是，只要人不承认自己是人，因而不按照人的样子来组织世界，这种**社会联系**就以**异化**的形式出现。因为这种社会联系的**主体**，即人，是自身异化的存在物。人们——不是抽象概念，而是作为现实的、活生生的、特殊的个人——**就是**这种存在物。这些个人**是怎样的**，这种社会联系本身就是怎样的。因此，以下论点是相同的：**人**自身异化了以及这个异化的人的**社会**是一幅描绘他的**现实的社会联系**，描绘他的真正的类生活的讽刺画；他的活动由此而表现为苦难，他个人的创造物表现为异己的力量，他的财富表现为他的贫穷，把他同别人结合起来的**本质的联系**表现为非本质的联系，相反，他同别人的分离表现为他的真正的存在；他的生命表现为他的生命的牺牲，他的本质的现实化表

① 《马克思恩格斯全集》第46卷上册，人民出版社1979年版，第486页。

② 《马克思恩格斯全集》第42卷，人民出版社1979年版，第150页。

现为他的生命的失去现实性，他的生产表现为他的非存在的生产，他支配物的权力表现为物支配他的权力，而他本身，即他的创造物的主人，则表现为这个创造物的奴隶。①

马克思为什么不依据人的第一天性来划分历史阶段，而是依据人的第二天性来划分历史阶段呢？因为：

第一，首先是因为，人的第一天性和第二天性是统一的，它们是一个整体，即"这些个人**是怎样的**，这种社会联系本身就是怎样的"，也就是说，依据第一天性和依据第二天性本身是没有区别的。

第二，其次是因为，第一天性是人同自身的关系，第二天性是人同他人的关系，而马克思有一个命题，即："人同自身的关系只有通过他同他人的关系，才成为对他说来是对象性的、现实的关系"②，所以，依据第二天性划分历史阶段是合理的。

第三，最后是因为，由于第二天性怎么说也是从第一天性中派生出来的，"它是由于有了个人的**需要**和**利己主义**才出现的，也就是个人在积极实现其存在时的直接产物"，因此，第二天性不仅仅是第二天性本身，它必然地包含了第一天性，所以，依据第二天性划分历史阶段是正确的。

总而言之，从事情的本质上说，马克思依据人的第二天性划分历史阶段，就是依据人本身的发展状态划分历史阶段。——在第一个阶段中，人虽然是生产的目的，但是人本身却是处在某个民族的、宗教的、政治的等等这种狭隘的范围内的个人，即是狭隘的人；在第二个历史阶段中，物是生产的目的，人是物的奴隶，同时也是互不相干的独立的个人；在第三个阶段中，生产是人对自己天赋财富即生产能力的自我享受，人本身的个性是自由的，同时也是由所有的人组成的自由人联合体的成员。

由于三个历史阶段正确地反映了历史的本质——历史是人本身发展的历史，也就是生产力发展的历史，所以历史中的各种现象，都可以在三个历史阶段划分中得到解释。或者说，林林总总的社会现象，都呈现出自己所属的历史阶段的特点，马克思也就是这样来分析和理解它们，并为无产阶级的革命运动提供理论武器的。

例如：马克思又从分配的角度说：

---

① 《马克思恩格斯全集》第42卷，人民出版社1979年版，第24、25页。

② 《马克思恩格斯全集》第42卷，人民出版社1979年版，第99页。

一切劳动产品、能力和活动进行**私人交换**，既同以个人之间的统治和服从关系（自然发生的或政治性的）为基础的分配相对立（不管这种统治和服从的性质是家长制的，古代的或是封建的）（在这种情况下，真正的**交换**只是附带进行的，或者大体说来，并未触及整个共同体的生活，不如说只发生在不同共同体之间，绝没有支配全部生产关系和交往关系），又同在共同占有和共同控制生产资料的基础上联合起来的个人所进行的自由交换相对立。（这种联合不是任意的事情，它以物质和精神条件的发展为前提，这一点在这里就不进一步论述了。）①

在这段阐述中，我们可以看到，马克思把分配分为三个阶段，分别称之为："以个人之间的统治和服从关系为基础的分配"→"一切劳动产品、能力和活动进行私人交换"→"在共同占有和共同控制生产资料的基础上联合起来的个人所进行的自由交换"。

在《经济学手稿》中，我们还可以看到马克思以第二阶段为主要分析对象和参照物，对三个阶段的分析。他说：

个人只是作为交换价值的所有者互相对立，作为各自用自己的产品即商品为对方提供某种物的存在的所有者互相对立。从在流通中发生的社会的物质变换的观点来看，没有这种客体的媒介，他们彼此就不会有任何关系。他们只是物质上彼此为对方存在，这种情况在货币关系中才得到进一步发展，在这种关系中，他们的共同体本身对一切人来说表现为外在的、因而是偶然的东西。通过独立的个人的接触而形成的社会联系，对于他们既表现为物的必然性，同时又表现为外在的联系，**这一点正好表现出他们的独立性，对于这种独立性来说，社会存在固然是必然性**，但只是手段，**因此，对个人本身来说表现为某种外在的东西，而在货币形式上甚至表现为某种可以捉摸的东西**。他们是作为社会的个人，在社会里生产并为社会而生产，但同时这仅仅表现为使他们的个性物化的手段。因为他们既不从属于某一自然发生的共同体，另一方面又不是作为自觉的共同体成员使共同体从属于自己，所以这种共同体必然作为同样是独立的、外在的、偶然的、物的东西同他们这些独立的主体相对立而存在。这正是他们作为独立的私人同时又发生某种社会关系的条件。②

① 《马克思恩格斯全集》第46卷上册，人民出版社1979年版，第105页。

② 《马克思恩格斯全集》第46卷下册，人民出版社1980年版，第469、470页。

在这段阐述中，我们看到的不是只用简单的序列数字标出来的三个阶段，而是通过说明其各自的特性和本质，因而用它们各自的特殊称呼提示出来的三个阶段。即：

从“共同体”的角度上来说：第一阶段是自然发生的共同体；第二阶段是货币共同体；第三阶段是自觉的共同体。

第一阶段的本质特征是：个人是作为狭隘的自然发生的共同体的个人在共同体里生产并为共同体而生产的个人。第二阶段与第一阶段相比较而言的本质特征是：个人是作为社会的个人在社会里生产并为社会而生产的个人；与第三阶段相比较而言的本质特征是：个人虽然是作为社会的个人在社会里生产并为社会而生产的个人，但社会仅仅表现为使他们的个性物化的手段。第三阶段的本质特征是：社会不是手段而是目的，社会属于个人本身。

这一段论述是马克思对历史的三个阶段及其差别做出的进一步的深入阐释，使他对这个观点的阐述更加完善。

在这段阐述中，马克思虽然没有直接说出“货币共同体”这个特殊的名称，但是，一则，从他的阐述中，我们完全可以得出这个名称；二则，在这之前，马克思就已经把货币称之为共同体，指出货币共同体同古代共同体之间水火不容的关系，即“货币欲或致富欲望必然导致古代共同体的瓦解。由此产生了对立物。货币本身就是**共同体**，它不能容忍任何其他共同体凌驾于它之上”①。所以，我们用“货币共同体”这个名称称呼第二个历史阶段，应该是完全符合马克思的本意的。马克思对三个历史阶段的这一划分和阐释，充分表明了他提出三个阶段理论的着眼点就在于突出地说明“资本”在历史上的重要地位和它存在的伟大历史意义，而这一点，正是通过把资本单独划分为一个承前启后的单独历史阶段这一点实现的。

事实上，马克思自己给自己规定的主要理论任务，就是对在第二个阶段中的发生了异化的“主体”（即资本）进行全面细致的解剖，这一科学研究的伟大硕果就是《资本论》。《资本论》站在了历史就是个人本身即生产力发展的历史这个坚实的基础上，站在了由生产力决定的生产方式的科学高度上，揭示了人类社会从史前时期向自由王国时期飞跃所必需的历史条件，以及这一飞跃的性质本身，从而使现代无产阶级认识到自己在这个飞跃中行动的条件和性质，最终为社会主义奠定了科学的理论基础。

将人类社会的历史分为三个阶段，这是马克思坚持一贯的基本思想。本着

---

① 《马克思恩格斯全集》第46卷上册，人民出版社1979年版，第172页。

这个基本思想，他在不同的场合还分别从生产目的、劳动和产品、生产方式、所有制形式等方面，指出了这三个发展阶段的特征。

在“生产目的”上：

第一阶段的特征是——“人，不管是处在怎样狭隘的民族的、宗教的、政治的规定上，毕竟始终表现为生产的目的”；

第二阶段的特征是——“生产表现为人的目的，而财富则表现为生产的目的”；

第三阶段的特征是——“人类全部力量的全面发展成为目的本身”①。

在“劳动和产品”上：

第一阶段的特征是——劳动产品以它的自然的使用价值的面貌出现在人们的社会生活中的（例如在中世纪的欧洲，“物质生产的社会关系以及建立在这种生产的基础上的生活领域，都是以人身依附为特征的。但是正因为人身依附关系构成该社会的基础，劳动和产品也就用不着采取与它们的实际存在不同的虚幻形式。它们作为劳役和实物贡赋而进入社会结构之中。在这里，劳动的自然形式，劳动的特殊性是劳动的直接社会形式”）；

第二阶段的特征是——劳动产品是以价值的面貌出现在人们的社会生活中的（物质生产的社会关系以及建立在这种生产的基础上的生活领域是以商品生产为特征的，“劳动的共性是劳动的直接社会形式”）；

第三阶段的特征是——劳动产品是以每一个“个人的产品，因而直接就是他的使用物品”的面貌出现在人们的社会生活中的（物质生产的社会关系以及建立在这种生产的基础上的生活领域是以自由人的联合体为特征的，“他们用公共的生产资料进行劳动，并且自觉地把他们许多个人劳动力当作一个社会劳动力来使用”②）。

在“生产方式”上：

第一阶段的特征是——“劳动者和劳动条件之间……的统一”；

第二阶段的特征是——“劳动和所有权……之间的分离、破裂和对立”，“最极端的形式……就是资本的形式”；

第三阶段的特征是——“原有的统一的恢复”③。

在“所有制形式”的特征上：

---

① 《马克思恩格斯全集》第46卷上册，人民出版社1979年版，第486页。

② 《马克思恩格斯全集》第23卷，人民出版社1972年版，第94、95页。

③ 《马克思恩格斯全集》第26卷第三册，人民出版社1974年版，第465、466页。

第一阶段的特征是——“个人的、以自己劳动为基础的私有制”即“以个人自己劳动为基础的分散的私有制”；

第二阶段的特征是——“资本主义的私有制”即“事实上已经以社会生产为基础的资本主义所有制”；

第三阶段的特征是——“在协作和对土地及靠劳动本身生产的生产资料的共同占有的基础上，重新建立个人所有制”即“公有制”[①]（这种公有制的性质与我们现在所说的公有制——国家所有制和集体所有制——的性质是根本不同的，这种公有制是“自由人联合体”[②]，而所谓“自由人”是这样的一种人，即在全社会范围内的每个人的自由发展是一切人发展的条件）。

总之，由于唯物史观认为，“人们的社会历史始终只是他们的个体发展的历史”[③]，“是发展着的、由每一个新的一代承受下来的生产力的历史，从而也是个人本身力量发展的历史”[④]。所以，划分人类历史发展阶段的标准只能是生产力，也就是个人本身的发展。出现在人类历史中的一切事物存在的合理性，只能是促进了生产力的发展。事物因其能够促进生产力的发展而必然成为现实的。正因为如此，马克思和恩格斯赋予了“历史”这个概念以全新的含义——历史不再是什么过去的事情，也不仅仅是几种社会形式“连续的发展变化过程”，历史本质上是“经济”的，是“生产力”即“人本身”能动发展的现实过程。

沿着这条主线，马克思对人类社会之所以会发生从史前时期向自由王国时期飞跃的真实原因，进行了科学的深入研究。正是在这一研究——以资本主义生产方式以及和它相适应的生产关系和交换关系为研究对象的政治经济学研究——中，马克思在把历史分为两个时期之后，又根据生产方式的质的变化，将人类的社会历史分成了以“人的依赖性”为特征的第一阶段；以“人的独立性”（即“物的依赖性”）为特征的第二阶段；以“人的自由个性”为特征的第三阶段。在这三个阶段中，第一阶段和第二阶段同属于人类社会的史前时期，第三个阶段是人类社会的自由王国时期。

通过把史前时期分为两个阶段，马克思向世人说明，首先，就整个人类发展过程而言，人类社会从史前时期向自由王国时期飞跃这一质的变化，不是一件凭空发生的事情，在发生质变之前，它经历了一个从第一阶段向第二阶段发展这一量变的积累过程；其次，如果仅就史前时期这个范围而言，生产力在其

---

① 《马克思恩格斯全集》第23卷，人民出版社1972年版，第832页。

② 《马克思恩格斯全集》第49卷，人民出版社1982年版，第194页。

③ 《马克思恩格斯全集》第27卷，人民出版社1972年版，第478页。

④ 《马克思恩格斯选集》第1卷，人民出版社2012年版，第204页。

中也是经历了一个阶段性的质变的，即从第一个历史阶段向第二个历史阶段的飞跃；第三，同时也就突出地揭示出，在从史前时期向自由王国时期飞跃这个过程性的质变之时，即在不断积累的量变最终导致质变发生的临界点上，是一种什么样的情况。其中，后两个问题正是马克思主义所要完成的主要理论任务。正是由于解决了这两个理论问题，即：指出资本是一个既不能跳过也不能用法令取消的自然发展阶段，并且认识到资本伟大的历史方面，社会主义才最终成为了真正的科学。通过把史前时期分为两个阶段，并且在这两个阶段本质差别的对比中，同时也在第二阶段与第三阶段本质特征的对比中，凸显出了第二阶段的本质和特点。这，正是这个伟大理论中的重要成果。

其实，早在马克思和恩格斯确立了唯物史观的时候，他们的这一理论观点的框架就已经基本上树立起来了。在《德意志意识形态》中他们就说过这样的话：

> 个人关系向它的对立面即向纯粹的物的关系的转变，个人自己对个性和偶然性的区分，这正如我们已经指出的，是一个历史过程，它在发展的不同阶段上具有不同的、日益尖锐的和普遍的形式。在现代，物的关系对个人的统治、偶然性对个性的压抑，已具有最尖锐最普遍的形式，这样就给现有的个人提出了十分明确的任务。这种情况向他们提出了这样的任务：确立个人对偶然性和关系的统治，以之代替关系和偶然性对个人的统治。……这个由现代关系提出的任务和按共产主义原则组织社会的任务是一致的。①

上述的这段话，完全就是三个阶段理论观点的另外的一种表述，从中，我们完全可以得出下面这样一个关于三个历史阶段的表述，即："个人关系"→"纯粹的物的关系"→"个人对偶然性和关系的统治"。

所谓的"个人关系"，指的就是第一阶段。用"个人关系"这个名称来指称第一阶段，是因为它反映了第一阶段的特点，即：人，不管是处在怎样狭隘的民族的、宗教的、政治的规定上，毕竟始终表现为生产的目的，为人而生产＝个人关系。

所谓的"纯粹的物的关系"，指的就是第二阶段。用"纯粹的物的关系"这个名称指第二阶段，同样是因为它反映了第二阶段的特点，即：生产表现为人的目的，财富则表现为生产的目的，为物而生产＝纯粹的物的关系。

---

① 《马克思恩格斯全集》第3卷，人民出版社1960年版，第515页。

所谓的“个人对偶然性和关系的统治”，指的是第三阶段。这个名称同样反映了第三阶段的特点，即：人类全部力量的全面发展成为目的本身。

所以，这一整段话，就是对三个历史阶段的阐述，指出了：正是个人在自己的历史发展过程中，造就了人类社会的历史从第一个阶段向第二个阶段的发展；当人类社会进入第二个阶段即实现了物的关系对个人的统治、偶然性对个性的压抑之后，这种压抑所产生的尖锐矛盾，就使得进入第三阶段成为了给现有的个人提出的十分明确的任务；这个任务是从人本身的自然发展过程即历史中提出来的，任务与共产主义的原则是一致的，或者说，共产主义所提出的原则是符合历史提出的任务的，社会主义革命是符合历史发展要求的运动。

4. “四种社会形态”理论观点

在把历史看作一个过程，划分为两个时期、三个阶段的同时，马克思还认为，在人类社会的第一个时期即史前时期内，存在着由“农业劳动、工业劳动和商业劳动的经营方式（父权制、奴隶制、等级、阶级）”决定的人们之间的“相互关系”[①]，即四种生产关系。或者说，在人类的史前时期存在着由“亚细亚的、古希腊罗马的、封建的和现代资产阶级的生产方式”等这四种经济形态决定的四种“社会形态”[②]。这四种社会形态就是所谓的父权制社会（即原始社会）、奴隶制社会、封建等级社会、资产阶级社会，因此，人类的史前时期又可以分为这样四个社会历史阶段。

四种社会形态理论观点是建立在一个过程、两个时期、三个阶段理论观点的基础上的，是马克思历史阶段理论本身进一步深入和细化的发展。

正是在使用“史前时期”这个概念因而正式提出了两个时期理论观点的同时，马克思明确地（1）把“亚细亚的”、“古希腊罗马的”、“封建的”生产方式和“现代资产阶级的”生产方式称之为史前时期社会经济形态演进的几个时代；（2）指出生产关系是社会经济形态的表现形式，与上述社会经济形态相适应的社会形态分别是原始社会、奴隶社会、封建社会和资产阶级社会；（3）确认资产阶级的生产关系是人类社会的史前时期的最后一种社会形态，人类社会的史前时期就以这种社会形态而告终。——他的原话是：

> 大体说来，亚细亚的、古希腊罗马的、封建的和现代资产阶级的生产

---

① 《马克思恩格斯选集》第1卷，人民出版社2012年版，第148页。

② 《马克思恩格斯选集》第2卷，人民出版社2012年版，第3页。

方式可以看做是经济的社会形态演进的几个时代。资产阶级的生产关系是社会生产过程的最后一个对抗形式，这里所说的对抗，不是指个人的对抗，而是指从个人的社会生活条件中生长出来的对抗；但是，在资产阶级社会的胎胞里发展的生产力，同时又创造着解决这种对抗的物质条件。因此，人类社会的史前时期就以这种社会形态而告终。①

在划分四种社会形态的时候，马克思所依据的理论和所坚持的划分的标准，与划分三个历史阶段的时候是不同的。

将历史划分三个阶段，依据的理论是唯物史观。划分时的着眼点，是在历史的视野中所看到的、以个人本身的力量（这是唯物史观的用语，用政治经济学的用语说就是生产力）在现实生活中实现时所能发挥出的自由度，是以各个阶段因自由度而呈现出的不同特征为标准来判定和区分的。从把历史看作是一个发展阶段的角度上说，历史就是从史前时期不断趋向于自由王国时期的量变过程。在三个历史阶段的划分中，马克思对在史前时期内个人本身力量发挥的自由度——即建立在某种依赖性基础上的自由度——在总的量变发展过程中所发生的阶段性质变进行了剖析和确认，并且以这种阶段性质变为标准，把史前时期进一步分为了人的依赖性和物的依赖性两个阶段。因此，它是对一个过程和两个时期理论观点的补充和深化，揭示了史前时期之所以会发生向自由王国时期质变飞跃的原因，是马克思历史科学本身的丰富和完善。

将人类的史前时期划分为四种社会经济形态，依据的理论是政治经济学。划分时的着眼点，是由生产力（即唯物史观中所说的个人本身的力量的政治经济学用语）和生产方式所决定的生产关系，是以不同的生产力和生产方式所决定生产关系的特征为标准来区别和划分的。

在划分四种社会经济形态时，他先把三个历史阶段中的第一个历史阶段按照生产关系所表现出来的特征，细分成三种社会经济形态；然后把第二阶段单独归为一种社会经济形态；最后把它们合称为四种社会经济形态。马克思认为：

人们的社会历史始终只是他们的个体发展的历史，而不管他们是否意识到这一点。他们的物质关系形成他们的一切关系的基础。这种物质关系不过是他们的物质的和个体的活动所借以实现的必然形式罢了。②

社会关系和生产力密切相连。随着新生产力的获得，人们改变自己的

① 《马克思恩格斯选集》第2卷，人民出版社2012年版，第3页。
② 《马克思恩格斯选集》第4卷，人民出版社2012年版，第409页。

> 生产方式，随着生产方式即谋生的方式的改变，人们也就会改变自己的一切社会关系。手推磨产生的是封建主的社会，蒸汽磨产生的是工业资本家的社会。①

从马克思的上述理论表述中，我们可以提取出这样一个公式：生产力→生产方式→生产关系→其他社会关系（法律的、政治的、宗教的、哲学的、艺术的等等）。——这是一条环环相扣的链条，是一个上位环节决定着下位环节的、真实客观地存在着的逻辑关系。如果我们从这个链条的另一端开始说这个逻辑关系的话，那就是：其他社会关系的变化，反映了生产关系的变化，生产关系的变化直接反映的是生产方式的发展和改变，而生产方式的改变反映的是生产力的发展和改变。四种社会经济形态理论，就是以生产关系为标准，将人类历史的史前时期划分为四个阶段的。

四种社会经济形态是从政治经济学角度对第一阶段本身所经历的量变过程做出的进一步细化剖析和研究的结果，揭示了在第一阶段向第二阶段发生阶段性质变之前的量变过程及其原因。是马克思在提出“一个过程”、“两个时期”和“三个阶段”的历史阶段理论之后，通过对政治经济学的研究，对历史理论做出的进一步的发展和充实，在现实的人类物质的生活关系中，证明了这些理论观点的科学性。

但是，在这里，我们不能忘记一个关键的问题，即：马克思研究政治经济学的初衷是什么——通过对政治经济的研究，他想解决什么问题？

马克思自己在《〈政治经济学批判〉序言》中说：

> 我的研究得出这样一个结果：法的关系正像国家的形式一样，既不能从它们本身来理解，也不能从所谓人类精神的一般发展来理解，相反，它们根源于物质的生活关系，这种物质的生活关系的总和，黑格尔按照18世纪的英国人和法国人的先例，概括为“市民社会”，而对市民社会的解剖应该到政治经济学中去寻求。②

在这里，马克思说得很明确，即：他研究政治经济学是因为他已经知道，“法的关系”根源于“物质的生活关系”也就是生产关系，他想通过政治经济学的研究进一步地知道，生产关系是从哪里来的。也就是说，马克思的研究是从其他社会关系向下倒推的。他把自己的研究成果简要地表述如下：

---

① 《马克思恩格斯选集》第1卷，人民出版社2012年版，第222页。

② 《马克思恩格斯选集》第2卷，人民出版社2012年版，第2页。

人们在自己生活的社会生产中发生一定的、必然的、不以他们的意志为转移的关系，即同他们的物质生产力的一定发展阶段相适合的生产关系。这些生产关系的总和构成社会的经济结构，即有法律的和政治的上层建筑竖立其上并有一定的社会意识形式与之相适应的现实基础。物质生活的生产方式制约着整个社会生活、政治生活和精神生活的过程。不是人们的意识决定人们的存在，相反，是人们的社会存在决定人们的意识。社会的物质生产力发展到一定阶段，便同它们一直在其中运动的现存生产关系或财产关系（这只是生产关系的法律用语）发生矛盾。于是这些关系便由生产力的发展形式变成生产力的桎梏。那时社会革命的时代就到来了。随着经济基础的变更，全部庞大的上层建筑也或慢或快地发生变革。在考察这些变革时，必须时刻把下面两者区别开来：一种是生产的经济条件方面所发生的物质的、可以用自然科学的精确性指明的变革，一种是人们借以意识到这个冲突并力求把它克服的那些法律的、政治的、宗教的、艺术的或哲学的，简言之，意识形态的形式。我们判断一个人不能以他对自己的看法为根据，同样，我们判断这样一个变革时代也不能以它的意识为根据；相反，这个意识必须从物质生活的矛盾中，从社会生产力和生产关系之间的现存冲突中去解释。无论哪一个社会形态，在它所能容纳的全部生产力发挥出来以前，是决不会灭亡的；而新的更高的生产关系，在它的物质存在条件在旧社会的胎胞里成熟以前，是决不会出现的。所以人类始终只提出自己能够解决的任务，因为只要仔细考察就可以发现，任务本身，只有在解决它的物质条件已经存在或者至少是在生成过程中的时候，才会产生。大体说来，亚细亚的、古希腊罗马的、封建的和现代资产阶级的生产方式可以看做是经济的社会形态演进的几个时代。资产阶级的生产关系是社会生产过程的最后一个对抗形式，这里所说的对抗，不是指个人的对抗，而是指从个人的社会生活条件中生长出来的对抗；但是，在资产阶级社会的胎胞里发展的生产力，同时又创造着解决这种对抗的物质条件。因此，人类社会的史前时期就以这种社会形态而告终。①

这样一来，我们就看到了这样一个研究路径：其他社会关系（法律的、政治的、宗教的、哲学的、艺术的等等）→生产关系→生产方式→生产力。也就是说，马克思的研究成果告诉人们，任何一种生产关系，它都是由生产方式和

① 《马克思恩格斯选集》第2卷，人民出版社2012年版，第2—3页。

生产力决定的，而不是它自己从前一种生产关系中发展和变化出来的，尽管它与前一种生产关系有着千丝万缕的联系，但它也绝不是前一种生产关系结出的果实，它只是人们物质的和个体的活动（即历史）借以实现的必然形式罢了。——这就是“大体说来，亚细亚的、古希腊罗马的、封建的和现代资产阶级的生产方式可以看做是经济的社会形态演进的几个时代”这句话的真正含义（虽然马克思在这句话里没有提到生产力，但是，因为生产方式是由生产力决定的，所以生产方式本身就包含着生产力）。因为马克思清清楚楚地看到，生产关系和麻布等等人们生产制造出来的物品一样，是由人生产出来的。所以，就如同“麻布”没有历史一样，“生产关系”也没有历史。在历史过程中，人们生产制造出来的物品虽然以不断发展变化的形式展现出了一个发展系列，但那并不是它们本身的历史，而是制造它们的人本身、他们的生产能力即生产力发展的历史，是处在不同发展水平上的人制造出了不同的生产关系。

所以严格地说，《〈政治经济学批判〉序言》中将人类历史的史前时期分为四种社会经济形态的理论，并不是对历史进行阶段划分的理论，而是通过对原始社会、奴隶社会、封建社会、资本主义社会这个以一个系列面貌呈现出来的社会现象的分析研究，透过现象揭示了它们的本质，即它们不过是生产力发展借以实现的必然形式。或者说，它们的依次出现，反映了生产力在自己的发展过程中发生了或大或小的质的飞跃。

马克思在《〈政治经济学批判〉序言》中对自己政治经济学研究成果的这个简要表述的重大意义在于：

一方面，它让一个过程、两个时期、三个阶段的理论在政治经济学中获得了坚实的基础，它让我们不被由原始社会、奴隶社会、封建社会、资本主义社会这个有联系的社会制度（即交往形式）系列所迷惑，认为这个系列就是历史本身，因而沉浸在其中，看不到真正的历史。

另一方面，它让共产主义者有了科学的理论武器，借助这个武器，我们能够清醒地认识到，每一种社会形态都是一定的生产力所要求的表现形式，所以无论哪一个社会形态，在它们所能容纳的全部生产力发挥出来以前，是决不会灭亡的——它不仅不会违背生产力的要求，自行灭亡，同样也不会因为在某种外力的作用下而被灭亡；而新的更高的生产关系，在它存在的物质条件在旧社会的胎胞里成熟以前，是决不会出现的。所以人类始终只提出自己能够解决的任务，因为只要仔细考察就可以发现，任务本身，只有在解决它的物质条件（包括生产力和人的素质这两个方面的物质条件）已经存在，或者至少是在形成过程中的时候，才会产生。

经过深入的科学研究，马克思首先把历史即人本身的客观存在，看成是“一个”发展过程。然后，他把人本身的（即生产力的）这个发展过程，分为了前后相连的“两个”时期，即史前时期和自由王国时期，并指出，这两个时期的差别，就是“有个性的个人与偶然的个人之间的差别”，这“不是概念上的差别，而是历史事实”[①]。接着，他又依据现实生活中的“偶然的个人”的两种具体表现形式，即“人的依赖性”和“物的依赖性”，把史前时期分为以这两种具体表现形式命名的两个历史阶段，与自由王国时期一起看作是人类历史发展的三个阶段，并把由自由王国时期构成的第三阶段按照其具体表现形式即有个性的个人，称之为“自由个性”。最后，他又进一步地通过政治经济学证实了，社会形式是人们的物质的和个体的活动借以实现的必然形式，从物质的生活关系（即生产关系）上看，史前时期呈现出了四种社会经济形态——在历史的第一个阶段中，因生产力和生产方式发生了一些明显的但又是非本质的差别，所以，第一个阶段表现为依次演进的“亚细亚的”、“古希腊罗马的”、“封建的”三种社会形态的时代，它们虽然不同，但却都是在狭隘的范围内发展着的生产力借以实现的表现形式；由于资本的出现，生产力发生了社会化的质变，得到了极大的发展，其借以实现的形式也就变成了“现代资产阶级的”社会形态，历史离开了自己的第一个阶段进入到第二个阶段，人类社会的史前时期将以这种社会经济形态告终，人类的自由王国就是人类历史发展的第三个阶段。这就是马克思对划分历史阶段理论思想的大体轮廓。

在社会形态（生产关系）上，人们表现为在历史舞台上演出的历史剧中的剧中人物。但是，作为剧中人物，人们却往往不知道，自己就是剧作者。正是人们自己（即人的本性及其所决定的生产活动）编写了历史的剧本。马克思关于历史阶段划分的理论，是对唯物主义科学历史观理论观点的总的概括，只有唯物史观这个科学的因而也就是彻底的理论思想，能让深陷于剧中人物角色之中而不能自觉的人们，在思想和认识上得到升华。

马克思和恩格斯对自己历史哲学的特别之处的说明是：

> 德国哲学从天国降到人间；和它完全相反，这里我们是从人间升到天国。这就是说，我们不是从人们所说的、所设想的、所想象的东西出发，也不是从口头说的、思考出来的、设想出来的、想象出来的人出发，去理解有血有肉的人。我们的出发点是从事实际活动的人。[②]

---

① 《马克思恩格斯选集》第1卷，人民出版社2012年版，第203页。

② 《马克思恩格斯选集》第1卷，人民出版社2012年版，第152页。

只待在天国而不降到人间，是黑格尔哲学的特征；降到了人间之后不能上升到天国，是费尔巴哈哲学的特征。马克思和恩格斯对自己历史哲学的这个说明，也完全可以用来说明“四种社会形态”理论与“一个过程”、“两个时期”、“三个阶段”理论的关系。在这个关系中，一个过程、两个时期和三个阶段理论属于“天国”；四种社会形态理论属于“人间”。天国的理论必须降到人间，人间的理论也必须上升到天国。因为，降到人间之后，属于天国的理论的双脚就站在了物质生活的坚实基础之上，得到了科学的证实；上升到天国之后，属于人间的理论就有了灵魂和大脑，不会陷入存在即本质的泥沼迷失方向。所谓坚实基础，就是认识到历史根源于物质生活；所谓灵魂和大脑，就是认识到历史就是个人本身发展的历史，每个人的自由发展是一切人自由发展的条件，共产主义就是对建立在人的本性基础上的信念的追求。不从天国下降到人间，只待在天国的理论就没有科学坚实的基础，就不能彻底消除黑格尔理论的印记；不从人间上升到天国，只待在人间的理论就没有灵魂和大脑，就会陷入费尔巴哈理论的窠臼。

（二）在划分历史阶段时应该注意的问题

出于对马克思理论思想的不同理解，理论界出现了主张历史应该划分为“三大社会形态”和主张历史应该划分为“五种社会形态”的争论。时至今日，争论所涉及的一些问题仍然存在，如果不弄清楚，必然会影响到我们建设中国特色社会主义的前进步伐。

1. 第一个应该注意的问题

根据《政治经济学批判（序言）》中所说的“亚细亚的、古希腊罗马的、封建的和现代资产阶级的生产方式可以看做是经济的社会形态演进的几个时代”这句话，是否可以断定，马克思主义认为人类历史的发展，就是社会发展史，即原始社会、奴隶制社会、封建社会、资本主义社会和共产主义社会（社会主义社会是它的初级阶段）这五种社会的依次更替？

本书对这个问题的回答是：社会本身没有历史。其中的道理前面已经说过了，这里就不再重复了。但是因为它与下面第二个问题紧密相连，且产生的根源相同，所以把它作为第一个应该注意的问题列了出来。

2. 第二个应该注意的问题

马克思和恩格斯是否提出了历史应该划分为“无阶级社会——阶级社会——无阶级社会”，或者“公有制社会——私有制社会——公有制社会”这样三个阶段的理论思想？

本书对这个问题的回答是：没有。

“所有制”和“阶级”都是社会的具体表现形式，既然社会本身没有历史，那么马克思主义就不会根据社会的具体表现形式划分历史阶段。马克思主义承认作为一种社会现象存在的“所有制”和“阶级”的变化，但是承认这种社会现象存在，并不等于把这种社会现象作为划分历史阶段的标准，它们根本就不是一回事。

对这个问题持肯定态度的观点，把马克思和恩格斯所说的一些话作为了自己的理论依据。马克思所说的：

> 农业公社既然是原生的社会形态的最后阶段，所以它同时也是向次生的形态过渡的阶段，即以公有制为基础的社会向以私有制为基础的社会的过渡。不言而喻，次生的形态包括建立在奴隶制上和农奴制上的一系列社会。①

和恩格斯所说的：

> 一切文明民族都是从土地公有制开始的。在已经越过某一原始阶段的一切民族那里，这种公有制在农业的发展进程中变成生产的桎梏。它被废除，被否定，经过了或短或长的中间阶段之后转变为私有制。但是，在土地私有制本身所导致的较高的农业发展阶段上，私有制又反过来成为生产的桎梏——目前无论小地产还是大地产方面的情况都是这样。因此就必然地产生出把私有制同样地加以否定并把它重新变为公有制的要求。但是，这一要求并不是要重新建立原始的公有制，而是要建立高级得多、发达得多的共同占有形式，这种占有形式决不会成为生产的束缚，恰恰相反，它会使生产摆脱束缚，并且会使现代的化学发现和机械发明在生产中得到充分的利用。②

---

① 《马克思恩格斯全集》第19卷，人民出版社1963年版，第450页。

② 《马克思恩格斯选集》第3卷，人民出版社2012年版，第516—517页。

其实，马克思说原始社会是“原生社会形态”，奴隶社会和封建社会是它的“次生形态”，完全没有把原始社会与奴隶社会、封建社会划分为两个不同的历史阶段的含义。所谓“次生”的含义，是说它是从“原生”中派生出来的，是“原生”的变种，这种变种只是形式上的变化，但是本质仍然与“原生”是一样的。用现代流行的语言来说，“原生”是1.0版，“次生”是2.0版、3.0版等等。后者是前者在技术上的改进和发展，但是基本架构没有改变。如果基本架构改变了，本质就变了，就不是“次生”的了，而是一个新的“原生”或新的1.0版了。所以，马克思这段话的意思是说，这三种社会形态在本质上，即在生产活动的性质上，都是一样的——它们的生产力都是在狭隘范围（民族的、宗教的、政治的）内发展着的生产力，它们生产方式都是以生产使用价值为目的的生产方式，它们的生产关系都是以人身依附为核心内容的生产关系。而在次生形态中出现的私有制，则是非本质的东西，这些非本质的东西只是表明了它们有别于“原生”社会形态，是人的依赖关系的“次生”社会形态。

至于恩格斯所说的，一切文明民族都经历了从公有制社会到私有制社会，然后再经历从私有制社会到公有制社会的转变过程，那只不过是在向工人阶级揭示一个道理，即私有制并不像资产阶级所说的那样，是从来就有的东西，而是因为其在生产力的发展中具有合理性而产生和存在着的东西，所以它必然因为自己在生产力的发展中失去了存在的合理性而消亡。所以，恩格斯的这段话，非但不是证明马克思主义将历史划分为“公有制——私有制——公有制”三个阶段的证据，反而是证明马克思主义反对按照社会的占有制度划分历史阶段的证据，因为这段话的核心思想，是说明了生产力的发展决定着所有制的变化。

不论是从《政治经济学批判（序言）》中的“亚细亚的、古希腊罗马的、封建的和现代资产阶级的生产方式可以看做是经济的社会形态演进的几个时代”这句话中得出马克思主义认为人类历史的发展就是社会发展史，就是原始社会、奴隶制社会、封建社会、资本主义社会和共产主义社会（社会主义社会是它的初级阶段）这五种社会的依次更替的结论，还是错误地理解和解释“原生社会形态”和“次生形态”和错误地理解恩格斯的理论表述，导致上述错误的根源与导致“以阶级斗争为纲”错误的根源是同一个——即特别强调阶级对立和阶级斗争。

3. 第三个应该注意的问题

必须时刻牢记马克思的这个命题——共产主义并不特别强调阶级对立和阶

级斗争，否则就成为资产阶级社会了。

特别强调阶级对立和阶级斗争的不是共产主义者，而是资产阶级。因为资产阶级离开阶级对立和阶级斗争就不能存在和生活——资本就是生产资料和劳动的破裂和分离，作为在这个分离中成为了占有生产资料的一方的资产阶级，同时也就占有了生产力发展带来的绝大部分利益。而工人阶级只有通过消灭了阶级对立和阶级斗争才能获得解放，而这一点只有当生产力在资本的推动下得到极大的发展之后才能实现。所以工人阶级只能寄希望于生产力的发展，共产主义特别强调的只能是生产力的发展。这样一来，特别强调发展生产力的共产主义者，只有在解放生产力和发展生产力成为特别强调阶级对立和阶级斗争的目的的时候，或者说，只有在历史的发展造成了这样一种条件——生产力的解放和发展只能通过特别强调阶级对立和阶级斗争才能实现——的时候，共产主义者才特别强调阶级对立和阶级斗争问题。但是，阶级对立和阶级斗争在任何时候都不是历史本身，它只是历史本身借以实现的一种表现形式。

特别强调阶级对立和阶级斗争的资产阶级天生就长着一双阶级对立和阶级斗争的眼睛，永远不能以正常的眼光看世界，尤其是共产党领导下的社会主义国家——北京奥运会在世界各地传递火炬时所碰到的种种干扰就是最好的证明，——是一个不以人的意志为转移的正常现象，我们不应该感到奇怪，也不要希望资产阶级能够用正常的眼睛看我们。天生的东西是无法改变的，资产阶级压根也不想改变它，因为这双天生的阶级斗争眼睛就是资产阶级为自己谋利益的武器。

例如：马克思在 1852 年 3 月 5 日给约瑟夫·魏德迈的信里说：

> 至于讲到我，无论是发现现代社会中有阶级存在或发现各阶级间的斗争，都不是我的功劳。在我以前很久，资产阶级的历史学家就已叙述过阶级斗争的历史发展，资产阶级的经济学家也已对各个阶级做过经济上的分析。我的新贡献就是证明了下列几点：（1）**阶级的存在**仅仅同**生产发展的一定历史阶段**相联系；（2）阶级斗争必然导致**无产阶级专政**；（3）这个专政不过是达到**消灭一切阶级**和进入**无阶级社会**的过渡。①

资产阶级既然是依靠阶级对立和阶级斗争而生存的，那么真正的资产阶级历史学家和经济学家无疑也能够发现资本主义社会存在阶级对立和阶级斗争这个事实。马克思在这里所强调表达的意思是：他发现了阶级对立之所以发生在

---

① 《马克思恩格斯全集》第 28 卷，人民出版社 1973 年版，第 509 页。

资本主义社会中的原因，那就是“**阶级的存在**仅仅同**生产发展的一定历史阶段**相联系”，即出现阶级对立是用资本生产方式发展生产力的需要，同样，随着生产力的发展，阶级对立和阶级斗争必然会通过无产阶级的专政而被消灭。这是一个只有站在无产阶级立场上的共产主义理论家才能看到的事实，资产阶级理论家是看不到的。但是，就是这样一个充满历史感的理论表述，在戴着特别强调阶级对立和阶级斗争眼镜的人那里，竟然也成了是对他们认为马克思主义把历史划分为“无阶级社会——阶级社会——无阶级社会”三个阶段的一个证明。

4. 第四个应该注意的问题

在划分历史阶段的问题上，我们的思维方式必须是具有“历史感”的思维方式，只有这样符合辩证法的思维方式，才能够正确理解唯物史观划分历史阶段的理论思想。

所谓“历史感”，意思是说，要让“思想发展……总是与世界历史的发展平行着”，或者说，在“对历史做总的思考”的时候，要“历史地、在同历史的一定的……联系中来处理材料”。①

历史理论如何能够成为科学？马克思始终如一地认为：“**感性**……必须是一切科学的基础”。所以他断言，历史科学“只有从**感性**意识和**感性**需要这两种形式的感性出发，因而只有从自然界出发，才是**现实的**科学”②。

人的“感性意识”和“感性需要”，就是人的自然界。而人的自然界表现为人的本性。所以，人的本性的内涵，既包括“意识”，也包括“需要”；人的本性的外延，既包括“人的一般本性”，也包括人的特殊本性即“在每个时代历史地发生了变化的人的本性”③。确认人的一般本性，是以共产主义为理想的科学理论的基础；确认在每个时代历史地发生了变化的人的本性，是把握人类已经历过了的和正在经历着的历史时代的社会发展规律的科学理论的基础。如果只研究在每个时代历史地发生了变化的人的本性而不研究人的一般本性，因而没有达到对人的一般本性的正确认识的话，那么对在每个时代历史地发生了变化的人的本性的研究和认识，就会陷入只知其然而不知其所以然的状态中；反过来说，如果只研究人的一般本性而不研究在每个时代历史地发生了变化的

① 《马克思恩格斯选集》第2卷，人民出版社2012年版，第12—13页。
② 《马克思恩格斯全集》第42卷，人民出版社1979年版，第128页。
③ 《马克思恩格斯全集》第23卷作者注。人民出版社1972年版，第669页。

人的本性，因而不能在物质的社会生活关系中证实人的一般本性的话，那么对人的一般本性的研究和认识，就会失去坚实的、科学的基础。

既然感性必须是一切科学的基础，换句话说，所谓的科学理论，它必须是一种对自己所注意的感性东西的系统准确的描述。所以，马克思在自己的理论研究中，一方面，他从人的感性的需要和感性的意识出发，具体地研究了人类历史发展过程，从中发现了它发展的客观规律，看到了人类社会发展在未来一定会进入自由王国时期的必然性；另一方面，由于真正的人时期本身现在还是非感性的东西，所以，他除了在相对于史前时期而言的本质区别范围内对自由王国时期作了一般性的表述之外，根本没有对自由王国时期的发展过程及其规律发表过任何看法。因为马克思认为，一般历史哲学的最大长处就是它是超历史的。对人的一般本性的理论研究就属于一般历史哲学范畴，因此以人的一般本性为基础建立起来的理论，就是一般历史哲学理论。它的最大长处在于它是超历史的，它揭示的是历史发展的一般规律。而相对于一般历史哲学而言，把握人类已经经历过的和正在实践着的历史时代的社会发展规律的历史理论，是特殊历史理论，它的最大长处，就是它始终是从具体历史情况出发的，是建立在每个时代历史地发生了变化的人的本性基础上的。它要求人们必须把这些发展过程中的每一个已经发生过的和正在发生着的具体事情都要分别地加以研究，然后再加以比较，并有意识地把这些具体事情表达出来，这是这一理论具有科学性的灵魂所在。

因此，依据一般历史哲学理论，通过对人的本性的研究，马克思可以确信，人类的存在是一个历史的过程，这个过程一定会经历两个时期，从而确立起共产主义的信念。

依据特殊历史理论，通过对迄今为止的人类社会史前时期的具体历史情况的研究，马克思首先确认，从体现个人本身力量的生产活动即生产力及其与之相适应的生产方式的角度看，人类社会的史前时期应该分为两个阶段——自然发生的人的依赖性阶段和社会所决定的物的依赖性阶段。其次，他还确认，从由生产方式决定的生产关系的角度看，人类社会的史前时期表现为四种社会形态，即属于第一阶段的原始社会、奴隶社会、封建社会，和属于第二阶段的资产阶级社会。第三，通过对资产阶级社会的生产力、生产方式和生产关系的考察研究，通过对已经在资产阶级社会中发生了的巴黎公社革命这一工人阶级获得解放的政治形式的研究，他又确认，在人类社会的史前时期的最后阶段上，有一个从人类社会的史前时期向自由王国时期过渡的阶段，在这个过渡阶段内，一方面在社会政治生活中仍然还要实行无产阶级的专政，另一方面在社会经济生活中仍然要实行体现着资产阶级法权的“按劳取酬”制度。

除了感性的需要和感性的意识之外，马克思绝不依据任何一种理论去设想未来社会的具体情况及其发展规律。他从来没有对人类的自由王国时期的任何一个具体问题——例如，关于人类社会的自由王国时期可以分为多少个发展阶段等等之类的问题——做过什么研究，更不用说发表过什么具体的理论观点了。他的理论工作完全集中在对发生在自己眼前的人类社会的史前时期的研究上。对试图讨论“向共产主义社会的过渡阶段”问题的人，恩格斯就明确表示了他们的反对态度。他说：

> 这是目前存在的所有问题中最难解决的一个，因为情况在不断地变化。例如，随着每一个新托拉斯的出现，情况都要有所改变；每隔十年，进攻的目标也会全然不同。①

马克思仔细观察和认真研究了自己所看到的人类社会的史前时期，清醒地和清晰地看到了，按照自身发展的客观规律，人类社会的史前时期是通过四种社会形态在时间上依次更替的形式表现出来的，但是这四种社会形态的更替并不是一个独立发展的历史过程，它们的产生和发展是由生产力和生产方式决定的。也就是说，四种社会形态表现了历史，但不是历史本身。

至于人类社会的自由王国时期，按照它自身发展的客观规律会通过哪些依次更替的社会形态表现出来，对于没有生活在自由王国中的人来说是非感性的，因此马克思也绝不会凭空为这个时期的实现想出什么社会形态来。而所谓“共产主义社会”，它其实是一个等同于人类社会的自由王国时期的称谓，也就是说，它是一个与“人类社会的史前时期”处在同一个层级上的名称。我们不可能知道人类社会的自由王国时期将经历一些什么样的社会形态，但根据一般历史哲学的科学理论，我们可以判断，随着条件的变化它也一定会经历若干个社会形态的，“共产主义社会”就是对这些必定会在人类社会的自由王国时期存在的社会形态的统称。

所以，在马克思所说的“亚细亚的、古希腊罗马的、封建的和现代资产阶级的”四种社会形态之后，再加上一个“共产主义社会”，把它们视为五种并列的社会形态，在理论上是不能成立的。至于在那之后再把这个不能成立的理论强加给马克思，说什么是马克思提出了五种社会形态理论，更是没有根据的。对此，我们完全可以借用马克思自己在面对这种类似的情况时所说过的话来评

① 《马克思恩格斯全集》第38卷，人民出版社1972年版，第123页。

价它：这样做，会给马克思过多的荣誉，同时也会给马克思过多的侮辱。

5. 第五个应该注意的问题

在理解和掌握马克思主义划分历史阶段的理论时，要特别注意理解马克思关于资本伟大的历史方面的科学思想，因为它是马克思主义划分历史阶段理论思想的核心内容。

通过对人类社会史前时期中的人们的不同的感性意识和感性需要的研究和对比，马克思提出了，人类社会的史前时期可以分为“人的依赖关系”和“以物的依赖性为基础的人的独立性”两大社会形态，并把它们分别称之为人类历史发展过程中的“第一个阶段”和“第二个阶段”。同时，他把人类社会的自由王国时期称之为“第三个阶段”，称它是“建立在个人全面发展和他们共同的社会生产能力成为他们的社会财富这一基础上的自由个性”的社会形态。除此之外，他也把第一个阶段称之为“古代世界”，把第二个阶段称之为“现代世界”（从逻辑上讲，第三个阶段就应该是未来世界）。“第一个”、“第二个”、“第三个”这些称呼，说的是它们的前后顺序和逻辑关系，而“古代”、“现代”这些称呼，说的是它们在时间上的外延范围，至于它们的本名，即“人的依赖关系”、“以物的依赖性为基础的人的独立性”、“建立在个人全面发展和他们共同的社会生产能力成为他们的社会财富这一基础上的自由个性”这些称呼，则直接揭示了它们的内容。

在划分历史阶段的争论中，由于一些观点对自己所引述的马克思的理论表述的理解是不正确的，尤其是没有理解马克思关于资本伟大的历史方面的科学思想，因而其所坚持的观点也是不对的。对其中的几个具体表现分析如下：

（1）正确理解“自然发生的”概念的含义

有观点认为，马克思说“最初的社会形态”“是自然发生的”，而“人最初表现为”“部落体”，所以可以断定马克思的观点是：只有“部落体”是“自然发生的”“最初的社会形态”。

首先应该指出的是，用如此这般的轻率态度——先是摘取几个马克思的只言片语，然后又把它们拼装在一起，便宣称这是马克思的观点——对待马克思，是十分错误的。把这种自己拼装出来的东西拿出来，说这是马克思的观点，是完全没有说服力的。

其次，只要认真读一读马克思在经济学手稿中的阐述，就应该知道，马克思在这里所说的“自然”是一个政治经济学的概念，是相对于“创造”（或

"经济"）而言的"非创造"。所谓"自然"，它是指这样一种状态：人的劳动的客观条件不是他的产物，而是预先存在的，即并非是劳动的结果；作为在他之外的自然存在，是他劳动的前提。马克思还用人的肉体存在做比喻，来帮助人们理解这个概念。他说：

> 生产的原始条件表现为自然前提，即**生产者生存的自然条件**，正如他的活的躯体一样，尽管他再生产并发展这种躯体，但最初不是由他本身创造的，而是他本身的**前提**；他本身的存在（肉体存在），是一种并非由他创造的自然前提。①

关于"人的依赖关系"是"自然发生的"这句话所涵盖的时间范围，我们可以从马克思下面的这些阐述中得到答案。他在对"资本主义以前的各种形式"② 即亚细亚的、古代的和日耳曼的③公社所有制形式逐一地做了分析之后说：

> 在所有这些形式中，土地财产和农业构成经济制度的基础，因而经济的目的是生产使用价值，是在个人对公社（个人构成公社的基础）的一定关系中**把个人再生产出来**——在所有这些形式中，都存在着以下的特点：（1）对劳动的自然条件的占有，即对**土地**这种最初的劳动工具、实验场和原料贮藏所的占有，不是通过劳动进行的，而是劳动的前提。个人把劳动的客观条件简单地看作是自己的东西，看作是自己的主体得到自我实现的无机自然。劳动的主要客观条件并不是劳动的**产物**，而是**自然**。一方面，是活的个人，另一方面，是作为个人再生产的客观条件的土地。（2）但是，这种把土地当作劳动的个人的财产来看待的**关系**……直接要以个人作为**某一公社成员**的自然形成的、或多或少历史地发展了的和变化了的存在，要以他作为部落等等成员的自然形成的存在为媒介。④

在这里，第一个特点说的就是"自然发生的"；第二个特点说的就是"人的依赖关系"；这两个特点涵盖的时间范围就是亚细亚的、古代的、日耳曼的（即

---

① 《马克思恩格斯全集》第46卷上册，人民出版社1979年版，第488页。

② 《马克思恩格斯全集》第46卷上册，人民出版社1979年版，第470页。

③ 马克思认为，古代的公社有亚细亚、古代、日耳曼等三种形式。在对日耳曼的所有制形式的阐述中，马克思说："中世纪（日耳曼时代）是从乡村这个历史的舞台开始的"，其特点是贵族"通过自己的被保护民等等来利用公有地（后来就逐渐地据为己有）"（见《马克思恩格斯全集》第46卷上册，人民出版社1979年版，第480、479页）。可见，所谓的"日耳曼的"，就是"封建的"。

④ 《马克思恩格斯全集》第46卷上册，人民出版社1979年版，第482、483页。

封建的）社会形态。正是因为资本主义以前的各种形式都具有这样的两个特点，所以马克思就把它们统统归于“古代世界”，与资本主义这个“现代世界”明确地区分开来。在现代世界，劳动的主要客观条件是劳动的产物，对生产资料的占有是通过劳动进行的。

马克思还说：

> 蒲鲁东先生称之为财产的**非经济起源**（他这里讲的财产正是指土地财产）的那种东西，就是个人对劳动的客观条件的，首先是对劳动的**自然**客观条件的**资产阶级以前的**关系，因为，正象劳动的主体是自然的个人，是自然存在一样，他的劳动的第一个客观条件表现为自然，土地，表现为他的无机体；他本身不但是有机体，而且还是这种作为主体的无机自然。这种条件不是他的产物，而是预先存在的；作为在他之外的自然存在，是他的前提。①

在这一段话里，马克思不但说明了“自然”这个概念在这里的含义，而且还直接指出了，包括奴隶社会和封建社会在内的“资产阶级以前的关系”，都属于自然发生的关系。事实上，在奴隶社会和封建社会中，从原始社会延续下来的人的劳动的条件并没有发生本质的变化，变化了的仅仅是一些非本质的东西而已。这种劳动的条件就是：

> 社会的一部分被社会的另一部分简单地当作自身再生产的**无机自然**条件来对待。奴隶同自身劳动的客观条件没有任何关系；而**劳动**本身，无论采取的是奴隶的形态，还是农奴的形态，都是作为生产的**无机条件**与其他自然物同属一类的，是与牲畜并列的，或者是土地的附属物。②

也就是说，人的劳动的条件仍然是自然客观条件，这一点没有变；发生变化的，仅仅是直接劳动者即奴隶和农奴变成了自然客观条件本身。——现在，即在奴隶社会和封建社会中，是奴隶主和封建主使用着奴隶和农奴进行生产。正是人的劳动的条件仍然是自然客观条件这一点，把它们与资本生产方式——在资本生产方式中人的劳动的条件是人们创造出来的——截然区别开来。

（2）区别两种历史条件下的商品货币关系

有观点认为，依据马克思关于“交换本身就是造成这种孤立化的一种主要手段，它使群的存在成为不必要，并使之解体”的论述，和《资本论》第一卷

---

① 《马克思恩格斯全集》第46卷上册，人民出版社1979年版，第487页。

② 《马克思恩格斯全集》第46卷上册，人民出版社1979年版，第488页。

中关于“商品生产和商品流通是极不相同的生产方式都具有的现象”的论述，以及根据古代社会、封建社会和资本主义社会由于都存在商品货币关系的事实，所以可以认为它们都是建立在物的依赖性基础上的第二大社会形式。

这个说法是根本站不住脚的。

首先，对“商品生产和商品流通是极不相同的生产方式都具有的现象”这句话的解读是站不住脚的。

按照该观点的解读，“极不相同的生产方式”所指的范围，只包括古代社会、封建社会和资本主义社会，而不包括原始社会。但事实是，马克思在说这句话的时候肯定是把原始社会也包括在内了。根据是：马克思多次说过，“交换”最早出现在原始公社的边界上，而在原始公社的边界上所进行的“交换”，当然属于在原始社会出现的“商品流通”的范畴。例如，马克思在《经济学手稿》(1857—1858 年) 中说：

> 在斯拉夫公社中，货币以及作为货币的条件的交换，也不是或者很少是出现在各个公社内部，而是出现在它们的边界上，出现在与其他公社的交往中，因此，把同一公社内部的交换当作原始构成因素，是完全错误的。相反地，与其说它起初发生在同一公社内部的成员间，不如说它发生在不同公社的相互关系中。①
>
> 交换只是在少数地方进行（最初在原始公社的边界上，在它们与外人接触的地方），限制在小范围内，对生产来说是一种暂时的、附带的现象；它的消失和它的发生都是偶然的。偶然用自己产品的剩余来交换外人产品的剩余，这种物物交换只是产品作为一般交换价值的**最初表现**，是由偶然的需要、欲望等等决定的。但是，如果这种物物交换继续下去，成为一种连续的行为，而在这种行为自身中包含着自己不断更新的手段，那么在这里就渐渐地，同样是外在地和偶然地出现由调节相互的生产来调节相互的交换的现象，而最终全部归结为劳动时间的那些生产费用，就会成为交换尺度。这就告诉我们，交换和商品的交换价值是怎样产生的。②

第一，尽管在原始社会中交换仅仅存在于它的边界上，但是它的这个发生地点的特征并不影响对它的发生时间的确认，它毫无疑问是发生在原始社会中的一件事情。在原始社会中存在着“交换”，这应该是个无可置疑的事实，最起

---

① 《马克思恩格斯全集》第 46 卷上册，人民出版社 1979 年版，第 40 页。
② 《马克思恩格斯全集》第 46 卷上册，人民出版社 1979 年版，第 154 页。

码马克思是这样认为的。

第二，而且马克思已经明确地认为，原始社会中的物物交换是一般交换价值的“最初表现”，交换只是在少数地方进行，限制在小范围内，是一种非生产性质的、“暂时的、附带的现象”。对用自己产品的剩余来交换外人产品的剩余的人来说，其所进行的交换“是由偶然的需要、欲望等等决定的”，即是由他生活消费的需要、欲望决定的，而不是由生产本身的需要、财产增值的欲望决定的。对历史而言，交换的发生和它的消失都是偶然的。看到这种偶然的交换的意义只是告诉我们，交换和商品的交换价值是怎样产生的，它对历史本身还没有产生本质的即划时代的影响。

所以，如果认为一种社会形态中只要存在着“交换”，那它就一定属于第二个历史阶段（奴隶社会和封建社会就因为存在商品交换而被这种观点归于了第二个历史阶段），那么历史中就根本没有马克思所说的第一个历史阶段了，又何来第二个历史阶段呢？第一个历史阶段和第二个历史阶段都存在商品交换，但是这两个历史阶段中的商品交换只是在形式上相同，本质上却是完全不同的，因为它们植根于两种完全不同的生产方式中。看不到为生活消费而进行的交换和为生产消费而进行的交换之间的差别，或者虽然看到了这种差别却不理解这种差别的历史意义，是完全不知道历史的本质，完全不懂得马克思主义历史理论的表现。

商品交换是与私有制紧密联系在一起的东西，所以私有制的性质的变化和商品交换的性质的变化也是同步的，有着“同生死共命运”的关系。就像“分工和私有制是相等的表达方式”[①] 一样，私有制和商品交换也是两个同义语，讲的也是同一件事情，一个是就产品而言，一个是就产品的交换而言。那么，我们就看一看马克思对第一阶段的私有制和第二阶段的私有制之间历史性关系的理论表述，对我们正确理解和掌握划分历史的第一阶段和第二阶段的标准很有帮助。马克思说：

> 虽然资本形成和资本主义生产方式实质上不仅建立在扬弃封建主义生产方式的基础上，而且建立在**剥夺**农民、手工业者的基础上，总之，建立在**消灭以直接生产者对自己的生产条件的私有制**为基础的生产方式上；虽然已经实行的资本主义生产方式随着那种私有制和以那种私有制为基础的生产方式的被扬弃，从而随着这些直接生产者在**资本积聚**（集中）之下的

---

① 《马克思恩格斯选集》第1卷，人民出版社2012年版，第163页。

被**剥夺**，而得到同样程度的发展；虽然后来以“清扫领地”形式不断重复出现的这个**剥夺过程**作为暴力的行动部分地**引起了**资本主义生产方式；——但是，不仅**资本主义生产方式的理论**（**政治经济学**，法哲学等），而且资本家本人在自己的**观念**中，都喜欢把自己的所有制形式和占有形式（这种形式在自己的发展过程中以占有他人劳动为基础，以剥夺直接生产者为自己的基础）与这样一种**生产方式**混为一谈，这种生产方式恰恰相反，它是以**直接生产者对自身生产条件的私有制**为前提的（在这种前提下，资本主义生产方式在农业和工业等等中都是不可能的），因而也喜欢把对资本主义**占有形式**的任何侵犯说成是对任何一种以劳动为基础的所有制的侵犯，甚至说成是对**一切所有制**的侵犯。因此，把对劳动群众的所有制的剥夺说成是以劳动为基础的所有制的生活条件，当然总会发生很大的困难。（然而，在这种形式的私有制中，至少总是包含着纯粹被家长驱使和剥削的家庭成员的**奴隶制**。）所以从洛克到李嘉图的一般**法律**观念都是**小资产阶级所有制**的观念，而他们所阐述的生产关系则属于**资本主义生产方式**。使这一点成为可能的是：在这两种形式中**买者与卖者**的关系**在形式上**始终是一样的。①

马克思的理论表述可以归纳出如下几条：

第一，“**消灭以直接生产者对自己的生产条件的私有制**”，即消灭小私有制，是建立资本主义私有制的前提条件之一。也就是说，在小私有制“前提下，资本主义生产方式在农业和工业等等中都是不可能的”，因此，小私有制和大私有制之间是水火不容的关系，而不是继承发展的关系。

第二，但是，不论是资产阶级的理论，还是资本家本人的观念，“都喜欢把自己的所有制形式和占有形式”（即大私有制）与小私有制“混为一谈”，“因而也喜欢把对资本主义**占有形式**的任何侵犯说成是对任何一种以劳动为基础的所有制的侵犯，甚至说成是对**一切所有制**的侵犯”。也就是说，把这两种私有制看作是性质相同的同一种东西，通过证明大私有制是自古以来就有的东西，借此来进一步地证明它存在的“合理性”，是资产阶级和资本家的本能。

第三，“因此，把对劳动群众的所有制的剥夺说成是以劳动为基础的所有制的生活条件，当然总会发生很大的困难。”也就是说，在这种资产阶级的理论和资本家本人的观念盛行的环境里，要想让人们相信只有消灭小私有制才能建立

① 《马克思恩格斯全集》第49卷，人民出版社1982年版，第143、144页。

大私有制，是一定会遇到很大的困难的。甚至就连洛克和李嘉图这样的著名学者，他们的“一般**法律**观念都是**小资产阶级所有制**的观念，而他们所阐述的生产关系则属于**资本主义生产方式**”。

第四，造成这种情况的原因有两个：第一，小私有制的历史非常悠久，它从原始社会的“纯粹被家长驱使和剥削的家庭成员的**奴隶制**”开始，就已经存在了，经过奴隶社会和封建社会，几千年的时光已经把它深深地烙印在了人们的观念中，并习惯地用这个传统观念来理解刚刚出现的大私有制；第二，“在这两种形式中**买者与卖者**的关系**在形式上**始终是一样的”，即本质上的不同并不影响小私有制和大私有制在形式上始终保持相同，因此，对于只能看到“社会”这个人们的物质的和个体的活动借以实现的必然形式（即生产关系和财产关系），而看不到“历史”这个人们物质的和个体的活动本身（即生产力和生产方式）的人来说，不能区分这两种私有制也就一点也不奇怪了。

其次，对“交换本身就是造成这种孤立化的一种主要手段，它使群的存在成为不必要，并使之解体”这句话的解读也是站不住脚的。

错误的解读认为，只要一出现了“交换”，“群”（即“共同体”）就成为不必要的东西而解体了，该社会的生产方式也就不再是建立在人的依赖性基础之上的旧的生产方式了，成为建立在交换价值基础之上的新的生产方式。这样的解读与马克思的本意相差甚远，根本不是马克思的思想。

马克思多次阐述了他的这样一个观点，即当一个时代的某个社会中出现了一些暂时的、附带的、偶然的社会现象时，这些现象的存在不能让该历史时代中的基于必然性而长期稳定地存在着的社会形态的性质发生改变。所以，“交换”这种现象出现之后，它与“群”这个旧的生产方式并存着，旧的生产方式没有因为它这个作为暂时的、附带的、偶然的现象而出现的东西而改变，它的出现，只是在逐渐地破坏着旧的生产方式，并最终由量变转化成质变，导致其灭亡。

例如，马克思指出，意大利的各城市中偶然出现的手工工场就没有改变其封建社会的性质，他说：

> 在某些地方，在依然完全属于另一个时期的范围内，偶然会有**手工工场**发展起来，例如在意大利的各城市中，手工工场曾经同行会**并存**。但是要成为整个时代普遍的占统治地位的形式，资本的条件就必须不仅在局部

范围内，而且在广大的范围内发展起来。①

再例如，马克思指出，在美国社会中出现的使用黑人奴隶的种植园并没有改变美国社会的资本主义性质，反倒是染上了资本主义的色彩，成为了“产业奴隶制”。他说：

> 我们现在不但称美国的种植园主为资本家，而且他们确实是这样的人，这是由于，他们是作为以自由劳动为基础的世界市场条件下的畸形物而存在的。②

黑奴制——纯粹的产业奴隶制——随着资产阶级社会的发展而消失，它是和资产阶级社会的发展不相容的。黑奴制以资产阶级社会**为前提**，如果没有实行雇佣劳动的其他自由国家与黑奴制并存，如果黑奴制是孤立的，那么，实行黑奴制的国家的一切社会状态就会立即转变为文明前的形式。③

再例如，马克思指出，在资本主义社会之前的各种社会解体时出现的自由劳动者，他们实际上只是“自由的奴仆”，并没有改变当时的生产方式。他说：

> 在**资产阶级**前的各种关系解体的时期，零散地出现一些自由劳动者，购买这些人的服务不是为了消费，而是为了**生产**；但是，**第一**，即使规模很大，这也只是为了生产**直接的**使用价值，而不是为了生产**价值**；**第二**，例如，如果说贵族除了自己的农奴，还使用自由劳动者，并把他们创造的一部分产品又拿去出售，因而自由劳动者为他创造了**价值**，那么这种交换只涉及多余的产品，并且只是为了多余的产品，为了**奢侈品的消费**而进行的；因而这实际上只是为了把他人劳动用于直接消费或用作使用价值而对这种劳动进行的伪装的购买。然而，凡是这种自由劳动者的数量日益增多而且这种关系日益扩展的地方，旧的生产方式，即公社的、家长制的、封建制的生产方式等等，就处于解体之中，并准备了真正雇佣劳动的要素。但这种自由的奴仆，象在波兰等地那样，也可能出现以后又消失，而生产方式并未改变。④

再例如，马克思指出，在由君主统治的国家中，交换行为的出现毫不改变奴隶制和农奴制关系的本质，尽管交换行为“可能”而不是“必然”同奴隶制

---

① 《马克思恩格斯全集》第46卷上册，人民出版社1979年版，第508、509页。
② 《马克思恩格斯全集》第46卷上册，人民出版社1979年版，第517页。
③ 《马克思恩格斯全集》第46卷上册，人民出版社1979年版，第174页。
④ 《马克思恩格斯全集》第46卷上册，人民出版社1979年版，第468页。

和农奴制相对立，但它同雇佣劳动毫无共同之处，而且交换的价格却一定是要受奴隶制和农奴制生产方式制约的。他说：

> 在亚洲各社会中，君主是国内剩余产品的唯一所有者，他用他的收入同自由人手（斯图亚特的用语）相交换，结果出现了一批城市，这些城市实际上不过是一些流动的营房。这种关系尽管**可能**而不是**必然**同奴隶制和农奴制相对立，但它同雇佣劳动毫无共同之处，因为它在劳动的社会组织的各种不同形式下总是重复出现。如果这种交换是借助货币实现的，那么价格规定对双方都是重要的，但对 **A** 之所以重要，只是因为 **A** 不愿意为劳动创造的**使用价值**支付过多，而不是因为他关心劳动创造的**价值**。这种最初多半是习惯造成的和世代沿袭的价格，逐渐由经济来决定，先是由供求之间的比例，最后则由能够创造出这类活服务的出卖者本身所需要的生产费用来决定；这种情况毫不改变关系的本质，因为同以前一样，价格规定对于单纯使用价值的交换来说仍然只是形式上的要素。但是，这种价格规定本身是由其他的关系，由占统治地位的生产方式的一般的、可以说是在这种特殊交换行为背后实现的那些规律以及这种生产方式的自我规定产生的。①

从内容的标准上，马克思对第二个历史阶段的界定是："以物的依赖性为基础的人的独立性"。而所谓以物的依赖性为基础的人的独立性这种现象，只能发生在为交换价值而生产的社会中。只有在这种社会中，作为历史过程的结果，人的孤立化才成为了占统治地位的社会现象。只有这样的社会，才属于第二个历史阶段。该观点完全无视作为偶然现象的"交换"和作为占统治地位的生产方式的"交换"之间的区别，把解体的历史过程和解体的结果混为一谈，在理论分析上是荒谬的，在对历史事实的判断上是错误的。

(3) 不能随意"组装"马克思的理论思想

把马克思的一些只言片语按照自己的需要随意地拼装在一起的错误，仍然是一个时刻必须注意的问题。

把马克思的这些只言片语拼装起来，并声称这是马克思的观点，同时又对马克思本人已经明确地和直截了当地说出来的、与拼装出来的东西完全相反的理论阐述完全视而不见，这种现象对学习和坚持马克思主义危害极大。

就以我们在前面已经看到的马克思在《资本论》中所说的那句话——"商

---

① 《马克思恩格斯全集》第 46 卷上册，人民出版社 1979 年版，第 466 页。

品生产和商品流通是极不相同的生产方式都具有的现象”——为例。

这句话是马克思在说明直接商品交换即简单商品流通与商品流通之间的区别时所做的一个注解中的一句。

要想正确地理解这句话，首先就要知道它是为什么事情而加的注解。

这个注解是加在下面的这段文字之后的，即：

> 商品内在的使用价值和价值的对立，私人劳动同时必须表现为直接社会劳动的对立，特殊的具体的劳动同时只是当作抽象的一般的劳动的对立，物的人格化和人格的物化的对立，——这种内在的矛盾在商品形态变化的对立中取得了发展的运动形式。因此，这些形式包含着危机的可能性，但仅仅是可能性。这种可能性要发展为现实，必须有整整一系列的关系，从简单商品流通的观点来看，这些关系还根本不存在。①

显然，这个注解是为了进一步说明，在简单商品流通中，还完全没有商品流通所具有的“整整一系列的关系”而加上的。

要想正确地理解这句话，其次还要看这句话在注解中是什么意思。

注解的全文是：

> 参看我在《政治经济学批判》第74—76页对詹姆斯·穆勒的评论。在这里，经济学辩护士的方法有两个特征。第一，简单地抽去商品流通和直接的产品交换之间的区别，把二者等同起来。第二，企图把资本主义生产当事人之间的关系，归结为商品流通所产生的简单关系，从而否认资本主义生产过程的矛盾。但商品生产和商品流通是极不相同的生产方式都具有的现象，尽管它们在范围和作用方面各不相同。因此，只知道这些生产方式所共有的抽象的商品流通的范畴，还是根本不能了解这些生产方式的不同特征，也不能对这些生产方式作出判断。任何一门科学都不象政治经济学那样，流行着拿浅显的普通道理来大肆吹嘘的风气。②

任何一个认真读过这个注释的人，都可以毫无困难地理解其中的意思，即：不能因为商品生产和商品流通是极不相同的生产方式都具有的现象，就看不到这些生产方式在商品生产和商品流通的范围和作用方面各不相同。因此，只知道这些生产方式所共有的抽象的商品流通的范畴，还是根本不能了解这些生产方式的不同特征，也不能对这些生产方式作出判断。所以，抹杀简单商品流通

① 《马克思恩格斯全集》第23卷，人民出版社1972年版，第133页。

② 《马克思恩格斯全集》第23卷，人民出版社1972年版，第133页。

和资本主义生产的商品流通之间的本质区别，把资本主义生产当事人之间的关系，归结为商品流通所产生的简单关系，就是否认资本主义生产过程的特殊矛盾，就是为资产阶级辩护的辩护士的经济学。

与这种试图用在资本主导的资本主义社会和非资本主导的奴隶社会、封建社会中都存在商品交换的这个事实，来证明它们同属于第二个历史阶段的说法完全不同，马克思在这里特别强调指出的问题恰恰就是：同样是商品的交换，在资本生成之前的社会中和资本生成之后的社会中，其性质和作用是完全不同的。对于这一点，马克思在《经济学手稿》中做过详细的研究和分析。

马克思指出，存在于历史第一阶段中的商品交换活动，只是个别的和例外的特殊现象，与历史第二阶段中的商品交换有着本质的区别。他说：

> 在古代人那里，交换价值不是物的联系；它只在商业民族中表现为这种联系，而这些商业民族只从事转运贸易，自己不进行生产。在腓尼基人和迦太基人等等那里，生产顶多是附带的事情。他们能够生活在古代世界的空隙中，正象犹太人生活在波兰或中世纪的情形一样。不如说，这种世界本身，是这些商业民族的前提。一旦他们和古代共同体发生严重冲突，他们也就灭亡。①

马克思又指出，在历史第一阶段中确实存在着把价值投入流通的简单商品交换的现象，但它只是一种仅仅把价值投入流通的简单商品交换行为。它虽然可以说是资本生成、产生的条件和前提，但是“资本**生成**、**产生**的条件和前提恰好预示着，资本还不存在，而只是**正在生成**”②。因此，它“属于**资本的形成史**，但决不属于资本的**现代史**，不属于受资本统治的生产方式的实际体系”③。

他分析说：在奴隶社会和封建社会中存在的、属于“资本的形成史”的简单商品交换“乍一看来表现出某种二重性：一方面是活劳动的比较低级形式的解体，另一方面是比较幸福的关系的解体”。就是说，对商品交换关系的当事人来说，“**在形式上**他们之间的关系是一般交换者之间的平等和自由的关系”，因而可以说，出现了商品交换就是奴隶制或农奴制关系的消灭，即“活劳动的比较低级形式的解体”，由于奴隶制和农奴制都是人身依赖关系，所以也可以说是“比较幸福的关系的解体”。但是，“这种形式是**表面现象**，而且是**骗人的表面现象**，这一事实在考察法律关系时表现为处于这种关系**之外**的东西”。也就是说，

① 《马克思恩格斯全集》第46卷上册，人民出版社1979年版，第172页。
② 《马克思恩格斯全集》第46卷上册，人民出版社1979年版，第456、457页。
③ 《马克思恩格斯全集》第46卷上册，人民出版社1979年版，第456页。

“在奴隶制关系下，劳动者属于**个别的特殊的**所有者，是这种所有者的工作机”的事实；或者“在农奴依附关系下，劳动者表现为土地财产本身的要素，完全和役畜一样是土地的附属品”的事实，并没有发生变化。这些偶然的商品交换关系出现之后，丝毫也没有改变奴隶社会和封建社会的性质，即没有把劳动者变成自由工人——“第一自由工人来说，他的总体上的劳动能力本身表现为他的财产，表现为他的要素之一，他作为主体掌握着这个要素，通过让渡它而保存它。”①

总之，在“资本的现代史”开始之前，所有的商品交换

> 一方面还不构成资本，另一方面也还不构成雇佣劳动。整个所谓的**服务**阶级，从擦皮鞋的到国王，都属于这个范畴。不论是在东方公社，还是在由自由土地所有者组成的西方公社，我们到处零散地见到的自由短工也属于这个范畴……②

马克思以请裁缝到自己家做衣服和付钱给医生让他给自己看病为例，分析指出：首先，用货币购买某种服务性劳动是简单流通关系，“双方互相交换的，实际上只是使用价值”；其次，即使“购买这些人的服务不是为了消费，而是为了**生产**”，那“也只是为了生产**直接的**使用价值，而不是生产**价值**”，如果有人把其中的“一部分产品又拿去出售，因而自由劳动者为他创造了**价值**，那么这种交换只涉及多余的产品，并且只是为了多余的产品，为了奢饰品的消费而进行的；因而这实际上只是为了把他人的劳动用于直接消费或用作使用价值而对这种劳动进行的伪装的购买”。所以，尽管可以认为

> 在这种自由劳动者的数量日益增多而且这种关系日益扩展的地方，旧的生产方式，即公社的、家长制的、封建的生产方式等等，就处在解体之中，并准备了真正雇佣劳动的要素。但这种自由的奴仆，象在波兰等地那样，也可能出现以后又消失，而生产方式并未改变。”③

也就是说，虽然出现了自由劳动者，并且因此而让“旧”（相对于资本主义这个“新”而言）的生产方式处在了解体之中，但是，他们终究还是“自由奴仆”，而不是“雇佣工人”。因为旧的生产方式并没有因为这些自由劳动者的出现而改变，他们的出现只是一个偶然的现象，所以也可能出现以后又消失。

---

① 《马克思恩格斯全集》第46卷上册，人民出版社1979年版，第462页。
② 《马克思恩格斯全集》第46卷上册，人民出版社1979年版，第463页。
③ 《马克思恩格斯全集》第46卷上册，人民出版社1979年版，第468页。

从马克思的上述分析中可以肯定，尽管在原始社会、奴隶社会和封建社会中出现了商品交换的现象，但是他丝毫没有把它们看作是与资本主义社会同类社会的意思。相反，他特别强调指出：应该把严格的经济学意义上的雇佣劳动即生产资本的劳动，同生产使用价值的短工等等其他劳动形式区别开来——尽管从表面上看它们都是通过商品交换实现的。他说：

> **雇佣劳动**，在这里是严格的经济学意义上的雇佣劳动，我们也只是在这个意义上使用这一术语，今后我们应该把严格的经济学意义上的雇佣劳动同短工等等其他劳动形式区别开来。雇佣劳动是设定资本即生产资本的劳动，也就是说，是这样的活劳动，它不但把它作为活动来实现时所需要的那些物的条件，而且还把它作为劳动**能力**而存在时所需要的那些客观要素，都作为同它自己相对立的异己的权力生产出来，**作为自为存在的、不以它为转移的价值**生产出来。①

毫无疑问，当马克思说“商品生产和商品流通是极不相同的生产方式都具有的现象”这句话时，他绝对没有因此就把资本生产方式与之前的生产方式看成是同一种生产方式。可是，当在这句话被一些人拿来当作拼装所谓的马克思的理论的原材料之后，拼装出来的话所表达的观点却是：因为商品生产和商品流通是极不相同的生产方式都具有的现象，所以这些极不相同的生产方式是具有相同特征的，应该归为同一历史阶段的生产方式。这样解读马克思的理论思想，真的能让人瞠目结舌，无话可说。

至于马克思所说的“交换本身就是造成这种孤立化的一种主要手段，它使群的存在成为不必要，并使之解体”这句话，那也是针对“人的孤立化”即以物的依赖性为基础的人的独立性已经是“历史过程的结果”② 而存在的情况所说的。也就是说，这句话丝毫没有什么只要存在商品交换就会造成人的孤立化的意思，而是说，在商品交换得到充分发展、渗入到一切社会关系中之后，即交换价值或者说资本生产方式统治了整个社会之后，人的孤立化即物的依赖性就是必然的结果。这一点在马克思提出三个阶段理论观点之时，就已经说得非常明确了。

---

① 《马克思恩格斯全集》第46卷上册，人民出版社1979年版，第461页。

② 《马克思恩格斯全集》第46卷上册，人民出版社1979年版，第497页。

（三）对三个阶段理论表述的阅读和分析[①]

马克思的整个论述，是由十个自然段构成的。

1. 第一个自然段

> 一切产品和活动转化为交换价值，既要以生产中人的（历史的）一切固定的依赖关系的解体为前提，又要以生产者互相间的全面的依赖为前提。每个人的生产，依赖于其他一切人的生产；同样，他的产品转化为他本人的生活资料，也要依赖于其他一切人的消费。价格古已有之，交换也一样；但是，价格越来越由生产费用决定，交换渗入一切生产关系，这些只有在资产阶级社会里，自由竞争的社会里，才得到充分发展，并且发展得越来越充分。亚当·斯密按照真正的十八世纪的方式列为史前时期的东西，先于历史的东西，倒是历史的产物。

分析：

"一切固定的依赖关系"。——所谓"固定的依赖关系"，就是说"人的依赖关系"的对象都是固定的；所谓"一切"，就是说这种依赖关系不止一种，它包括原始社会、奴隶社会和封建社会这三种人的依赖关系。

"价格古已有之，交换也一样；但是，价格越来越由生产费用决定，交换渗入一切生产关系，这些只有在资产阶级社会里，自由竞争的社会里，才得到充分发展，并且发展得越来越充分。"——马克思在这段话中明确地说出了他想要说明的关键问题，即：资产阶级社会是一个一切产品和活动转化为交换价值，价值规律发挥着越来越大的作用和商品交换渗入一切生产关系的社会，正是它的这种特征，把它的商品交换与之前的社会中古已有之的商品交换从本质上区别开来，把它的生产方式与之前的生产方式区别开来。也就是说，简单商品交换并不造成对物的依赖性，只有在社会中的一切产品和活动转化为交换价值、商品交换渗入一切生产关系的时候，或者说，只有在人们用资本的生产方式保证自己的生活的时候，就马克思的具体感性而言，那就是只是在现代资产阶级

① 见《马克思恩格斯全集》第46卷上册，人民出版社1979年版，第102—106页。

的社会中，历史才造成了人们对物的依赖性。

2. 第二个自然段

> 这种互相依赖，表现在不断交换的必要性上和作为全面媒介的交换价值上。经济学家是这样来表述这一点的：每个人追求自己的私人利益，而且仅仅是自己的私人利益；这样，也就不知不觉地为一切人的私人利益服务，为普遍利益服务。关键并不在于，当每个人追求自己私人利益的时候，也就达到私人利益的总体即普遍利益。从这种抽象的说法反而可以得出结论：每个人都妨碍别人利益的实现，这种一切人反对一切人的战争所造成的结果，不是普遍的肯定，而是普遍的否定。关键倒是在于：私人利益本身已经是社会所决定的利益，而且只有在社会所创造的条件下并使用社会所提供的手段，才能达到；也就是说，私人利益是与这些条件和手段的再生产相联系的。这是私人利益；但它的内容以及实现的形式和手段则是由不以任何人为转移的社会条件决定的。

“关键倒是在于：私人利益本身已经是社会所决定的利益，而且只有在社会所创造的条件下并使用社会所提供的手段，才能达到；也就是说，私人利益是与这些条件和手段的再生产相联系的。这是私人利益；但它的内容以及实现的形式和手段则是由不以任何人为转移的社会条件决定的。”——马克思在这里强调指出，在生产力已经发展到社会化大生产水平的社会中，以物的依赖性为基础的人的独立性表明人是物的奴隶，而“物”就是作为主体的社会，也是商品交换原则渗入到了一切社会关系中的社会，在这样的社会中，私人利益本身已经是“社会”所决定的利益，而且只有在“社会”所创造的条件下并使用“社会”所提供的手段，才能实现。

3. 第三个自然段

> 毫不相干的个人之间的互相的和全面的依赖，构成他们的社会联系。这种社会联系表现在**交换价值**上，因为只有在交换价值上，每个个人的活动或产品对他来说才成为活动或产品；他必须生产一般产品——**交换价值**，或孤立化和个体化的交换价值，即**货币**。另一方面，每个个人行使支配别人的活动或支配社会财富的权力，就在于他是**交换价值**或**货币**的所有者。

他在衣袋里装着自己的社会权力和自己同社会的联系。

这段话是对第二个历史阶段中特有的社会现象——价值规律决定价格和商品交换已经渗入到一切生产关系之中——独有特点的描述。符合这个特点的社会，就属于第二个历史阶段，没有这个特点的，就不属于第二个历史阶段。

4. 第四个自然段

不管活动采取怎样的个人表现形式，也不管这种活动的产品具有怎样的特性，活动和这种活动的产品都是**交换价值**，即一切个性，一切特性都已被否定和消灭的一种一般的东西。这种情况实际上同下述情况截然不同：个人或者自然地或历史地扩大为家庭和氏族（以后是公社）的个人，直接地从自然界再生产自己，或者他的生产活动和他对生产的参与依赖于劳动和产品的一定形式，而他和别人的关系也是这样决定的。

在这段话里，马克思指出了在第二个历史阶段中起作用的“社会”，和在第一个历史阶段中起作用的“自然”，它们截然不同的特征。“社会”的特征只有一个，即：个人的“活动和这种活动的产品都是交换价值”，它是人为的、创造出来的东西。“自然”的特征有多个：第一，个人“自然地或历史地扩大为家庭和氏族（以后是公社）”，就是说家庭和氏族（原始社会）、公社（奴隶社会）和封建社会，“它们或多或少是自然形成的，但同时也都是历史过程的产物”①；第二，这样的个人“直接地从自然界再生产自己”，就是说生产者只生产使用价值，而不生产交换价值，“生产本身的目的是在生产者的这些客观存在条件中并连同这些客观存在条件一起把生产者再生产出来”②；第三，“他的生产活动和他对生产的参与依赖于劳动和产品的一定形式”；第四，“他和别人的关系也是这样决定的”。总之，所谓“自然”的含义是：“自然发生的、同个性的自然（与反思的知识和意志相反）不可分割的、而且是个性内在的联系”；而所谓“社会”的含义是：“同个人相对立而存在的异已性和独立性”③。

① 《马克思恩格斯全集》第46卷上册，人民出版社1979年版，第497页。
② 《马克思恩格斯全集》第46卷上册，人民出版社1979年版，第496页。
③ 《马克思恩格斯全集》第46卷上册，人民出版社1979年版，第108页。

5. 第五个自然段

> 活动的社会性，正如产品的社会形式以及个人对生产的参与，在这里表现为对于个人是异己的东西，表现为物的东西；不是表现为个人互相间的关系，而是表现为他们从属于这样一些关系，这些关系是不以个人为转移而存在的，并且是从毫不相干的个人互相冲突中产生出来的。活动和产品的普遍交换已成为每一单个人的生存条件，这种普遍交换，他们的互相联系，表现为对他们本身来说是异己的、无关的东西，表现为一种物。在交换价值上，人的社会关系转化为物的社会关系；人的能力转化为物的能力。交换手段拥有的社会力量越小，交换手段同直接的劳动产品的性质之间以及同交换者的直接需求之间的联系越是密切，把个人互相联结起来的共同体的力量就必定越大——家长制的关系，古代共同体，封建制度和行会制度。

在这里，马克思对什么是"物的依赖性"做了详细的说明，指出了物的依赖性具有"社会"特质——产品的社会形式以及个人对生产的参与，在这里表现为对于个人是异己的"物"。

这种特质与人的依赖性的区别在于：（1）在人的依赖性社会中，产品的社会形式以及个人对生产的参与表现为"个人互相间的关系"；而在物的依赖性社会中，产品的社会形式以及个人对生产的参与表现为"他们从属于这样一些关系"。（2）在人的依赖性社会中，不管个人所在的共同体是多么狭隘的民族的、宗教的、政治的共同体，但个人始终是"共同体的成员"，是共同体中的主体，这种狭隘的共同体始终是"把个人互相联结起来的共同体"，个人依靠共同体生存；而在物的依赖性社会中，个人只不过是交换价值这个普遍的货币"共同体的生物"，只是被锁在普遍的货币"共同体锁链上的一环"，这种普遍的共同体"使群的存在成为不必要，并使之解体"，造成"人的孤立化"，"作为孤立个人的人便只有依靠自己了"①。

马克思指出，属于人的依赖关系的社会并不是没有交换关系存在的社会，而是一些"交换手段拥有的社会力量"比较小，因而"交换手段同直接的劳动产品的性质之间以及同交换者的直接需求之间的联系"比较密切（即"自然"

---

① 《马克思恩格斯全集》第46卷上册，人民出版社1979年版，第497页。

力量比较大）的社会。

而且，在这段话里，马克思非常明确地点出了所有人的依赖关系的名字——“家长制的关系，古代共同体，封建制度和行会制度”。家长制的关系是原始社会，古代共同体是奴隶社会，封建制度和行会制度是封建社会。

6. 第六个自然段

> 每个个人以物的形式占有社会权力。如果你从物那里夺去这种社会权力，那你就必须赋予人以支配人的这种权力。人的依赖关系（起初完全是自然发生的），是最初的社会形态，在这种形态下，人的生产能力只是在狭窄的范围内和孤立的地点上发展着。以**物的**依赖性为基础的人的独立性，是第二大形态，在这种形态下，才形成普遍的社会物质变换，全面的关系，多方面的需求以及全面的能力的体系。建立在个人全面发展和他们共同的社会生产能力成为他们的社会财富这一基础上的自由个性，是第三个阶段。第二个阶段为第三个阶段创造条件。因此，家长制的，古代的（以及封建的）状态随着商业、奢侈、**货币**、**交换价值**的发展而没落下去，现代社会则随着这些东西一道发展起来。

在“物的依赖性”这个概念中，所谓的“物”，指的是人们生产制造出来的产品。它可以以“交换价值”的形式存在，也可以以“货币”的形式存在，还可以以实物的形式存在。

这一自然段末尾“家长制的，古代的（以及封建的）状态”这个表述，与前一自然段的末尾的“家长制的关系，古代共同体，封建制度和行会制度”的表述前后一致。其中的“家长制的状态”和“家长制的关系”，指的就是亚细亚的生产方式所决定的原始社会。

有一种观点认为，把“家长制的”状态理解为原始社会是不准确的，因为家长制存在于不同的社会形态之中。并且还以马克思在考察共同劳动即直接社会化劳动时所说的“农民家庭为了自身需要而生产粮食、牲畜、纱、麻布、衣服等等的那种农村家长制生产”① 这句话来证明，一切以满足自身需要而进行的、建立在家庭自然分工基础上的生产都是家长制生产，所以家长制生产并不等于原始社会后期的家庭生产。本书认为这个观点是站不住脚的，理由是：

---

①《马克思恩格斯全集》第23卷，人民出版社1972年版，第95页。

第一，这种观点实际上是：首先，它偷换了概念，把全社会的“家长制的状态”，偷换成个别的“家长制生产”；然后，再孤立地引用马克思的话来证明资产阶级社会中仍然存在着家长制生产；最后，在前两个错误的基础上得出了不能把“家长制的”理解为原始社会的结论。

“家长制的，古代的（以及封建的）状态”所指的是总的社会状态、社会性质，是相对于“现代社会”即资产阶级社会而言的、在资产阶级社会之前存在的社会形态演进的三个时代，即资本存在以前的三种劳动与劳动条件之间的关系，或者说是“货币进入价值自行增值过程以前存在的原始关系”①。而“那种农村家长制生产”所指的，是在上述这几种社会形态中都可能在个别的点上存在的特殊现象。两者不能混为一谈。如果以资产阶级生产制度范围内的个别地点存在家长制生产，就认为，不能把家长制理解为原始社会，实质上就是一种混淆个别异常现象和整体正常状态的错误。其实，在资产阶级生产制度之内，在个别地点上不仅存在着原始社会类型的家长制生产，而且还存在着奴隶社会类型的奴隶制生产，马克思在分析“雇佣劳动”的产生条件所包含的关系时对这种现象是这样评说的：

> 只要**双**方仅仅以**物化**劳动的形式交换自己的劳动，这种关系就不可能存在；同样，如果**活劳动能力**本身是另一方的财产，也就是说，它不是进行交换的一方，这种关系也不可能存在。（在资产阶级生产制度范围内的个别地点可能存在奴隶制，这种情况与上述论点并不矛盾。但是奴隶制在这种情况下所以能够存在，只是因为它在其他地点并不存在，它对资产阶级制度本身来说是一种异常现象。）②

第二，如果否认这句话中的“家长制的”状态是指原始社会，那么，按照语言逻辑，这句话中与之并列的“古代的（以及封建的）状态”，也就不能理解为奴隶社会和封建社会了。但是该观点却根本不管这些，在否认了“家长制的”状态是原始社会之后，就立刻把“古代的（以及封建的）状态”理解为古代社会和封建社会，并得出了古代社会、封建社会和资本主义社会由于都存在商品货币关系，都是建立在物的依赖性基础上的第二大社会形式的结论。但是，只要把马克思的这句话——“家长制的，古代的（以及封建的）状态随着商业、奢侈、**货币**、**交换价值**的发展而没落下去，现代社会则随着这些东西一道发展

---

① 《马克思恩格斯全集》第46卷上册，人民出版社1979年版，第460页。

② 《马克思恩格斯全集》第46卷上册，人民出版社1979年版，第461、462页。

起来”——完整地读下来，而不是只纠缠在“家长制”这几个字上并曲解它，就会明白，马克思的意思是与之完全相反的。马克思把原始社会、奴隶社会和封建社会统统归于一个被他称之为“没落下去”的社会，并因之与被他称之为“发展起来”的现代社会即资本主义社会区分开，而能够让马克思把它们归为一类的这三个社会共同具有的唯一共同点，就是它们都是“人的依赖性”社会。

第三，这种错误观点在引用马克思《资本论》中的“农民家庭为了自身需要而生产粮食、牲畜、纱、麻布、衣服等等的那种农村家长制生产”这句话时，如果肯再往前看一个自然段的话，就会看到这样一段话：

> 欧洲昏暗的中世纪……人都是互相依赖的：农奴和领主，陪臣和诸侯，俗人和牧师。物质生产的社会关系以及建立在这种生产的基础上的生活领域，都是以人身依附为特征的。……在这里，劳动的自然形式，劳动的特殊性是劳动的直接社会形式，而不是象在商品生产基础上那样，劳动的共性是劳动的直接社会形式。徭役劳动同生产商品的劳动一样，是用时间来计量的，但是每一个农奴都知道，他为主人服役而耗费的，是他本人的一定量的劳动力。缴纳给牧师的什一税，是比牧师的祝福更加清楚的。所以，无论我们怎样判断中世纪人们在相互关系中所扮演的角色，人们在劳动中的社会关系始终表现为他们本身之间的个人的关系，而没有披上物之间即劳动产品之间的社会关系的外衣。①

任何一个阅读和理解能力正常的人，只要他不带偏见，当他读过马克思的这些话之后，难道还会说什么按照马克思的论述，封建社会是建立在物的依赖性基础上的第二大社会形式这样的话吗？如果再多读一些他的著作，就会看到，在为写《资本论》做准备的经济学手稿中，马克思两次把封建社会的关系称之为“农奴制依附关系”②，直接点出了封建社会的人的依赖关系的特性。

7. 第七个自然段

> 交换和分工互为条件。因为每个人为自己劳动，而他的产品并不是为他自己使用，所以他自然要进行交换，这不仅是为了参加总的生产能力，而且是为了把自己的产品变成自己的生活资料。以交换价值和货币为媒介

---

① 《马克思恩格斯全集》第23卷，人民出版社1972年版，第94页。

② 《马克思恩格斯全集》第46卷上册，人民出版社1979年版，第488、516页。

的交换，诚然以生产者互相间的全面依赖为前提，但同时又以生产者的私人利益完全隔离和社会分工为前提，而这种社会分工的统一和互相补充，仿佛是一种自然关系，存在于个人之外并且不以个人为转移。普遍的需求和供给互相产生的压力，促使毫不相干的人发生联系。

相对于自然发生的人的依赖性，社会决定的物的依赖性的特征是：第一，交换是生存的需要，即“把自己的产品变成自己的生活资料”；第二，表面上看，“以交换价值和货币为媒介的交换”是“生产者互相间的全面依赖”，其实是“以生产者的私人利益完全隔离”和资本生产方式的分工；第三，“这种社会分工的统一和互相补充，仿佛是一种自然关系”，其实是社会关系。

8. 第八个自然段

个人的产品或活动必须先转化为**交换价值**的形式，转化为**货币**，才能通过这种**物的**形式取得和表明自己的社会**权力**，这种必要性本身表明了两点：(1) 个人只能为社会和在社会中进行生产；(2) 他们的生产不是**直接的**社会的生产，不是本身实行分工的联合体的产物。个人从属于象命运一样存在于他们之外的社会生产；但社会生产并不从属于把这种生产当作共同财富来对待的个人。因此，正像前面谈到发行小时券的银行时看到的那样，设想在**交换价值**，在**货币**的基础上，由联合起来的个人对他们的总生产实行监督，那是再错误再荒谬不过的了。

马克思给“物的依赖性”生产下的定义是：“个人的产品或活动必须先转化为**交换价值**的形式，转化为**货币**，才能通过这种**物的**形式取得和表明自己的社会**权力**”。

这个定义有两个方面的含义：第一，“个人只能为社会和在社会中进行生产”——这是它与“家长制的、古代的、封建的”社会即第一阶段的生产之间的本质差别；第二，“他们的生产不是**直接的**社会的生产，不是本身实行分工的联合体的产物”——这是它与自由人联合体即第三阶段的生产之间的本质差别。

9. 第九个自然段

一切劳动产品、能力和活动进行**私人交换**，既同以个人之间的统治和服从关系（自然发生的或政治性的）为基础的分配相对立（不管这种统治和服从的性质是家长制的，古代的或是封建的）（在这种情况下，真正的**交换**只是附带进行的，或者大体说来，并未触及整个共同体的生活，不如说只发生在不同共同体之间，绝没有支配全部生产关系和交往关系），又同在共同占有和共同控制生产资料的基础上联合起来的个人所进行的自由交换相对立。（这种联合不是任意的事情，它以物质和精神条件的发展为前提，这一点在这里就不进一步论述了。）

马克思把第一阶段的交换，称之为“只发生在不同共同体之间，决没有支配全部生产关系和交往关系”的交换。

它的特点是：第一，存在于家长制的，古代的、封建的这三种属于统治和服从性质的社会中；第二，是附带进行的，并未触及整个共同体的生活。

马克思把第二阶段的交换，称之为是“私人交换”。

它的特点是：第一，只存在于资本占统治地位的社会，即毫不相干的私人之间的互相的和全面的依赖的社会中；第二，支配着全部生产关系和交往关系。

马克思把第三阶段的交换，称之为“在共同占有和共同控制生产资料的基础上联合起来的个人所进行的自由交换”。

它的特点是：第一，存在于共同占有和共同控制生产资料的基础上联合起来的个人之间；第二，是每一个个人都能自由进行的。

10. 第十个自然段

正如分工产生出密集、结合、协作、私人利益的对立或阶级利益的对立、竞争、资本积聚、垄断、股份公司，——全都是对立的统一形式，而统一又引起对立本身，——同样，私人交换产生出世界贸易，私人的独立性产生出对所谓世界市场的完全的依赖性，分散的交换行为产生出银行和信用制度，这些制度的簿记至少可以使私人交换进行结算。虽然每个民族的私人利益把每个民族有多少成年人就分成多少个民族，并且同一民族的输出者和输入者之间的利益在这里是互相对立的；可是在汇率中，民族商业却获得了存在的**假象**，等等。谁也不会因此认为，通过**交易所改革**就可以铲除对内或对外的私人商业的**基础**。但是，在以**交换价值**为基础的资产阶级社会内部，产生出一些交往关系和生产关系，它们同时又是炸毁这个社会的地雷。（有大量对立的社会统一形式，这些形式的对立性质决不是通过平静的形态变化就能炸毁的。另一方面，如果我们在现在这样的社会中没有发现隐蔽地存在着无阶级社会所必需的物质生产条件和与之相适应的交往关系，那么一切炸毁的尝试都是唐·吉诃德的荒唐行为。）

这两句话——“在以**交换价值**为基础的资产阶级社会内部，产生出一些交往关系和生产关系，它们同时又是炸毁这个社会的地雷”，和“如果我们在现在这样的社会中没有发现隐蔽地存在着无阶级社会所必需的物质生产条件和与之相适应的交往关系，那么一切炸毁的尝试都是唐·吉诃德的荒唐行为”——说的是马克思通过对资本及其生产方式的研究，为工人阶级找到的完成自己历史使命的武器。

关于这个武器：第一，能够成为工人阶级武器的东西，就是只有第二阶段才能创造出来的“普遍的社会物质变换，全面的关系，多方面的需求以及全面的能力体系”。第二，作为武器，它们既是隐蔽地存在于资产阶级社会中的东西，同时也是无阶级社会所必需的。第三，这个武器在发达国家里是现成的，工人阶级拿起这个武器后，所要完成的是促进“资本的现代史”尽快结束的任务；而在落后的国家里，这个武器是有待制造的，工人阶级为了能够拥有这个武器，必须先完成“资本的形成史”① 任务，制造出这个武器，然后拿着这个武器去完成促进“资本的现代史”尽快结束的任务，并减少这个过程中必须经历的痛苦。

（四）原始社会、奴隶社会、封建社会的共同性

有观点认为，马克思把原始的公有制社会称为“原生的社会形态”，把私有制的奴隶制和农奴制社会称为“次生的形态”，所以，它们是两种性质完全不同的社会形态。

1. “原生”和“次生”的关系

什么是“次生”?《现代汉语词典》对“次生”的解释是：第二次生成的；间接造成的；派生的。该词典对“派生”的解释是：从一个主要事物的发展中分化出来。

---

① 《马克思恩格斯全集》第46卷上册，人民出版社1979年版，第456页。

所有“原生”和“次生”（“派生”）的关系，都必须具备这样一个条件，那就是，“次生”的和“原生”必须是从同一个根基上生长出来的。由于它们是从同一个根上长出来的东西，所以它们的本质是相同的；由于它们是从同一个根上先后长出来的两个不同的东西，所以它们在形式上是不同的。比如“次生林”，次生林之所以是次生林，是因为它是在原有的森林经采伐或破坏之后，又在这块土地的原有根基上自然恢复起来的森林，如果新长出来的森林不是从原来的根基上长出来的，而是在另外一块地上长出来的，那么它就不能够被称之为“次生林”了。次生的森林和原生的森林肯定很不相同，但这并不能否定它们的原生和次生关系，因为原生和次生的关系原本就不是由这一点决定的。也就是说，它们在本质上应该是完全相同的东西，它们只不过是某一个东西本身的原生和次生形态而已——就像“蚕→蛹→蛾”之间的关系一样。

“原生的”、“次生的”这类用语并不是表示两者在性质上是完全不同的东西的用语。反倒是，由于次生的东西是原生东西演化出来的，所以凡是有着原生与次生关系的事物，尽管在该事物本身的范围内因它们分别是原生的或次生的东西而一定会有所不同，但是也正因为它们是同一事物的原生和次生的东西，这种关系就决定了它们必然具有某种共同的、只有它们才有的特殊的东西。

2. “人的依赖性”是它们的共同特征

那么，原生的原始社会和次生的奴隶社会和封建社会共同拥有的特殊的东西是什么呢？

这个由它们共同拥有的特殊的东西就是“人的依赖性”，马克思把它的具体表现形式称之为“公社”，也称之为是自然形成的“共同体”。

这个范围内，原生的、次生的、再次生的类型相互之间是有本质区别的。马克思说：

> 把所有的原始公社混为一谈是错误的；正像地质的形成一样，在这些历史的形成中，有一系列原生的、次生的、再次生的等等类型。①

但是，相对于“公社”这个范围之外的东西，由于它们都是公社本身的原生的、次生的、再次生的类型，所以在本质上也就是完全相同的东西。

在马克思的理论中，“公社”这个概念与“私有制”、“阶级”无关，或者

---

① 《马克思恩格斯全集》第19卷，人民出版社1963年版，第432页。

说，“公社” ≠ “公有制”和“无阶级”。他说：

> 在日耳曼部落占领意大利、西班牙、高卢等地时，古代类型的公社已经不存在了。但是，它的**天赋的生命力**却为两个事实所证实。有个别的公社经历了中世纪的一切波折，一直保存到今天，例如，在我的家乡特利尔专区就有。然而最重要的是，这种公社的各种特征非常清晰地表现在取代它的公社里面，在后一种公社里，耕地变成了私有财产，然而森林、牧场、荒地等仍为公社所有……日耳曼人在所有被征服的国家建立的新公社，由于继承了古代原型的特征，在整个中世纪时期，成了自由和人民生活的唯一中心。①

马克思并没有因为在这种新的公社中“耕地变成了私有财产”而不承认它是“公社”；同时他把日耳曼人在“中世纪”（即欧洲的封建领主统治时期）建立的领主庄园称之为“新公社”。在1857—1858年《经济学手稿》中，马克思也是把亚细亚的（原始社会）、古代的（奴隶社会）和日耳曼的（封建社会）所有制形式都同样称之为“公社”的。

也就是说，人类历史上第一个历史阶段的本质就是“公社”，即人的依赖关系。这个阶段的原生类型是原始社会、次生类型是奴隶社会、再次生类型是封建社会。它们特有的、共同的东西，也就是把第一个历史阶段与第二个历史阶段区别开来的东西，是“人的依赖关系”。在这里，所有制的性质、是否存在阶级与划分历史阶段无关，它们只是在第一个历史阶段本身的范围内，在区分谁是原生的谁是次生的形态的时候，才有意义。所以马克思说：“奴隶制、农奴制等等总是派生的形式，而绝不是原生的形式，尽管它们是以共同体为基础的和以共同体下的劳动为基础的那种所有制的必然的和当然的结果。”② 马克思在这里强调的是，奴隶社会和封建社会正是原始社会的“以共同体下的劳动为基础的那种所有制的必然的和当然的结果”，也就是说，原始社会的人的依赖关系，必然和当然会发展成为奴隶社会和封建社会类型的人的依赖关系。如果因为所有制性质不同和存在阶级，就否定它们都是实现人的依赖关系的社会，在逻辑上就陷入了混乱，是站不住脚的。

---

① 《马克思恩格斯全集》第19卷，人民出版社1963年版，第433页。

② 《马克思恩格斯全集》第46卷上册，人民出版社1979年版，第496页。

3. 原始社会的天生两重性

依据马克思所说的“以公有制为基础的社会向以私有制为基础的社会的过渡”这句话，就断定马克思认为“以公有制为基础的社会”和“以私有制为基础的社会”是两种性质完全不同的社会，因此不能归为一种社会形态的话，也同样是完全站不住脚的。

在原始社会中，“公有制”与“私有制”也不是势不两立和完全水火不相容的。马克思在明确地认定了“农业公社”属于原生的社会形态——它是原生的社会形态的最后阶段，是原始社会本身的一个次生的类型——之后，又同样明确地认定了农业公社是一个具有“天生的二重性”的社会，即天生地同时具有公有制趋势和私有制趋势的社会。他说：

> 不言而喻，次生的形态包括建立在奴隶制上和农奴制上的一系列社会。但是，这是不是说，农业公社的历史道路必然要导致这种结果呢？绝对不是的。农业公社天生的二重性使得它只可能是下面两种情况之一：或者是私有原则在公社中战胜集体原则，或者是后者战胜前者。一切都取决于它所处的历史环境。①

也就是说，这两种所有制是在农业公社本身中潜在地存在着的固有东西。正是因为农业公社是一个同时拥有公有制和私有制因素的社会，所以，这就使得它具有了两种发展前景——或者是私有原则在公社中战胜集体原则，或者是后者战胜前者。一切都取决于它所处的历史环境。既然事实上原始社会是一个潜在地既有私有原则又有集体原则的社会，那么就更没有理由认为，在理论上，我们不能把公有制的原始社会和私有制的奴隶社会、封建社会在它们共同具有的特殊性质上归并在一个社会形态之中。

4. 马克思划分历史阶段的着眼点是生产目的

所谓人的依赖关系，就是“为人”而生产。所谓以物的依赖性为基础的人的独立性即物的依赖关系，就是“为物”而生产。所谓建立在个人全面发展和他们共同的社会生产能力成为他们的社会财富这一基础上的自由个性，就是

---

① 《马克思恩格斯全集》第19卷，人民出版社1963年版，第450、451页。

“为人类全部力量的全面发展”而生产。

为什么一定要着眼于生产目的呢？因为生产目的就是生产力本身，所以着眼于生产目的就是着眼于历史。一个社会的生产目的，体现着人本身的发展程度，也就是历史发展所达到的位置。所以，马克思非常重视生产目的。例如，他为自己肯定资本的历史地位的观点辩护时说，资本是一种为生产而生产的力量，而“**为生产而生产**，这是**正确的**”，因为“为生产而生产无非就是发展人类的生产力，也就是**发展人类天性的财富这种目的本身**”①。

生产力是一种只能在人的生产活动中存在着的东西，而人的活动是有目的的，如果不是为了某种目的，人就什么也不会去做。所以，生产的目的直接就是生产力本身。着眼于生产目的，就是着眼于生产力；着眼于生产力，就是着眼于人本身；着眼于人本身，就是着眼于历史本身。

对于三个阶段的生产目的，马克思是这样说的：

> 根据古代的观点，人，不管是处在怎样狭隘的民族的、宗教的、政治的规定上，毕竟始终表现为生产的目的，在现代世界，生产表现为人的目的，而财富则表现为生产的目的。事实上，如果抛掉狭隘的资产阶级形式，那么，财富岂不正是在普遍交换中造成的个人的需要、才能、享用、生产力等等的普遍性吗？财富岂不正是人对自然力——既是通常所谓的“自然”力，又是人本身的自然力——统治的充分发展吗？财富岂不正是人的创造天赋的绝对发挥吗？这种发挥，除了先前的历史发展之外没有任何其他前提，而先前的历史发展使这种全面的发展，即不以**旧有的**尺度来衡量的人类全部力量的全面发展成为目的本身。在这里，人不是在某一种规定性上再生产自己，而是生产出他的全面性；不是力求停留在某种已经变成的东西上，而是处在变易的绝对运动之中。②

首先，着眼于生产目的，以它为标准来划分历史阶段，是新唯物主义即唯物史观基本历史观点的直接体现，是新唯物主义所具有的区别于旧唯物主义的特殊科学品质。

马克思指出：旧唯物主义的主要缺点是“对对象、现实、感性，只是从**客体**的或者**直观**的形式去理解，而不是把它们当做**人的感性活动**，当做**实践**去理解，不是从主体方面去理解。”③ 着眼于生产目的来划分历史阶段、把“主观方

① 《马克思恩格斯全集》第26卷第二册，人民出版社1973年版，第124页。

② 《马克思恩格斯全集》第46卷上册，人民出版社1979年版，第486页。

③ 《马克思恩格斯选集》第1卷，人民出版社2012年版，第137页。

面”作为标准来划分历史阶段，这是“从主观方面去理解”历史的具体体现，就是把历史“当作**人的感性活动**，当作**实践**去理解”这个唯物史观的要求落实到了实处。这样的理解，真实地反映了历史的真谛，站在了唯物史观科学理论的高点上。在宏观的历史视野中，如果眼睛里看到的只是生产关系这个人们物质的和个体的活动借以实现的必然形式，只是体现着生产关系所有制类型，因而把所有制类型作为标准来划分历史阶段，那就是所谓的“只是从**客体**的或者**直观**的形式去理解”历史的表现。这种观点全然不知，把所有制作为标准来划分历史阶段，就是从历史的直观的形式上去理解历史，看到的只是历史的表象，完全没有抓住历史的根本，所以只达到了旧唯物主义的水平。

其次，着眼于生产目的，把它作为标准来划分历史阶段，在划分历史阶段的标准中是层级最高的一个标准。

在马克思的划分历史阶段的理论中，把历史看作是“一个过程”和分为“两个时期”的理论观点，并不是严格意义上的对历史阶段的划分，而是对历史过程的总看法，是具体划分历史阶段的理论前提。——“一个过程”理论是让人们认识自己作为人类的本性；“两个时期”理论是让人们理解自己本身的自然发展规律。真正算得上是对历史进行阶段划分的理论观点，就是把人类的整个历史分为三个阶段的理论观点，和把人类社会的史前时期分为四种社会形态的理论观点。

在所得出的对历史的总的看法的基础之上，他以生产力为标准，把这个历史过程具体地分成了三个阶段，揭示了人的本性真实的实现过程。这是宏观历史层次的阶段划分，属于一般历史哲学范畴。当他认识到，历史哲学揭示出了法的关系，而法的关系必须从物质的生活关系中得到解释。他又以生产方式所决定的生产关系为标准，把人类历史的史前时期具体地分为了四种社会形态。这是微观经济层次的阶段划分，属于政治经济学范畴，揭示了人的本性在现实的和具体的实现过程中所具有的自然规律。

马克思所坚持的唯物史观的基本观点认为：

> 随着新生产力的获得，人们改变自己的生产方式，随着生产方式即谋生的方式的改变，人们也就会改变自己的一切社会关系。[①]

按照他所坚持的唯物史观的这个基本观点，生产力及其与之相适应的生产方式，是决定生产关系的一方，其层级要高于生产关系。作为不同层级的标准，

---

① 《马克思恩格斯选集》第1卷，人民出版社2012年版，第222页。

其着眼点是不一样的，在理论上想要说明的问题也是不一样的。它们虽然有这些不一样的地方，但是它们之间并不会因此而发生矛盾。因为它们原本就不在一个层级上，所以根本就没有发生矛盾的可能。

马克思划分历史时所提出的“一个过程”、“两个时期”、“三个阶段”、“四种形态”的基本观点形成了一个有层级区别的结构，这个层级结构的内在规则是：第一，下一层级的标准是在不违背其上一层级的标准的前提之下存在的；第二，不允许用下一层级的标准否定上一层级的标准及其对历史阶段的划分；第三，也不可以用上一层级的标准去否认下一层级的标准及其对历史阶段的划分。

所以，任何认为唯物史观只有一个划分历史阶段的标准的观点，都是完全错误的。用马克思关于人类社会的史前时期可以分为四种社会形态的表述而制造出来的所谓“五形态论”，无论是否认马克思提出了三个阶段理论观点的事实，还是要以所有制为标准修改马克思对第一阶段和第二阶段的划分，这些行为只能证明，都还没有做到对唯物史观的真正理解。

五、马克思“阶级”概念和“公有制”概念辨析

（一）阶级是资产阶级社会特有的现象

有观点认为：马克思的“三形态论”除了1857—1858年《经济学手稿》提出的视角外，在马恩的著作里，还有从“无阶级社会—阶级社会—无阶级社会”的视角进行的论述。所以“三形态”不过是把“五形态”的中间三个社会形态，即奴隶社会、封建社会和资产阶级社会因为它们都存在阶级对立和阶级斗争而作为一种社会形态类型加以归纳的结果。

被这个观点当作直接的理论依据的，是马克思在1852年3月5日给约瑟夫·魏德迈的信里所列出的自己在阶级对立和阶级斗争问题上的几点新贡献。该观点认为，这是对“无阶级社会—阶级社会—无阶级社会”的一个很好的说明。

诚然，马克思和恩格斯是非常强调关于阶级并不是从来就有的和阶级一定会消亡的这个问题的，他们认为这个事实非常重要，因为只有资产阶级才会认为阶级是从来就有的，这是它为自己的阶级统治作辩护的理论基础。所以，无产阶级必须要揭穿资产阶级在阶级问题上的这一谎言。

但是，除了揭露和反对资产阶级这一骗人谎言的特殊需要之外，马克思和恩格斯并不认为共产主义者在理论上应该特别强调阶级对立和阶级斗争。为正视听，马克思在1848年2月13日出版的《德意志—布鲁塞尔报》报上公开申明：那些反对共产主义的人

> 是把共产主义理解为特别强调阶级对立和阶级斗争吧？如果是这样，

共产主义就不成其为共产主义，而是政治经济学或资产阶级社会了。[①]

为什么特别强调阶级对立和阶级斗争就是“政治经济学或资产阶级社会”了呢？

原因就是：马克思主义认为，历史就是生产力发展的历史，从人们的生产活动的方式上看，只有资产阶级统治的社会的生产活动是通过阶级对立和阶级斗争的方式进行的。

在《德意志意识形态》中，马克思和恩格斯把原始社会、奴隶社会、封建社会和资产阶级社会的“劳动的使用方式”（即生产方式），分别称之为“父权制、奴隶制、等级、阶级”[②]。所谓“父权制”，就是“部落所有制”；所谓“奴隶制”，就是“古代公社所有制和国家所有制”[③]；所谓“等级”，就是“封建的或等级的所有制”。这三种劳动的使用方式的共同特点是：“以一种共同体为基础的”[④]。这种共同的特点表明，这三种社会形态的生产活动与阶级对立和阶级斗争无关。

所谓的“阶级”，它是一种什么样的劳动的使用方式呢？马克思主义认为，“阶级”这种劳动的使用方式，是随着“资本”的出现而出现的。马克思说：

> **资本**｛即生产条件和劳动者相分离｝……劳动者和劳动条件之间原有的统一｛我们不谈奴隶关系，因为当时劳动者自身属于客观的劳动条件｝有两种主要形式：亚洲村社（原始共产主义）和这种或那种类型的小家庭农业（与此相结合的是家庭工业）。这两种形式都是幼稚的形式，都同样不适合于把劳动发展为**社会**劳动，不适合于提高社会劳动的生产力。因此，劳动和所有权（后者应理解为对于生产条件的所有权）之间的分离、破裂和对立就成为必要的了。这种破裂的最极端的形式（在这种形式下社会劳动的生产力同时会得到最有力的发展）就是资本的形式。原有的统一的恢复，只有在资本创造的物质基础上，并且只有通过工人阶级和整个社会在这个创造过程中经历的革命，才有可能实现。[⑤]

---

① 《马克思恩格斯全集》第4卷，人民出版社1958年版，第526页。

② 《马克思恩格斯选集》第1卷，人民出版社2012年版，第148页。

③ 马克思主义认为，在奴隶社会中，奴隶不是人而是奴隶主的会说话的工具，所以奴隶主和奴隶的关系不是阶级对立的关系，而是奴隶主和他的财产之间的关系。因此，奴隶社会的劳动的使用方式，应该被看作是奴隶主使用自己的工具进行生产。马克思说，奴隶社会的阶级对立不是存在于奴隶主和奴隶之间，而是存在于奴隶主之间，所以奴隶主之间存在的阶级对立，与奴隶社会的劳动的使用方式无关。

④ 《马克思恩格斯选集》第1卷，人民出版社2012年版，第149页。

⑤ 《马克思恩格斯全集》第26卷第三册，人民出版社1974年版，第509页。

也就是说，阶级的出现是生产力发展的需要。具体来说，在原始社会、奴隶社会和封建社会的生产活动中，生产条件和劳动者是统一的。这里所说的“统一”，是指生产条件和劳动者之间的关系不是两种自由平等的力量之间相互对立的独立存在关系，而是因历史条件不同而形式有所不相同的共同体的内部关系——原始社会的劳动者把自己看作是服从家长指挥的家庭成员；奴隶主把自己看成是共同占有奴隶的公社成员；封建社会的小生产者把自己看作是自己生产条件的主人。随着历史的发展，生产力要求打破这种原有的统一，于是“资本”应运而生。所谓“资本”，就是“生产条件和劳动者相分离”。因此，要实现这种分离

> 首先第一个前提，是奴隶制或农奴制关系的消灭。活劳动能力属于本人自己，并且通过交换才能支配它的力的表现。双方作为人格互相对立。**在形式上**他们之间的关系是一般交换者之间的平等和自由的关系。①
>
> 由于工人以货币形式，以一般财富形式得到了等价物，他在这个交换中就是作为平等者与资本家相对立，象任何其他交换者一样；至少**从外表上看**是如此。②
>
> 这种平等的外表却作为工人的幻想存在着，而且在对方也一定程度上存在着。从而根本改变了工人的关系，使之不同于其他社会生产方式中的劳动者。③

也就是说，阶级对立是一种经济现象。阶级对立的双方，必须是分别代表着生产条件和劳动，是人格化的生产条件和劳动。在原有的统一中，直接劳动者或者因为处于服从、被奴役和依附的地位上而与生产条件实现了统一，或者劳动者自己就是生产条件的所有者。现在，作为人格化的劳动，直接劳动者在经济领域里已经成为和生产条件对立的独立一方存在了，他们与生产条件的所有者之间建立起了自由和平等的关系。于是，相互对立的两个阶级就出现了——奴隶、农奴变成了工人；生产资料的所有者变成了资本家。也就是说，

> 由于工人把他的使用价值换成财富的一般形式，他就在他得到的等价物的界限内……成为一般财富的分享者。但工人并不是受特殊物品的约束，也不是受满足需要的特殊方式的约束。工人的享受范围并不是在质上受到

① 《马克思恩格斯全集》第46卷上册，人民出版社1979年版，第462页。
② 《马克思恩格斯全集》第46卷上册，人民出版社1979年版，第242页。
③ 《马克思恩格斯全集》第46卷上册，人民出版社1979年版，第243页。

限制，而只是在量上受到限制。这就把工人同奴隶、农奴等等区别开了。[1]

活劳动的客观条件对于作为主观存在的活劳动能力来说，表现为**分离的**、**独立的**价值，因而活劳动能力对于客观条件来说，也只是表现为**另一种**价值……

劳动的客观条件取得了与活劳动能力相对立的主观的存在——从资本变成资本家。[2]

马克思在1852年3月5日给约瑟夫·魏德迈的信里所列出的自己在阶级对立和阶级斗争问题上的几点新贡献的表述，虽然被当作了“无阶级社会—阶级社会—无阶级社会”的理论根据，但是对马克思来说，他在这封信里所表述的思想却只是对四年前关于共产主义并不特别强调阶级对立和阶级斗争的公开说明的再一次的确认和说明罢了。马克思说：

无论是或发现各阶级间的斗争，都不是我的功劳。在我以前很久，资产阶级的历史学家就已叙述过阶级斗争的历史发展，资产阶级的经济学家也已对各个阶级作过经济上的分析。我的新贡献就是证明了下列几点：(1) **阶级的存在**仅仅同**生产发展的一定历史阶段**相联系；(2) 阶级斗争必然要导致**无产阶级专政**；(3) 这个专政不过是达到**消灭一切阶级**和进入**无阶级社会**的过渡。[3]

现在我们就来分析一下这段话。

第一，“发现现代社会中有阶级存在”。——马克思不是说，发现“社会中”有阶级存在，而是说，发现“现代社会中”有阶级存在。为什么？因为只有“现代社会中”才有阶级存在，以前的社会中没有。或者说，“有阶级存在”是现代社会的一个特点，“阶级”是现代社会中生长出来的新生事物。而所谓现代社会，就是资产阶级社会。

第二，“**阶级的存在**仅仅同**生产发展的一定历史阶段**相联系”。——马克思之所以强调（用黑体字）“阶级的存在”和“生产发展的一定历史阶段”的关系，是因为这种能产生阶级的生产发展的“一定”历史阶段，它在历史过程中是特定的，仅仅只有一次，而不是多次。意思还是在指出，存在阶级是资产阶级社会特有的现象。

---

① 《马克思恩格斯全集》第46卷上册，人民出版社1979年版，第242页。
② 《马克思恩格斯全集》第46卷上册，人民出版社1979年版，第459页。
③ 《马克思恩格斯全集》第28卷，人民出版社1973年版，第509页。

第三，“阶级斗争必然要导致**无产阶级专政**”。——显而易见，“必然要导致**无产阶级专政**”的阶级斗争，只能是存在于资产阶级社会中的资产阶级和无产阶级之间的阶级斗争。如果奴隶社会和封建社会也存在阶级斗争的话，那么这两场阶级斗争是绝不可能“导致无产阶级专政”的，因为那时根本没有无产阶级。而逻辑严谨的马克思之所以没有在这句话前面加上“资产阶级和无产阶级的”这个限定词语，说明他认为在奴隶社会和封建社会中根本不存在阶级斗争，否则他不会说出这样不符合逻辑的话。

第四，把“**阶级的存在**仅仅同**生产发展的一定历史阶段**相联系”和“阶级斗争必然要导致**无产阶级专政**”这两句话相互印证，联系起来看：第一，必然要导致无产阶级专政的阶级斗争只能是资产阶级和无产阶级之间的阶级斗争；第二，资产阶级和无产阶级存在于资产阶级的社会中；第三，所以资产阶级的社会就是“生产发展的一定历史阶段”；第四，结论是，阶级“仅仅”存在于资产阶级的社会中。

总之，作为共产主义者，马克思并不特别强调阶级对立和阶级斗争，所以他不会、事实上也没有以有没有阶级为标准，为历史划分阶段。当然，如果非要以阶级为标准把历史划分为三个阶段的话，那也不是不可以——在对被压迫受剥削的阶级进行政治宣传和教育，从而激发他们的阶级觉悟和革命激情的时候，完全可以而且应该这样划分历史阶段。但是也应该把原始社会、奴隶社会、封建社会划归第一个无阶级社会阶段，把资产阶级社会划归有阶级社会阶段，而不是把奴隶社会、封建社会和资产阶级社会一起划归有阶级社会阶段。即：在以有没有阶级为标准划分历史阶段的时候，也应该与马克思把历史划分为三个阶段的理论观点保持一致。但是，没有阶级，只是一种表面现象，作为划分历史阶段的标准，它不能表明每个历史阶段的特殊本质。所以，如无特殊需要，还是用马克思指出三个历史阶段本质特征的标准——即“人的依赖关系”、“以物的依赖性为基础的人的独立性”、“自由个性”——把历史分为三个阶段为好。这样的划分历史阶段的标准，充分体现了马克思主义以生产力和生产方式为依据来认识历史和分析理解历史的唯物主义历史观。

历史的本质是生产力的发展过程，从而也就是人本身的有意识的生命活动的发展过程。正因为如此，马克思决不会用有没有阶级为标准来划分历史阶段。因为，虽然阶级对立和阶级斗争问题在现实的社会生活中是非常重要的一件事情，决不能忽视。但是，阶级对立和阶级斗争问题究竟不是历史的本质，无产阶级不能让它遮住自己的目光而失去自己的历史感，忘记了自己的历史使命。总之，马克思是绝不会用只不过是活动借以实现的形式这个仅仅浮在表面的现象来划分历史阶段，要知道，现象往往会以扭曲的、有时候甚至是相反的形式表现本质。

（二）私有制是原始社会就有的现象

1. 马克思从所有制角度对历史阶段的分析

还有观点认为，三个历史阶段实质上是“公有制—私有制—公有制”这样一个否定之否定的三个社会形态。这也是传统教科书的观点。这个观点所依据的，是恩格斯在《反杜林论》中说的下面这段话：

> 一切文明民族都是从土地公有制开始的。在已经越过某一原始阶段的一切民族那里，这种公有制在农业的发展进程中变成生产的桎梏。它被废除，被否定，经过了或短或长的中间阶段之后转变为私有制。但是，在土地私有制本身所导致的较高的农业发展阶段上，私有制又反过来成为生产的桎梏——目前无论小地产还是大地产方面的情况都是这样。因此就必然地产生出把私有制同样地加以否定并把它重新变为公有制的要求。但是，这一要求并不是要重新建立原始的公有制，而是要建立高级得多、发达得多的共同占有形式，这种占有形式决不会成为生产的束缚，恰恰相反，它会使生产摆脱束缚，并且会使现代的化学发现和机械发明在生产中得到充分的利用。①

这种观点在把恩格斯的这段话引为自己的理论根据时，还特地强调说，《反杜林论》全部原稿在出版前读给马克思听过，所以这也是马克思的观点。客观事实是，马克思从来没有以所有制为标准进行过历史阶段的划分。

首先，恩格斯在说这段话时，并不是在讨论历史阶段划分问题，而是在反驳杜林对马克思理论的歪曲——杜林说，马克思用“否定的否定”这个辩证规律证明了人类将重新建立个人所有制。恩格斯指出，第一，不是辩证法规律决定了历史发展过程，而是历史发展过程表明了自己是这样的一个辩证的发展过程；第二，马克思不是在用“否定的否定”这个辩证规律构建了自己的理论体

---

① 《马克思恩格斯选集》第3卷，人民出版社2012年版，第516—517页。

系，而是在历史地证明了历史发展的真实过程之后指出，这个过程也是一个体现了“否定的否定”规律的过程，是完全符合客观的自然规律的。所以，不能把恩格斯的这个说明说成是他们划分历史阶段的理论。如果这样做，至少是不严谨的，也根本不能证明马克思和恩格斯以所有制为标准，把历史分为“公有制—私有制—公有制”这样三个阶段。

恩格斯是因为杜林歪曲了《资本论》中的下面这段论述而反驳他的，即：

> 从资本主义生产方式产生的资本主义占有方式，从而资本主义的私有制，是对个人的、以自己劳动为基础的私有制的第一个否定。但资本主义生产由于自然过程的必然性，造成了对自身的否定。这是否定的否定。这种否定不是重新建立私有制，而是在资本主义时代的成就的基础上，也就是说，在协作和对土地及靠劳动本身生产的生产资料的共同占有的基础上，重新建立个人所有制。①

在这段话中，马克思确实把历史分为了“个人的、以自己劳动为基础的私有制”、“资本主义的私有制”、“个人所有制”三个阶段。因此，即使是从直观的文字上看，马克思没有把历史划分为了“公有制—私有制—公有制”三个阶段，而是划分为“小私有制—大私有制—个人所有制”三个阶段。所以，和这种观点的说法恰恰相反，这段话不仅不是对所谓马克思把所有制作为划分历史阶段的标准的证明，反而是对马克思并不是把所有制作为划分历史阶段的标准的证明。理由是：

首先，马克思在这段话中说的是“小私有制—大私有制—个人所有制”，它与“公有制—私有制—公有制”在表述上并不一样，事实上两者根本不是一回事，所以完全不能用这段话来证明马克思将历史划分为“公有制—私有制—公有制”三个阶段。

其次，在这段话中，马克思说第一阶段是“个人的、以自己劳动为基础的私有制”，第二阶段是“资本主义的私有制”（马克思也把它称之为“事实上已经以社会生产为基础的资本主义所有制”），也就是说它们都是私有制。第一阶段和第二阶段的所有制的性质都是私有制，这一点就证明：

第一，既然它们都是私有制，那么把它们区分成为两个历史阶段的标准就不是所有制，而是别的东西；

第二，如果把它们区分成为两个历史阶段的标准不是所有制的话，那么能

---

① 《马克思恩格斯选集》第2卷，人民出版社2012年版，第299—300页。

把同样是私有制的社会区分成为两个有本质区别的历史阶段的东西就只能是马克思在私有制这个名词前面所说的话，即“个人的、以自己劳动为基础的”和“以社会生产为基础的”这两句话所说的东西，具体地说，就是生产方式和决定它的生产力。

马克思把第二阶段的生产力及其生产方式表述为：“生产资料的集中和劳动的社会化”①，并认为第一阶段的生产力及其生产方式的特点，与之截然相反。那么，与第二阶段截然相反的第一阶段的生产力及其生产方式，就应该是：生产资料的分散和劳动的个人化。其实，马克思在这段话中所划分的三个历史阶段，用现代的时髦语言来表述的话，就是“前资本主义阶段”、“资本主义阶段”、“后资本主义阶段”；而被这样理解的三个阶段，就与“人的依赖关系”、“物的依赖关系”、“自由个性”三个阶段。它们是完全对应的，只是相比较而言，用现代语言所做的表述，能更加凸显出资本伟大的历史作用和地位，而马克思的经典语言则直指问题的本质。

其实，在马克思的这段话里，真正应该引起我们注意的问题是：马克思为什么要把资本主义之前的历史阶段的所有制，统称为“私有制”。这才是一个确实值得我们深入探讨的重要问题，一个必须弄清楚的问题。

把资本主义之前的所有制表述为是以个人自己劳动为基础的分散的私有制，即小私有制，这样一来，就是在所有制的层面上，把历史的发展过程表述为是由“小私有制—大私有制—个人所有制”三个阶段构成的、否定的否定的发展过程，传统教科书中所说的“公有制——私有制——公有制”这样一个由三个阶段构成的过程。

本书对这个问题的探讨结果是：

把资本主义阶段之前的历史阶段的所有制统称为“私有制”，是马克思对历史做了唯物史观的考察之后得出的一个结论，这正是他在政治经济学研究中获得的成果之一。而他对资本主义社会之前的所有社会形态的经济制度的这个研究成果，是通过确认了以下两个事实并且完成了与之相关的理论问题的研究之后得到的。

2. 马克思对历史第一阶段所有制的分析

马克思认为，资本主义社会之前的原始社会、奴隶社会和封建社会三个社

① 《马克思恩格斯全集》第23卷，人民出版社1972年版，第831页。

会形态的经济制度都是“公社所有制”。原始社会是原生形式的公社；奴隶社会和封建社会是派生形式的公社。在这两个派生的形式中，公社的形式虽然逐渐地解体和消失了，但是，公社的灵魂和本质，却在这两个派生的形式中始终存在着。

在1857—1858年《经济学手稿》中，我们可以看到马克思专门对“公社”的土地所有制形式进行了深入的研究和分析，其中被他称之为“公社”的，包括了亚细亚的形式（原始社会）、古代的形式（奴隶社会）、封建的形式（封建社会）等几种所有制形式。也就是说，马克思在经济学手稿所说的“公社”，是一个对原始社会、奴隶社会和封建社会这三种社会形态的所有制形式的统称，而不像传统理论所认为的那样，仅仅只是专门针对原始社会所有制形式的称谓。例如：在《德意志意识形态》中，马克思和恩格斯就把原始社会的所有制形式称之为“部落所有制”，把奴隶社会的所有制形式称之为“古代公社所有制和国家所有制”，把封建社会的所有制形式称之为是“像部落所有制和公社所有制一样，也是以一种共同体为基础的”、“封建的或等级的所有制”[①]。

马克思为什么把这三种社会形态都称之为“公社”呢？

因为他看到了这三种社会形态的共同本质，即从人们保证自己生活的方式上讲，它们都是某种个人之间的依赖关系，这种依赖关系所形成的共同体是“自然发生的共同体”[②]。马克思把它们称之为“古代共同体”。它们的这种共同的本质将它们与社会规定上的共同体，也就是非自然发生的现代共同体即货币共同体（马克思说“货币直接是**现实的共同体**”[③]），截然区分为两种本质上完全不同的共同体。马克思区分古代共同体和现代共同体所依据的是生产的性质，而这两种共同体的生产，具有完全不同的性质。他说：

> 任何生产都是个人的物化。但是，在货币（交换价值）上，个人的物化不是个人在其自然规定性上的物化，而是个人在一种社会规定（关系）上的物化，同时这种规定对个人来说又是外在的。[④]

也就是说，在自然发生的公社共同体中，生产是个人在其内在的自然规定性上的物化；而在社会规定上的货币共同体中，生产是个人在其之外的社会规定性上的物化。马克思认为：

---

① 《马克思恩格斯选集》第1卷，人民出版社2012年版，第149页。
② 《马克思恩格斯全集》第46卷下册，人民出版社1980年版，第470页。
③ 《马克思恩格斯全集》第46卷上册，人民出版社1979年版，第176页。
④ 《马克思恩格斯全集》第46卷上册，人民出版社1979年版，第176页。

孤立的个人是完全不可能有土地财产的，就像他不可能会说话一样。固然，他能够像动物一样，把土地作为实体来维持自己的生存。把土地当作财产，这种关系总是要以处在或多或少自然形成的，或历史地发展了的形式中的部落或公社占领土地（和平地或暴力地）为媒介的。在这里，个人决不能像单纯的自由工人那样表现为单个点。①

也就是说，这几种社会，它们区别于资产阶级社会之处就在于，它们都是“公社”，个人都是通过“公社”这个媒介占有土地的。（这也就解释了马克思为什么称人类历史的第一个阶段为“人的依赖性”阶段的原因。——公社就是人们相互依赖的产物，或者说，就是人们相互依赖关系本身。因而，“公社”也就是人们相互依赖的最有力的证明。）而在资产阶级社会中，个人是表现为单个点的纯粹的自由工人。

马克思在逐一地分析了公社的这几种形式之后总结说：

这里问题的关键从根本上说来如下。在所有这些形式中，土地财产和农业构成经济制度的基础，因而经济的目的是生产使用价值，是在个人对公社（个人构成公社的基础）的一定关系中**把个人再生产**出来——在所有这些形式中，都存在以下的特点：

(1) 对劳动的自然条件的占有，即对**土地**这种最初的劳动工具、实验场和原料贮藏所的占有，不是通过劳动进行的，而是劳动的前提。个人把劳动的客观条件简单地看作是自己的东西，看作是自己的主体得到自我实现的无机自然。劳动的主要客观条件并不是劳动的产物，而是**自然**。一方面，是活的个人，另一方面，是作为个人再生产的客观条件的土地。

(2) 但是，这种把土地当作劳动的个人的财产来看待的**关系**（因此，个人从一开始就不表现为单纯劳动着的个人，不表现在这种抽象形式中，而是拥有土地财产作为**客观的存在方式**，这种客观的存在方式是他的活动的**前提**，并不是他的活动的简单结果……），直接要以个人作为**某一公社成员**的自然形成的、或多或少历史地发展了的和变化了的存在，要以他作为部落等等成员的自然形成的存在为媒介。②

他还指出：

如果说，个人劳动的客观条件是作为属于他所有的东西而成为前提，

---

① 《马克思恩格斯全集》第46卷上册，人民出版社1979年版，第483页。

② 《马克思恩格斯全集》第46卷上册，人民出版社1979年版，第482、483页。

> 那么，在主观方面个人本身作为某一公社的成员就成为前提，他以公社为媒介才发生对土地的关系。①

也就是说，只有当个人成为了“某一公社成员”的时候，劳动的客观条件才是属于他所有的东西。也就是说，个人以公社成员的身份，把生产条件看成“属于他所有的东西”，即看作是自己的财产。这是问题的一个方面（这方面问题的重要意义后面再说）。问题的另一个方面是：公社所有制本身有三种差别很大的具体实现形式。

马克思说：

> 公社的现实存在，又由个人对劳动的客观条件的所有制的一定形式来决定。不管这种以公社成员身份为媒介的所有制，究竟是表现为**公有制**（在这种情况下，单个人只是占有者，决不存在土地的私有制）；还是所有制表现为国家所有同私人所有相并列的双重形式（不过在这种情况下，后者被前者所制约，因而只有国家公民才是并且必定是私有者，但另一方面，作为国家公民，他的所有又同时具有特殊的存在）；最后，还是这种公社所有制仅仅表现为个人所有制的补充（在这种情况下，个人所有制表现为公社所有制的基础，而公社本身，除了存在于公社成员的**集会**中和他们为公共目的的联合中以外，完全不存在）。②

通过分析，马克思认为：①所有制形式如果表现为个人占有公有制的土地的，它就是亚细亚的公社，即原始社会；②所有制形式如果表现为土地国家所有同私人所有相并列的双重形式的，它就是古代的公社，即奴隶社会；③所有制如果表现为土地公社所有制仅仅是个人所有制的补充的，它就是日耳曼的公社，即封建社会。

同样是公社，但是具体的所有制形式却不同，既有以公有制为主体同时实行个人占有的，也有公有制和私有制并行的，还有以私有制为主体辅之以公有制的。这之间的差别之大，就是用截然相反来形容也一点都不为过。

马克思对历史上曾经存在过的公社所有制形式的这一分析再一次证明，所有制形式并不是他划分历史阶段的标准，所有制的不同形式仅仅是区分公社的原生形式和次生形式的标准——“农业公社既然是原生的社会形态的最后阶段，所以它同时也是向次生的形态过渡的阶段，即以公有制为基础的社会向以私有

---

① 《马克思恩格斯全集》第46卷上册，人民出版社1979年版，第483、484页。

② 《马克思恩格斯全集》第46卷上册，人民出版社1979年版，第484页。

制为基础的社会的过渡。不言而喻，次生的形态包括建立在奴隶制上和农奴制上的一系列社会。”①

原始社会之所以能够与奴隶社会和封建社会构成原生和次生的关系，并因此而有别于资本主义社会，就是因为原始社会、奴隶社会和封建社会都是实行“公社所有制”的社会，它们都不过是一种特殊形式的公社所有制社会而已。在这三种社会形态中，人们都是某种形式的（民族的、宗教的、政治的等等）共同体的成员。古代的人们按照他们自己所处的条件，相互依赖地一起生活在其中的某一个共同体中。正因为他们是相互依赖的，所以他们也只能共同生活在某一个特殊的和狭隘的共同体内。在这里，所谓“原生”和“次生”的含义是：这几种社会形态在本质上是一样的，它们是同一个东西的几种存在形式，后一种形态是前一种形态的自然演化和发展，形成原生和次生关系。

而资本主义社会的情况则与它们截然相反。在资本主义社会中，人们相互之间都是毫不相干的孤立的个人，并且正因为他们都是孤立的个人，所以造就了人们相互之间建立在交换价值基础上的最广泛的联系。换句话说，是货币把所有的人紧紧地联系在了一起，在货币关系之外，人与人之间没有关系，所以整个资本主义社会事实上就是一个货币共同体，而且是唯一的共同体。由于资本主义社会形态是一种孤立个人的广泛联系，所以，它与公社那种相互依赖的人的狭隘联系，根本就是性质上完全不同的两种东西，因此它不可能从公社中自然地演化出来，而只能从社会革命的质变中诞生。众所周知，在《资本论》中，马克思是把这一诞生过程看作是一个“自然”要比建立共产主义社会还要“长久得多、艰苦得多、困难得多的过程”②。

3. “公社”所有制本质上是“共同私有制”

马克思认为：原始社会、奴隶社会、封建社会这三个社会形态中的“公社所有制”实质上是“共同私有制”。

在《德意志意识形态》中，马克思和恩格斯主要依据欧洲的历史事实，就原始社会、奴隶社会和封建社会的所有制问题，发表了如下的理论观点。

第一个观点：由于原始社会中，

> 分工还很不发达，仅限于家庭中现有的自然形成的分工的进一步扩大。

---

① 《马克思恩格斯全集》第19卷，人民出版社1963年版，第450页。

② 《马克思恩格斯全集》第23卷，人民出版社1972年版，第832页。

因此，社会结构只限于家庭的扩大：父权制的部落首领，他们管辖的部落成员，最后是奴隶。潜在于家庭中的奴隶制，是随着人口和需求的增长，随着战争和交易这种外部交往的扩大而逐渐发展起来的。①

第二个观点：分工本身就已经包含着生产力、社会状态和意识之间的矛盾，而原始社会的分工，

又是以家庭中自然形成的分工和以社会分裂为单个的、互相对立的家庭这一点为基础的。与这种分工同时出现的还有**分配**，而且是劳动及其产品的**不平等**的分配（无论在数量上或质量上）；因而产生了所有制，它的萌芽和最初形式在家庭中已经出现，在那里妻子和儿女是丈夫的奴隶。家庭中这种诚然还非常原始和隐蔽的奴隶制，是最初的所有制，但就是这种所有制也完全符合现代经济学家所下的定义，即所有制是对他人劳动力的支配。分工和私有制是相等的表达方式，对同一件事情，一个是就活动而言，另一个是就活动的产品而言。②

第三个观点：在奴隶社会中，

公民仅仅共同拥有支配自己那些做工的奴隶的权力，因此受公社所有制形式的约束。这是积极公民的一种共同私有制。③

从马克思和恩格斯的上述理论观点中，我们可以分析归纳出这样几个具体的观点：①历史上的分工和私有制讲的是同一件事情，分工是活动本身，所有制是活动的产品，所以，分工和私有制不可分离，有分工就有私有制。②原始社会的家庭、部落中就已经有了分工，所以原始社会中就已经有了私有制，这是原始社会的基础。③奴隶社会的公开奴隶制其实早在原始社会中就隐蔽地存在于家庭中了，奴隶社会是原始社会家庭奴隶制的进一步发展。④奴隶社会的公社所有制事实上是一种共同私有制，即有着公有制外观形式的私有制，这是一种由所有者（公民）共同占有自己的财产的所有制。⑤同样的道理，原始社会的家庭所有制和部落所有制，其实就是父权制的家庭和部落的一种共同私有制，这是一种在父权制的家长和父权制的酋长统领下的、共同体成员共同占有自己的财产的所有制。

奴隶社会的所有制其实就是原始社会的所有制的继续和发展，也就是说，

---

① 《马克思恩格斯选集》第1卷，人民出版社2012年版，第148页。

② 《马克思恩格斯选集》第1卷，人民出版社2012年版，第163页。

③ 《马克思恩格斯选集》第1卷，人民出版社2012年版，第148页。

它只是随着人口和需求的增长、随着同外界往来（表现为战争或交易）的扩大而逐渐从原始社会所有制发展起来的。所以，原始社会和奴隶社会的所有制虽然从直观的形式上看有着公有制和私有制的差别，但是本质上是相同的，即从本质上讲，它们都是私有制。

在分析了原始社会的所有制和奴隶社会的所有制的异同之后，马克思和恩格斯又把分析扩大到了封建社会的所有制。他们说：

> 封建的或等级的所有制……像部落所有制和公社所有制一样，也是以一种共同体为基础的。但是作为直接进行生产的阶级而与这种共同体对立的，已经不是与古典古代的共同体相对立的奴隶，而是小农奴。随着封建制度的充分发展，也产生了与城市对立的现象。土地占有的等级结构以及与此相联系的武装扈从制度使贵族掌握了支配农奴的权力。这种封建结构同古典古代的公社所有制一样，是一种联合，其目的在于对付被统治的生产者阶级；只是联合的形式和对于直接生产者的关系有所不同，因为出现了不同的生产条件。①

从马克思和恩格斯的这个理论观点中，我们可以分析归纳出这样几个具体的观点：①由于封建结构同奴隶社会的公社一样，是一种联合，所以封建结构也同奴隶社会的公社一样，是一种共同体。②封建贵族仅仅共同保持自己掌握的支配农奴的权力，因此就被封建所有制的形式联系在一起，所以可以说封建所有制的形式是封建贵族的一种共同私有制。

综合以上马克思和恩格斯对原始社会、奴隶社会、封建社会这三个社会形态所有制的分析，我们可以得出的结论是：小私有制发芽成长于原始社会，发展壮大于奴隶社会和封建社会。原始社会的部落所有制、奴隶社会的公社所有制和封建社会的封建所有制虽然在形式上有很大的区别，但实际上都是私有制，即以某种自然产生的共同体为基础的共同私有制。这是一种在人的依赖关系中建立起来的私有制。这种共同私有制因为生产条件的不同而呈现出了不同的外观形式。

在原始社会，共同私有制是以部落所有制的外观形式呈现出来的，由于其私有制的内在本质，被低下的生产力和匮乏的生活资料所掩盖并因此隐藏了起来，所以在客体的或者直观的感性中它才被看作是一个公有制社会。

在奴隶社会，共同私有制是以公社所有制的外观形式呈现出来的，其公有

---

① 《马克思恩格斯选集》第1卷，人民出版社2012年版，第149—150页。

制的外观形式和私有制的内在本质同样的鲜明，所以在客体的或者直观的感性中，它是一个典型的共同私有制社会。

在封建社会，共同私有制是以封建所有制的外观形式呈现出来的，由于其公有制的外观形式的日益淡化并最终解体和隐藏起来，其私有制的内在本质因此而充分地展示出来，所以在客体的或者直观的感性中，它是一个私有制社会。

4. 原始社会所有制在本质上是私有的

（1）两个首先要说明的问题

下面，我们就来集中分析一下原始社会的所有制的私有本质问题。在这之前，有两个问题应该而且必须首先说明一下。

第一个问题。

当马克思把奴隶社会的公社和封建社会的封建机构都看成是共同体进而认为它们的所有制形式是公社所有制的时候，他是否把这两个社会中的直接劳动者即奴隶和农奴看成是共同体的成员？

马克思对这个问题的回答，是否定的。

在马克思的历史视野之内，作为直接劳动者的奴隶和农奴并不是独立存在的历史主体。在他看来，奴隶和农奴仅仅是属于或者依附于共同体成员的财产或者财产的附属物。

具体地说，在奴隶社会中，共同体成员是公民，奴隶只是公民的财产（会说话的工具）；在封建社会中，共同体成员是贵族，农奴只是贵族土地的附属物。例如，在《经济学手稿》中，马克思在指出了原始社会中的人同他们与自然界进行物质变换的自然无机条件之间是分离的这个事实之后，接着指出：

> 在奴隶制关系和农奴制依附关系中，没有这种分离；而是社会的一部分被社会的另一部分简单地当作自身再生产的**无机自然**条件来对待。奴隶同自身劳动的客观条件没有任何关系；而**劳动**本身，无论采取的是奴隶的形态，还是农奴的形态，都是作为生产的**无机条件**与其他自然物同属一类的，是与牲畜并列的，或者是土地的附属物。①

再例如，在指出了原始社会中的劳动主体把自己的生产或再生产的条件看作是自己的东西这个事实之后，他接着说：

---

① 《马克思恩格斯全集》第46卷上册，人民出版社1979年版，第488页。

> 在奴隶制、农奴制等等之下，劳动者本身表现为服务于某一第三者个人或共同体的自然生产条件之一（这**不**适用于例如东方的普遍奴隶制；这**仅仅**是从欧洲的观点来看的）；这样一来，财产就已经不是什么亲身劳动的个人对客观的劳动条件的关系了。①

换句话说，面对奴隶社会和封建社会的生产劳动，如果我们只是从客体的或者直观的形式上去理解的话，它就是亲身劳动的奴隶和农奴在进行生产劳动，而公民和贵族是不劳动的。但是，如果我们是从主观方面即历史的角度和高度去理解的话，即把历史理解为在人有意识的生命活动中发展的历史，也就是生产力发展的历史，并且把共同体看作是“第一个伟大的生产力而出现”② 的东西的话，那么奴隶社会和封建社会的生产，实质上就是作为共同体主体的公民和贵族在使用他们自己的生产和再生产条件进行的活动，是公民和贵族作为生产者和自己的生产条件的关系。奴隶社会和封建社会“生产本身的目的是在生产者的这些客观存在条件中并连同这些客观存在条件一起把生产者再生产出来”③。

在唯物史观的历史大视野内，像奴隶从属于奴隶主（公民）、农奴依附于贵族这样的压迫和剥削关系，不是历史本身的关系，而是历史本身的那些关系内部的构成历史关系的关系。所以，这些压迫和剥削关系并不是划分历史阶段时需要讨论的。因为出现在唯物史观历史大视野内的所有的人，都被放在了“人类”的高度上来观察。马克思对李嘉图的感伤主义的反对者的批评，和对李嘉图的赞扬，就是唯物史观这个大的历史视野观点的具体体现。他说：

> 李嘉图把资本主义生产方式看作最有利于生产、最有利于创造财富的生产方式，对于他那个时代来说，李嘉图是完全正确的。他希望**为生产而生产**，这是**正确的**。如果像李嘉图的感伤主义的反对者们那样，断言生产本身不是目的本身，那就是忘记了，为生产而生产无非就是发展人类的生产力，也就是**发展人类天性的财富这种目的本身**。如果像西斯蒙第那样，把个人的福利同这个目的对立起来，那就是主张，为了保证个人的福利，全人类的发展应该受到**阻碍**，因而，举例来说，就不能进行任何战争，因为战争无论如何会造成个人的死亡。……这种议论，就是不理解：“**人**”类的才能的这种发展，虽然在开始时要靠牺牲多数的个人，甚至靠牺牲整个

① 《马克思恩格斯全集》第46卷上册，人民出版社1979年版，第496页。
② 《马克思恩格斯全集》第46卷上册，人民出版社1979年版，第495页。
③ 《马克思恩格斯全集》第46卷上册，人民出版社1979年版，第496页。

阶级，但最终会克服这种对抗，而同每个个人的发展相一致；因此，个性的比较高度的发展，只有以牺牲个人的历史过程为代价。至于这种感化议论的徒劳，那就不用说了，因为在人类，也像在动植物界一样，种族的利益总是要靠牺牲个体的利益来为自己开辟道路的，其所以会如此，是因为种族的利益同**特殊个体的利益**相一致，这些特殊个体的力量，他们的优越性，也就在这里。

由此可见，李嘉图的毫无顾忌不仅是**科学上的诚实**，而且从他的立场来说也是**科学上的必要**。因此对李嘉图来说，生产力的进一步发展究竟是毁灭土地所有权还是毁灭工人，这是无关紧要的。如果这种进步使工业资产阶级的资本贬值，李嘉图也是欢迎的。如果劳动生产力的发展使**现有的**固定资本贬值一半，那将怎样呢？——李嘉图说，——要知道人类劳动生产率却因此提高了一倍。这就是**科学上的诚实**。如果说李嘉图的观点整个说来符合**工业资产阶级**的利益，这只是**因为**工业资产阶级的利益符合生产的利益，或者说，符合人类劳动生产率发展的利益，并且**以此为限**。凡是资产阶级同这种发展发生矛盾的场合，李嘉图就**毫无顾忌地**反对资产阶级，就像他在别的场合反对无产阶级和贵族一样。①

如果一种历史理论，因为沉浸在奴隶主和封建主对奴隶和农奴的压迫和剥削关系中，因而忽视了，或者完全看不到奴隶社会的所有制和封建社会的所有制与原始社会的所有制的同一性，不理解奴隶社会和封建社会是原始社会的次生形态，也不理解作为原生形态的原始社会所有制在本质上和它的次生形态的一致性，所以在划分历史阶段不能正确理解唯物史观的科学标准，那就是犯了与李嘉图的反对者相同的错误。在历史面前，我们需要李嘉图式的“科学上的诚实”和“毫无顾忌”，因为这是“科学上的必要”。

第二个问题。

奴隶主和封建贵族对保证自己生存的生产条件的看法和观念，以及他们基于这些看法和观念之上的能动行为，是不是就是真实的历史呢？

马克思和恩格斯对这个问题的回答，是肯定的。他们说：

统治阶级的思想在每一时代都是占统治地位的思想。这就是说，一个阶级是社会上占统治地位的**物质**力量，同时也是社会上占统治地位的**精神**力量。支配着物质生产资料的阶级，同时也支配着精神生产资料，因此，

① 《马克思恩格斯全集》第26卷第二册，人民出版社1973年版，第124、125页。

那些没有精神生产资料的人的思想，一般的是隶属于这个阶级的。占统治地位的思想不过是占统治地位的物质关系在观念上的表现，不过是以思想的形式表现出来的占统治地位的物质关系；因而，这就是那些使某一个阶级成为统治阶级的关系在观念上的表现，因而这也就是这个阶级的统治的思想。此外，构成统治阶级的各个个人也都具有意识，因而他们也会思维；既然他们作为一个阶级进行统治，并且决定着某一历史时代的整个面貌，那么，不言而喻，他们在这个历史时代的一切领域中也会这样做，就是说，他们还作为思维着的人，作为思想的生产者进行统治，他们调节着自己时代的思想的生产和分配；而这就意味着他们的思想是一个时代的占统治地位的思想。例如，在某一国家的某个时期，王权、贵族和资产阶级为夺取统治而争斗，因而，在那里统治是分享的，那里占统治地位的思想就会是关于分权的学说，于是分权就被宣布为“永恒的规律”。[①]

在以后的政治经济学研究中，马克思还用这个观点分析了在封建社会中这种情况的具体表现。他指出，封建社会中的关系是这样的一种关系：

非所有者作为自己主人的仆从表现为剩余产品的共同消费者，并且以此为代价，穿着自己主人的仆役制服，参加主人的争斗，从事想象的或实际的个人服务等等。[②]

这个时候，封建领主与他的侍从之间的“**统治关系**表现为本质的占有关系”。而所谓的本质的占有关系的意思是说，“占有他人的**意志**是统治关系的前提”[③]。因为封建领主占有了侍从的意志，所以封建社会体现的是封建领主的意志。总之，奴隶社会和封建社会作为人们有意识的生命活动的产物，是在奴隶主和贵族的意识和意志主导下的生产活动中产生和发展的。马克思说，原始“共同体本身作为第一个伟大的生产力而出现；特殊的生产条件（例如畜牧业、农业）发展起特殊的生产方式和特殊的生产力，既有表现个人特性的主观生产力，也有客观的生产力”[④]。这个结论也同样适用于奴隶社会和封建社会的共同体，它们本身作为历史地发展了的生产力，同样也是既包括主观生产力，也包括客观的生产力的。

（2）对原始社会所有制私有本质的分析

---

① 《马克思恩格斯选集》第1卷，人民出版社2012年版，第178—179页。
② 《马克思恩格斯全集》第46卷上册，人民出版社1979年版，第505页。
③ 《马克思恩格斯全集》第46卷上册，人民出版社1979年版，第502、503页。
④ 《马克思恩格斯全集》第46卷上册，人民出版社1979年版，第495页。

说明了以上两个问题之后，现在我们接着讨论原始社会所有制的私有本质问题。

在1857—1858年的《经济学手稿》中，马克思对《德意志意识形态》中已经提出的观点——所有制作为支配他人劳动力的权力，它的萌芽和原始形态，早在原始社会的家庭中就已经出现了，在那里妻子和孩子是丈夫的奴隶——又从理论上做出了更加深入的分析和阐述。在这份手稿中，马克思指出：原始社会只是一个形式上的公有制社会，而在本质上，它其实是一个私有制社会；事实上，后来的奴隶社会、封建社会、资本主义社会中的私有制源头，就在原始社会中。

前面我们已经说过，马克思和恩格斯在《德意志意识形态》中指出，私有制是一个与分工相伴而生的东西，分工是就活动而言的，私有制是就活动的产品而言的。从逻辑上讲，既然分工开始于原始社会，那么私有制当然也就开始于原始社会。

在原始社会中，符合这个逻辑的事实具体表现，首先是，在开始的阶段上，开始有了家庭内部的分工，因而出现了隐蔽地存在于家庭中的奴隶制，这种形式的私有制就是历史上最早出现的所有制；然后是，在接下来的阶段上，随着家庭中的自然产生的分工的进一步扩大，出现了仅仅是扩大了的家庭的社会结构即部落，于是出现了父权制的酋长、他们所管辖的部落成员以及奴隶。马克思说，私有制的萌芽和原始形态在家庭中已经出现，在那里妻子和孩子是丈夫的奴隶。家庭中的奴隶制是最早的私有制。

传统教科书认为奴隶社会是历史上的第一个私有制社会，但是这是一种从客体的或者直观的形式对原始社会和奴隶社会的理解，或者说就是从阶级对立和阶级斗争的角度对原始社会和奴隶社会的理解。问题在于，仅仅达到这样的理解是远远不够的，因为它只达到了旧唯物主义的水平。如果站在唯物史观的高度，从主观方面即从生产力的角度去理解历史，从而把原始社会和奴隶社会当作人的感性活动、当作实践去理解的话，传统教科书的这一认识就是不对的了。

因为只要从主观方面去理解，立刻就会发现，私有制这个东西不仅早就在原始社会中就产生出来了，而且它还在原始社会中经历了一个自身的自然发展过程。——开始时它是隐蔽地存在于家庭中的奴隶制，后来它自然而然地随着人口和需求的增长、随着同外界往来（表现为战争或交易）的扩大而逐渐发展起来，扩大到了氏族、部落和部落联盟——所以，正确的认识应该是：如果从客体的或者直观的形式去理解原始社会的话，它是一个公有制社会；但是，如果我们把它当作人的感性活动，当作实践去理解，即从主观方面去理解的话，原始社会在本质上是一个私有制社会。因为原始共同体中的每一个成员，当他成为这个共同体的一分子的时候，他都是把共同体的财产看作是“自己的”财产的。而奴隶社会和封建社会的所有制正是从其中发展出来的。对此马克思是这样说的：

> **财产**最初意味着（在亚细亚的、斯拉夫的、古代的、日耳曼的所有制形式中就是这样），劳动的（进行生产的）主体（或再生产自身的主体）把自己的生产或再生产的条件看作是自己的东西。因此，它也将依照这种生产的条件而具有种种不同的形式。生产本身的目的是在生产者的这些客观存在条件中并连同这些客观存在条件一起把生产者再生产出来。个人把劳动条件看作是自己的东西（这不是劳动即生产的结果，而是其前提），这是以个人作为某一部落体或共同体的成员的一定的存在为前提的（他本身在某种程度上就是共同体的财产）。
>
> 在奴隶制、农奴制等等之下，劳动者本身表现为服务于某一第三者个人或共同体的自然生产条件之一（这**不**适用于例如东方的普遍奴隶制；这**仅仅**是从欧洲的观点来看的）；这样一来，财产就已经不是什么亲身劳动的个人对客观的劳动条件的关系了。奴隶制、农奴制等等总是派生的形式，而绝不是原始的形式，尽管它们是以共同体为基础的和以共同体下的劳动为基础的那种所有制的必然的和当然的结果。①

“亚细亚的”和“斯拉夫的”是原始社会的两种形式，“古代的”指的就是奴隶社会，“日耳曼的”是封建社会的一种形式。所以马克思在这里对“财产”关系的看法，是涵盖原始社会、奴隶社会和封建社会的。他认为，这三种社会的“生产目的”是共同的，都是“在生产者的这些客观存在条件中并连同这些客观存在条件一起把生产者再生产出来”。也就是说，不管这三种社会中的人是处在怎样狭隘的民族的、宗教的、政治的规定上，但却始终表现为生产的目的。这样的生产目的，决定了“个人把劳动条件看作是自己的东西”，这就是私有制的根源。在这里，奴隶社会、封建社会不同于原始社会的地方仅仅在于，在奴隶社会和封建社会中，直接劳动者本身被看成了“某一第三者个人或共同体”（奴隶主、封建主或公社、行会等等）的一种“自然生产条件”，而生产目的本身，并没有任何改变。正因为是如此，所以才能够说，奴隶社会和封建社会是

---

① 《马克思恩格斯全集》第46卷上册，人民出版社1979年版，第496页。

原始社会的派生的形式。

那么，作为原始的形式，原始社会的所有制究竟是什么样的呢？本书前面曾经提到过马克思关于原始社会共同体财产关系的下面这个理论表述，即：

> 如果说，个人劳动的客观条件是作为属于他所有的东西而成为前提，那么，在主观方面个人本身作为某一公社的成员就成为前提，他以公社为媒介才发生对土地的关系。①

原始社会之所以没有以私有制的形式而是以公有制的形式存在，并不是因为它不是一个具有私有制内在本质的社会，而是因为，在“有限的而且是原则上有限的生产力”的条件下，“主体与其生产条件有着一种客观统一”②。——“原则上有限”的含义是：这种“有限”性是由共同体本身所能蕴含的生产力的限度决定的，这种限度就是它的自然。

什么是“客观统一”？客观统一的含义就是：客观公有制。也就是说，这种公有制只是一种由客观条件造就的公有制，而不是主观选择的公有制。即只有公有制的形式，没有公有制的实质。由于生产力还处在极度低下的水平上，所以在实质上，原始社会的劳动者与他们的生产条件实质上是处于一种“分离”的状态中的。只有到了奴隶社会和封建社会，才在实质上处于“统一”的状态中，而在原始社会中，这种统一是存在于劳动者的意识中的。

马克思是这样分析原始社会的生产力水平即原始社会中的人与他们的生产条件的关系的：

> **生产的原始条件**……最初本身不可能是生产出来的，不可能是生产的结果。需要说明的（或者成为某一历史过程的结果的），不是活的和活动的人同他们与自然界进行物质变换的自然无机条件之间的**统一**，以及他们因此对自然界的占有；而是人类存在的这些无机条件同这种活动的存在之间的**分离**，这种分离只是在雇佣劳动与资本的关系中才得到完全的发展。③

当原始社会有限的而且是原则上有限的生产力条件已经决定了，如果不通过公有制这个形式即让自己成为共同体的“肢体”的形式，它的私有制本质就不能实现，在这种情况下，它就不得不通过公有制形式来实现自己的生产目的——连同这些客观存在条件一起把生产者再生产出来。

---

① 《马克思恩格斯全集》第46卷上册，人民出版社1979年版，第483、484页。

② 《马克思恩格斯全集》第46卷上册，人民出版社1979年版，第497页。

③ 《马克思恩格斯全集》第46卷上册，人民出版社1979年版，第488页。

而这个生产目的，正是原始社会私有制本质的体现。在每一个共同体成员的意识中，共同体的财产是他们作为共同体的成员共同“私有”的东西——为了占有和保护自己的财产，他们随时准备与其他共同体展开一场战争。同时，为了把别人的财产抢夺过来据为己有，他们也不惜发动一场战争。

就客体的或者直观的感性而言，传统教科书说，极低的生产力决定了原始社会是一个实行公有制的原始共产主义社会，这无疑是正确的。因为客观条件已经把共同体成员“压缩”成为了“一个”人，而单个的人作为共同体的成员，只不过是这个“人”身体的一部分。问题在于，传统教科书只说到这里，即只说到原始社会的主体与其生产条件有着一种客观统一这里，就停止了，至于隐藏在这种客观统一背后的主观方面的情况，它一点也没有谈到。

而新唯物主义即唯物史观区别于旧唯物主义的地方，恰恰就在于，它对事物、现实、感性是从主观方面去理解的，而不是只达到从客体的或者直观形式上对它们的理解。

在研究分析最早的土地所有制形式时，马克思一直都在强调一个重要的关键问题，这个问题就是：这种土地所有制的“第一个前提”。他所说的这个前提就是“共同体”，或者说，作为基础的“单个人对公社的**原有**关系”。其中，首先是天然的共同体即“或多或少是自然形成的”关系，其次是“历史地产生但已经变成传统的关系”①。他说：

> 第一个前提首先是自然形成的共同体：家庭和扩大成为部落的家庭，或通过家庭之间互相通婚，或部落的联合。因为我们可以设想，**游牧**，总而言之**流动**，是生存方式的最初的形式，部落不是定居在一个固定的地方，而是在哪里找到草场就在哪里放牧（人类不是天生定居的；只有在特别富饶的自然环境里，人才有可能像猿猴那样栖息在某一棵树上，否则总是像野兽那样到处游荡），所以，**部落共同体**，即天然的共同体，并不是**共同占有**（暂时的）和**利用土地的结果**，而是**其前提**。
>
> 土地是一个大实验场，是一个武库，既提供劳动资料，又提供劳动材料，还提供共同体居住的地方，即共同体的**基础**。人类素朴天真地把土地看作**共同体的财产**，而且是在活劳动中生产并再生产自身的共同体的**财产**。每一个单个的人，只有作为这个共同体的一个肢体，作为这个共同体的成员，才能把自己看成**所有者**或**占有者**。②

---

① 《马克思恩格斯全集》第46卷上册，人民出版社1979年版，第485页。

② 《马克思恩格斯全集》第46卷上册，人民出版社1979年版，第472页。

人类是在十分低下的生产力水平上开始自己的生产活动的，这种十分低下的生产力就是天然共同体生产力。尽管马克思称天然共同体生产力是“第一个伟大的生产力”①，但是这个赞誉之词并不是说它不是一种生产能力非常低下的生产力，而是说人已经从本质上脱离了动物界，人们已经意识到必须和周围的人们来往，人的意识代替了本能，或者说人的本能是已经被意识到了的本能。

低下的生产力水平，即人们对自然界的狭隘的关系，制约着人们之间的狭隘的关系，这种狭隘的关系表现为：共同体是个人得以生存的条件，它就是个人本身的现实存在，即个人只有作为共同体的一个肢体才能存在。所以，当共同体把生产的自然条件当作“自己的东西”即当作自己的“财产”② 来对待时，体现出来的实际上是单个人的这样一种通过劳动过程实现的生存状态和他们的主观意识：

> **财产**最初无非意味着这样一种关系：人把他的生产的自然条件看作是属于他的、看作是自己的、看作是**与他自身的存在一起产生的前提**；把它们看作是他本身的**自然前提**，这种前提可以说仅仅是他身体的延伸。其实，人不是同自己的生产条件发生关系，而是人双重地存在着：主观上作为他自身而存在着，客观上又存在于自己生存的这些自然无机条件之中。
>
> 这些**自然的生产条件**的形式是双重的：(1) 人作为某个共同体的成员的存在；因而，也就是这个共同体的存在，其原始形式是**部落体**，是或多或少有所改变的**部落体**；(2) 以共同体为媒介，把**土地**看作**自己的**土地，即公共土地财产对个人来说同时又是**个人占有物**；或者是这样：只有土地的果实实行分配，而土地本身及其耕作仍然是共同的。③

总之，马克思认为：不论是亚细亚公社，还是古代公社和日耳曼公社，

> 在所有这些形式中，都存在着以下的特点：
>
> (1) 对劳动的自然条件的占有，即对**土地**这种最初的劳动工具、实验场和原料贮藏所的占有，不是通过劳动进行的，而是劳动的前提。个人把劳动的客观条件简单地看作是自己的东西，看作是自己的主体得到自我实

① 《马克思恩格斯全集》第46卷上册，人民出版社1979年版，第495页。

② 这里所说的“财产”是原始的财产，“即单个的人把劳动和再生产的自然条件看作属于他的条件，看作客观的条件，看作他在无机自然界发现的他的主体的躯体”（《马克思恩格斯全集》第46卷上册，人民出版社1979年版，第473页）。或者说，是个人“把他的生产的自然前提看作是属于他的，看作是他自己的东西这样一种关系”（同上第489页），而不是指生产出来的东西。

③ 《马克思恩格斯全集》第46卷上册，人民出版社1979年版，第491页。

现的无机自然。劳动的主要客观条件并不是劳动的**产物**，而是**自然**。一方面，是活的个人，另一方面，是作为个人再生产的客观条件的土地。

(2) 但是，这种把土地当作劳动的个人的财产来看待的**关系**……直接要以个人作为**某一公社成员**的自然形成的、或多或少历史地发展了的和变化了的存在，要以他作为部落等等成员的自然形成的存在为媒介。①

所以，在原始社会中，个人是在所面临的自然的生产条件中开始生产的。这样的生产条件对个人来说，一方面是“财产”这个私有制的承载体，另一方面是“共同体”（个人只是它的一个肢体）这个作为联合体的一个统一体。这两者的同时存在，就意味着：(1) 由于每一个把他的生产的自然条件看作是属于他的即看作是自己的财产的个人都不过是共同体的一个肢体，所以生产的自然条件就以“共同体的财产”这个形式，即“共同体所有制”的形式存在，正因为如此，所以在部落共同体的内部，在这个有限的狭隘范围内，人们的生产和生活是以原始共产主义社会的形式呈现出来的；这种形式不是人们生产的结果，而是人们不得不接受的自然前提。(2) 由于每一个人都把生产的自然条件看作是自己的财产，一种排他的财产权（虽然他们没有“财产权”这个概念），而且每一个个人作为共同体的一个天然成员都认为在公共财产中有自己的一部分，并有特殊的一部分为自己占有，所以，这种表面上看起来是以原始共产主义公有制形式实现的所有制，从人们的主观方面来理解，实际上是私有财产权利的一种特殊实现形式。以这样的个人为自己肢体的共同体，当它作为“一个人”即主体出现时，也就认为自己占有的财产是排斥另一个同样是作为一个主体的其他共同体的。因此，为了获得和捍卫被认为是属于自己的财产，在各个共同体之间，就会经常发生战争，并且成为了自然形成的共同体的最原始的工作之一。正像马克思所分析和描述的那样：

某一个共同体，在它把生产的自然条件——土地（如果我们立即来考察定居的民族）——当作**自己的**东西来对待时，会碰到的唯一障碍，就是业已把这些条件当作自己的无机体而加以占据的**另一共同体**。因此**战争**就是每一个这种自然形成的共同体的最原始的工作之一，既用以保护财产，又用以获得财产。②

在美洲蒙昧的印第安部落中，狩猎地区便是这一类财产；部落把某一

① 《马克思恩格斯全集》第46卷上册，人民出版社1979年版，第483页。
② 《马克思恩格斯全集》第46卷上册，人民出版社1979年版，第490页。

地区认作自己的狩猎地盘，并用强力保护它免受其他部落侵犯，或者是设法把其他部落从他们所占有的地盘上赶走。①

所以，原始社会的劳动条件及其所包含的关系，其实与奴隶制并没有本质上的区别，区别仅仅在于奴隶是否被包括在了生产的条件之中，也就是说，奴隶制的出现并没有改变原始共同体本质的关系。更何况，原始共同体财产真正的实际占有者是作为共同体的体现者的那些个人，比如父权制的酋长，等等。所以，我们必须看到：

以部落体（共同体最初就归结为部落体）为基础的财产的基本条件就是：必须是部落的一个成员。这就使被这个部落所征服或制服的其他部落**丧失财产**，而且使它沦为这个部落的再生产的**无机条件之一**，共同体是把这些条件看作归自己所有的东西。所以奴隶制和农奴制只是这种以部落体为基础的财产的继续发展。……而从另一方面说，因为在这种财产形式下，单个的人从来不能成为所有者，而只不过是占有者，实质上他本身就是作为公社统一体的体现者的那个人的财产，即奴隶，所以奴隶制在这里并不破坏劳动的条件，也不改变本质的关系。②

换句话说，原始社会的劳动条件本身就有奴隶制存在的空间，从本质上讲，原始社会的关系与奴隶社会的关系是一样的。

总而言之，私有制不仅仅是一个开始于原始社会的东西，而且还是在原始社会中经历了它的早期发展过程的东西。原始社会实际上是一个在原始共产主义形式中隐蔽地存在着的私有制社会。正是“财产”和“共同体”的同时存在，造就了原始社会及其之后的各种形式的公社所有制，即共同体私有制的关系。马克思十分明确地分析指出：

通过劳动过程而实现的实际**占有**是在这样一些**前提**下进行的，这些**前提**本身并不是劳动的**产物**，而是表现为劳动的自然的或**神授的**前提。这种以同一基本关系为基础的形式，可能以十分不同的方式实现出来。例如，跟这种形式完全不矛盾的是，在大多数**亚细亚的**基本形式中，凌驾于所有这一切小的共同体之上的**总合的统一体**表现为**更高的所有者**或**唯一的所有者**，实际的公社却只不过表现为**世袭的**占有者。因为这种**统一体**是实际的所有者，并且是公共财产的真正前提，所以统一体本身能够表现为一种凌

① 《马克思恩格斯全集》第46卷上册。人民出版社1979年版，第490页。

② 《马克思恩格斯全集》第46卷上册，人民出版社1979年版，第492、493页。

驾于这许多实际的单个共同体之上的**特殊东西**，而在这些单个的共同体中，每一个单个的人在事实上失去了财产，或者说，财产（即单个的人把劳动和再生产的**自然**条件看作属于他的条件，看作客观的条件，看作他在无机自然界发现的他的主体的躯体）对这单个的人来说是间接的财产，因为这种财产，是由作为这许多共同体之父的专制君主所体现的统一总体，通过这些单个的公社而赐予他的。因此，剩余产品（其实，这在立法上被规定为通过劳动而实际占有的成果）不言而喻地属于这个最高的统一体。①

所以，以共同体的名义占有共同财产的家长制的原始社会方式，是能够自然而然地生长出奴隶主占有奴隶的奴隶制的，因为奴隶制和通过劳动过程而实现的实际占有完全不矛盾，因为它们都是同一个基本关系的体现——共同体私有制关系。

既然私有制事实上已经在原始社会中自然地发展起来了，所以，从本质上讲，奴隶社会和封建社会的私有制只不过是原始社会中的私有制的继续发展而已。马克思认为，只要用唯物史观

仔细研究一下亚细亚的，尤其是印度的公社所有制形式，就会得到证明，从原始的公社所有制的不同形式中，怎样产生出它的解体的各种形式。例如，罗马和日耳曼的私人所有制的各种原型，就可以从印度的公社所有制的各种形式中推出来。②

(3) 从“财产”角度看“所有制”问题

生产是人的有意识的生命活动，因此，财产就是一个伴随着人的存在而存在的东西。在人类历史发展过程中，财产在某个特殊的历史阶段上具体采取什么样的实现形式，每个具体实现形式体现什么样的本质内容，这一切都取决于生产力水平即人本身的发展程度。个人是什么样的，既决定着财产的一定形式，也决定着财产的具体内容，而个人是什么样的这同他的生产是一致的，取决于他进行生产的物质条件。

例如：如果是在真正的共产主义历史阶段，由于生产已经达到了可以让财富充分涌流的水平，实现自己的创造天赋已经成为了人们的普遍需要，每个人的自由全面发展已经成为事实，社会是一个自由人的联合体，那时候的公有制就是真正的人与自己进行生产的物质条件发生的关系。因此，恩格斯说如果还

① 《马克思恩格斯全集》第46卷上册，人民出版社1979年版，第472、473页。
② 《马克思恩格斯全集》第23卷，人民出版社1972年版，第95页。

有人坚持要得到一份与自己的劳动相符的财产的话，人们就会给他两份财产以资嘲笑。如果是在原始共产主义历史阶段，由于个人进行生产的物质条件对个人来说是一种完全异己的、有无限威力的和不可制服的与个人对立的力量，获得物质财富以维持生存是人们普遍的需要，天然的共同体是个人占有进行生产的物质条件的前提，人们朴素天真地把进行生产的物质条件看作是自己所属的共同体的财产，所以公有制只是在狭隘的共同体范围内的公有制，而且个人作为共同体的成员把自己看成是排他的财产所有者和占有者。在那时，人们同自己进行生产的物质条件的关系完全像动物与它的关系一样，人们就像牲畜一样服从它的权力，人们每一天都处在争取生存必需品的斗争中，因此，如果有两个共同体或者分别属于两个共同体的个人对同一个财产提出了要求的话，就会发生争夺财产的战争。

从客体的或者直观的形式去理解真正的共产主义和原始共产主义的所有制，只能看到它们相同的一面，即它们都是公有制。而唯物史观是把所有制当作人的感性活动，当作实践去理解的，是从人的主观方面去理解的，所以在唯物史观的视野里，尽管这两种所有制的形式都是公有制，但是真正的共产主义的所有制和原始共产主义的所有制却是两种完全不同的东西，因为它们是两种发展程度完全不同的人生产出来的东西。马克思和恩格斯认为，如果人们的生产力不是极大发展，而是极端落后，那么在极端贫困的情况下，就必须进行争取生存必需品的斗争，人类社会生活中的全部陈腐的东西（例如隐蔽存在或公开存在的奴隶）就会在原始共产主义社会中出现。同时，与人与自然界的这种狭隘关系相伴，人们不是世界历史性的存在而是狭隘地域性的存在，原始共产主义的公有制不是人们共同占有财产的结果，而是其前提，所以原始共产主义的公有制其实只不过是一种共同私有制而已。

因此，在人类的史前时期，所谓“所有制”就是财产的法律用语，含义是“对他人劳动力的支配”，就是私有财产关系。财产和私有制是两个同义语，说的是一个东西，财产是就它的内容而言的，所有制是就它的形式而言的。对这两个概念的使用，反映了马克思在私有制起源这个问题上的基本观点。

马克思指出，在原始社会中，“财产”这个东西就已经出现在了人们的生活中了，表明人们把生产条件看作是“自己的东西”。这句话他在分析财产起源问题时说了三遍——“**财产**，即他把他的生产的自然前提看作是属于他的，看作是他**自己的东西**这样一种关系”①；“**财产**最初意味着（在亚细亚的、斯拉夫的、

① 《马克思恩格斯全集》第46卷上册，人民出版社1979年版，第489页。

古代的、日耳曼的所有制形式中就是这样），劳动的（进行生产的）主体（或再生产自身的主体）把自己的生产或再生产的条件看作是自己的东西”①；“财产的各种原始形式，必然归结为把各种制约着生产的客观因素看作归自己所有这样一种关系”②。

从客观方面上看，受生产力水平的限制，原始共产主义社会中的所谓“公有”，其实只不过是一个在某个十分有限的、非常狭隘的范围内的共同所有。这个在活动范围和人口范围上都是十分有限、非常狭隘的共同体，实际上，它就是一个以联合体的形式存在的小生产者。共同体成员仅仅为了共同占有自己的主要是土地的生产条件即他们自己的财产，因此就被部落共同体所有制的形式联系在一起，于是共同体就成为了财产所有者和占有者，每个共同体成员都只不过是这个狭隘的财产所有者的肢体。这是部落成员的一种共同私有制，是他们在其他部落面前不得不保持一种自发产生的联合形式。在这一点上，原始共同体所有制同马克思和恩格斯在《德意志意识形态》中所分析的古罗马“积极公民的一种共同私有制”③ 没有区别。古罗马的公民仅仅共同占有自己的那些做工的奴隶，因此就被公社所有制的形式联系在一起，形成了积极公民的一种共同私有制，他们在奴隶面前不得不保存这种自发产生的联合形式。

我们说原始共同体所有制同古罗马积极公民的共同私有制没有区别，依据的是马克思的思想。他指出：“以部落体（共同体最初就归结为部落体）为基础的财产的基本条件就是：必须是部落的一个成员。”④ 正是因为“是部落的一个成员”这个要求，是个人成为共同体财产的所有者和占有者的基本条件，所以对一个特定的部落的人来说，别的部落的人就都不是“部落成员”——尽管这些人同自己一样也是某个部落的成员。所以，由于不是本部落的成员，因此就不是财产的所有者和占有者，而一个人如果不是财产的所有者和占有者就只能成为财产本身。也就是说，“是部落的一个成员”这个要求，“就使被这个部落所征服或制服的其他部落**丧失财产**，而且使它沦为这个部落的再生产的**无机条件**之一，共同体是把这些条件看作归自己所有的东西。所以奴隶制和农奴制只是这种以部落体为基础的财产的继续发展。”⑤ 毫无疑问，“财产”这个东西，在它诞生的时候，本身就包含着必然要通过原始共产主义的公有制→奴隶制的

---

① 《马克思恩格斯全集》第46卷上册，人民出版社1979年版，第496页。
② 《马克思恩格斯全集》第46卷上册，人民出版社1979年版，第502页。
③ 《马克思恩格斯选集》第1卷，人民出版社2012年版，第148页。
④ 《马克思恩格斯全集》第46卷上册，人民出版社1979年版，第492页。
⑤ 《马克思恩格斯全集》第46卷上册，人民出版社1979年版，第492页。

私有制和农奴制的私有制实现的必然性。否则的话，以部落体为基础的财产，即以原始共产主义的公有制为基础的财产，在它的继续发展中怎么可能会成为奴隶制和农奴制呢？所以马克思十分肯定地说：原始社会的各种形式“全都包含着奴隶制这种可能性，因而包含着这种对自身的扬弃”①。

马克思在具体分析原始共产主义社会中的所有制情况时说：

一方面，在共同体的外部，即在共同体与共同体的关系中，当某一个共同体在它把生产的自然条件当作自己的东西来对待时，会碰到的唯一障碍，就是业已把这些条件当作自己的无机体而加以占据的另一共同体。因此战争就是每一个这种自然形成的共同体的最原始的工作之一，既用以保护财产，又用以获得财产。所以人类历史上的最早的战争就是两个原始共同体之间为了保护“自己的”，或者为了夺取“别人的”财产而发生的，所以战争就成为了原始社会人们的日常工作，就是他们的生活本身。

另一方面，在许多小的共同体之上，会出现凌驾于所有这一切小的共同体的总合的统一体（部落酋长之类），这种统一体是实际的所有者，并且是公共财产的真正占有者，表现为一种凌驾于这许多实际的单个共同体之上的特殊东西，而在这些单个的共同体中，每一个单个的人在事实上失去了财产，或者说，财产对这单个的人来说是间接的财产，因为这种财产，是由作为这许多共同体之父的专制君主所体现的统一总体通过这些单个的公社而赐予他的。因此，剩余产品不言而喻地属于这个最高的统一体。也就是说，尽管共同体中的每一个成员都认为共同体的财产是自己的，但是，在共同体成员内部所存在的人与人之间社会地位的差异，造成了共同体成员在实际占有共同体财产上的不同状态，家长制的酋长、领主等等，他们利用自己的特殊地位，事实上占有了这些财产，而其他的那些个人，则在事实上失去了财产。马克思说：“在这种财产形式下，单个的人从来不能成为所有者，而只不过是占有者，实质上他本身就是作为公社统一体的体现者的那个人的财产，即奴隶，所以奴隶制在这里并不破坏劳动的条件，也不改变本质的关系。”②

总之，第一，从主观方面的事实来看，原始社会中的人们是把他的生产的自然前提，看作是属于他自己的东西，即看作是自己的财产。第二，从客观方面的事实来看，一方面，在原始共产主义社会的家长制关系中，奴隶制关系在本质上已经存在了；另一方面，在现实的社会生活中，真正的奴隶也在不断地

① 《马克思恩格斯全集》第46卷上册，人民出版社1979年版，第502页。
② 《马克思恩格斯全集》第46卷上册，人民出版社1979年版，第493页。

出现和增加。

既然事实就是如此，那么，我们说原始共产主义是一个事实上的私有制社会，就应该是对历史事实的正确表述。私有财产的原则本来就是原始社会的基本原则，虽然在开始的时候由于生产力的限制，它的这个本质是以颠倒的形式，即公有制的形式表现出来的，但是随着生产力的发展，它必然地和当然地就会直接以私有制（即奴隶制）的形式表现出来——随着量的积累，表现形式最终完成了从量变到质变的过程，于是原始社会就转变成为了奴隶社会。在这种形式的转换过程中，有一条一直就没有改变的、作为客观存在着的本质关系的主线，这个本质关系就是“财产”关系，就是人们是把他的生产的自然前提看作是属于他的，看作是他自己的东西。所以说，奴隶社会的出现，并没有破坏什么公有制的劳动条件，它也没有改变事实上已经存在着的私有财产关系，奴隶制——即公开的私有制——只是以部落为基础的财产关系在抛弃了自己原有的和颠倒的表现形式之后的继续发展。

马克思还深入地分析了在资本出现之前的历史阶段中，“财产”这个东西存在的几种历史状态。他指出，在资本出现之前，财产有三种历史状态，每一种历史状态都有与之相适应的财产形式。

财产的第一种历史状态是劳动者把土地看作是自己的财产。他说：

> 劳动的个人把土地看作是属于他所有的，也就是说，他是作为土地所有者而劳动、而生产的。在最好的情况下，他不仅是作为劳动者同土地发生关系，而且是作为土地的所有者同作为劳动着的主体的自身发生关系。把土地当作财产潜在地包含着把原料，原始的工具即土地本身，以及土地上自然生长出来的果实当作财产。在最原始的形式中，把土地当作自己的财产，意味着在土地中找到了原料、工具以及不是由劳动所创造而是由土地本身所提供的生活资料。既然这种关系已经再生产出来，那么，派生的工具以及由劳动本身所创造的土地的果实，也就显得是包含在原始形式的土地财产中的东西。①

因为土地是第一种历史状态财产关系的承载物，这是把自然存在着的原料变成财产，因此土地成为了历史上的第一类财产。因为共同体把所占据的土地视为自己的财产，所以共同体成员就成为了所有者，使他作为土地的所有者而劳动，因此成为了第一类拥有土地财产的所有者。

---

① 《马克思恩格斯全集》第46卷上册，人民出版社1979年版，第500页。

财产的第二种历史状态是劳动者把工具看作是自己的财产。他说：

> 只要存在着**对工具的所有权**，或者说劳动者把工具看作是他所有的东西，只要劳动者作为工具所有者来进行劳动（这同时意味着工具包括在他个人的劳动之内，也就是意味着劳动生产力的发展处在特殊的有限的阶段上），只要**劳动者表现为所有者**或表现为**进行劳动的所有者**的这种形式，已经成为一种与**土地财产**并存并且存在于土地财产之外的独立形式……
>
> 换句话说，这就是劳动在手工业中和城市中的发展，这种发展已不像在第一种情况下那样，即不再是土地财产的附属品，不再包括在土地财产之内；因此，原料和生活资料成为手工业者的财产，仅仅是**借助于**他的手工业，**借助于**他对劳动工具的所有权。①

因为工具是第二种历史状态财产关系的承载物，因此工具是历史上的第二类财产。作为手工业者的劳动者是第二类从事劳动的所有者。

财产的第三种历史状态是个人仅仅把生活资料看成是自己的东西的一种财产状态。他说：

> 第三种**可能的形式**，就是劳动者只是生活资料的所有者，生活资料表现为劳动主体的自然条件，而无论是土地，还是工具，甚至劳动本身，都不归自己所有。
>
> 第三种财产形式，即对生活资料的所有权——如果不是归结为奴隶制和农奴制——不可能包含**劳动的**个人对生产条件，因而对生存条件的关系。因此，它只能是以土地财产为基础的原始共同体的这样一些成员的关系，他们失去了自己的土地财产，但还没有达到第二种财产形式；面包和娱乐时代的罗马平民的情形就是这样。②

财产的第一种历史状态的各种形式是最原始的财产形式，也就是原始社会的财产形式。而财产的第二种和第三种历史状态，则是第一种历史状态历史地发生了变化后的派生形态。也就是说，在性质上，它们是属于同一类的东西。

马克思认为，第一种历史状态和第二种、第三种历史状态之间，当然是存在着本质差别的，但是，变化并不是凭空而来的，即不是纯粹由外面强加给它的，而是有着其本身内在的因而是其固有的原因。这个原因就是，第一种历史状态的各种财产形式全都包含着奴隶制这种可能性，因而包含着这种对自身的

---

① 《马克思恩格斯全集》第46卷上册，人民出版社1979年版，第500、501页。

② 《马克思恩格斯全集》第46卷上册，人民出版社1979年版，第502页。

扬弃。所以，只要仔细观察就不难看出：①“在第二种状态中，特殊种类的劳动，其中的技艺，以及与之相适应的对工具的所有 = 对生产条件的所有，这种状态固然不包含奴隶制和农奴制，但可以在种姓制度的形式中得到类似的否定的发展”[①]，也就是说，奴隶制和农奴制是隐蔽地存在着的。②第三种财产形式虽然不表现为奴隶制和农奴制，但是“这种形式实质上是奴隶制和农奴制的公式”[②]，也就是说，不表现为农奴制和农奴制，只是一个特例。

马克思还认为，虽然资本之前财产的第一种历史状态与第二种历史状态之间的区别是明显的，但是，它们两者之间有着千丝万缕的联系。

首先是因为，当财产的第一种历史状态被再生产出来时，派生的工具以及由劳动本身所创造的土地的果实，也就显得是“包含在”原始形式的土地财产中的东西了，因此，财产的第一种历史状态就成为了“较完全的财产关系”，这就意味着，当它在被再生产出来——而它是一定要被再生产出来的——的时候，它就已经成为了同时具有自然形成的财产和被创造出来的财产这两种财产的财产形式。而被创造出来的财产已经让所有者不仅仅是“作为”所有者开始生产，而且同时也“成为”了从事劳动的所有者。

其次是因为，由于财产的第二种历史状态，一方面，虽然“按其本性只有作为第一种状态的对立物”才能存在，因此对工具的所有权只有作为独立的财产形式存在于土地财产之外；但是，另一方面，它又“同时作为已经改变的第一种状态的补充物，才能存在”[③]。因此，在这种情况下，第一种历史状态本身，“由于**上述第二类财产**或**第二类从事劳动的所有者**独立出来，就不能不以大大改变了的面貌出现。”也就是说，手工业者借助于他的手工业，借助于他对劳动工具的所有权，使原料和生活资料成为了自己的财产，这种财产有别于土地财产独立存在着。这样一来，这两种财产之间的不可避免的交换，就让第一种历史状态的面貌因此而大大地改变了。第一，它不再是单纯的使用价值，同时具有了交换价值；第二，第二种历史状态本身也因此变成了已经改变的第一种历史状态的补充物即与之交换的对象。在财产的第一种历史状态中，人们把自己的劳动果实看成是自己的财产，用它与别人的财产进行交换，说明了在财产的一种历史状态中，财产权即事实上的私有制已经存在。

通过马克思对第三种财产形式的描述，我们可以得知，所谓第三种财产形

① 《马克思恩格斯全集》第 46 卷上册，人民出版社 1979 年版，第 502 页。
② 《马克思恩格斯全集》第 46 卷上册，人民出版社 1979 年版，第 502 页。
③ 《马克思恩格斯全集》第 46 卷上册，人民出版社 1979 年版，第 501 页。

式指的是这样一种情况，即在共同体出现了这样的一些人，这些人虽然仍然保有着共同体成员的身份，但是，他们却失去了自己本应该拥有的对土地财产的财产权，而他们所失去的土地财产，现在已经成为了只属于共同体的另外一些成员所有的财产，即那些人的私有财产。这样的情况与之前的那种只要是共同体成员就在公共财产中有属于自己的一部分的情况，已经大不相同了。这种情况的出现说明，一方面，共同体本身还继续存在着，它还是人们生产活动的基础（否则的话，就决不会有人为这些失去土地财产的共同体成员提供“面包和娱乐”了）；但是另一方面，与共同体相适应的第一种财产形式已经开始发生变化了，在财产的第一种历史状态中私有制就已经出现。

事实上，原始共产主义社会在自身的发展过程中是一定要导致私有财产和私有制的出现的。马克思在政治经济学的研究中至少有两次指出了这个必然性。

一次是在1857—1858年的《经济学手稿》中。前面我们已经看到，他在这部书稿中指出了两点：①原始共产主义的直接土地公有制中已经出现了这样一种事实上的私有制，在这种实现方式中，名义上的共同财产实际上是由作为专制君主的个人占有的，事实上已经成为了他个人的私有财产。②财产的各种原始形式全都包含着奴隶制这种可能性，奴隶制和农奴制是以共同体为基础的和以共同体下的劳动为基础的那种所有制的必然的和当然的结果。当自然形成的共同体在进行战争这个它自己最原始的日常工作的时候，假如把人本身也作为土地的有机附属物而同土地一起加以夺取，使之成为自己的财产，这样便产生了奴隶制。显然，奴隶制和农奴制就是直接从原始共产主义的直接公有制财产形式自身中产生出来的。所以说，奴隶制和农奴制的产生只不过是原始共产主义的直接公有制形式自身取得了自己否定的规定而已。

另一次时间更早一些，是在1844年的经济学哲学手稿中。他指出：对于历史即人的自我生产的运动而言，

> 无论劳动的材料还是作为主体的人，都既是运动的结果，又是运动的出发点（并且二者必须是**出发点**，私有财产的历史**必然性**就在于此）。①

在这里，马克思明确指出了“私有财产的历史**必然性**”是从什么地方产生出来的。那个神秘的根源，就是“劳动的材料”和“作为主体的人”之间的关系。

一般来说，只要劳动还是人们谋生的手段，私有财产就会从人们使用劳动

---

① 《马克思恩格斯全集》第42卷，人民出版社1979年版，第121页。

材料的生产活动中产生出来，并且会持续不断地产生出来。

具体来说，当到处游荡的原始人寻找到了和占有了他们的劳动材料，并把这些劳动的材料当作自己的东西时，从那一刻起，私有财产就产生出来了，并一直持续到现在。

相对于1857—1858年的《经济学手稿》，马克思在1844年的经济学哲学手稿中的表述说得比较抽象，他用唯物史观哲学观点，点出了私有财产产生的原因，揭示了后来的奴隶制和农奴制早在原始共产主义的直接公有制中就开始孕育和发展起来了的客观事实。

唯物史观认为，人是世界上唯一的一种对象性的存在物，自然界是人无机的身体，是人本身的对象性的存在。当原始的人类刚刚开始自己的生活时，他们与生产资料是分离的。因为生产的原始条件最初本身不可能是生产出来的，不可能是生产的结果。所以，不是活的和活动的人同他们与自然界进行物质变换的自然无机条件之间的统一，以及他们因此对自然界的占有；而是人类存在的这些无机条件同这种活动的存在之间的分离。

这时，生产的客观条件只限于自然界中的存在物（主要是土地），人们通过自己有意识的生命活动，占有了这些条件，实现了两者之间的统一，肯定了自己作为对象性存在物的存在。马克思说：

> 财产的各种原始形式，必然归结为把各种制约着生产的客观因素看作归自己所有这样一种关系。①

这就是一切最原始的财产形式所具有的性质，即“单纯肯定性质”，即仅仅表现为对人的自然本性的肯定和发展。马克思分析说：“劳动者把土地当作生产的自然条件的那种关系”，是劳动者

> 把这种条件看作是自身的无机存在，看作是自己力量的实验场和自己意志所支配的领域的那种关系……这种所有制所表现出来的一切形式，都是以这样一种**共同体**为前提的，这种共同体的成员彼此间虽然可能有形式上的差异，但作为共同体的成员，他们都是**所有者**。所以，这种所有制的原始形式本身就是**直接的公有制**（**东方形式**，这种形式在斯拉夫人那里有所变形；直到发展成对立物，但在古代的和日耳曼的所有制中仍然是隐蔽的——尽管是对立的——基础）。②

① 《马克思恩格斯全集》第46卷上册，人民出版社1979年版，第502页。

② 《马克思恩格斯全集》第46卷上册，人民出版社1979年版，第498页。

请注意，马克思说，共同体成员都是“所有者”。所以，他把原始社会的公有制叫作“直接的公有制”，即每个共同体成员都“直接”是“所有者”的那么一种“公有制”。“直接的公有制”不同于一般公有制，它有什么特殊的性质呢？通过括号里的话，我们可以看到马克思对这种特殊的公有制的认识：第一，它隐蔽存在着的本性决定了它能够变形，最后发展成为它自己的对立物——私有制；第二，它在没有变形之前即隐蔽存在时的形式有古代的和日耳曼的形式，与《德意志意识形态》对古代公社所有制的分析，这种“直接的公有制”也就是“积极公民的一种共同私有制”，或者说，是一种有着公有制形式的私有制——形式是公有制的，本质是私有制的。

总之，在原始社会中，无论是在不同的共同体之间，还是在一个共同体的内部，都可以鲜明地看到“财产”这个东西的身影。例如：

> 在东方专制制度下以及那里从法律上看似乎并不存在财产的情况下，这种部落的或公社的财产事实上是作为基础而存在的……公社的一部分剩余劳动属于最终作为**个人**而存在的更高的共同体，而这种剩余劳动既表现在贡赋等等的形式上，也表现在为了颂扬统一体——部分地是为了颂扬现实的专制君主，部分地为了颂扬想象的部落体即神——而共同完成的工程上。
>
> 这类公社财产，只要它在这里确实是在劳动中实现出来的，就或是可能这样表现出来：各个小公社彼此独立地勉强度日，而在公社内部，单个的人则同自己的家庭一起，独立地在分配给他的份地上从事劳动；或是可能这样表现出来：统一体能够使劳动过程本身具有共同性，这种共同性能够成为整套制度，例如在墨西哥、特别是在秘鲁，在古代克尔特人、印度的某些部落中就是这样。①

马克思所说的“最终作为**个人**而存在的更高的共同体”，就是这些共同体中的“家长”、“酋长”、“部落首领”，因为剩余劳动是掌握在他们手里的，因此最终变成了他们的个人财产。马克思所指出的两种表现形式，都是穿着公有制外衣的共同私有制，只不过，前者是一种比较明确的或者说公有制色彩较为淡薄的共同私有制，后者则是一种较为隐蔽的或者说公有制色彩较为浓厚的共同私有制。

马克思之所以把“劳动的材料”列为能够说明私有财产的历史必然性两个

---

① 《马克思恩格斯全集》第46卷上册，人民出版社1979年版，第473、474页。

出发点中的第一个是对历史事实的正确表述。在原始社会十分低下的生产力发展水平上，适合人生活的土地是有限的。当两个原始共同体面对一块有限的土地时，就只能发生战争——为争夺财产而爆发的你死我活的战争。胜利者把土地（或者还包括失败者）作为财产据为己有，并且作为财产所有者，为了捍卫自己的财产，时刻准备着与其他企图抢夺自己财产的人进行殊死的战斗。“土地”是第一个成为私有财产的“劳动的材料”，在它之后，越来越多的劳动结果也成为劳动的材料，成为了私有财产。而且，只要生产力的发展水平还不足以让每一个人的自由发展成为一切人的自由发展的条件，即还不足以让“劳动”摆脱掉一直以来紧紧地套在它身上的“谋生的手段”这个枷锁，在这种情况下，一切“劳动的材料”都会因此而成为了“谋生的材料”，成为源源不断地产生私有财产的源泉。这就是在说明私有财产的历史必然性时，劳动的材料为什么会是必需的出发点的原因。

(4) 从“意识和意志”角度看“所有制”问题

在说明私有财产的历史必然性时，另一个必需的出发点是作为主体的人。作为主体的人又为什么会是说明私有财产的历史必然性的必需的出发点呢？因为土地等等的这些客观存在的材料，是在作为主体的人的有意识的生命活动中才成为劳动的材料的。马克思认为，人本身的发展就是生产力发展本身，而生产力本身的发展，又是一个从低到高逐渐掌握和驾驭客观规律的工业发展过程。所以，人类的发展史可以说就是工业的发展史，“**工业**的历史和工业的已经产生的**对象性**的存在，是一本**打开了的关于人的本质力量的**书”①。在这个过程中，“财产”成为了激励人们生产积极性的力量。这是由较低的生产力发展水平不能满足人们“需要”这个矛盾决定的，而“需要”是人的本性，所以在生产力能够让人的本性得到实现之前，这个矛盾是始终存在的，只要这个矛盾存在，“财产”就是这样一种力量。马克思说：

> 只有通过发达的工业，也就是以私有财产为中介，人的激情的本体论本质才能在总体上合乎人性地实现；……私有财产的意义就在于**本质的对象**——既作为享受的东西，又作为活动的对象——对人的**存在**。②
>
> 通过**私有财产**及其富有和贫困——物质的和精神的富有和贫困——的运动，正在产生的社会发现这种**形成**所需的全部材料；同样，**已经产生**的社会，创造着具有人的本质的这种全部丰富性的人，创造着**具有丰富的**、

---

① 《马克思恩格斯全集》第42卷，人民出版社1979年版，第127页。
② 《马克思恩格斯全集》第42卷，人民出版社1979年版，第150页。

全面而深刻的感觉的人作为这个社会的恒久的现实。[1]

马克思的这个观点，是一个包含着深邃思想的结论。

马克思认为，在人的生命活动过程中，

> 人作为对象性的、感性的存在物，是一个**受动**的存在物；因为它感到自己是受动的，所以是一个有**激情**的存在物。激情、热情是人强烈追求自己的对象的本质力量。[2]

所以，虽然在一般人的视野里生产力直观地表现为物质的力量，但是在唯物史观的视野里，生产力首先是精神生产力。

在《关于费尔巴哈的提纲》的第三条中，马克思是这样说的：

> 有一种唯物主义学说，认为人是环境和教育的产物，因而认为改变了的人是另一种环境和改变了的教育的产物，——这种学说忘记了：环境正是由人来改变的，而教育者本人一定是受教育的。……环境的改变和人的活动的一致，只能被看做是并合理地理解**为变革的实践**。[3]

他在提纲第一条中已经指出了唯物史观与旧唯物主义的区别，即：唯物史观从主观方面来理解事物、现实、感性，而一切旧唯物主义只是从客体的或者直观的形式去理解。现在，他又在提纲的第三条中把区别唯物史观与一切旧唯物主义的这个标准具体化，强调指出，首要的和正确的观点是“环境正是由人来改变的，而教育者本人一定是受教育的”，而不是认为“人是环境和教育的产物”。如果用这个观点来说明私有财产的历史必然性这个问题的话，那就是认为，私有财产正是由人——因追求“财产”而充满激情的人——生产出来的。所以，在说明私有财产的历史必然性的两个出发点当中，比起作为物质生产力的劳动的材料来，作为精神生产力的主体的人的激情、热情的地位，即人的主观方面，是更为根本的出发点，因此也就是更为重要的。

从唯物史观所坚持的一般历史哲学角度上说，历史只不过是人们的个体发展的历史，也就是生产力发展的历史，而生产关系或财产关系（这只是生产关系的法律用语）是人们物质的和个体的活动借以实现的必然形式。因此我们看到的历史应该是这样的：（1）需要，是人的自然本性；（2）为满足需要而进行的有意识的、富有创造性的生命活动，是人的内在本质；（3）如果不是为了满

---

① 《马克思恩格斯全集》第42卷，人民出版社1979年版，第126、127页。

② 《马克思恩格斯全集》第42卷，人民出版社1979年版，第167页。

③ 《马克思恩格斯选集》第1卷，人民出版社2012年版，第138页。

足自己的需要，人什么也不会去做，也就不会有历史；（4）为了满足自己需要而活动的“个人总是并且也不可能不是从自己本身出发的”，虽然作为活动的结果，劳动材料可能是私有的，也可能还是公有的，但是它们只不过是“个人发展的两个方面，这两个方面同样是个人生活的经验条件所产生的，它们不过是人们的**同一种**个人发展的表现，所以它们仅仅在**表面上**是对立的”①。

作为共产主义的理论家，马克思和恩格斯在历史观上的伟大贡献正在于：

> 只有他们才**发现了**“共同利益”在历史上任何时候都是由作为“私人”的个人造成的。他们知道，这种对立只是**表面的**，因为这种对立的一面即所谓“普遍的”一面总是不断地由另一面即私人利益的一面产生的，它绝不是作为一种具有独立历史的独立力量而与私人利益相对抗，所以这种对立在实践中总是产生了消灭，消灭了又产生。因此，我们在这儿见到的不是黑格尔式的对立面的“否定统一”，而是过去的由物质决定的个人生存方式由物质所决定的消灭，随着这种生存方式的消灭，这种对立连同它的统一也同时跟着消灭。②

> 共产主义者既不拿利己主义来反对自我牺牲，也不拿自我牺牲来反对利己主义，理论上既不是从那情感的形式，也不是从那夸张的思想形式去领会这个对立，而是在于揭示这个对立的物质根源，随着物质根源的消失，这种对立自然而然也就消灭。共产主义者根本不进行任何**道德**说教。……共产主义者不向人们提出道德上的要求，例如你们应该彼此互爱呀，不要做利己主义者呀等等；相反，他们清楚地知道，无论利己主义还是自我牺牲，都是一定条件下个人自我实现的一种必要形式。③

共产主义者为什么不在“财产”问题上进行“道德说教”？因为马克思和恩格斯现在是站在“历史”这个最高的层面上讨论财产问题，而不是站在“伦理”这个相对较低的层面上。道德原则不能说明历史，所以也就不应该用道德原则去评论历史——这就是“共产主义者根本不进行任何道德说教”的含义。

唯物史观揭示了私有制与公有制之间历史性的对立和统一关系。这种关系不仅说明了私有制和公有制都是人们个体活动借以实现的必然形式，同时它也说明了，这种形式作为人们个体活动借以实现的必然形式，在一开始的时候，必然是以具有私有制本质的形式——确切地说是以在公有制的表面现象掩盖下

① 《马克思恩格斯全集》第3卷，人民出版社1960年版，第274页。
② 《马克思恩格斯全集》第3卷，人民出版社1960年版，第275、276页。
③ 《马克思恩格斯全集》第3卷，人民出版社1960年版，第275页。

的私有制形式即共同私有制的形式——出现的。因为，必须以私有财产为中介，人的激情的本体论本质才能在总体上合乎人性地实现。而真正的公有制，只能是在后来的某个时候——人作为人的时候——出现。

对于一个时代的所有制，不仅要从客体的即直观的形式上去认识和把握它的性质，更重要的是，要从生产它的人们的主观意识和意志上去认识和把握它的性质。作为人们个体活动借以实现的必然形式，所有制在它出现在人类历史中的时候就具有私有制本质，这个必然性同样是由生产力发展水平决定的。因为生产力发展水平越低，就越是排斥公有制，越是要求私有制，哪怕是由于生产力的极度低下而迫使人们不得不采取了公有制的形式，也不能改变它的所有制的实质；只有极大发展了的生产力，才会要求借公有制的形式来实现自己；但是，在真正的公有制实现的那一刻起，所有制（即“财产”）本身也就不存在了。这其中的道理，与马克思主义的下面这个命题是一样的：无产阶级只有解放全人类才能最终解放自己，但在全人类得到解放的时候，无产阶级自己也就不存在了。马克思和恩格斯说：

> 生产力的这种发展（随着这种发展，人们的**世界历史性的**而不是地域性的存在同时已经是经验的存在了）之所以是绝对必需的实际前提，还因为如果没有这种发展，那就只会有**贫穷**、极端贫困的普遍化；而在**极端贫困**的情况下，必须重新开始争取必需品的斗争，全部陈腐污浊的东西又要死灰复燃。①

如果我们说，私有财产、私有制实际上就是把人变成物的奴隶，是一切陈腐的东西的根源的话，那么，贫困，即生产力的不发达，就是这个根源存在的理由就像莎士比亚说的那样“可以使黑变成白，丑变成美，错变成对，卑贱变成高贵”。

问题在于，为什么在极端贫困的情况下私有财产就是必然的，或者说只有“以私有财产为中介，人的激情的本体论本质才能在总体上合乎人性地实现”呢？

在原始社会自然形成的共同体中，由于每一个共同体成员都把共同体的财产看成是直接属于“自己的”东西，而他本身不过是共同体的一个“肢体”，所以共同体的财产就成为了共同体成员公有的财产。从表面上看，直观地看，这就是直接公有制。也正是因为生活在这种直接公有制中的每一个共同体的成

---

① 《马克思恩格斯选集》第1卷，人民出版社2012年版，第166页。

员的意识中，把生产或再生产的条件看作是“自己的”东西即“财产”，所以他们每个人都不是把自己当作劳动者，而是把自己当作财产的“所有者”。这种意识和意志，是生活在极端贫困的条件下的那些不得不时刻为维持自己肉体的生存而进行奋斗的人们，那些为了得到生产条件而把随时面临死亡威胁的战争变成自己的日常工作的人们的必然意识。这种为自己的生存而“占有财产”的意识和意志，就是私有财产产生的直接原因。马克思指出：

> 人——这就是私有制的基本前提——进行**生产**只是为了**占有**。生产的目的就是**占有**。生产不仅有这样一种**功利**的目的，而且有一种**自私自利**的目的；人进行生产只是为了自己**占有**；他生产的物品是他**直接的**、自私自利的**需要**的物化。因此，人本身——在未开化的野蛮状态下——以他自己直接需要的**量**为他生产的尺度，这种需要的内容**直接**是他所生产的物品本身。①

马克思这段话中所阐述的这个观点，是适用于包括原始社会在内的整个人类社会的史前时期的。也就是说，在人类进入自由王国之前，人，总是私有制的基本前提。因为，在人们还没有能力消灭“劳动”的情况下，劳动就一定是一个作为人们的谋生手段而存在着的东西，在这个时候，每一个活着的人为了延续自己的生命，他就离不开这个手段，这是一定条件下个人自我实现的一种必要形式，是一个不能违背的客观历史规律。用马克思和恩格斯的话来说就是：如果人的天赋、爱好和要求“在遭到环境的妨碍而得不到满足的时候”，就“是一种‘在个人之中并**统治着**个人’的力量”。例如，如果一个人“感到饥饿而又没有办法来防止它，那么，甚至他的胃也会成为一种‘在他之中并**统治着**他的力量’”②。这就是为什么共产主义者既不拿利己主义来反对自我牺牲，也不拿自我牺牲来反对利己主义的原因。马克思和恩格斯的这个结论，是一个历史科学（唯物史观）的结论，它与道德科学（伦理学）的结论无关。

在说明私有财产历史必然性的两个出发点中，“劳动的材料”，体现的是物质的生产力——对于一个饥饿的胃而言，只有物质的食物才能把它填饱；“作为主体的人”，体现的是精神的生产力——物质的食物是采集的野果还是收获的水果，是由人的智力水平决定的。精神的生产力是生产力中能动的方面，是生产力的本质。精神的生产力包括智力和激情，而其中激情和热情又是它的灵魂，

---

① 《马克思恩格斯全集》第42卷，人民出版社1979年版，第33页。

② 《马克思恩格斯全集》第3卷，人民出版社1960年版，第97页。

没有了这个灵魂，就没有生产力。马克思在评说作为一般财富的货币时说：

> 货币的简单规定本身表明，货币作为发达的生产要素，只能存在于**雇佣劳动**存在的地方；因此，只能存在于这样的地方，在那里，货币不但决不会使社会形式瓦解，反而是社会形式发展的条件和发展一切生产力即物质生产力和精神生产力的主动轮。……作为**一般财富的物质代表**，作为**个体化的交换价值**，货币必须**直接**是一般劳动即一切个人劳动的对象、目的和产物。劳动必须直接生产交换价值，也就是说，必须直接生产货币。因此，劳动必须是**雇佣劳动**。
>
> 因为每个人都想生产货币，所以致富欲望是所有人的欲望，这种欲望创造了一般财富。因此，只有一般的致富欲望才能成为不断重新产生的一般财富的源泉。由于劳动是雇佣劳动，劳动的目的直接就是货币，所以一般财富**就成为**劳动的目的和对象。……作为目的的货币在这里成了普遍勤劳的手段。生产一般财富，就是为了占有一般财富的代表。这样，真正的财富源泉就打开了。①

马克思的上述论述虽然是针对资本主导的社会的，但是其中关于两种生产力及其它们的主动轮的理论思想，和致富欲望是不断重新产生的财富的源泉的思想，也完全适用于其他社会。只不过，如果把它运用到原始社会的时候，需要把这段话中的"货币"、"发达的生产"、"雇佣劳动"、"一般财富"等这些词，换成"劳动的材料"、"低下的生产"、"部落共同体劳动"、"土地财富"。这样一来，就可以用它理解"财产"在原始社会中的意义。而如果我们要把它运用到我国的社会主义市场经济中，用以理解市场经济原则对我们发展生产力的意义，坚定我们建设和完善社会主义市场经济的决心的话，则需要把"雇佣劳动"理解为：是劳动者自己的一个经济身份"资本"，雇佣自己的另一个的经济身份"劳动"进行生产。就像马克思描述的那样：

> 劳动者本身将分解为不同的经济身份。他作为他自己的工人得到自己的工资，又作为资本家得到自己的利润。②

揭示出了产生私有财产的生产力根源，就对在原始社会公有制的形式下为什么会是一个私有制的本质这个现象做出科学的解释。事实上，原始社会的公有制并不是真正的公有制，它只不过是私有财产关系在一定的条件下得以实现

① 《马克思恩格斯全集》第46卷上册，人民出版社1979年版，第173、174页。

② 《马克思恩格斯全集》第26卷第三册，人民出版社1974年版，第466页。

的一种特殊的形式罢了。这是一种以完全颠倒了的面貌出现的特殊形式。随着生产力的发展和生产条件的变化，它必然会被逐渐地重新颠倒过来，展现出它应有的面貌。正像马克思所说的那样：

> 共同体的目的就是**把形成共同体的个人作为所有者**加以保存，即**再生产出来，也就是说，在这样一种客观存在方式中把他们再生产出来，这种客观存在方式既形成公社成员之间的关系，同时又因而形成公社本身。但是，这种再生产必然既是旧形式的重新生产，同时又是旧形式的破坏**。例如，在每一个人均应占有若干亩土地的地方，人口的增长就给这样做造成了障碍。要想消除这种障碍，就得实行移民，要实行移民就必须进行征服战争。结果就会有奴隶等等。例如公有地也会增加，因而也会有作为共同体代表的贵族等等。
>
> 可见，旧共同体的保存包含着被它当作基础的那些条件的破坏，这种保存会向对立面转化。①

在生产力极端落后情况下，原始共同体成员不得不紧紧地联合成为"一个人"才能生存，这是一个时刻在为自己的"私"人利益而不懈奋斗的、以共同体形式存在的"我"，这个"我"是由所有共同体成员构成的复合体，或者说，每个共同体成员都仅仅是"我"的身体的一部分肢体。长在身体上的肢体就是身体本身，离开了身体的肢体就不再是身体。共同体成员如果离开了共同体，他不再是"我"。所谓共同体的公有财产，其实是作为这个联合的"我"的私有财产，因而，原始社会的共同体公有制只不过是一个以颠倒的形式实现的私有制。所以说，在保存这种共同体直接公有制的活动中，包含着被它当作基础的那些条件的破坏，这种保存会向对立面转化。

(5) 两种公有制的差别

因此，在原始共产主义公有制和真正的共产主义公有制之间，存在着本质上的差别，虽然从形式上看，它们同样是公有制的关系，但是作为生产着这些关系的主体，这两种公有制中的人们的生产动机、行为准则及其所造就的关系、表现为意识和意志的观念等，却是根本不同的：

第一，从生产动机上看，生活在这两种公有制中的人们的生产目的是根本不同的。

原始共产主义社会中，人们的生产目的是：占有财产。

---

① 《马克思恩格斯全集》第46卷上册，人民出版社1979年版，第493、494页。

在真正的共产主义社会中，人们的生产目的是：实现对自己体力和智力的自我享受。

第二，从行为准则和所造就的关系上看，生活在这两种公有制中的人们所遵循的行为准则和所造就的关系根本不同。

在原始共产主义社会中，人们行事的准则是：在自己力所能及的范围里把一切可以占为已有的生产条件——不论这些生产条件是物还是人——都牢牢地控制在自己的手中，即把这些劳动条件作为满足自己需要的财产加以占有。在开始的时候，按这个准则行事所造成的私有财产结果，是在共同体成员直接共同占有财产的形式中隐蔽地存在着（共同私有制）。后来，在随着与生产力的发展同步增加的财富的积累而出现的家庭中，这个结果就逐渐地显现了它所有制的真实面貌——奴隶制的萌芽和原始形态在家庭出现的那天起就开始存在了，这种隐蔽地存在于家庭中的奴隶制是最早的所有制。在原始社会的家庭里，以这个准则行事的丈夫，事实上是把妻子和孩子变成了自己的奴隶，在作为扩大了的家庭的部落中，以这个准则行事的父权制的酋长，事实上是把部落成员变成了自己的奴隶。他们把妻子、孩子、部落成员作为自己的劳动条件加以占有，是当时公认的行为准则，他们只是做了一件对当时的人们来说再自然不过的事情而已。当一个部落通过战争征服了其他部落的时候，这个部落的成员按照这个行为准则，就会把被征服的部落的人连同他们的土地一起，作为自己劳动的条件占为已有，这就是公开的、实实在在的奴隶制。正是由于原始共产主义社会人们的行为准则和奴隶社会人们的行为准则是一样的，所以在原始共产主义这个公有制的社会中出现奴隶制也就是一件十分正常的事情，因为“奴隶制在这里并不破坏劳动的条件，也不改变本质的关系”①。也就是说，原始共产主义的所有制与奴隶制之间，实际上是相通的——造就了原始社会的所谓公有制的劳动条件和造就了奴隶社会的私有制的劳动条件是一样的，它们之间仅仅存在量的差别，并没有质的区别，所以它们的本质的关系才能是一样的。正因为如此，马克思和恩格斯才会把原始社会的所有制称之为隐蔽地存在着奴隶制的部落所有制，把奴隶社会的所有制称之为“古代公社所有制”即“积极公民的一种共同私有制”。

在真正的共产主义社会中，人们的行为准则是：自由而全面地发挥个人的创造天赋以发展人类天性的财富，做一个合乎人类本质的真正的人。马克思描述说，在那时，

---

① 《马克思恩格斯全集》第46卷上册，人民出版社1979年版，第493页。

> 表现为生产和财富的宏大基石的，既不是人本身完成的直接劳动，也不是人从事劳动的时间，而是对人本身的一般生产力的占有，是人对自然界的了解和通过人作为社会体的存在来对自然界的统治，总之，是社会个人的发展。**现今财富的基础是盗窃他人的劳动时间**，这同新发展起来的由大工业本身创造的基础相比，显得太可怜了。一旦直接形式的劳动不再是财富的巨大源泉，劳动时间就不再是，而且必然不再是财富的尺度，因而交换价值也不再是使用价值的尺度。**群众的剩余劳动**不再是发展一般财富的条件，同样，**少数人的非劳动**不再是发展人类头脑的一般能力的条件。于是，以交换价值为基础的生产便会崩溃，直接的物质生产过程本身也就摆脱了贫困和对抗性的形式。个性得到自由发展，因此，并不是为了获得剩余劳动而缩减必要劳动时间，而是直接把社会必要劳动缩减到最低限度，那时，与此相适应，由于给所有的人腾出了时间和创造了手段，个人会在艺术、科学等等方面得到发展。①

在马克思的这个描述中，虽然直接说的是从资本主义向共产主义的飞跃，但是，自原始社会家庭中出现隐蔽的奴隶制开始，财富的基础就一直是盗窃他人的劳动时间，这种现象一直到真正的共产主义实现时才会改变。在真正的共产主义公有制与私有制之间，是不存在任何可以相通之处的，所以在不破坏劳动的条件因而也不改变本质的关系的前提下，根本不会从其中产生出奴隶制。

第三，从思想观念上看，生活在这两种公有制中的人们对生产和再生产条件、对劳动成果的看法和因此产生的意识和意志即思想观念，是根本不同的。

在原始共产主义社会的人们的观念中，自己的生产和再生产的条件、自己劳动的成果是在自己之外存在着的，但同时又是属于“自己的”即归自己所有的东西，它们是自己的财产。尽管这些财产是以共同体共有财产的形式存在的，但是对个人来说，它同时又是个人的占有物。为了获得和占有财产，生活在原始共产主义中的人们甚至把夺取财产的战争看作是自己日常的工作。

在真正的共产主义社会中，人们把自己的生产和再生产的条件、把生产活动的成果看作是自己本身、因而是在自己之内存在的东西，是对象化了的“自己”，即作为自己人的本质得以实现的对象是“我的”无机的身体。恩格斯在描述这种观念的差别时说，在真正的共产主义社会中，劳动不再具有价值，自己生产和再生产的条件、生产活动的成果不再被视为是财产，所以“谁如果坚持

① 《马克思恩格斯全集》第46卷下册，人民出版社1980年版，第218、219页。

要人丝毫不差地给他平等的、公正的一份产品，别人就会给他两份以资嘲笑”①；那个时候“顶多只有精神病患者才会偷盗”，所以“如果一个道德说教者想庄严地宣布一条永恒真理：切勿偷盗，那他将会遭到什么样的嘲笑啊”②！

总而言之，在原始共产主义公有制和真正的共产主义公有制之间，存在着一条把它们截然区分开来的巨大鸿沟。这条巨大的鸿沟，既表现为人们的“现实关系”截然不同，又表现为人们的“观念关系”截然不同，同时还表现为作为这两个截然不同的关系的集中表现的人们的“生产目的”截然不同。马克思说，真正的共产主义的实现就是个人全面性的实现，而“个人的全面性不是想象的或设想的全面性，而是他的现实关系和观念关系的全面性”③。所以，如果我们因为它们都具有公有制的形式，因此就看不到它们之间表现在这两个关系和生产目的上的本质区别的话，就违背了事实。而违背事实所导致的危害后果将是多方面的。

从理论和意识形态方面来说，这种违背事实的观点将导致我们不能彻底掌握科学真理，不能正确地解释人们为什么会随着生产力的发展舍弃公有制形式（原始共产主义）而采用私有制形式（奴隶制）进行生产这个历史现象，也就不能从根本上清除例如“人的本性是自私的”等等的这些为剥削阶级辩护的理论。

从社会主义运动的实践来说，这种违背事实的观点将导致我们不能很好地把握住中国特色社会主义运动的规律，不能正确地看到：虽然在中国共产党的领导下，中国人民推翻了剥削阶级的统治，建立起社会主义公有制，但是我们建立起公有制形式并不能让我们在“现实关系”和“观念关系”上出现质的飞跃，并不能让我们的生产目的从“生产价值”飞跃到“发展人类能力”。

其实建立社会主义公有制只是表明：我们认识到了历史的发展规律，我们知道，建立起社会主义公有制并不能立刻改变中国人民的现实关系和观念关系（这些关系在开始时主要是小农经济的关系，后来主要是市场经济的关系），这些现实关系和观念关系是中国人民应该和必须经历的自然的发展阶段。我们认识到了历史发展规律不可能让我们跳过自然的发展阶段，建立起社会主义公有制这个形式也不可能让我们取消自然的发展阶段，但是这种科学的认识和公有制形式，却可以让我们在改变现实关系和观念关系的过程中“缩短和减轻分娩

① 《马克思恩格斯全集》第20卷，人民出版社1971年版，第670页。

② 《马克思恩格斯选集》第3卷，人民出版社2012年版，第471页。

③ 《马克思恩格斯全集》第46卷下册，人民出版社1980年版，第36页。

的痛苦”①。因为我们已经把自己的历史作为“过程”来理解，把对自然界的认识（这也表现为支配自然界的实际力量即生产力）当作对我们自己的现实体的认识。发展过程本身，被当作是并且被意识到是我们实现现实关系和观念关系质的飞跃即实现全面性的前提。

马克思指出：

> 劳动者对他的生产资料的私有权是小生产的基础，而小生产又是发展社会生产和劳动者本人的自由个性的必要条件。……只有在劳动者是自己使用的劳动条件的自由私有者，农民是自己耕种的土地的自由私有者，手工业者是自己运用自如的工具的自由私有者的地方，它才得到充分发展，才显示出它的全部力量，才获得适当的典型的形式。
>
> 这种生产方式是以土地及其他生产资料的分散为前提的。它既排斥生产资料的积聚，也排斥协作，排斥同一生产过程内部的分工，排斥社会对自然的统治和支配，排斥社会生产力的自由发展。它只同生产和社会的狭隘的自然产生的界限相容。……它发展到一定的程度，就造成了消灭它自身的物质手段。从这时起，社会内部感到受它束缚的力量和激情，就活动起来。②

在阅读马克思的这些论述的时候，我们很自然地就会联想到了中国改革开放的发展历程：为了尽快改变生产力极为落后的农业生产状态，我们先是实行了家庭联产承包责任制，极大地激发出了农民的生产劳动的积极性，即彻底解放了的农业生产力获得了飞速的发展。后来，得到极大发展的农业生产力又自然而然地出现了土地集中经营的要求，出现了挣脱分散经营对生产力的束缚的力量和激情。在城市，先是国有企业采取了各种借鉴农村承包制的各种奖励制度，激发了工人劳动的积极性，提高了劳动生产率，后来逐渐实行以公有制为主体、多种所有制经济共同发展的经济制度，把中国经济融入到世界经济的发展之中，进入到了生产力高速发展的轨道，迅速跃升为世界第二大经济体。

改革开放的这个历程，与马克思的论述是那么的契合，简直就是对改革开放中的中国正在经历的从小生产的现实关系和观念关系向市场经济的现实关系和观念关系飞跃过程的精确描述。

在完成了飞跃之后，在生产力发展的一定条件具备的时候，中国人民将与

---

① 《马克思恩格斯全集》第23卷，人民出版社1972年版，第11页。

② 《马克思恩格斯全集》第23卷，人民出版社1972年版，第830页。

世界人民一起过上真正的人的生活——自由王国的生活。

到那时，人类靠消耗最小的力量，在最无愧于和最适合于自己的人类本性的条件下来进行与自然之间的物质交换，生产目的不再是价值，而是发展人类能力本身，即对人本身一般生产力的占有。用马克思的话说，这个生产力发展必须具备的条件表现为："必须使生产力的充分发展成为**生产条件**，使一定的**生产条件**不表现为生产力发展的界限。"① 第一句话，指的是对生产力充分发展水平要求的绝对性，即必须是已经得到了充分发展的生产力，这种力量主要体现在人们既得的物质的和精神的生产力上。第二句话，指的是对生产力发展水平要求的相对性，即生产力的充分发展水平这个标准本身，是一个没有止境的无限发展过程，任何一种形式的有限性都不是充分发展标准本身，这种无限性只能存在于人们现实关系和观念关系的全面性之中。

---

① 《马克思恩格斯全集》第46卷下册，人民出版社1980年版，第36页。

六、准确地理解和把握马克思划分历史阶段的几个核心概念

（一）马克思分析和解释历史的总思路

马克思主义观察和理解社会经济形态演变过程的前提是：最终决定历史发展变化的力量是生产力。

在这个前提之下，然后再确认：在由不同发展水平的生产力所决定的不同的生产方式和相应的生产关系中发展的历史过程，会以不同的社会形态的面貌呈现出来。

具体地说，就是要确认：①在有意识的生命活动中，人的内在本质即创造天赋（生产力）发展起来了；②随着生产力的发展，人们进行生产活动的方式（劳动的经营方式）也就会发生变化；③人们在采用一种生产方式进行生产时，相互之间就会发生相应的生产关系即生产的社会关系，成了社会的经济结构即社会形态（这就是人们的社会生活）；④人们对生产关系的意识造就出了相应的法律关系和政治关系；之后，人们又根据这些法律关系和政治关系，制造出了承载着这些关系的法律结构和政治结构，以及相应的宗教、艺术和哲学等等。

总之，人们是在生产自己物质生活的活动中创造历史的，所以历史就是人们的物质生产力的发展过程本身；而生产力必然是在生产方式中实现的；所以人们的“物质生活的生产方式制约着整个社会生活、政治生活和精神生活的过程”①。在这里，生产力、生产方式（即社会经济形态）、生产关系（即社会形态）等概念，它们一起构成了一个有机的总体——即作为“过程”存在着的历史本身。因此，这就意味着，它们中的任何一个概念，哪怕就是在它单独存在

① 《马克思恩格斯选集》第2卷，人民出版社2012年版，第2页。

的时候，其本身之中都天然地包含有它与其他概念之间必然的、有机的逻辑关系的含义。如果其含义中不包含有这些关系的内容，也就没有了这些概念本身。

因此在“历史”的意义上，所谓的生产方式、社会经济形态、生产关系、社会形态等这几个概念，其实都是从不同角度对历史的具体称谓罢了。所以在实际使用它们的时候，基于它们之间内在的天然逻辑关系，马克思才会这样说：“无论哪一个社会形态，在它所能容纳的全部生产力发挥出来以前，是决不会灭亡的；而新的更高的生产关系，在它的物质存在条件……成熟以前，是决不会出现的。……大体说来，亚细亚的、古希腊罗马的、封建的和现代资产阶级的**生产方式**可以看做是**经济的社会形态**演进的几个时代。资产阶级的**生产关系**是社会生产过程的最后一个对抗形式”①（黑体字是作者为对比这几个概念而加上的——作者注）。可见，生产关系=社会形态、生产方式=社会经济形态，它们指向的是同一个东西，即作为发展过程而存在的历史，马克思只是在观察历史的不同角度上分别使用了它们而已。

生产力和生产方式的区别在于，生产力是就人本身所具有的生产财富的创造能力的内容而言的，生产方式是就这种能力的实现形式而言的。

生产方式和生产关系的区别在于，生产方式是就生产活动中劳动的使用方式而言的，生产关系是就生产活动参与者之间的关系而言的。在两者的关系中，生产方式是居于上位的一方，它产生和决定生产关系。

生产关系和社会形态的区别在于，生产关系是单纯的生产活动中的关系，社会形态是包括生产关系和由生产关系决定的其他社会关系的集合体，其中生产关系是核心。

生产方式和社会经济形态的区别在于，生产方式是单纯的生产活动中的劳动使用方式，社会经济形态是生产方式和由生产方式决定的生产关系以及由生产关系决定的所有社会关系的集合体，其中生产方式是核心。

在马克思所说的“手推磨产生的是封建主的社会，蒸汽磨产生的是工业资本家的社会”② 这句话中，我们可以清楚地看到这些概念的身影和它们的相互关系：

“手推磨”是一种比较低的生产力，这种生产力的实现形式（即生产方式）是小生产的个体劳动，这种生产方式决定了人们的生产关系是一种在有限的范围内存在的狭隘的生产关系，这种生产关系和历史地留存下来的家长制结合，

① 《马克思恩格斯选集》第2卷，人民出版社2012年版，第3页。

② 《马克思恩格斯选集》第1卷，人民出版社2012年版，第222页。

产生了等级的社会，即“封建主为首的社会”。

“蒸汽磨”是一种比较高的生产力，这种生产力的实现形式（即生产方式）是大生产的社会化劳动，这种生产方式决定了人们的生产关系是一种在广阔的范围里存在的、孤立的个体之间的全面的生产关系，从这种生产关系中产生了阶级的社会，即“工业资本家为首的社会”。

生产关系是一个跟随着生产方式而产生和存在着的东西；而生产方式是由生产力发展水平决定的，是作为生产力发展水平的实现形式而存在的。马克思曾经用火器对军队的影响来说明生产力、生产方式、生产关系之间的关系：

> 随着新作战工具即射击火器的发明，军队的整个内部组织就必然改变了，各个人借以组成军队并能作为军队行动的那些关系就改变了，各个军队相互间的关系也发生了变化。①

在这个说明中：射击火器，就是物质的生产力；内部组织，就是生产方式；各个人借以组成军队并能作为军队行动的那些关系，就是生产关系，各个军队相互之间的关系就是其他社会关系。它们必然是环环相扣的及和谐一致的，很难想象，在一个使用冷兵器的军队中施行“各个人借以组成军队并能作为军队行动的那些关系”，并形成战斗力。因为这些新的关系必须要有射击火器这个物质基础支撑，同时使用冷兵器的士兵也完全没有使用射击火器士兵必须要有的意识和观念。

在现实生活中，所谓的“生产”、“生产力”、“生产方式”、“生产关系”、“财产关系”等等，其实它们都是一个东西，即它们说的都是从某一个角度上展现的人有意识的生命活动，或者说生产活动，说的都是这一生产活动本身，它们从来就不是独立存在的东西。只是在马克思和恩格斯科学的抽象思维中，它们才成为了几个界限分明、不可混淆、独立存在的东西。虽然这些概念只存在于抽象的思维中，但是，马克思和恩格斯正是凭借着这种抽象的思维，抓住了事物的本质，认识了事物发展的客观规律。所以，这样的抽象思维，是科学的思维。借助这样的科学思维，他们牢牢地抓住了人有意识的生命活动过程即历史的发展规律。

为了能够更好地理解和掌握马克思的理论思想，准确理解这几个概念是一个必需的前提。本书对这几个概念的理解是：

“生产”——是人为了满足自己肉体的需要而进行的有意识的生命活动，即

① 《马克思恩格斯选集》第1卷，人民出版社2012年版，第340页。

在活动开始之前就已经在自己的头脑中完成了的、以满足自己肉体生存需要为目的和动机的占有外界物的对象性活动。

“**生产力**”——是人的有意识的生命活动能力，是人智力（精神生产力）和体力（物质生产力）的总和。生产力是人的天赋的财富：一方面，它是作为对象化了的和物化了的人的创造天赋即作为物质财富而存在着的东西；但是另一方面，更为主要和更为根本的，是作为人的内在本质即创造天赋、作为人天性的财富而存在的东西。

马克思指出，生产力“既有表现为个人特性的主观的生产力，也有客观的生产力”[①]。什么是“主观的生产力”？主观的生产力是存在于人的主观意识和意志中的能力。包括个人的气质、兴趣、爱好、意识、意志、认识、观念、品质、才能、科学和智慧等等。例如，马克思说“并非一切民族都有相同的从事资本主义生产的才能。某些原始民族，例如土耳其人，既没有这方面的气质，也没有这方面的意向”[②]，说的就是主观的生产力，即处于原始状态的民族没有从事资本主义生产的才能。具体地说，就是没有这方面的“气质”和“意向”，这些民族的人所具有的品质，是组成原始共同体“所需要的相应品质，即狭隘性和自己的生产力的狭隘发展”[③]，所以是还没有掌握从事资本主义生产这个主观的生产力的民族。再例如，我们常说，实现共产主义必须同时具备两个条件：第一，物质财富已经能够充分涌流；第二，人们已经成为了能够把他们许多个人劳动力当作一个社会劳动力来使用的自由人。前一个说的是客观的生产力，后一个说的就是主观的生产力。

既然生产力表现为主观的生产力和客观的生产力，那么作为实现了的生产力，生产方式就必然会以这两种实现了的生产力作为自己的内容。这就是：“生产方式既表现为个人之间的相互关系，又表现为他们对无机自然界的一定的实际的关系，表现为一定的劳动方式”[④]。例如，马克思说，“共同体本身作为第一个伟大的生产力而出现；特殊的生产条件（例如畜牧业、农业）发展起特殊的生产方式和特殊的生产力”[⑤]。作为特殊的生产力，原始的共同体（奴隶制和农奴制是它的派生形式）虽然因为自己是人类的第一种有组织的劳动而伟大，但它同时也是历史上最落后的一种生产力，因而也就决定了它的生产方式是一

---

① 《马克思恩格斯全集》第46卷上册，人民出版社1979年版，第495页。
② 《马克思恩格斯全集》第26卷第三册，人民出版社1974年版，第495页。
③ 《马克思恩格斯全集》第46卷下册，人民出版社1980年版，第35页。
④ 《马克思恩格斯全集》第46卷上册，人民出版社1979年版，第495页。
⑤ 《马克思恩格斯全集》第46卷上册，人民出版社1979年版，第495页。

种表现为个人之间狭隘的关系和与自然界之间的狭隘的关系的劳动方式。相对于原始共同体，马克思把资本时代的生产力称之为货币共同体①。按照马克思的说法，它应该是在共同体生产力之后出现的第二个伟大的生产力。这是一种“以交换价值为基础的生产和以这种交换价值的交换为基础的共同体”②，是一种只追求价值的、因而永无发展止境的生产力。这种生产力所决定的生产方式，就是孤立个人之间的全面的商品交换关系和他们与自然之间的全面关系。这种特殊的生产方式和特殊的生产力，最终必然导致一个“自由人联合体”③ 的出现，那将是历史中第三个伟大的生产力。

总之，生产力说的是人们“生产**什么**”④。

“生产方式”——是生产活动所采取的活动方式，即人们用以生产自己必需的生活资料的方式，是生产力实现的直接方式。它是人们保证或表现自己生活的方式，是人们的生活方式，即个人的物质生活本身。生产方式有宏观和微观之分，宏观的生产方式是指社会经济形态，微观的生产方式是指具体的生产活动的方式。生产方式和生产力是形式和内容的关系，它们说的是同一件事情，生产力是就内容而言的，生产方式是就形式而言的。“手推磨”、“蒸汽磨”等等概念，就是既包含着生产力也包含着生产方式因而是生产力和生产方式统一体的概念。

马克思在《政治经济学的形而上学》中说：

> 随着新生产力的获得，人们改变自己的生产方式，随着生产方式即谋生的方式的改变，人们也就会改变自己的一切社会关系。⑤

这就是说，生产力决定生产方式，生产方式决定以生产关系为主体的社会关系，即：生产力→生产方式→生产关系。这个公式表明，生产方式是连接生产力和生产关系的桥梁——生产力因生产方式而实现；生产关系由生产方式决定而产生。传统理论说生产方式是生产力和生产关系的总和，显然是不符合马克思的看法的。

马克思和恩格斯在《德意志意识形态》中分析说：生产方式是“人们用以生产自己的生活资料的方式”，是“个人的一定的活动方式，是他们表现自己生

---

① 《马克思恩格斯全集》第46卷上册，人民出版社1979年版，第172页。
② 《马克思恩格斯全集》第46卷上册，人民出版社1979年版，第513页。
③ 《马克思恩格斯全集》第23卷，人民出版社1972年版，第95页。
④ 《马克思恩格斯选集》第1卷，人民出版社2012年版，第147页。
⑤ 《马克思恩格斯选集》第1卷，人民出版社2012年版，第222页。

命的一定方式，他们的一定的**生活方式**”[①]。所以，生产方式概念是人们在自己的思维中对自己怎样生产的抽象把握。生产方式也可以说是“劳动的使用方式”。

从创立唯物史观之日起，生产方式就是其中的一个核心的重要概念。例如，马克思和恩格斯这样解释历史说：

> 只有在现实的世界中并使用现实的手段才能实现真正的解放；没有蒸汽机和珍妮走锭精纺机就不能消灭奴隶制；没有改良的农业就不能消灭农奴制；当人们还不能使自己的吃喝住穿在质和量方面得到充分供应的时候，人们就根本不能获得解放。“解放”是一种历史活动，而不是思想活动，“解放”是由历史的关系，是由工业状况、商业状况、农业状况、交往关系的状况促成的。[②]

每一种生产方式，都是和体现着生产力发展水平的生产工具一起产生和存在着的，体现出人类历史发展的不同的阶段。

总之，生产方式说的是人们“**怎样**生产”[③]。

“**生产关系**”——“即人们在他们的社会生活过程中、在他们的社会生活的生产中所处的各种关系”[④]。生产关系是人们按照一定的生产方式进行生产活动时相互之间所发生的关系，是生产的社会关系，是社会的经济关系。生产关系始终与生产方式相联系并由生产方式所决定，或者说，它是由生产方式生产出来的。生产方式“不仅不断再生产物质的产品，而且不断再生产社会的经济关系，即再生产产品形成上的经济的形式规定性”[⑤]。

具体地说，对生产关系，我们应该从以下几个方面来理解它和把握它：

首先，生产关系是人们物质的和个体的生产活动所借以实现的必然形式，就是社会本身。

> 各个人借以进行生产的社会关系，即**社会生产关系，是随着物质生产资料、生产力的变化和发展而变化和改变的。生产关系总合起来就构成所谓社会关系，构成所谓社会**。[⑥]

---

① 《马克思恩格斯选集》第 1 卷，人民出版社 2012 年版，第 147 页。
② 《马克思恩格斯全集》第 42 卷，人民出版社 1979 年版，第 368 页。
③ 《马克思恩格斯选集》第 1 卷，人民出版社 2012 年版，第 147 页。
④ 《马克思恩格斯全集》第 25 卷，人民出版社 1974 年版，第 993 页。
⑤ 《马克思恩格斯全集》第 25 卷，人民出版社 1974 年版，第 985 页。
⑥ 《马克思恩格斯选集》第 1 卷，人民出版社 2012 年版，第 340 页。

也就是说，生产关系纯粹是为了能够进行物质生产而从物质生产活动中产生出来的人与人之间的合作关系，因此它是一种物质关系。所以，所谓“社会”或所谓“社会关系”的十分确定的含义是“社会生产关系”，简称“生产关系”。生产关系是一种经济性质的关系，即人们物质的和个体的生产活动所借以实现的必然形式。

其次，生产关系作为人们之间的物质联系是由需要和生产方式决定的，它本身没有历史。

> 是由需要和生产方式决定的，和人本身有同样长久的历史；这种联系不断采取新的形式，因而就表现为“历史”。①

给“历史”带上引号，表示是“虚假的”历史。意思是：生产关系没有历史，社会或社会关系没有历史。人们的生产关系只“不过是他们的物质的和个体的活动所借以实现的必然形式罢了”②，所以这种物质关系或社会生产关系，即“社会”或“社会关系”本身是没有历史的，或者说社会或社会关系自己是不会自行独立发展的。马克思说：

> **古代**社会、**封建**社会和**资产阶级**社会都是这样的生产关系的总和，而其中每一个生产关系的总和同时又标志着人类历史发展中的一个特殊阶段。③

请注意马克思的用词——“标志着”。这就是说，生产关系只能是历史阶段的“标志”物，绝不是历史阶段本身。历史只能是“生产力的历史，从而也是个人本身力量发展的历史”④，绝不是生产关系发展的历史。如果认为生产关系自己的历史，那就是认为生产关系自己能够独立发展，就是在犯“把‘社会’当作抽象的东西同个人对立起来”⑤ 的错误，就是把生产关系思辨地、唯心地即幻想地解释为“作为主体的社会”⑥。

再次，生产关系是为了能够进行物质生产而从物质生产活动中产生出来的，是纯粹的经济性质的关系。

由于社会就是生产关系总和，而生产关系纯粹是为了能够进行物质生产而

---

① 《马克思恩格斯选集》第1卷，人民出版社2012年版，第160页。
② 《马克思恩格斯选集》第4卷，人民出版社2012年版，第409页。
③ 《马克思恩格斯选集》第1卷，人民出版社2012年版，第340页。
④ 《马克思恩格斯选集》第1卷，人民出版社2012年版，第204页。
⑤ 《马克思恩格斯全集》第42卷，人民出版社1979年版，第122页。
⑥ 《马克思恩格斯选集》第1卷，人民出版社2012年版，第169页。

从物质生产活动中产生出来的人与人之间的合作关系，所以它是一种物质关系，即一种社会生产的关系，一种经济性质的关系。所以，在所谓社会或社会关系的概念中，“它不需要用任何政治的或宗教的呓语特意把人们维系在一起”[①]。也就是说，作为人们借以进行生产的形式，生产关系仅仅是一种纯粹的物质（经济）关系，完全不包括政治的、宗教的等等非经济的关系。或者说，只有生产关系才称得上是“社会”或“社会关系”，而政治关系、宗教关系等等非物质的关系，都不是社会或社会关系。如果说生产关系与政治、宗教等等关系之间有什么关联的话，那只是因为人们的“物质关系形成他们的一切关系的基础”[②]，即它作为物质关系决定着包括政治、宗教等等关系在内的其他一切非物质的关系。

最后，始终与一定的生产方式或一定的工业阶段联系着的一定的生产关系或一定的社会阶段作为“共同活动方式本身就是‘生产力’”[③]。

也就是说，生产关系是人们物质的和个体的活动所借以实现的“必然”形式，正是这种必然性，它证明了，由于一定的生产力只能在一定的生产关系中实现，所以没有一定的生产关系，一定的生产力就无法实现。因此，从这个意义上说，生产关系就是生产力本身。以资本生产关系为例。资本生产关系是物质生产活动当事人之间的商品交换关系，这种生产关系是由资本所特有的、生产资料和劳动分离的、为生产而生产的（也就是以资本增殖为目的的）生产方式决定的。因此资本生产关系同时也就以孜孜不倦地追求财富的一般形式的欲望的形式而存在，它驱使劳动超过自己自然需要的界限为社会创造出剩余价值。这样一来，资本生产关系也就成为了人类史前时期中唯一的一种能够把生产力发展到为发展丰富的个性创造出物质要素的生产关系。所以，从这个意义上说，它本身就是资本的生产力。换一个角度说，事实上资本这种生产力本身就是在资本家和工人之间、商品的所有者和消费者之间的最起码在形式上是自愿的和自由的、因而是平等的和等价有偿的商品交换关系中产生和存在的。由于“商品生产者在流通领域以外，也就是不同其他商品所有者接触，就不能使价值增殖，从而使货币或商品转化为资本。因此，资本不能从流通中产生，又不能不从流通中产生。它必须既在流通中又不在流通中产生”[④]。这就意味着，作为生产关系之一，商品交换关系本身不是资本生产力，又不能不是“生产力”。它必

① 《马克思恩格斯选集》第1卷，人民出版社2012年版，第160页。
② 《马克思恩格斯选集》第4卷，人民出版社2012年版，第409页。
③ 《马克思恩格斯选集》第1卷，人民出版社2012年版，第160页。
④ 《马克思恩格斯全集》第23卷，人民出版社1972年版，第188、189页。

须既是生产力又不是生产力。

“**财产关系**”——即个人的与劳动材料、劳动工具和劳动产品有关的相互关系。生产关系是财产关系的基础，财产关系是生产关系的法律用语，或者说是从法律角度来观察和理解的生产关系——以资本生产关系这个由生产资料和劳动分离的生产方式决定的生产活动当事人之间的商品交换关系为例，其本身就包含着对财产（占有）的确认，——所以财产关系也可以称之为法权关系。一方面，由于财产关系或法权关系不过是从法律角度来“观察”的生产关系，所以它也和生产关系一样没有自己的历史。另一方面，由于财产关系或法权关系不过是从法律角度来“理解”的生产关系，所以它“是一种反映着经济关系的意志关系。这种法权关系或意志关系的内容是由这种经济关系本身决定的”①。马克思和恩格斯把财产关系或法权关系称之为“法”，把它与“法律”严格地区别开。“法”是客观存在的财产关系或法权关系；“法律”是人们制定出来的法律规范。他们在批判施蒂纳认为“法＝法律”的错误观点时说：

> 当他在讲到法的时候，法却从他那里“溜跑了”，而只有当他谈到完全另一件事，即谈到法律的时候，他才重新把法抓回来。②

也就是说，对唯物史观来说，把法和法律混为一谈是犯了一个决不能允许的错误。正因为如此，马克思才说，

> 立法者应该把自己看作一个自然科学家。他不是在**制造**法律，不是在发明法律，而仅仅是在表述法律，他把精神关系的内在规律表现在有意识的现行法律之中。③

“**所有制**”——即制度化的财产关系。是意识到了个人与劳动材料、劳动工具和劳动产品相互关系的人们约定俗成的习惯和制定出来的法律规范。

（二）生产关系和财产关系

马克思说：

> 社会的物质生产力发展到一定阶段，便同它们一直在其中运动的现存

① 《马克思恩格斯全集》第 23 卷，人民出版社 1972 年版，第 102 页。
② 《马克思恩格斯全集》第 3 卷，人民出版社 1960 年版，第 376 页。
③ 《马克思恩格斯全集》第 1 卷，人民出版社 1956 年版，第 183 页。

生产关系或财产关系（这只是生产关系的法律用语）发生矛盾。①

马克思为什么在说到“生产关系”时，又在后面加上“或财产关系（这只是生产关系的法律用语）”，是因为在人们的现实社会生活的感性中，人们能够在直接的感性中感知到的不是只能在抽象的思维中才能把握住的生产关系，而是实实在在地摆在人们眼前的财产关系。在科学的抽象思维中，人们可以从法律的角度来把握“生产关系”，把它称之为“财产关系”。因为在构成经济基础的生产力、生产方式和生产关系中，生产关系是直接与上层建筑发生关系并直接决定着上层建筑的那一部分，所以如果从上层建筑的角度看，生产关系也可以说就是决定着所有制的“财产关系”，而在现实的生活中，财产关系也总是直观地以一定的所有制的形式存在的。这就是马克思为什么在提到“生产关系”时，接着就在其后面加上“或财产关系（这只是生产关系的法律用语）”的原因。

例如，在现存的市场经济中，每个人都有属于自己的“钱袋子”，每一个钱袋子中钱的数量都是不一样的，而个人的权利与属于他自己的钱袋子里的钱的数量是一致的。钱袋子是一个在人之外的、决定着人的东西，这一点每时每刻都被处在市场经济中的人们切身地感受着。通过财产关系可以比较容易地理解和把握生产关系。

但是，生产关系和财产关系的关系还告诉我们，要想解决财产关系问题，决不能只在所有制上做文章，决定所有制的是生产关系，而生产关系的改变只能随着生产力的发展和生产方式的改变而改变。所以，如果认为“钱袋子”是一个在人之外的、决定着人的东西，就是一个天大的误解。马克思说：

> 我们把**私有财产的起源**问题**变为异化劳动**同人类发展的关系问题，也就为解决这一问题得到了许多东西。因为当人们谈到**私有财产**时，认为他们谈的是人之外的东西。而当人们谈到劳动时，则认为是直接谈到人本身。问题的这种新的提法本身就已包含问题的解决。②

意思是说，当人们的生命活动还是作为谋生的手段的劳动时，私有财产的存在就是不可避免的。所以，私有财产实际上不是“人之外的东西”，而是“人本身”即人的创造性的生命活动异化为“劳动”之后的外化，是在私有财产中对象化了的人本身。既然如此，那么要想通过直接消灭私有财产本身来达到消

① 《马克思恩格斯选集》第2卷，人民出版社2012年版，第2—3页。

② 《马克思恩格斯全集》第42卷，人民出版社1979年版，第102页。

灭财产所有权是达不到目的的，其结果只能是，在消灭一种财产所有权的同时，就会产生出另外的一种财产所有权。消灭财产所有权这个目的，只能通过消灭劳动，即发展人本身的创造能力，才能实现。这是一个科学的抽象思维，在这个科学的抽象思维中，唯物史观把握住了历史的实质。

（三）分工和私有制

马克思和恩格斯早在《德意志意识形态》中就已经表述过这个观点。他们说：

> 其实，分工和私有制是相等的表达方式，对同一件事情，一个是就活动而言，另一个是就活动的产品而言。[①]

这就是说，“分工”和“私有制”是两个关于人类在自己的史前时期的生活的概念。当然，当使用“分工”这个概念时，它既包含着对产生它的生产力的确认，也包含着对它所产生的一定的生产关系和财产关系即私有制这个结果的确认。同样，当使用“私有制”这个概念时，当然就包含着对导致其产生的特定的生产力、生产方式的确认。分工和私有制的关系，构成了作为过程的一部分存在的人类史前时期的历史，它们不过是从经济基础（生产力、生产方式、生产关系）和上层建筑（财产关系）这两个不同角度观察时，历史在这个时期所呈现出来的两种特殊的面貌。

首先，马克思和恩格斯把人类史前时期的各种生产方式，或者说人们对“劳动的使用方式”，统称为“分工”。他指出：“由于生产效率的提高、需要的增长以及作为二者基础的人口的增多……意识获得了进一步的发展和提高。与此同时分工也发展起来”[②]；而这些“分工的相互关系取决于农业劳动、工业劳动和商业劳动的经营方式（父权制、奴隶制、等级、阶级）”[③]。所谓的“分工”，是对“非分工”的否定。自由王国时期的生产方式即“非分工”的特点是：“任何人都没有特殊的活动范围，而是都可以在任何部门内发展……随自己的兴趣今天干这事，明天干那事”[④]。而人类史前时期中的各种生产方式之所以

---

① 《马克思恩格斯选集》第1卷，人民出版社2012年版，第163页。

② 《马克思恩格斯选集》第1卷，人民出版社2012年版，第162页。

③ 《马克思恩格斯选集》第1卷，人民出版社2012年版，第148页。

④ 《马克思恩格斯选集》第1卷，人民出版社2012年版，第165页。

都可称之为“分工”，是因为它们都有这样一个共同的特点：分工还不是出于自愿，而是自发的。因此，人类史前时期的生产关系，也就是分工的相互关系。

其次，他们指出：生产方式是人们用以生产自己必需的生活资料的方式，它虽然“首先取决于他们已有的和需要再生产的生活资料本身的特性”，但是在更大程度上，它“是这些个人的一定的活动方式，是他们表现自己生命的一定方式，他们的一定的**生活方式**”。就是说，生产方式“既和他们生产**什么**一致，又和他们**怎样**生产一致。因而，个人是什么样的，这取决于他们进行生产的物质条件”①。“生产**什么**”指的是生产力，如生产手推磨或蒸汽磨；“**怎样**生产”指的是生产方式，如个人用手推磨生产或许多人协作蒸汽磨生产；生产什么和怎样生产两者合在一起，就是人们进行生产的物质条件即生产力。——前者是生产力的内容即生产力本身，后者是生产力的形式。内容决定形式，生产力决定生产方式，随着生产力的获得，人们改变自己的生产方式。

再次，他们指出：“一定的生产方式或一定的工业阶段始终是与一定的共同活动方式或一定的社会阶段联系着的”②，就是说，“生产力发展的水平，最明显地表现于该民族分工的发展程度。任何新的生产力……都会引起分工的进一步发展”③。

最后，他们指出：“分工的各个不同发展阶段，同时也就是所有制的各种不同形式。这就是说，分工的每一个阶段还决定个人在劳动材料、劳动工具和劳动产品方面的相互关系。”④ 每一种具体的分工形式（即生产方式）必然会造就出与自己相适应的生产关系，因此分工的每一个阶段，同时也就是生产关系的每一个阶段。他们指出：“分工……是以家庭中自然形成的分工和以社会分裂为单个的、互相对立的家庭这一点为基础的。与这种分工同时出现的还有**分配**，而且是劳动及其产品的**不平等**的分配（无论在数量上或质量上）；因而产生了所有制，它的萌芽和最初形式在家庭中已经出现，在那里妻子和儿女是丈夫的奴隶。家庭中这种诚然还非常原始和隐蔽的奴隶制，是最初的所有制。⑤

只要还存在分工，所有制就不可能被消灭。只要还存在分工，私有财产就有其存在的合理性和必然性。

---

① 《马克思恩格斯选集》第1卷，人民出版社2012年版，第147页。
② 《马克思恩格斯选集》第1卷，人民出版社2012年版，第160页。
③ 《马克思恩格斯选集》第1卷，人民出版社2012年版，第147页。
④ 《马克思恩格斯选集》第1卷，人民出版社2012年版，第148页。
⑤ 《马克思恩格斯选集》第1卷，人民出版社2012年版，第163页。

（四）抽象的一般概念是把握客观事物必不可少的理论武器

生产、生产力、生产方式、生产关系、财产关系、所有制等等这些抽象概念，它们都是只存在于人们观念中的抽象概念。

观念中的抽象概念，是事物的共同标志和共同规定。能够在自己的观念中生产制造出抽象的概念，这一点正是人的作为内在本质的创造天赋的具体表现。

抽象，即一般，即总体。

从一般与个别的角度上说：一方面，只要是“真正把共同点提出来，定下来，免得我们重复，它就是一个合理的抽象”。另一方面，对“一般适用的种种规定所以要抽出来，也正是为了不致因为有了统一……而忘了本质的差别”①。

从总体与部分（或种类）的角度上说：一方面，把握住总体可以让我们做到同样看待任何种类，不会错误地认为某一种类处于支配一切的地位。也就是说，“最一般的抽象总是产生在最丰富的具体发展的地方，在那里，一种东西为许多东西所共有，为一切所共有。这样一来，它就不再只是在特殊形式上才能加以思考了”。另一方面，作为一般概念，这个抽象不仅仅是各种具体“所组成的具体总体的精神结果”②，它事实上是反映了该类事物的真实本质。

例如马克思对“劳动一般”的分析：

> 对任何种类的劳动的同样看待，适合于这样一种社会形式，在这种社会形式中，个人很容易从一种劳动转到另一种劳动，一定种类的劳动对他们说来是偶然的，因而是无差别的。这里劳动不仅在范畴上，而且在现实中都成了创造财富的一种手段，它不再是在一种特殊性上同个人结合在一起的规定了。……所以，在这里，“劳动”、“劳动一般”、直截了当的劳动这个范畴的抽象，这个现代经济学的起点，才成为实际真实的东西。所以，这个被现代经济学提到首位的、表现出一种古老而适用于一切社会形式的关系的最简单的抽象，只有作为最现代的社会的范畴，才在这种抽象中表现为实际真实的东西。③

对一个科学理论来说，抽象的一般概念是把握客观事物必不可少的武器，

---

① 《马克思恩格斯全集》第46卷上册，人民出版社1979年版，第22页。
② 《马克思恩格斯全集》第46卷上册，人民出版社1979年版，第42页。
③ 《马克思恩格斯全集》第46卷上册，人民出版社1979年版，第42页。

没有它就会犯可笑的错误。比如马克思对混淆“财产”和“私有财产”概念的批评：

> 一切生产都是个人在一定社会形式中并借这种社会形式而进行的对自然的占有。在这个意义上，说财产（占有）是生产的一个条件，那就是同义反复。但是，可笑的是从这里一步就跳到财产的一定形式上，如私有财产。①

在这里，问题的关键在于“财产”和“财产的一定形式”不是一回事，因而错误的可笑之处就在于把这两个完全不同的概念混淆了。

财产关系是生产关系的法律用语，所以马克思的这段话，完全适用于生产关系。

作为生产力发展所必需的社会关系的生产关系，它不是这种或那种生产关系，而是“生产关系本身”，即抽象的生产关系。这种抽象的生产关系同特殊的一定生产关系绝不是一回事，但是在历史的进程中它可以表现为任何一种特殊的生产关系。确认生产关系本身存在的真实性，即确立抽象生产关系这个概念，就是马克思和恩格斯在说“社会关系的含义在这里是指许多个人的共同活动，不管这种共同活动是在什么条件下、用什么方式和为了什么目的而进行的”② 这句话时，他们所要表达的真实意思。对生产关系本身，我们可以借助马克思对与资本相对立的抽象劳动概念的说明，来理解它。马克思说：

> 劳动作为同表现为资本的货币相对立的使用价值，不是这种或那种劳动，而是**劳动本身**，抽象劳动，同自己的特殊**规定性**绝不相干，但是可以有任何一种规定性。③

“抽象”的概念是运用科学思维方法得出的科学概念。我们必须学会这种思维方法，这一点非常重要，因为只有能够运用这样的科学思维方法的人，才能准确地理解这些抽象的概念，进而正确地掌握整个理论。

生产关系作为一个抽象的概念，是一个单纯的经济性质的概念，是指在生产活动中许多个人的合作，至于这种合作是在什么条件下、用什么方式和为了什么目的进行的，则是无关紧要的。换句话说，它是一个“把一切历史差别混

---

① 《马克思恩格斯全集》第46卷上册，人民出版社1979年版，第24页。

② 《马克思恩格斯选集》第1卷，人民出版社2012年版，第160页。

③ 《马克思恩格斯全集》第46卷上册，人民出版社1979年版，第253页。

合和融化在**一般人类**规律之中”[①] 的概念。所以，生产关系概念本身不包含有“不平等”、“剥削”、“压迫”、“阶级对立” 和 “阶级斗争” 等等这些政治的内容。当说到生产关系时，是在说经济基础范围内的事情，而政治内容是属于上层建筑范围内的事情，根本不是这里所要谈论的。

在现实的生活中，虽然经济和政治是分不开的，但是，我们必须在自己的思维中把经济和政治分别地单独抽象出来，在观念中把它们明确地区分开。这种只是抽象地存在于观念中的、属于经济基础的生产关系绝不是什么虚幻的东西，它作为“一切生产阶段所共有的、被思维当作一般规定而确定下来的规定，是存在的”[②]。不仅如此，正像作为价值尺度的“劳动时间” 虽然只是一个观念地存在着的抽象概念但却是支撑剩余劳动理论的核心概念一样，“生产关系” 这个同样只是观念地存在着的抽象概念也是支撑唯物史观理论的核心概念。理论如果没有这个观念地存在的抽象概念，就会犯下把生产关系与生产关系的具体形式混为一谈的错误。马克思认为这正是资产阶级理论家们固有的顽疾——他们总是本能地把资产阶级的生产关系看成是生产关系本身。他说：

> 每种生产形式都会产生出它所特有的法的关系、统治形式等等。粗率和无知之处正在于把有机地联系着的东西看成是彼此偶然发生关系的、纯粹反思联系中的东西，资产阶级经济学家只是感到，在现代警察制度下，比在例如强权下能更好地进行生产。他们只是忘记了，强权也是一种法，而且强者的权利也以另一种形式继续存在于他们的“法制国家” 中。[③]

资本是一种个人借以进行生产的社会关系。作为一种生产关系，它首先是生产关系本身即抽象的生产关系，其次才是一种具有特殊规定性的生产关系。作为生产关系本身，它是生产力发展借以实现的必需的形式；作为具有特殊规定性的生产关系，它是以资本的特殊形式即商品交换的形式适合和促进生产力发展的。在这里，关键的问题是：必须要认识到，资本生产关系它首先毫无疑问是一个纯粹的生产关系，即生产关系本身，其次才是具有特殊规定性的生产关系，即资本生产关系。只有在确认它首先是毫无疑问的生产关系本身的前提下，我们在认识和把握它的特殊形式即生产资料和劳动对立的形式的时候，才能像一个共产主义者那样做到，“既不是从那情感的形式，也不是从那夸张的思

---

① 《马克思恩格斯全集》第 46 卷上册，人民出版社 1979 年版，第 24 页。
② 《马克思恩格斯全集》第 46 卷上册，人民出版社 1979 年版，第 25 页。
③ 《马克思恩格斯全集》第 46 卷上册，人民出版社 1979 年版，第 25 页。

想形式去领会这个对立”[①]，更不是“把共产主义理解为特别强调阶级对立和阶级斗争”[②]，而是清醒地看到：“问题本身并不在于资本主义生产的自然规律所引起的社会对抗的发展程度的高低。问题在于这些规律本身，在于这些以铁的必然性发生作用并且正在实现的趋势。”[③] 只有在确认了唯有资本才能为共产主义的实现准备好条件，在中国特色社会主义的建设中，我们才会认真去思考并努力在实践中去探索，自己如何才能做到既是一个优秀的资本家，又是一个优秀的工人。

---

① 《马克思恩格斯全集》第3卷，人民出版社1960年版，第257页。
② 《马克思恩格斯全集》第4卷，人民出版社1958年版，第526页。
③ 《马克思恩格斯全集》第23卷，人民出版社1972年版，第8页。

七、马克思划分历史阶段理论与传统哲学教科书的区别

在划分历史阶段问题上引起争论的根源，在于斯大林所提出的历史阶段理论与马克思所提出的理论之间的差别。下面，我们就来分析一下斯大林的五种社会阶段的理论思想，以及它对这场历史应该分为三个历史阶段还是五种社会经济形态的争论的影响。

在分析斯大林划分历史阶段理论与马克思理论的差别之前，我们先简单地回顾一下列宁的有关理论表述。

在马克思和恩格斯之后，第三位最有影响的马克思主义理论家就是列宁，但是，列宁生前肯定没有见过马克思将历史分为三个阶段的理论论述，因为直到1939年，马克思的1857—1858年《经济学手稿》才公开出版。列宁虽然没有见过《经济学手稿》，但从时间上说，他应该是看过《〈政治经济学批判〉序言》的，马克思在其中将人类史前时期的历史大体上分为了亚细亚的、古希腊罗马的、封建的和现代资产阶级的生产方式，并把这几种社会经济形态看成是历史演进的几个时代。列宁在1919年的《论国家》演讲中说：

> 世界各国所有人类社会数千年来的发展，都向我们表明了它如下的一般规律、常规和次序：起初是无阶级的社会——父权制原始社会，即没有贵族的原始社会；然后是以奴隶制为基础的社会，即奴隶占有制社会。整个现代的文明的欧洲都经过了这个阶段，奴隶制在两千年前占有完全统治的地位。世界上其余各洲的绝大多数民族也都经过这个阶段……
>
> 在历史上继这种形式之后的是另一种形式，即农奴制。在绝大多数国家里，奴隶制发展成了农奴制……
>
> 后来，在农奴制社会内，随着商业的发展和世界市场的出现，随着货币流通的发展，产生了一个新的阶级，即资本家阶级。从商品中，从商品交换中，从货币权力的出现中，产生了资本权力。……农奴制被资本主义

所代替……①

在这里，列宁提到了父权制原始社会、奴隶占有制社会、农奴制社会和资产阶级占统治地位的社会等四个历史时期，与马克思在《〈政治经济学批判〉序言》中的表述是一致的。

下面，我们就来看看斯大林和马克思划分历史阶段理论的差别。

（一）着眼于生产关系还是着眼于生产力的差别

斯大林是第一个明确提出把历史划分为五个阶段的人。1938 年，斯大林在他撰写的《辩证唯物主义与历史唯物主义》一文（也就是在斯大林指导下编写的《联共（布）党史简明教程》的第四章第二节）中明确提出：

> 历史上有五种**基本**类型的生产关系：原始公社制的、奴隶占有制的、封建制的、资本主义的、社会主义的。
>
> 在原始社会制度下，生产关系的基础是生产资料的公有制。……这里并没有什么剥削，也没有什么阶级。
>
> 在奴隶制度下，生产关系的基础是奴隶主占有生产资料和占有生产工作者，这生产工作者便是奴隶主所能当作牲畜来买卖屠杀的奴隶。……奴隶主是第一个和基本的十足的私有主。
>
> 富人和穷人，剥削者和被剥削者，享有完全权利的人和毫无权利的人，他们彼此间的残酷阶级斗争，——这就是奴隶制度的情况。
>
> 在封建制度下，生产关系的基础是封建主占有生产资料和不完全占有生产工作者，这生产工作者便是封建主虽然不能屠杀，但仍可以买卖的农奴。……
>
> ……
>
> 私有制在这里已经继续发展了。剥削几乎仍如奴隶制度下的剥削一样残酷，不过是稍许减轻一些罢了。剥削者和被剥削者间的阶级斗争，便是封建制度的基本特征。
>
> 在资本主义制度下，生产关系是生产资料性质的资本主义所有制，同时这里已经没有了私自占有生产工作者的情形，这时的生产工作者，即雇

---

① 《列宁选集》第 4 卷，人民出版社 2012 年版，第 28—29 页。

佣工人，是资本家既不能屠杀，也不能出卖的，因为雇佣工人已经免除了人格上的依赖，但他们却没有生产资料，所以他们为要不致饿死，便不得不出卖自己的劳动力给资本家，并忍受繁重的剥削。……

……

这就是说，剥削者和被剥削者间最尖锐的阶级斗争，乃是资本主义制度的基本特征。

在社会主义制度下……生产资料的公有制是生产关系的基础。这里已经没有了什么剥削者，也没有什么被剥削者。生产出来的物品是根据“不劳动者不得食”的原则来按劳动分配的。这里生产过程中人们相互关系的特征，乃是不受剥削的工作者们间的同志合作和社会主义互助。这里生产关系与生产力状况完全相适合，因为生产过程的公共性质是由生产资料的公有制所巩固的。

……

这就是人类史上人们生产关系发展的情况。①

这，就是传统理论所说的“五种社会阶段”的源头。

传统理论还认为，斯大林的这句话的理论来源就是马克思在《〈政治经济学批判〉序言》中所说的那句大家已经熟知的话，即：“大体说来，亚细亚的、古希腊罗马的、封建的和现代资产阶级的生产方式可以看做是经济的社会形态演进的几个时代。”②

只要把马克思和斯大林的话加以对比，就会发现，他们两人的观点是有很大差别的。

总的差别是：在划分历史阶段时，马克思着眼于“生产方式”，而斯大林着眼于“生产关系”，而且还是以“所有制”的形式存在的生产关系。

马克思依据的标准，是蕴含着一定生产力的“生产方式”的变化。他认为亚细亚的、古希腊罗马的、封建的和现代资产阶级的生产方式是经济的社会形态演进的几个时代，生产关系是由生产方式决定的，生产方式中蕴含的生产力没有全部释放出来，因而新的生产方式产生之前，新的生产关系是决不会出现的。至于由生产关系决定的法律关系（所有制）和与之相适应的政治关系（国家），按照他的这个思想来说，那当然就是加倍地“决不会出现”了。

---

① 《苏联共产党（布）历史简明教程》，人民出版社 1954 年版（第 8 版），第 161、162、163、164、165、166 页。

② 《马克思恩格斯选集》第 2 卷，人民出版社 2012 年版，第 3 页。

而斯大林划所依据的标准，是“生产关系”，而且还是以法律的、政治的形式存在的生产关系即所有制。所以准确地说，“所有制”才是斯大林划分历史阶段的标准。他认为，历史上曾经出现过原始公社制的、奴隶占有制的、封建制的、资本主义的、社会主义这五种形式的所有制，他把这五种生产关系看成是五个社会阶段。

总之，讲人类历史的时候时，马克思讲的是生产力的发展过程；而斯大林讲的是所有制在历史上呈现出的序列。

具体的差别是：

第一，马克思划分的是人类的史前时期；而斯大林划分的是整个的人类历史。

第二，马克思认为，生产力决定生产方式，生产方式决定生产关系，生产关系决定包括所有制在内的其他一切社会关系；而斯大林认为，所有制是生产关系的基础，也就是说，所有制决定生产关系。

第三，马克思所注意的，是历史发展过程中生产力水平的提高，认为历史不过是生产力发展的历史；而斯大林所注意的，是历史发展过程中的剥削情况和阶级斗争情况，认为历史就是生产关系发展的历史。

最关键的问题在于：马克思把生产关系和社会关系看作是由生产方式决定的东西。马克思指出：

> 他们只有以一定的方式共同活动和互相交换其活动，才能进行生产。为了进行生产，人们相互之间便发生一定的联系和关系。①

所谓“以一定方式结合起来共同活动和互相交换其活动”，就是生产方式。所谓“发生一定的联系和关系”，就是生产关系和社会关系。在他的这个论述中，是先有生产方式，后有生产关系，这个明确的逻辑关系是不言而喻的。

而斯大林用“五种基本类型的生产关系”划分历史阶段的理论思想，则是一个以阶级对立和阶级斗争为主线观察理解历史的理论思想，在他的这种理论思想中，“生产关系”是一个建立在所有制基础上的可以独立存在的东西。例如，他在提出历史上有五种基本类型的生产关系的观点之前说了这样两段话：

> 生产力怎样，生产关系也就应怎样。
>
> 生产力的状况所回答的是人们用怎样的生产工具来生产他们所必需的物质资料的问题，而生产关系的状况所回答的问题则是生产资料（土地、

---

① 《马克思恩格斯选集》第1卷，人民出版社2012年版，第340页。

> 森林、水流、矿源、原料、生产工具、生产建筑物、交通联络工具等等）归谁所有，生产资料由谁支配——是由全社会支配，还是由单个的人、集团和阶级支配并利用去剥削其他的人、集团和阶级的问题。①

斯大林的这个表述是一个很奇怪的理论表述。

首先，他这个表述给人的感觉是，它完全没有哪怕是一点点的从主观方面来理解历史的意思，纯粹是从客体或直观的形式去理解的。因此，生产力和生产关系被摆在了并列的位置上，它们各自独立承担着自己的责任。就是说，生产力和生产关系似乎是两个在个人之外预先存在着的东西，它们各司其职，自己解决自己的问题，互不相干。

在马克思的理论论述中，生产力和生产关系从来就不是一个在个人之外的、并且是为了回答什么问题而存在的东西，它们根本就不回答什么问题，它们只是人们为满足自己的需要而以一定的方式进行的有意识的生命活动，和活动借以实现的必然形式。

其次，他的这个奇怪的理论表述，其实是为了配合他所提出的一个观点——即“资本主义私有制是和生产过程的公共性质，是和生产力的性质极不适合的”，而“生产资料的公有制和生产过程的公共性质是完全适合的”②——而提出的。通过相互配合的这些理论表述，必然会得出这样一个观点，即：资本主义社会所有制的性质是私有的，但生产力的性质是公共的，由于“公”和“私”是两个生来就处在对立的两极上的东西，所以在它们之间是根本没有“适合”二字可言的。如果生产力已经是公共性质的了，那么生产关系也就应是公共性质的，如果它还不是公共性质的，那么无产阶级就应该通过社会革命把它变成公共性质的。这就是无产阶级社会主义革命所需要的和足够的一切。

这，就是从斯大林的这个理论表述中所传达出的信息。

斯大林的这个理论表述中所传达出来的信息，与马克思和恩格斯在这个问题上的理论表述所传达的信息之间存在着很明显的差别。差别表现在以下几个方面。

第一，马克思和恩格斯认为，在一定的时期内和一定的条件下，公共性质的生产力和资产阶级的私有制是适合的，并不是天生就不适合的。

他们《共产党宣言》说：

---

① 《苏联共产党（布）历史简明教程》，人民出版社1954年版（第8版），第160、161页。

② 《苏联共产党（布）历史简明教程》，人民出版社1954年版（第8版），第160页。

> 资产阶级在它的不到一百年的阶级统治中所创造的生产力，比过去一切世代创造的全部生产力还要多，还要大。自然力的征服，机器的采用，化学在工业和农业中的应用，轮船的行驶，铁路的通行，电报的使用，整个大陆的开垦，河川的通航，仿佛用法术从地下呼唤出来的大量人口——过去哪一个世纪料想到在社会劳动里蕴藏有这样的生产力呢？[①]

在这句话中，“社会劳动”的含义，就是公共性质的生产力。它与《资本论》“事实上已经以社会生产为基础的资本主义所有制”[②] 一句中的“社会生产”的意思是一样的。意思很清楚，那些比过去一切世代所创造的全部生产力还要多、还要大的那个公共性质的生产力，是资产阶级在不到一百年的阶级统治中——也就是在资产阶级私有制中——创造出来的。如果说，资产阶级私有制与公共性质的生产力之间只有天生就“极不适合”这种关系的话，这些生产力怎么能够创造出来呢？马克思说：“无论哪一个社会形态，在它所能容纳的全部生产力发挥出来以前，是决不会灭亡的。”[③] 这里所谓的“容纳”，就是“适合”的意思。就是说，在公共性质的生产力开始发展的时候，与它不适应的是封建的所有制关系，而不是资本主义的所有制关系。因此，封建的所有制关系被打破了之后，作为不以人的意志为转移的客观规律，起而代之的正是“自由竞争以及与自由竞争相适应的社会制度和政治制度、资产阶级的经济统治和政治统治”[④]。

第二，只有在公共性质的现代生产力反抗资产阶级生产关系、所有制关系的时候，公共性质的生产力和资产阶级的私有制才是不适合的，从适合到不适合是条件发生了变化的结果。

在写《共产党宣言》的时候，马克思和恩格斯认为，当时的欧洲正经历着经济上的危机，证明公共性质的生产力和资产阶级的私有制已经处在了不适合的状态中。就是说，

> 资产阶级的生产关系和交换关系，资产阶级的所有制关系，这个曾经仿佛用法术创造了如此庞大的生产资料和交换手段的现代资产阶级社会，现在像一个魔法师一样不能再支配自己用法术呼唤出来的魔鬼了。[⑤]

---

① 《马克思恩格斯选集》第1卷，人民出版社2012年版，第405页。
② 《马克思恩格斯全集》第23卷，人民出版社1972年版，第832页。
③ 《马克思恩格斯选集》第2卷，人民出版社2012年版，第3页。
④ 《马克思恩格斯选集》第1卷，人民出版社2012年版，第405页。
⑤ 《马克思恩格斯选集》第1卷，人民出版社2012年版，第405—406页。

所以，他们不但在宣言中，大声地向整个世界宣布，共产党人的理论就是要消灭资产阶级的私有制，而且也积极投身到了无产阶级反抗资产阶级统治的实际革命运动中，亲自宣传、发动、组织、领导欧洲各国的工人阶级开展斗争。

第三，一旦资产阶级克服了资产阶级的生产关系、交换关系、所有制关系和公共性质的生产力即现代生产力之间的矛盾，使得生产力又重新回到正常的发展道路上的时候，资产阶级生产关系和所有制关系就会重新处于适合公共性质的生产力的状态中。

例如，在1850年前后，马克思对欧洲无产阶级革命的看法发生了很大的变化就是一个典型的事例。

1847年的欧洲，社会危机四伏。发展到了1848年，终于发生了有工人阶级参加进去的大革命。这时，马克思和恩格斯积极发动各国工人阶级起来革命，他们自己也义无反顾地投身到了蓬勃发展的各国工人阶级的社会革命运动之中。

在他们的领导和推动下，欧洲各国的工人阶级联合起来，相互支持，共同战斗，建立了共产主义者联盟，开展了轰轰烈烈的反抗资产阶级统治的社会主义革命运动。作为共产主义者联盟的成立宣言，《共产党宣言》就是在这个时候诞生的。他们在宣言中说：

> 资产阶级的生产关系和交换关系，资产阶级的所有制关系，这个曾经仿佛用法术创造了如此庞大的生产资料和交换手段的现代资产阶级社会，现在像一个魔法师一样不能再支配自己用法术呼唤出来的魔鬼了。几十年来的工业和商业的历史，只不过是现代生产力反抗现代生产关系、反抗作为资产阶级及其统治的存在条件的所有制关系的历史。只要指出在周期性的重复中越来越危及整个资产阶级社会生存的商业危机就够了。在商业危机期间，总是不仅有很大一部分制成的产品被毁灭掉，而且有很大一部分已经造成的生产力被毁灭掉。在危机期间，发生一种在过去一切时代看来都好像是荒唐现象的社会瘟疫，即生产过剩的瘟疫。社会突然发现自己回到了一时的野蛮状态；仿佛是一次饥荒、一场普遍的毁灭性战争，使社会失去了全部生活资料；仿佛是工业和商业全被毁灭了。这是什么缘故呢？因为社会上文明过度，生活资料太多，工业和商业太发达。社会所拥有的生产力已经不能再促进资产阶级文明和资产阶级所有制关系的发展；相反，生产力已经强大到这种关系所不能适应的地步，它已经受到这种关系的阻碍；而它一着手克服这种障碍，就使整个资产阶级社会陷入混乱，就使资产阶级所有制的存在受到威胁。资产阶级的关系已经太狭窄了，再容纳不

了它本身所造成的财富了。资产阶级用什么办法来克服这种危机呢？一方面不得不消灭大量生产力，另一方面夺取新的市场，更加彻底地利用旧的市场。这究竟是怎样的一种办法呢？这不过是资产阶级准备更全面更猛烈的危机的办法，不过是使防止危机的手段越来越少的办法。①

可以看出，当时，他们认为，欧洲社会主义革命可以在资产阶级统治所面临的这场危机中迅速发展，并且希望工人阶级能够在这场革命中推翻资产阶级的统治，获得解放。所以，1848 年的欧洲大革命爆发后，他们就全身心地投入到了这场运动中，把自己的全部时间和精力都用在了指导各国工人阶级开展革命斗争上。

后来，资产阶级逐步克服了所面临的危机，欧洲的经济重新蓬勃发展起来了。在经济繁荣的情况下，马克思和恩格斯开始坚决反对继续发动工人开展社会革命。因为他们认为，无产阶级可能通过社会革命推翻资产阶级政治统治的机会现在已经消失了。例如，在马克思和恩格斯在 1850 年 1 月 31 日写的“国际评论”中，就对当时美国加利福尼亚发现金矿这件事的意义，给予了高于 1848 年的法国二月革命的评价。他们说：

加利福尼亚金矿的发现，其意义超过了二月革命。时间仅仅过了 18 个月，现在就已经可以预料到，这一发现所带来的成果甚至将会比美洲大陆的发现所带来的要大得多。在 330 年当中，所有欧洲与太平洋的贸易一直是以惊人的长期耐性绕道好望角或合恩角来进行的。所有打通巴拿马地峡的建议都由于进行贸易的国家的无谓的争吵而失败了。从发现加利福尼亚金矿到现在，仅过了 18 个月，而美国佬就已经着手建设铁路，修建大公路，开凿以墨西哥湾为起点的运河；从纽约到查理斯，从巴拿马到旧金山已经有轮船定期航行；太平洋的贸易已经集中在巴拿马，绕道合恩角的航线已经过时了。在纬度 30 度上的漫长海岸是世界上最美丽最富饶的地区之一，以前它几乎是荒无人迹的地方，而现在它在我们眼前正变成一个富足的文明区域，聚集着一切种族和民族的代表：从美国佬到中国人，从黑人到印第安人和马来亚人，从克里奥洛和美司代佐到欧洲人。加利福尼亚的黄金源源流入美洲和亚洲的太平洋沿岸地区，甚至把最倔强的野蛮民族也拖进了世界贸易——文明世界。世界贸易第二次获得了新的方向。世界贸易中心在古代是泰尔，迦太基和亚历山大，在中世纪是热那亚和威尼斯，

① 《马克思恩格斯选集》第 1 卷，人民出版社 2012 年版，第 405—406 页。

在现代，到目前为止是伦敦和利物浦，而现在的世界贸易中心将是纽约和旧金山，尼加拉瓜的圣胡安和利奥，查理斯和巴拿马。世界交通枢纽在中世纪是意大利，在现代是英国，而目前将是北美半岛南半部。古老欧洲的工业和贸易如果不愿意象16世纪以来意大利的工业和贸易那样衰落不振的话，如果不愿意让英国和法国变成今天的威尼斯、热那亚和荷兰的话，就必须作巨大的努力。再过几年，在我们面前将会出现一条固定航线，从英国通往查理斯，从查理斯和旧金山通往悉尼、广州和新加坡。由于加利福尼亚金矿的开采和美国佬的不断努力，太平洋两岸很快就会象现在从波士顿到新奥尔良的海岸地区那样人口密集、贸易方便、工业发达。这样，太平洋就会象大西洋在现代，地中海在古代和中世纪一样，起着伟大的世界交通航线的作用；大西洋的作用将会降低，而象现在的地中海一样成为内海。①

马克思在为这场大革命做总结的《1848年至1850年的法兰西阶级斗争》一文中说：

在这种普遍繁荣的情况下，即在资产阶级社会的生产力正以在整个资产阶级关系范围内所能达到的速度蓬勃发展的时候，也就谈不到什么真正的革命。只有在**现代生产力**和**资产阶级生产方式**这两个要素互相**矛盾**的时候，这种革命才有可能。大陆秩序党内各个集团的代表目前争吵不休，并使对方丢丑，这决不能导致新的革命；相反，这种争吵之所以可能，只是因为社会关系的基础在目前是那么巩固，并且——这一点反动派并不清楚——是那么明显地具有**资产阶级特征**。一切想阻止资产阶级发展的反动企图都会像民主派的一切道义上的愤懑和热情的宣言一样，必然会被这个基础碰得粉碎。**新的革命，只有在新的危机之后才可能发生。但新的革命正如新的危机一样肯定会来临。**②

他们认为，在这种形势下，工人阶级的政党不应该再去鼓动群众起来闹革命，而应该顺应社会生产力发展的趋势，耐心等待资产阶级社会的危机即无产阶级革命的时机的到来。在等待革命时机到来的这段时间里，工人阶级政党和工人群众应该做的事情只有一件，那就是努力提高自己的理论素质，积蓄力量，为迎接即将到来的革命做准备。马克思不仅在理论上指出了在资产阶级社会的

① 《马克思恩格斯全集》第7卷，人民出版社1959年版，第262、263、264页。

② 《马克思恩格斯选集》第1卷，人民出版社2012年版，第541页。

生产力正以在资产阶级关系范围内一般可能的速度蓬勃发展的时候，还谈不到什么真正的革命，他还在实践中痛斥那些仍然鼓动工人群众起来革命的人，说他们长的是“蠢驴的”头脑。为此，马克思和恩格斯拒绝参加所有鼓吹发动社会革命的活动，埋头研究理论，而且他们坚信，自己不鼓动革命才是真革命，那些鼓动革命的人是假革命。

显而易见，这个差别是理论的差别。——如果一个理论所关注的问题是生产关系的性质，那么工人阶级在任何时候都应该为改变私有制而发动革命；如果理论关注的是生产力（即人本身，也就是历史本身），那么工人阶级就应该以是否能够让生产力得到蓬勃发展为标准，来决定是否发动社会革命。

总之，1848年的欧洲大革命以后，欧洲的经济重新开始繁荣。在这种情况下，马克思从理论上认为，无产阶级革命的时机已经消失。在现实的革命实践中，马克思和恩格斯坚决反对任何继续发动工人阶级起义的行为。——1850年，他们带领着自己的拥护者退出了坚持要冒险发动革命的伦敦教育协会；1852年，在马克思的提议下，他们解散了自己为之写下不朽的《共产党宣言》并使它成为宣传、发动、组织、领导欧洲各国工人阶级奋起革命的领导核心的共产主义者同盟。

在各种公开场合，他们坚决反对一切仍然鼓动工人阶级发动革命的人和事。私下里，他们在甚至用“愚蠢的流亡者”、“蠢材”、“无赖”、“这帮家伙”，甚至是“蠢驴”等等这样的称谓，来称呼这些仍然自甘于做一个流亡者并成天鼓吹冒险主义的暴动的人，表现出了对这种人的忍无可忍的厌恶之心。他们讽刺这些人，说他们是一些干坏事的所谓“革命党”，是一些利用一切机会喋喋不休地宣扬那些搞暗杀和暴动的密谋计划的所谓“英雄”。

这一切，足见他们对这些人和这些人所干之事的坚决反对态度。由于他们断然与这些人划清了界线，终止了往来，所以遭到了很多人的误解。尽管他们因此一时看起来有些孤立，但是马克思这样告诉恩格斯说：

> 我却很喜欢你我二人目前所处的真正的离群独居状态。这种状态完全符合我们的立场和我们的原则。①

恩格斯也回应说：

> 人们越来越看出，流亡是一所学校，在这里，一个人如果不彻底脱离流亡生活，不满足于不同所谓“革命党”发生任何关系的独立著作家的地

---

① 《马克思恩格斯全集》第27卷，人民出版社1972年版，第205、206页。

位，他就必然会成为傻瓜、蠢驴或者十足的无赖。这是一所真正的诽谤和下流的学校，在这里最愚蠢的蠢驴会成为祖国的头号救世主。①

他还说，“革命”就像一个有不可抗拒的自然力量的漩涡，在不应该开展社会革命的时候，如果不和这个漩涡保持距离，就一定会被卷入到其中，所以

> 只有采取自主态度，**实质上**比其他人更革命，才能至少在一段时期对这个漩涡保持独立……
>
> ……实际上，我们总是要比这些空谈家更革命些，因为我们学到了一点东西，而他们却没有，因为我们知道自己所要做的是什么，而他们却不知道，因为在经历了最近三年来的所见所闻以后，我们对待一切比任何同这一切有利害关系的人更冷静得多。②

这时，马克思将自己的全部身心都投入到对政治经济学的研究工作中。他要用研究政治经济学的理论成果，回击和战胜那些因为他们不参加任何冒险主义者所鼓吹的所谓革命而出现的流言蜚语。对于马克思的这个选择，恩格斯表示完全赞同并给予了完全的支持。

（顺便说一下。因为马克思在1850年前后对无产阶级革命形势和工人运动应该采取的策略的看法和态度上发生了一百八十度的变化，所以有一种观点就把马克思的这一变化说成是，以1850年前后为界，马克思的观点发生了根本的变化，从鼓吹革命转变为反对革命，从激进转变为保守，从政治转向经济。这种观点是完全错误的，它看到了表面上的现象，却根本不了解马克思，也根本不理解马克思主义。而且，正是因为不懂马克思，所以它也只能看到表面现象，并依据这些表面现象发表一些“门外汉”的意见。）

第四，理论上的差别将最终导致对社会主义革命任务的确定和策略的选择。

对社会主义而言，如果革命的本质，就是解决建立公有制还是建立私有制的问题的话，那么解决所有制问题就是这场革命仅有的任务和唯一可以做的事情。如果真的是这样的话，那么这就意味着，社会主义革命可以，而且也应该在任何时候开展。

相反，如果革命的本质被认定是促进生产力的发展和培养现代无产阶级的成熟品质，那么是否发动革命，就应该而且必须依据生产力的发展情况而定。这个差别是一种自然的差别，即两种理论各自必然会导致的结果的差别。所以，

---

① 《马克思恩格斯全集》第27卷，人民出版社1972年版，第206、207页。

② 《马克思恩格斯全集》第27卷，人民出版社1972年版，第210、211页。

这个差别必定会体现在对社会主义运动中的人和事的认识、选择上，以及由此而产生的理论和行动上。

例如，由于1848年革命是在资本主义重新出现的繁荣中结束的，所以在对这场革命最终结果的评价上，一般都认为无产阶级在这场革命中失败了（这也是斯大林理论必然会得出的自然结论），因为资产阶级私有制不仅没有在1848年的革命中被消灭，反而得到了巩固。但是，马克思的观点却截然相反。他说：

> 除了很少几章之外，1848—1849年的革命编年史中每一个较为重要的章节，都冠有一个标题：**革命的失败！**
>
> 在这些失败中灭亡的并不是革命，而是革命前的传统的残余，是那些尚未发展到尖锐阶级对立地步的社会关系的产物，即革命党在二月革命以前没有摆脱的一些人物、幻想、观念和方案，这些都不是**二月胜利**所能使它摆脱的，只有一连串的**失败**才能使它摆脱。总之，革命的进展不是在它获得的直接的悲喜剧式的胜利中，相反，是在产生一个联合起来的、强大的反革命势力的过程中，即在产生一个敌对势力的过程中为自己开拓道路的，只是通过和这个敌对势力的斗争，主张变革的党才走向成熟，成为一个真正革命的党。①

马克思的这个结论，就是运用生产力标准对这个历史事件做出的最精准的判断。——任何一个社会形态，在它所能容纳的全部生产力发挥出来之前，是绝不会灭亡的；资产阶级的历史使命，就是创造出人类解放所需要的生产力；无产阶级是由资产阶级创造出来的，并且只有在资产阶级的充分发展中才能成熟起来；只有在资本主义所能创造出来的生产力基础上，无产阶级才能建成共产主义；所以资产阶级所取得的每一个胜利，都不能不同时是无产阶级的胜利；如果怯懦的资产阶级不能彻底完成自己的历史使命，那么无产阶级就应该代替它去完成这个使命。

事实证明，在1848年的大革命中，无产阶级之所以没能推翻资产阶级的统治取得社会主义革命的胜利，那是因为资产阶级还没有得到充分的发展。由于只有在资产阶级得到充分发展的时候，无产阶级的政党才能成为真正革命的党，无产阶级才能成为成熟的阶级并取得社会主义革命的胜利，所以资产阶级在这场革命中取得的胜利，同时也是无产阶级的胜利。就像恩格斯所说的那样，自从资产阶级建立起自己的阶级统治之后，它“取得任何一次胜利，都不得不同

---

① 《马克思恩格斯选集》第1卷，人民出版社2012年版，第445页。

一个新的社会力量分享”①，资产阶级的每一次胜利，同时也是工人阶级的胜利。在这场革命中灭亡的，不是无产阶级的社会主义革命，而是阻碍资本所能容纳的生产力发展的那些之前旧社会的残余，以及这些残余沉淀在无产阶级及其政党身上所形成的污垢。

马克思和恩格斯的观点，只不过是他们清醒地注意和观察在现实中发生的这些事情，而后有意识地把这些事情表达出来罢了。

（二）对生产力与生产关系之间关系的不同看法

在马克思的理论中，生产力与生产关系之间的关系是这样的：生产力（决定）→生产方式（决定）→生产关系。按照这个公式，他对资本主义生产方式进行了科学的分析，证明了

> 资本主义生产方式是一种特殊的、具有独特历史规定性的生产方式；它和任何其他一定的生产方式一样，把社会生产力及其发展形式的一定阶段作为自己的历史条件，而这个条件又是一个现行过程的历史结果和产物，并且是新生产方式由以产生的现成基础；同这种独特的、历史规定的生产方式相适应的生产关系，——即人们在他们的社会生活过程中、在他们的社会生活的生产中所处的各种关系，——具有独特的、历史的和暂时的性质。②

所以，尽管物质生产活动总是在一定的社会关系中进行的，但是在时间顺序上，总是先有生产力及其生产方式，后有生产关系，生产关系是由在它产生之前就已经存在的生产力、生产方式决定的和产生出来的。也就是说，相对于生产力、生产方式而言，生产关系始终是一个处于“被决定”的位置上的东西，而生产方式又是由生产力决定的。简单地说就是：生产力决定生产方式，生产方式决定生产关系。被生产方式决定的生产关系，是随着新的生产力、生产方式出现而被人们生产出的，是与生产方式相适应的生产的社会关系。也就是说，这种关系是为满足“生产”的要求而被人生产出来的，所以它本身是经济性质的东西，所以在一定的意义上说，它也就是生产本身——因为“只有在这些社

① 《马克思恩格斯选集》第3卷，人民出版社2012年版，第768页。
② 《马克思恩格斯全集》第25卷，人民出版社1974年版，第993页。

会联系和社会关系的范围内，才会有……生产”[①]。

我们再来看一看斯大林所使用的“生产关系”概念。他说：

> 生产力还只是生产的一方面，生产方式的一方面，其所表示的是人们对于他们所利用来生产物质资料的那些自然物象和力量的关系。生产的另一方面，生产方式的另一方面，便是人们彼此在生产过程中发生的关系，即人们的生产关系。[②]

第一，马克思认为“**主要生产力**，即**人**本身”[③]。这就是说，生产力主要是人与自身的关系。所以，斯大林把生产力看成“人们对于他们所利用来生产物质资料的那些自然物象和力量的关系”，是一个典型的“只是从**客体**的或者**直观**的形式去理解”[④] 的理论观点，显然是不对的。但是这个问题还不是我们现在要讨论的主要问题。

第二，我们现在要讨论的主要问题是：

首先，斯大林显然是把“生产”和“生产方式”混为一谈了，而实际上它们并不是一回事。生产是活动，生产方式是活动的形式。

其次，在把“生产”等同于“生产方式”之后，他引述了马克思在《雇佣劳动与资本》中分析“生产”的论述——“人们在生产中不仅影响着自然界，而且彼此互相影响着。他们如果不用相当方式结合起来共同活动和互相交换其活动，便不能进行生产。为了实现生产，人们便发生一定的联系和关系，只有经过这些社会联系和社会关系，才会有人们对于自然界的关系存在，才会有生产”[⑤] ——，然后就得出结论说：“所以，生产，生产方式是把社会的生产力和生产关系两者都包含在内，而体现着两者在物质资料生产过程中的统一”[⑥]。也就是说，斯大林按照自己对生产力和生产关系之间的关系的认识，得出了这样一个公式，即：“生产力 + 生产关系 = 生产方式”。这显然是一个与马克思给出的公式——“生产力→生产方式→生产关系”——完全不同的另外一个公式。这说明，斯大林对生产力和生产关系之间的关系的理解与马克思对这一关系的理解，是不同的。

---

① 《马克思恩格斯选集》第 1 卷，人民出版社 2012 年版，第 340 页。

② 《苏联共产党（布）历史简明教程》，人民出版社 1954 年版（第 8 版），第 157 页。

③ 《马克思恩格斯全集》第 46 卷上册，人民出版社 1979 年版，第 410 页。

④ 《马克思恩格斯选集》第 1 卷，人民出版社 2012 年版，第 137 页。

⑤ 《苏联共产党（布）历史简明教程》，人民出版社 1954 年版（第 8 版），第 157、158 页。另外：见《马克思恩格斯选集》第 1 卷，人民出版社 1972 年版，第 363 页。译文有一点不同。

⑥ 《苏联共产党（布）历史简明教程》，人民出版社 1954 年版（第 8 版），第 158 页。

按照斯大林的公式，生产关系和生产力是构成生产方式的两个方面，即是生产方式的内容，因此，在生产力和生产关系之外，生产方式本身就是一个无内容的“壳”。——作为一个容器，壳本身，只是一个无内容的空壳，因而是一个无关紧要的东西，向其中注入什么，它就随之是什么。这样一来，生产关系就是决定的一方，生产方式是被决定的东西。于是，事情就变成了这个样子，不是生产方式决定生产关系，而是生产关系决定生产方式，即：生产关系→生产方式。联系到他认为所有制是生产关系的基础的观点，即：所有制→生产关系。而所有制就是法的关系的一个具体形式。因此，实际上斯大林已经给出了这样一个公式：法的关系→生产关系→生产方式。这是一个与马克思的公式的逻辑顺序完全相反的公式。

马克思在回顾自己理论思想发展过程的时候说：

> 法的关系正像国家的形式一样，既不能从它们本身来理解，也不能从所谓人类精神的一般发展来理解，相反，它们根源于物质的生活关系……①

也就是说，马克思实现了一个理论上的飞跃，即从法的关系上升到生产关系，然后再从生产关系来理解法的关系，并且把生产关系理解为是由生产力和生产方式决定的东西。马克思给出的公式，就是实现了这个理论上的飞跃的结果。

而斯大林仍然停留在法的关系上，从法的关系本身来理解法的关系，并且把法的关系看成是生产关系的基础，同时还把生产方式看作是由生产关系决定的东西。斯大林给出的公式，就是没有实现这个理论上的飞跃的结果。

一旦认定生产方式本身只是一个无内容的空壳，那就意味着这种理论完全看不到事实上存在着的生产方式的“生产”性质，也就更看不到由于生产方式的传导作用而给生产关系注入了“生产”性质，而使生产关系成为“生产的”关系。也就是说，在这样的理论看来，生产关系不是为了满足生产的需要而来到世界上的，在阶级社会里，它只是一种反映阶级对立和阶级斗争的关系，即“政治的”关系。所以，它只是阶级对立和阶级斗争的表现形式，也就是说，它是政治性质的东西。

斯大林以生产关系为标准划分历史阶段，实际上就是提出了一个从阶级对立和阶级斗争的角度看历史的基本原则。所以，按照这个基本原则，社会发展的主要规律就是阶级对立和阶级斗争规律，研究这个规律就是唯物史观的主要

---

① 《马克思恩格斯选集》第2卷，人民出版社2012年版，第2页。

任务。因而就会进一步地得出这样的一个结论，即：唯物史观就是研究阶级对立和阶级斗争的理论。

斯大林在社会主义问题上的失误就在于，他只从财产关系（也就是“法的关系”）即所有制这个“表现形式”的角度去理解社会主义，而不从生产力这个“内在本质”的角度去理解历史。所以，以“阶级斗争”为主线（即基本特征）提出的用“五种基本类型的生产关系”划分历史，就是他的这一错误的具体的、极端的表现。因此，我们可以说，这是一个特别强调阶级对立和阶级斗争的、用五种基本类型的所有制划分历史阶段的理论，是一个没有全面真实地把握住历史事实的理论，因而是一个与马克思的科学理论完全不同的理论。

我们已经知道，马克思曾特别做出过一个声明，说共产主义者并不特别强调阶级对立和阶级斗争。因为在他科学的理论分析中，他明确地认识到，在历史中，只有资本主义社会才是建立在阶级对立和阶级斗争基础之上的社会。在《1848年至1850年的法兰西阶级斗争》一文的引言中，他又实际地运用这个理论思想分析了这场大革命中的现象。他是这样说的：“在这些失败中灭亡的并不是革命，而是革命前的传统的残余，是那些尚未发展到尖锐阶级对立地步的社会关系的产物”①。在这里，所谓“革命前的传统的残余”，说的就是从包括原始社会、奴隶社会和封建社会在内的旧时代流传下来的非资本主义的旧东西，而这些旧东西的共同特点，就是它们无一例外的都是“尚未发展到尖锐阶级对立地步的社会关系的产物”，即它们都是不以阶级对立和阶级斗争为基础的社会的产物，不是从建立在阶级对立和阶级斗争基础之上的资本主义社会关系中产生出来的东西。而所谓“发展到尖锐阶级对立地步的社会关系”，就是指社会生活的生产活动是以阶级对立和阶级斗争的形式进行的资本主义社会。

社会生活的生产活动是以阶级对立和阶级斗争的方式（生产方式）进行，是把资本主义社会与之前的一切社会区分开来的标志。这种生产方式决定了社会的生产活动借以实现的必然形式只能是资本家和工人自由地等价交换商品的形式。所以，只有资产阶级的社会中，社会关系才是已经“发展到尖锐阶级对立地步的社会关系”。阶级对立和阶级斗争是资产阶级生存的依据，离开了阶级对立和阶级斗争，资产阶级就不能过活——资本家不把直接进行生产的劳动者变成雇佣工人，自己也不能生存。所以，阶级对立和阶级斗争的存在是资产阶级的命脉。因此马克思说，特别强调阶级对立和阶级斗争的是资产阶级社会，是资产阶级的政治经济学，因为那是资产阶级的专利，而与共产主义学说无关。

---

① 《马克思恩格斯选集》第1卷，人民出版社2012年版，第445页。

阶级对立和阶级斗争自始至终就不是马克思和恩格斯用来分析、理解和把握历史发展过程的主线。主线是生产力。因为历史的本质是生产力发展的过程，所以历史是“经济”性质的东西（马克思说，“因为奴隶制是一个经济范畴，所以它总是存在于各民族的制度中”①，就是这个观点的具体表现），那么，在一般的情况下，就应该用经济的眼光来看历史，这才是正确的眼光。用经济的眼光看，历史上的绝大多数社会经济形态——原始社会、奴隶社会、封建社会——都不是建立在阶级对立和阶级斗争基础之上的，也就是说，它们的生产方式不是阶级对立和阶级斗争的方式，而是“父权制”、“奴隶制”、“等级制”的方式。既然历史是一个经济性质的东西，那么在一般的情况下，以阶级对立和阶级斗争为主线来分析、理解和把握历史发展过程，就是不科学的。

马克思和恩格斯用“阶级”一词专门指称资产阶级社会，就是因为在资产阶级占主导地位的社会中，阶级对立和阶级斗争与生产活动是重合的。或者说，在资本主义社会中，生产活动是以阶级对立和阶级斗争的形式进行的。具体地说，这个时代的经济是建立在“资本”和“劳动”分离基础之上的，资本家是人格化的资本，工人是人格化的劳动，因此资本家阶级与工人阶级的存在，是这个时代的经济活动的前提，没有这两个阶级的对立，就没有资产阶级社会。这就意味着，资产阶级和无产阶级的存在即“阶级”的存在，是决定这个时代之所以成为这个时代的决定性因素，是这个时代独有的特质。而且，就是在分析、理解和把握资产阶级社会的时候，我们也必须首先用经济的眼光来看阶级对立和阶级斗争，因为历史让资产阶级社会的经济生活和政治生活完全地重合在一起了，所以应该首先看到它是一种最能够促进生产力发展的生产方式，决不能把它看成是一个单纯的政治性质的东西。一旦离开了社会生活的生产活动，阶级对立和阶级斗争就不能成为分析、理解和把握资本主义社会的主线。

当然，在特定的情况下，马克思主义也用“政治”的眼光看历史。比如，在揭露资产阶级所宣扬的阶级是从来就有的东西的观点时，就可以说，随着生产力的发展，原始社会消亡，“阶级对立和阶级斗争构成了直到今日的全部**成文**史的内容”②，以揭露和驳斥资产阶级的谬误。

再有，如果有人向工人阶级鼓吹超越阶级对立和阶级斗争的所谓的社会主义的学说或者其他什么学说的时候，我们更应该指出，在一个建立在阶级对立和阶级斗争的生产方式仍然是当今世界绝大多数国家的生产方式、因而阶级对

---

① 《马克思恩格斯选集》第1卷，人民出版社2012年版，第224页。

② 《马克思恩格斯选集》第4卷，人民出版社2012年版，第13页。

立和阶级斗争仍然是我们这个“地球村”里政治生活的主旋律，而且这个政治生活的主旋律无时无刻不在影响着我们的经济生活和其他一切社会生活，在这个客观环境中，我们在首先用经济的眼光看当今的世界历史的同时，也不要忘记，还应该用政治的眼光来审视当今世界的历史性发展和我们国家的历史性的发展。用政治的眼光看，在以阶级对立和阶级斗争这个生产方式存在的经济形态，是一个无产阶级战胜资产阶级的过程，无产阶级的胜利固然靠生产力（即资本）的极大发展，但无产阶级团结一致的强大也是一个重要的方面，无产阶级的政权也是一种强大的经济力量。恩格斯说：

> 如果政治权力在经济上是无能为力的，那末我们又为什么要为无产阶级的政治专政而斗争呢？暴力（即国家权力）也是一种经济力量！①

因此，对一切损害我国人民民主专政的国家政权的人和事，都是要坚决反对的，不能任其泛滥。

在历史问题上，斯大林的问题不在于他看到了并强调阶级对立和阶级斗争的存在，而是在于，他没有看到历史是一个经济范畴，所以首先应该用经济的眼光看历史，其次再用政治的眼光看历史。

（三）马克思划分历史阶段的理论基点——历史是人本身的发展史

从历史是人本身即生产力发展的历史这个理论基点出发，马克思和恩格斯用“父权制”、“奴隶制”、“等级”、“阶级”这四个特定概念，指出了这四种社会借以从事社会生产活动的特有形式。

马克思强调指出，资本主义社会是一个以阶级对立的形式实现社会生产活动的社会，因而也是一个只有资本家和雇佣工人这两个阶级而决不允许有等级存在的社会，这正是它的历史进步之处，也正是它的“立命”之本。他说：

> **可见，资本家与雇佣工人的产生，是资本增值过程的主要产物。**普通经济学只看到生产出来的物品，而把这一点完全忽略了。既然在这个过程中，物化的劳动同时又表现为工人的**非对象性**，表现为与工人对立的一个主体的对象性，表现为工人之外的异己意志的**财产**，所以资本就必然地同时是**资本家**，而有些社会主义者则认为，我们需要资本，但不需要资本

---

① 《马克思恩格斯全集》第37卷，人民出版社1971年版，第490、491页。

> 家，——这是完全错误的。在资本的概念中包含着这样一点：劳动的客观条件（而这种客观条件是劳动本身的产物）对劳动来说**人格化了**，或者同样可以说，客观条件表现为对工人来说是异己的人格的财产。资本的概念中包含着资本家。①

他认为，看到这一点是特别重要的，这就是他的经济学比“普通经济学”的优越之处。他特别强调在全社会的范围内完全彻底地建立资产阶级和无产阶级的关系的历史意义，并说自己早在《共产党宣言》的第一章里，就详细地阐明了：

> **资产阶级的**经济**统治**，从而这样或那样形式的政治**统治**，无论对现代无产阶级的生存来说，或者对创造“实现无产阶级解放的物质条件”来说，都是基本的条件。一般说来，现代无产阶级的发展是受工业资产阶级的发展所制约的。只有在工业资产阶级统治下，它才能获得广大的全国规模的存在地位，这种存在地位能够把它的革命提高为全国规模的革命；只有**在工业资产阶级的统治下**，它才能创造出现代的生产资料，这种生产资料同时又是它所能用以达到革命解放的手段。只有**工业资产阶级的统治**才能除掉封建社会的物质根基，并且为**无产阶级革命**铺平它**唯一能借以实现的**地基。②

从其中马克思用黑体字所标示出来的文字即他特别强调的字眼来看，马克思认为，在历史的进程进入到了资本主导的时代以后，在这个历史阶段中，历史本身造就出了这样一个独特的社会现象，阶级关系即资产阶级与无产阶级的关系对历史的进步具有了决定性的意义。他说：无产阶级的

> 革命的进展不是在它获得的直接的悲喜剧式的胜利中，相反，是在产生一个联合起来的、强大的反革命势力的过程中，即在产生一个敌对势力的过程中为自己开拓道路的，只是通过和这个敌对势力的斗争，主张变革的党才走向成熟，成为一个真正革命的党。③
>
> 一般说来，工业无产阶级的发展是受工业资产阶级的发展制约的。在工业资产阶级统治下，它才能获得广大的全国规模的存在，从而能够把它的革命提高为全国规模的革命；在这种统治下，它才能创造出现代的生产

① 《马克思恩格斯全集》第46卷上册，人民出版社1979年版，第517页。
② 《马克思恩格斯全集》第14卷，人民出版社1964年版，第477页。
③ 《马克思恩格斯选集》第1卷，人民出版社2012年版，第445页。

资料，这种生产资料同时也正是它用以达到自身革命解放的手段。只有工业资产阶级的统治才能铲除封建社会的物质根底，并且铺平无产阶级革命唯一能借以实现的地基。法国的工业比大陆上其他地区的工业更发达，而法国的资产阶级比大陆上其他地区的资产阶级更革命。但是二月革命难道不是直接反对金融贵族的吗？这一事实证明，工业资产阶级并没有统治法国。工业资产阶级的统治只有在现代工业已按本身需要改造了一切所有制关系的地方才有可能实现；而工业又只有在它已夺得世界市场的时候才能达到这样强大的地步，因为在本国的疆界内是不能满足其发展需要的。……无怪乎巴黎无产阶级力图在资产阶级利益**旁边**实现自己的利益，而不是把自己的利益提出来当做社会本身的革命利益；无怪乎它在**三色**旗面前降下了**红**旗。在革命进程把站在无产阶级与资产阶级之间的国民大众即农民和小资产者发动起来反对资产阶级制度，反对资本统治以前，在革命进程迫使他们承认无产阶级是自己的先锋队而靠拢它以前，法国的工人们是不能前进一步，不能丝毫触动资产阶级制度的。工人们只能用惨重的六月失败做代价来换得这个胜利。①

马克思要证明的东西就是：只有在阶级对立成为了社会中唯一的生产关系的时候，或者说，只有在等级对立是社会中唯一的生产关系的封建社会的残余和影响被彻底从社会生活中铲除干净的时候，才可能有无产阶级革命的胜利；如果已经发生的无产阶级革命失败了，那么在失败中被消灭掉的只能是那些之前的旧社会的残余和影响，而享受胜利的也并不只是资产阶级，与资产阶级共同享受胜利的还有无产阶级，而且还是这些胜利的最终享受者。

马克思要证明的这个真理，是科学社会主义理论的核心思想。而确认资产阶级统治的社会是唯一的一个以阶级对立和阶级斗争社会关系为社会生产活动借以实现的形式的社会形态，则是确立这一真理的前提。

因此，只有在资产阶级占统治地位的历史阶段中，“阶级”才成为我们认识、理解、把握历史的关键。因为“阶级”就是历史本身在这个阶段上的自然，就是这个历史阶段中蕴含着能够为共产主义准备物质条件的生产力的生产方式。所以，只有在这个历史阶段中，阶级的存在才具有决定历史性质、推动历史前进的作用。而在它之前的其他历史阶段中，阶级或者只是隐含在其中的未发展起来的因素，或者只是居于次要的、对历史阶段的性质而言是居于非决定性地

① 《马克思恩格斯选集》第1卷，人民出版社2012年版，第454—455页。

位的因素。

用“阶级”一词来指称资产阶级社会，只是客观地描述了在“生产条件和劳动者分离”生产方式中，由于“资本”和“劳动”的生产职能分别由资本家和工人承担，因而阶级关系与生产关系完全重合这个事实，它指出了这个真实存在是这种社会经济形态独有的特点。由于这种分离是因为生产力发展所提出的要求而成为必要的和必然的生产方式的，所以马克思和恩格斯的着眼点，并不是这两个阶级之间的政治斗争，而是存在于其中的“生产”的关系。

我们必须要透过阶级对立和阶级斗争的政治形式，看到事情的本质：第一，这是一种“**从历史上看**……靠牺牲多数来强制地创造财富本身，即创造无限的社会劳动生产力”的生产关系，“是人本身的劳动的**异化过程**”，所以，在这一生产关系中，资本家与工人一样，也是受资本关系的奴役的，尽管他们是在对立的两极上。第二，“实际上，资本家对工人的统治，不过是独立化的**劳动条件**、独立于工人的**劳动条件**……对**工人**本身的统治，尽管这种关系只有在这样一种**实际生产过程**中才能实现，而这种实际生产过程，正如我们已经看到的，实质上是包括旧价值的保存在内的**剩余价值生产过程**，是**预付资本的自行增殖过程**”①。

总之，用“阶级”一词来称呼资产阶级占统治地位的社会，只是在强调，这时的社会赖以生存的生产活动，是在互为商品出卖者的资本家和工人在流通中相互对立这一方式实现的。因而，他们之间的关系，首先是“生产”的关系，因为资本本身就是“生产”的。

马克思透过“阶级”关系的外表，看到了它的“生产”的本质，从生产力、生产方式的角度即历史的角度，看到了一种最能促进生产力发展的生产关系。他说，与以前的生产关系相比较，

> 劳动和所有权（后者应理解为对于生产条件的所有权）之间的分离、破裂和对立就成为必要了。这种破裂的最极端的形式（在这种形式下社会劳动的生产力同时会得到最有力的发展）就是资本的形式。②

而同样是面对资本家阶级与工人阶级的对立、生产条件与劳动者的分离，斯大林只看到了“阶级”这个社会关系的外表，所以他所看到的，就只有剥削和阶级斗争。这样一来，他也只能把问题说到这样的程度上，即：由于工人

---

① 《马克思恩格斯全集》第49卷，人民出版社1982年版，第48、49页。

② 《马克思恩格斯全集》第26卷第三册，人民出版社1974年版，第466页。

“没有生产资料，所以他们为要不致饿死，便不得不出卖自己的劳动力给资本家，并忍受繁重的剥削”①。他停留在了政治的层面上，止步不前。

奴隶社会和封建社会也是存在阶级对立和阶级斗争的社会，但是从生产力、生产方式来看，即从历史本身来看，在这两个社会经济形态中，阶级关系并不是决定这两个历史发展过程特质的因素。也就是说，阶级对立和阶级斗争并不表现为生产者对生产条件的关系，因而也就不是历史的自然面貌。例如，马克思以古罗马为例，指出了奴隶社会中的阶级对立和阶级斗争，与现代社会的阶级对立和阶级斗争的区别：

> 在古代的罗马，阶级斗争只是在享有特权的少数人内部进行，只是在自由富人与自由穷人之间进行，而从事生产的广大民众，即奴隶，则不过为这些斗士充当消极的舞台台柱。人们忘记了**西斯蒙第**所说的一句中肯的评语：罗马的无产阶级依靠社会过活，现代社会则依靠无产阶级过活。由于古代阶级斗争同现代阶级斗争在物质经济条件方面有这样的根本区别，在由这种斗争所产生的政治人物之间，也就不能比坎特伯雷大主教与祭司长撒母耳之间有更多的共同点了。②

传统理论认为，奴隶社会中的阶级对立和阶级斗争是在奴隶主与奴隶之间进行的，而马克思却认为，在古代罗马，奴隶主与奴隶之间不存在阶级对立和阶级斗争问题。这是为什么？因为从生产方式上看，由于奴隶不是生产者，而是生产工具，是生产者（即奴隶主）的生产条件，是他们的一部分财产，所以奴隶属于“物”的范畴，不属于“人”的范畴。马克思是这样说的：

> 在奴隶制关系下，劳动者属于**个别的特殊的所有者**，是这种所有者的工作机。劳动者作为力的表现的总体，作为劳动能力，是属于他人的物，因而劳动者不是作为主体同自己的力的特殊表现即自己的活的劳动活动发生关系。在农奴依附关系下，劳动者表现为土地财产本身的要素，完全和役畜一样是土地的附属品。在奴隶制关系下，劳动者只不过是活的工作机，因而它对别人来说具有价值，或者更确切地说，它是价值。③
>
> 在奴隶制关系和农奴制依附关系中……社会的一部分被社会的另一部分简单地当作自身再生产的**无机自然**条件来对待。奴隶同自身劳动的客观

---

① 《苏联共产党（布）历史简明教程》，人民出版社1954年版（第8版），第164页。

② 《马克思恩格斯全集》第16卷，人民出版社1964年版，第405、406页。

③ 《马克思恩格斯全集》第46卷上册，人民出版社1979年版，第462、463页。

条件没有任何关系；而**劳动**本身，无论采取的是奴隶的形态，还是农奴的形态，都是作为生产的**无机条件**与其他自然物同属一类的，是与牲畜并列的，或者是土地的附属物。①

（四）《经济学手稿》对划分历史阶段标准问题的思考

从唯物史观出发，马克思看历史的着眼点是“活的和活动的人同他们与自然界进行物质交换的自然无机条件”② 之间的关系（即生产力）。他就是以这一关系的不同性质为标准，划分历史阶段的。

他将这一关系中的属于“**资产阶级以前**的关系”，称之为“个人……对劳动的**自然**客观条件”③ 的关系。他认为，这种关系有多种实现形式，但无论形式有多么不同，它们的共同特点是：

> 劳动者把自己劳动的客观条件看作自己的财产；这就是劳动同劳动的物质前提的天然统一。因此劳动者不依赖劳动就拥有客观的存在。个人把自己看作所有者，看作自己现实条件的主人。……
>
> ……各个个人都不是把自己当作劳动者，而是把自己当作所有者和同时也进行劳动的共同体成员。这种劳动的目的不是为了**创造价值**……相反，他们劳动的目的是为了保证各个所有者及其家庭以及整个共同体的生存。④

在《经济学手稿》中，对于这个问题马克思是经过了反复的思考的，因此手稿中有多处讲到这个问题。同时这也说明，这个问题是他理论中的一个十分重要的、可以说是关键的支撑点。

他在经济学手稿中反复强调说：

> 这里问题的关键从根本上说来如下。在所有这些形式中，土地财产和农业构成经济制度的基础，因而经济的目的是生产使用价值，是在个人对公社（个人构成公社的基础）的一定关系中**把个人再生产**出来——在所有这些形式中，都存在着以下的特点：

---

① 《马克思恩格斯全集》第 46 卷上册，人民出版社 1979 年版，第 488 页。
② 《马克思恩格斯全集》第 46 卷上册，人民出版社 1979 年版，第 488 页。
③ 《马克思恩格斯全集》第 46 卷上册，人民出版社 1979 年版，第 487 页。
④ 《马克思恩格斯全集》第 46 卷上册，人民出版社 1979 年版，第 471 页。

“(1) 对劳动的自然条件的占有，即对**土地**这种最初的劳动工具、实验场和原料贮藏所的占有，不是通过劳动进行的，而是劳动的前提。个人把劳动的客观条件简单地看作是自己的东西，看作是自己的主体得到自我实现的无机自然。劳动的主要客观条件并不是劳动的**产物**，而是**自然**。一方面，是活的个人，另一方面，是作为个人再生产的客观条件的土地。

(2) 但是，这种把土地当作劳动的个人的财产来看待的**关系**……直接要以个人作为**某一公社成员**的自然形成的、或多或少历史地发展了的和变化了的存在，要以他作为部落等等成员的自然形成的存在为媒介。①

这就是资本主义以前的个人与劳动条件或者说与自己的生存条件的关系，即财产的原始形式。而“财产的各种原始形式，必然归结为把各种制约着生产的客观因素看作归自己所有这样一种关系；这些原始形式构成各种形式的共同体的经济基础，同样它们又以一定形式的共同体作为前提”②。这些原始的关系，是一种相对于资产阶级关系而言的关系。两者之间的截然不同，表现在：原始关系是“自然”形成的，而资产阶级关系是由“社会”决定的。——资产阶级关系以前的原始关系，是个人对劳动的自然客观条件的关系，也是从个人直接的自然中产生的；而资产阶级关系，则“是劳动对资本的关系，或者说，劳动对作为资本的劳动客观条件的关系”③，在这种关系中，“个人的直接产品不是为个人的产品，只有在社会过程中它才**成为**这样的产品……而这种情况就已经包含着对个人的自然存在的完全否定，因而个人完全是由社会所决定的”④。

在雇佣劳动与资本的关系中，劳动者和劳动条件发生了“分离”。他说：需要说明的“不是活的和活动的人同他们与自然界进行物质变换的自然无机条件之间的**统一**”，因为这是人类的原始状态。需要说明的是这种原始的状态在什么时候、什么条件下发生了变化，即“人类存在的这些无机条件同这种活动的存在之间的**分离**”⑤。——这，就是马克思给自己提出的任务。

马克思把资产阶级关系以前的原始关系定义为：“公社或部落成员对部落土地（即对于部落所定居的土地）的关系”⑥，并将它分为了三种形式，指出，劳动对资本的关系或者说劳动对作为资本的劳动客观条件的关系，是以促使这三

① 《马克思恩格斯全集》第46卷上册，人民出版社1979年版，第482、483页。
② 《马克思恩格斯全集》第46卷上册，人民出版社1979年版，第502页。
③ 《马克思恩格斯全集》第46卷上册，人民出版社1979年版，第498页。
④ 《马克思恩格斯全集》第46卷上册，人民出版社1979年版，第200页。
⑤ 《马克思恩格斯全集》第46卷上册，人民出版社1979年版，第488页。
⑥ 《马克思恩格斯全集》第46卷上册，人民出版社1979年版，第484页。

种不同形式的关系“发生解体的历史过程为前提的”①。（当然，马克思的论述是以欧洲的历史为依据的。中国历史的具体情况与欧洲历史的情况是有显著区别的。但是，这并不影响马克思所提出的基本观点的科学性。）

发生解体的第一种形式的关系，是“劳动者把土地当作生产的自然条件的那种关系”。

这种形式的关系是构成历史本身的关系，即劳动者在历史中居于主体地位的关系（其他两种形式的关系，则是居于次要的或辅助地位的关系）。他指出：

> 这种所有制所表现出来的一切形式，都是以这样一种**共同体**为前提的，这种共同体的成员彼此间虽然可能有形式上的差异，但作为共同体的成员，他们都是所有者。所以，这种所有制的原始形式本身就是**直接的公有制**（**东方形式**，这种形式在斯拉夫人那里有所变形；直到发展成对立物，但在古代的和日耳曼的所有制中仍然是隐蔽的——尽管是对立的——基础）。②

也就是说，第一种形式包括三个类型：第一个类型是这种所有制原始形式的“直接的公有制”，另外两个类型是以公有制为自己隐蔽的基础的“古代的和日耳曼的所有制”。

其中第一个类型作为以部落体为基础的直接的“公有制”，是这种关系自然形成的原始形式即部落所有制、父权制。在这种情况下，单个人只是占有者，决不存在土地的私有制。第二个类型是“所有制表现为国家所有同私人所有相并列的双重形式”，是原始部落更为动荡的历史生活、各种遭遇以及变化的产物即公社所有制和国家所有制、奴隶制。“在这种情况下，后者被前者所制约，因为只有国家公民才是并且必定是私有者，但另一方面，作为国家公民，他的所有又同时具有特殊的存在。”③ 第三个类型是“公社所有制仅仅表现为个人所有

---

① 《马克思恩格斯全集》第46卷上册，人民出版社1979年版，第498页。

② 《马克思恩格斯全集》第46卷上册，人民出版社1979年版，第498页。

③ 对于奴隶社会的所有制的特点，马克思是这样说的：“他生来是罗马公民，对公有地有（至少是）观念上的要求权，而对于若干罗马亩的土地等等则有实际上的要求权”（见《马克思恩格斯全集》第46卷上册，人民出版社1979年版，第489页）。

制的补充"①，是中世纪（或日耳曼时代）日耳曼的所有制（即等级制、封建制）。这是一种特殊的、非典型的公社所有制，"在这种情况下，个人所有制表现为公社所有制的基础，而公社本身，除了存在于公社成员的集会和他们为了公共目的联合中以外，完全不存在"②。

马克思指出，虽然这三个类型的所有制有非常大的差别，而且从表面上看，后两个类型甚至表现为第一个类型的"对立物"，但是它们在本质上是一样的，都是"以公社成员身分为媒介的所有制"，第一个类型是原始的形式，奴隶制和农奴制是从原始的形式中派生出来的形式。

他的理由是：

第一，奴隶制和农奴制是部落共同体为基础的所有制在历史中的自然的延伸。

> 某一个共同体，在它把生产的自然条件……当作**自己的**东西来对待时，会碰到的唯一障碍，就是业已把这些条件当作自己无机体而加以占据的**另一共同体**。因此**战争**就是每一个这种自然形成的共同体的最原始的工作之一，既用以保护财产，又用以获得财产"。在战争中，这个共同体作为胜利者，它"假如把人本身也作为土地的有机附属物而同土地一起加以夺取，那么，这也就是把他作为生产的条件之一而一并加以夺取，这样便产生奴隶制和农奴制，而奴隶制和农奴制很快就败坏和改变一切共同体的原始形式，并使自己成为它们的基础。③

第二，奴隶制和农奴制并没有造成人同他们与自然界进行物质变换的自然无机条件之间的分离。

> 在奴隶制关系和农奴制依附关系中，没有这种分离；而是社会的一部分被社会的另一部分简单地当作自身再生产的**无机自然**条件来对待。奴隶

---

① 在《经济学手稿》中，马克思没有明确说"日耳曼的所有制"就是封建等级制度，但是我们可以通过与《德意志意识形态》中的论述相对照来认定。《经济学手稿》中说："古典古代的历史是城市的历史，不过这是以土地财产和农业为基础的城市；亚细亚的历史是城市和乡村无差别的统一……；中世纪（日耳曼时代）是从乡村这个历史的舞台出发的"（见《马克思恩格斯全集》第46卷上册，人民出版社1979年版，第480页）。《德意志意识形态》将历史上的所有制形式分为"部落所有制"、"古代公社所有制和国家所有制"和"封建的或等级的所有制"，指出"古代的起点是**城市**及其狭小的领域，中世纪的起点则是**乡村**。……这些情况以及受其制约的进行征服的组织方式，在日耳曼人的军事制度的影响下，发展了封建所有制"（见《马克思恩格斯选集》第1卷，人民出版社2012年版，第149页）。

② 《马克思恩格斯全集》第46卷上册，人民出版社1979年版，第484页。

③ 《马克思恩格斯全集》第46卷上册，人民出版社1979年版，第490、491页。

> 同自身劳动的客观条件没有任何关系；而**劳动**本身，无论采取的是奴隶的形态，还是农奴的形态，都是作为生产的**无机条件**与其他自然物同属一类的，是与牲畜并列的，或者是土地的附属物。①

第三，奴隶制和农奴制只是以部落体为基础的财产的继续发展。

> 以部落体（共同体最初就归结为部落体）为基础的财产的基本条件就是：必须是部落的成员。这就使被这个部落所征服或制服的其他部落**丧失财产**，而且使它沦为这个部落的再生产的**无机条件**之一，共同体是把这些条件看作归自己所有的东西。所以，奴隶制和农奴制只是这种以部落体为基础的财产的继续发展。②

发生解体的第一种形式是主要的形式，指的就是我们通常所说的原始社会、奴隶社会和封建社会。第二种和第三种形式是主要形式的变体，是主体形式的两种特殊实现的形式。

发生解体的第二种形式的关系，是“劳动者是工具所有者的那种关系”。

这是一种次要的关系，是第一种形式的关系的变种。马克思指出，这种关系是“以手工业劳动这一工业劳动发展的特殊形式为前提；同这种劳动形式相联系的是行会同业公会制度等等”。虽然“行会同业公会制度……的基本性质，应该归结为生产工具（劳动工具）归自己所有，这不同于把土地（原料本身）看作归自己所有”，但是它仍然是以共同体为基础的，只不过在这里，共同体不再像把土地看作归自己所有的那种共同体那样是“以一种自然形成的形式出现了，共同体本身已经是被创造出来的、产生出来的、派生出来的、由劳动者本身创造出来的共同体”。作为这种“劳动者作为工具所有者来进行劳动”的共同体，一方面它“意味着工具包括在他个人的劳动之内，也就是意味着劳动生产力的发展处在特殊的有限的阶段上”；另一方面它表明，这种共同体即“**劳动者表现为所有者**或表现为**进行劳动的所有者**的这种形式”，在它“已经成为一种与**土地财产**并存并且存在于土地财产之外的独立形式”的地方，“就已经有了与第一个历史阶段并存并且存在于第一个历史阶段之外的第二个历史阶段；而第一个历史阶段本身，由于**上述第二类财产**或**第二类从事劳动的所有者**独立出来，就不能不以大大改变了的面貌出现”。虽然这第二种历史状态（即劳动者是工具所有者的那种关系）大大改变了第一种历史状态（即劳动者把土地当作生产的

---

① 《马克思恩格斯全集》第46卷上册，人民出版社1979年版，第488页。
② 《马克思恩格斯全集》第46卷上册，人民出版社1979年版，第492页。

自然条件的那种关系）的面貌，但是“它按其本性只有作为第一种状态的对立物，或者可以说，同时作为已经改变的第一种状态的补充物，才能存在”①。

在分别论述了这两种历史状态之后，马克思特别指出：

> 在以上两种情况下，劳动者在生产开始**以前**都具有了作为生产者来生活——也就是在生产期间即在完成生产以前维持生活——所必需的消费品。作为土地所有者，他直接拥有必要的消费储备。作为行会师傅，他继承、赚得、积蓄这种消费储备，而作为徒弟，他不过是一个**学徒**，还完全不是真正的、独立的劳动者，而是按照家长制寄食于师傅。作为（真正的）帮工，他在一定程度上分享师傅所有的消费储备。这种储备即使不是帮工的**财产**，按照行会的法规和习惯等等，至少是他的共同占有物等等。②

马克思认为这一点是很重要的。这一点之所以重要，是因为它是说明第二种形式的关系只是第一种形式的关系的变种的重要证据。第二种形式的关系虽然从第一种形式的关系中独立出来，以大大改变了的面貌出现并与第一种形式的关系并列地存在于世界上，其实它在本质上与第一种形式的关系是一样的。马克思在论述中指出了三个证据。第一个证据是，劳动者在生产开始以前具有了作为生产者来生活所必需的消费品这一点上，它们是完全一样的；第一个证据是，“特殊种类的劳动，其中的技艺，以及与之相适应的对工具的所有 = 对生产条件的所有”；第二个证据是，第二种形式的关系中虽然“不包含奴隶制和农奴制，但可以在种姓制度的形式中得到类似的否定的发展”。也就是说，第二种形式的关系与第一种形式的关系一样，自身中也包含着产生自己的对立物的趋势，这种自身天然包含着的可能性，因此必然会导致其单纯肯定性质的丧失，只不过前者表现为奴隶制、农奴制，后者表现为种姓制而已。所以，它们都是以共同体为基础的和以共同体下的劳动为基础的所有制的必然的和当然的结果，都是财产的原始形式。正因为如此，马克思也把第一种形式的关系称之为“财产的各种原始形式”的“第一种历史状态”，把第二种形式的关系称之为“第二种历史状态”，也就是说，第二种形式的关系实质上还是“以大大改变了的面貌出现”的第一种形式的关系。

另外，马克思把侍从对领主的关系，也归入第二种关系的形式中。他认为，与农奴制同时存在的“侍从对他们封建领主的关系，或者说履行个人服务的关

---

① 《马克思恩格斯全集》第46卷上册，人民出版社1979年版，第500、501页。

② 《马克思恩格斯全集》第46卷上册，人民出版社1979年版，第499页。

系”，因其“统治关系表现为本质的占有关系”，所以这种“统治和隶属的关系也进入了生产工具占有的这种公式内”。他同时指出：“这些统治和隶属关系构成所有原始的财产关系和生产关系的发展和灭亡的必要酵母，同时它们又表现出这些关系的局限性”①。

发生解体的第三种形式的关系，是在奴隶制和农奴制社会中存在的劳动者只是生活资料所有者的那种关系。

关于第三种形式的关系，马克思说了两种情况。

第一种情况是，在奴隶和农奴身上承载着的那种“**劳动者本身、活的劳动能力的体现者**本身，**还直接属于生产的客观条件**，而且他们作为这种客观条件被人占有，因而成为奴隶和农奴”的关系。由于对资本说来，工人不是生产条件，“资本占有的不是工人，而是他的劳动，不是直接地占有，而是通过交换来占有”②。所以，在奴隶和农奴身上承载着的这种关系必须解体。

第二种情况是，作为一种“**可能的形式**，就是劳动者本身只是生活资料的所有者，生活资料表现为劳动主体的自然条件，而无论是土地，还是工具，甚至劳动本身，都不归自己所有。这种形式实质上是奴隶制和农奴制的公式，在工人同作为资本的生产条件的关系中，它也同样被否定了，表现为在历史上已经解体的状态”③。马克思说，这种财产形式“即对生活资料的所有权——如果不是归结为奴隶制和农奴制——不可能包含**劳动的**个人对生产条件，因而对生存条件的关系。因此，它只能是以土地财产为基础的原始共同体的这样一些成员的关系，他们失去了自己的土地财产，但还没有达到第二种财产形式；面包和娱乐时代的罗马平民的情形就是这样”④。这种形式的关系是一种辅助的关系，它依附于第一种形式的关系中的第二个类型和第三个类型而存在。

马克思所提到的罗马平民是奴隶主集团中的一部分人，他们因某种原因失去了土地等财产，但是他们并没有因此而变成雇佣工人，却成为了无所事事的游民。在奴隶制和农奴制中，类似的现象时有发生。这些人虽然组成了统治集团中的无产者阶级，但是他们仍然属于原有的共同体，即奴隶主集团或农奴主集团，因此他们的出现对当时的历史发展进程没有什么革命意义，对历史而言，他们并不重要。马克思并不是在阶级对立和阶级斗争角度上提及奴隶制和农奴制中的这一现象，只是把它视为当时存在的一种财产形式。

---

① 《马克思恩格斯全集》第46卷上册，人民出版社1979年版，第502、503页。

② 《马克思恩格斯全集》第46卷上册，人民出版社1979年版，第499页。

③ 《马克思恩格斯全集》第46卷上册，人民出版社1979年版，第502页。

④ 《马克思恩格斯全集》第46卷上册，人民出版社1979年版，第502页。

马克思之所以用相当的篇幅来探讨资产阶级出现以前的各种形式的关系，其目的，就是要弄清楚资产阶级以前的关系与资产的关系的不同之处。经过研究，他指出的不同之处有：

第一，从生产的条件上看，在资本以前的各种形式的关系中，生产条件都是自然的客观的，即是自然形成的生产条件，而资本关系的生产条件则是社会的主观的，即：是社会决定的和人们自己制造出来的生产条件；

第二，从生产的方式上看，资本以前的各种形式的关系是活的和活动的人同他们与自然界进行物质变换的自然无机条件之间的统一，而资本关系则是活的和活动的人同他们与自然界进行物质变换的自然无机条件之间的分离——在现实生活中，第二条和第一条是紧密地联系在一起的，即“分离”本身就表明，生产条件是由社会决定的。比如，在资本的关系中，“活的劳动能力与其客观条件相分离；对客观条件的关系——或劳动能力对自己的客体性的关系——成了对他人的财产的关系；一句话，对客观条件的关系，成了对**资本**的关系”①；

第三，从生产的目的上看，在资本以前的各种形式的关系中占优势的是使用价值，是以使用价值为直接目的的生产，而资本关系中，占统治地位的是交换价值，是以体现在货币上的价值为目的的生产；

第四，资本以前的各种形式的关系都是以共同体为基础的，即共同体是作为生产条件存在的，一方面共同体中的个人把各种制约着生产的客观因素看作归自己所有，即个人把劳动条件看作是自己的东西，构成了共同体的经济基础，另一方面这又是以个人作为某一共同体的成员的一定的存在即一定形式的共同体的存在作为前提的，而资本关系则是以孤立个人为基础的，这时，“作为孤立个人的人便只有依靠自己了……例如……工人完全丧失了客观存在的资料，他只是主观上存在着；而和他**对立的**东西，现在却变成了**真正的共同体**，工人力图吞食它，它却吞食着工人”②。

第五，在以交换价值为基础的社会中，“平等”和“自由”得以产生和受到了尊重。“这种意义上的平等和自由恰好是古代的自由和平等的反面。古代的自由和平等恰恰不是以发展了的交换价值为基础，相反的是由于交换价值的发展而毁灭。而现代意义上的平等和自由所要求的生产关系，在古代世界还没有实现，在中世纪也没有实现。古代世界的基础是直接的强制劳动；当时共同体就建立在这种强制劳动的现成基础上；作为中世纪的基础的劳动，本身是一种

① 《马克思恩格斯全集》第46卷上册，人民出版社1979年版，第513页。

② 《马克思恩格斯全集》第46卷上册，人民出版社1979年版，第497页。

特权，是尚处在孤立分散状态的劳动，而不是生产一般交换价值的劳动。[资本主义社会里的] 劳动既不是强制劳动，也不是中世纪那种要听命于作为最高机构的共同组织（同业公会）的劳动"①。

马克思指出，以上这些资本以前的各种关系与资本关系的不同之处说明：资本以前的各种形式的关系必然地只和在狭隘的范围内发展的有限的而且是原则上有限的生产力的发展相适应，它们的解体就是人类生产力的某种发展。虽然在资产阶级以前的各种关系中，不管是处在怎样狭隘的民族的、宗教的、政治的规定上，人始终表现为生产的目的，并因此而显得比较崇高，但这只是在"寻求闭锁的形态、形式以及寻求既定的限制的一切方面"② 这个范围内，才显得较为崇高而已，它们所能提供的只是从局限观点来看的满足。而在资本关系中，生产表现为人的目的，财产则表现为生产的目的，也就是说，它对一切既定的片面目的的废弃表现为为了财富这种纯粹外在的目的而牺牲了自己的目的本身即人本身，但是它在普遍交换中必将造成个人的需要、才能、享用、生产力等等的普遍性，造成人对自然力（包括外在的自然力和人本身的自然力）统治的充分发展，造成人的创造天赋的绝对发挥。总而言之一句话，它将造成人的内在本质的充分发挥，所以它不向人们提供"满足"，在资本关系中，凡是"以自我满足而出现的地方，它就是**卑俗的**"③。

在以上研究的基础上，马克思说，资本关系的出现，是历史上四种关系解体和两个条件确立的结果。

解体的四个关系是：

第一，"既是把劳动者束缚于土地和土地的主人而实际又以劳动者对生活资料的所有为前提的农奴制关系的解体，因而这实质上是劳动者与土地相分离的过程"；

第二，"也是使劳动者成为自耕农、成为自由劳动的小土地所有者或佃农（隶农）、成为自由的农民的土地所有制关系的解体"；

第三，"也是以劳动者对劳动工具的所有为前提的并且把作为一定手工业技能的劳动本身当作财产（而不仅仅是当作财产的来源）的那种行会关系的解体"；

第四，"同样也是各种不同形式的保护关系的解体，在这些关系中，**非所有**

---

① 《马克思恩格斯全集》第 46 卷上册，人民出版社 1979 年版，第 197 页。

② 《马克思恩格斯全集》第 46 卷上册，人民出版社 1979 年版，第 486 页。

③ 《马克思恩格斯全集》第 46 卷上册，人民出版社 1979 年版，第 487 页。

者作为自己主人的仆从表现为剩余产品的共同消费者，并且以此为代价，穿着自己主人的仆役制服，参加主人的争斗，从事想象的或实际的个人服务等等”①。

确立的两个条件是：

第一，“一方面，前提是这样一些历史过程，这些历史过程使一个民族等等的大批个人，处于一种即使最初不是真正的自由工人的地位，但无论如何是可能的自由工人的地位，他们唯一的财产是他们的劳动能力，和把劳动能力与现有价值交换的可能性”；

第二，“另一方面，所有客观的生产条件作为**他人财产**，作为这些个人的**非财产**，和这些个人相对立，但同时这些客观条件作为**价值**是可以交换的，因而在一定程度上可以由活劳动占有”②。

最后，马克思指出，资本关系作为历史的第二个阶段，是历史进入第三个阶段必然的过渡点——“在资本对雇佣劳动的关系中，劳动即生产活动对它本身的条件和对它本身的产品的关系所表现出来的极端的异化形式，是一个必然的过渡点③，因此，它已经自在地但还只是以歪曲的头脚倒置的形式，包含着一切狭隘的生产前提的解体，而且它还创造和建立无条件的生产前提，从而为个人生产力的全面的、普遍的发展创造和建立充分的物质条件”④。

（五）小结

概括地讲，斯大林的观点与马克思的观点有以下几个不同之处：

第一个不同：“生产方式”不是被看成一个有自身独立含义的概念。

斯大林把生产方式定义为：“是把社会的生产力和人们的生产关系两者都包含在内，而体现着两者在物质资料生产过程中的统一”。这就意味着，理论只讲生产力和生产关系就行了，而生产方式这个原本与生产力和生产关系并列的、

---

① 《马克思恩格斯全集》第46卷上册，人民出版社1979年版，第504、505页。

② 《马克思恩格斯全集》第46卷上册，人民出版社1979年版，第504页。

③ 活的劳动能力对客观条件的关系变成为“对**资本**的关系”，这是历史的“必然的过渡点”。类似的话马克思在原计划的《资本论》第一卷的结束部分中也说过，即：“**从历史上看**，这种颠倒是靠牺牲多数来强制地创造财富本身，即创造无限的社会劳动生产力的必经之点，只有这种无限的社会劳动生产力才能构成自由人类社会的物质基础。这种对立的形式是必须经过的，正象人起初必须以宗教的形式把自己的精神力量作为一种独立的力量来与自己相对立完全一样。这是人本身的**劳动的异化过程**。”（见《马克思恩格斯全集》第49卷，人民出版社1982年版，第49页）

④ 《马克思恩格斯全集》第46卷上册，人民出版社1979年版，第520页。

与它们一起构成了人的生产活动的独立概念，就这样被事实上取消了。

第二个不同："生产力"不再被看成是人本身的创造天赋、能力。

斯大林说，"生产物质资料时所使用的**生产工具**，以及因有相当**生产经验**和**劳动技能**而发动着生产工具并实现着物质资料生产的**人**——这些要素总合起来，便构成为社会的**生产力**"[①]，而生产力的变更和发展"首先是从生产工具的变更和发展上开始"[②] 的，"由于生产工具的变更和发展，人们，即生产力中最重要的元素，也随着变更和发展起来，他们的生产经验，劳动技能以及运用生产工具的本领，也随着变更和发展起来"[③]。就是说，他虽然也说人是"生产力中最重要的元素"，但是他还是认为，是生产工具决定人的能力。个人本身的力量被从生产力本身降格为构成生产力的第二个要素；而生产工具则从个人本身力量的物化或外化的东西升格为构成生产力的第一个要素，即起决定作用的要素（好像它们是为了变更和发展人而从天上掉下来的似的）。这就意味着，他只是从客体的或者直观的形式去理解生产力，而不是从主观方面把生产力当作人的天性的财富和感性的活动去理解，当作历史本身去理解。

第三个不同："历史"不再被看成是人们的个体发展的历史。

斯大林说，"社会发展史同时也就是物质资料生产者本身的历史，即身为生产过程中基本力量并实现着社会生存所必需物质资料生产的那些劳动群众的历史"、"人民的历史"[④]。就是说，历史被缩小为只是一部分人的历史——只是直接生产物资资料的人的历史，而另外的一部分人却被置于历史之外。这就意味着，在他的理论中，资本家不像马克思所认为的那样，是其所生活的那个时代社会机构中的一个主动轮；而生产力也不像恩格斯所说的那样，只有在资产阶级手中才达到了这样的发展水平，使得阶级差别的消除成为真正的进步，使得这种消除持久巩固，并且不致在社会的生产方式中引起停滞甚至衰落。

第四个不同："生产关系"不再被看成是有了"生产方式"之后才会有的东西。

斯大林说，社会革命的使命就是"破坏现存生产关系，并建立起适合于生产力性质的新生产关系"[⑤]，就是说，无产阶级是可以通过改变生产关系来发展生产力。按照这个观点，马克思和恩格斯对巴黎公社的赞扬——即：公社莫大

① 《苏联共产党（布）历史简明教程》，人民出版社1954年版（第8版），第157页。
② 《苏联共产党（布）历史简明教程》，人民出版社1954年版（第8版），第159页。
③ 《苏联共产党（布）历史简明教程》，人民出版社1954年版（第8版），第161页。
④ 《苏联共产党（布）历史简明教程》，人民出版社1954年版（第8版），第159页。
⑤ 《苏联共产党（布）历史简明教程》，人民出版社1954年版（第8版），第160页。

的荣幸就在于它所采取的措施除了倾向之外没有一点社会主义的东西，它并没有想靠人民的法令来实现现成的乌托邦——不对了，公社还是应该通过人民的法令没收资本家的财产，建立公有制，让先行改变了的生产关系反转来加速生产力的发展才对。在斯大林的理论中，完全看不到“生产方式”的影子。

第五个不同：“生产力”和“生产关系”不再是对生产活动的不同层面的理论描述。

斯大林说，“生产力的状况所回答的是人们用怎样的生产工具来生产他们所必需的物质资料的问题，而生产关系的状况所回答的问题则是生产资料……归谁所有，生产资料由谁支配——是由全社会支配，还是由单个的人、集团和阶级支配并利用去剥削其他的人、集团和阶级的问题”①。这就是说，生产力和生产关系是两个不同的领域里的、因而是各自独立面对自己的问题的——生产力是生产领域的，生产关系是阶级对立和阶级斗争领域的——抽象的理论概念。这就意味着，它们可以在自己的领域里自成体系地回答归自己回答的问题（特别强调阶级对立和阶级斗争的“五种社会阶段”就是生产关系对自己领域里的问题给出的回答）。

事实上，对生产关系的这种理解和认识，是斯大林理论中的一根“顶梁柱”。

正是基于对生产关系的这样的理解和认识，所以斯大林才会认为生产关系的基础是生产资料的所有制。生产资料的所有制就是财产关系，而所谓财产关系，其本身只不过是生产关系的法律用语而已。因此说“生产关系的基础是生产资料的所有制”和说“生产关系的基础是财产关系”是一回事。第一，如果从语言角度来说，说“生产关系的基础是财产关系”就等于说“生产关系的基础是生产关系”，所以它是一个毫无意义的同义语的反复；第二，如果从历史科学的角度来说，由于生产资料所有制是上层建筑，而生产关系是经济基础，说“生产关系的基础是财产关系”，实际上就是在说“经济基础的基础是上层建筑”，所以它显然是一个违反客观事实的、非马克思主义的错误观点。

导致这个错误观点产生的理论根源，是他在理论上对什么是生产关系这个问题的错误理解，及其对生产关系的错误认识。他在《苏联社会主义经济问题》中说：“政治经济学的对象是人们的生产关系，即经济关系。这里包括：（一）生产资料的所有制形式；（二）由此产生的各种社会集团在生产中的地位以及他们的相互关系，或如马克思所说的，‘互相交换其活动’；（三）完全以它们为

① 《苏联共产党（布）历史简明教程》，人民出版社1954年版（第8版），第161页。

转移的产品分配形式。这一切共同构成政治经济学的对象。"① 在这段话里，他虽然将生产关系称之为经济关系，但实际上，却在之后的对生产关系内容的三条具体阐述中，抽掉了生产关系的经济本质，又重新给它注入了一个政治本质。——他把生产关系仅仅看成是财产关系，以及由财产关系决定的其他两种关系。说白了，就是把"生产关系"看成是一个围绕着是否存在"阶级"关系（第一条），以及是否存在由阶级关系产生的"压迫"关系（第二条）和"剥削"关系（第三条）等这样三个关系问题展开的概念。这样一来，历史上的生产关系实际上就只有两大类：一类是有阶级的，一类是无阶级的。正是这个错误的理论，必然地导致了"经济基础的基础是上层建筑"这个错误的观点，从而达到了进一步说明"适合生产力性质的生产关系乃是生产发展的主要的和决定的力量"② 这个理论观点的目的。

把马克思将人类的史前时期分为四种社会经济形态的理论，看作是支持斯大林将人类历史分为五种社会阶段的理论根据的观点，就是按照斯大林对生产关系的理解和认识来理解马克思这段话的，而如果按照马克思的理论来理解他的这段话的话，那么这段话就根本不能成为支持五种社会阶段说的理论依据。

---

① 《斯大林文集》，人民出版社1985年12月出版，第655页。

② ［苏］罗森塔尔、尤金编：《简明哲学词典》，中共中央马克思恩格斯列宁斯大林著作编译局译，生活·读书·新知三联出版社1973年版，第126页。

八、对划分历史阶段问题的进一步思考和学习

对理论讨论中提出的几个具体问题的深入思考，可以促进我们对马克思划分历史阶段理论的进一步学习。

（一）对三个历史阶段和四种社会形态之争的思考和学习

应该把人类历史分为三个阶段，还是把人类社会史前时期分为四种社会形态，这本来是一个不应该成为问题的问题，因为不论是关于史前时期四个社会形态的论述，还是历史的三个阶段的论述，都是马克思阐述过的马克思主义不可或缺的理论思想。用其中的一个理论观点否定另一个理论观点是错误的，错就错在没有全面正确地理解马克思的理论思想，没有看到，三个阶段是历史的内容本身；而四种社会形态是人类社会的史前时期历史内容借以实现的必然形式。

从表面上看，引起争论的直接原因，似乎是三个阶段论把四种社会经济形态中的前三种社会形态合在一起看成是一个阶段即人类历史的第一个阶段，但是实质上，争论是围绕着“历史是什么?”这个问题展开的。

三个阶段论是从历史本身即人本身的角度出发，以生产力为标准，把前三种社会形态看成是历史的第一个阶段的。这三种社会形态，不过是历史第一阶段的三种具体实现形式，是该阶段中的某些非本质的条件在历史发展过程中发生了变化的反映。马克思和恩格斯就曾经具体地指出了封建社会和奴隶社会在本质问题上的相同和在非本质问题上的不同这个事实，他们说：“封建结构同古典古代的公社所有制一样，是一种联合，其目的在于对付被统治的生产者阶级；

只是联合的形式和对于直接生产者的关系有所不同，因为出现了不同的生产条件。”① 唯物史观说原始社会、奴隶社会和封建社会在本质上是一样的，是因为“它们都是以共同体为基础的”，它们的所有制都是“以共同体下的劳动为基础的那种所有制”②，都属于“共同体以主体与其生产条件有着一定的客观统一”③的社会。这是一个只有以生产力为标准才能得出的科学结论。在这里，共同体就是这三种社会形态共同拥有的生产力，在这三种社会中“共同体本身作为第一个伟大的生产力而出现”，“劳动主体所组成的共同体，以及由此共同体为基础的财产，归根到底归结为劳动主体的生产力发展的一定阶段，而和该阶段相适应的是劳动主体相互间的一定关系和他们对自然界的一定关系”④。所以，否认原始社会、奴隶社会和封建社会都属于第一个历史阶段，就是没有抓住历史的本质。而以生产力为标准来认识和把握历史，这正是马克思主义唯物史观的基本观点和理论核心。在提出三个阶段理论的同时，马克思就已经十分明确地把这个观点说清楚了。

在提出三个阶段理论之前，马克思首先指出了历史的第二阶段⑤的特点，即：第一，“不管活动采取怎样的个人表现形式，也不管这种活动的产品具有怎样的特性，活动和这种活动的产品都是**交换价值**，即一切个性，一切特性都已被否定和消灭的一种一般的东西”或货币；第二，个人占有的货币的情况决定着他与其他人的关系，马克思用形象的语言说，“他在衣袋里装着自己的社会权力和自己同社会的联系”，一种“毫不相干的个人之间的互相的和全面的依赖关系”⑥。

---

① 《马克思恩格斯选集》第1卷，人民出版社2012年版，第150页。

② 《马克思恩格斯全集》第46卷上册，人民出版社1979年版，第496页。

③ 《马克思恩格斯全集》第46卷上册，人民出版社1979年版，第497页。

④ 《马克思恩格斯全集》第46卷上册，人民出版社1979年版，第495、496页。

⑤ 第二个阶段同时也就是四种社会形态中的第四种社会形态，马克思称这个阶段的生产方式是“现代资产阶级的生产方式”。时至今日，历史过去了150多年，情况已经发生了很大的变化。在当今的社会主义国家中，资本对于直接生产者的关系已经发生了很大的变化。我国的社会主义市场经济中已经出现了马克思曾经思考和分析过的那种情况，即：“劳动者拥有自己的生产资料，并且不雇佣其他任何劳动者，这些生产资料仍被看作是资本，而劳动者自己在普通工资以外实现的那部分劳动，表现为由他的资本产生的利润。在这种情况下，劳动者本身将被分解为不同的经济身分。他作为他自己的工人得到自己的工资，又作为资本家得到自己的利润。”（《马克思恩格斯全集》第26卷第三册，人民出版社1974年版，第466页）所以，我们应该依据社会主义国家中已经发展和变化了的情况——由资产阶级承担资本的职能的现象已经被消灭，但是生产仍然是在资本主导下的生产交换价值的生产。因此，我们应该把“现代资产阶级的生产方式”这个说法中表示阶级关系的内容即“现代资产阶级”这几个字去掉，按照马克思对这种生产方式的确认，改称为“资本的生产方式”。

⑥ 《马克思恩格斯全集》第46卷上册。人民出版社1979年版，第1032页。

与第二个历史阶段的这个特点相比较，第一个历史阶段的特点是与之截然不同的另外一种情况。第一个历史阶段的特点是："个人或者自然地或历史地扩大为家庭和氏族（以后是公社）的个人，直接地从自然界再生产自己，或者他的生产活动和他对生产的参与依赖于劳动和产品的一定形式，而他和别人的关系也是这样决定的"[①]，因而是一种人的固定的依赖关系。正是因为原始社会（即家长制的关系）、奴隶社会（即古代共同体）和封建社会（即封建制度和行会制度）这三种社会形态共同具有这样的特点，所以马克思才把它们归于历史的第一个阶段。在这三种社会中，交换都不是生产活动的主要内容，而"交换手段拥有的社会力量越小，交换手段同直接的劳动产品的性质之间以及同交换者的直接需求之间的联系越是密切，把个人相互联结起来的共同体的力量就必定越大"[②]。正因为如此，马克思才说："古代的观点和现代世界相比，就显得崇高得多，根据古代的观点，人，不管是处在怎样狭隘的民族的、宗教的、政治的规定上，毕竟始终表现为生产的目的"，也就是说这三种相对现代社会而言的古代社会都是以对人的依赖性为原则以某种共同体为基础的。这，就是它们与"生产表现为人的目的，而财富则表现为生产的目的"[③] 的，即以对物的依赖性为原则的、以孤立的个人为基础的现代社会的根本区别。

把人类历史划分为三个阶段所依据的标准是一种从人本身出发的标准，是以人的活动特点和产品的特性为根据的标准。而这个标准，也正是马克思和恩格斯创立了唯物史观的具体标志。——首先，唯物史观认为："历史**不过是**追求着自己目的的人的活动而已"[④]，所以"人们的社会历史始终只是他们的个体发展的历史"[⑤]，因此必须要从人本身出发来划分历史阶段。其次，唯物史观认为："个人怎样表现自己的生命，他们自己就是怎样。因此，他们是什么样的，这同他们的生产是一致的——既和他们生产**什么**一致，又和他们**怎样**生产一致。"[⑥] 因此必须要以人的活动特点和产品的特性为根据来制定划分历史阶段的标准。一句话，人怎样生产和生产什么是唯物史观正确认识历史的依据，也是在总体上划分历史阶段的科学标准。

在表述完了应该把历史分为三个阶段的观点之后，马克思接着指出了主导

---

① 《马克思恩格斯全集》第 46 卷上册，人民出版社 1979 年版，第 103 页。
② 《马克思恩格斯全集》第 46 卷上册，人民出版社 1979 年版，第 104 页。
③ 《马克思恩格斯全集》第 46 卷上册，人民出版社 1979 年版，第 486 页。
④ 《马克思恩格斯全集》第 2 卷，人民出版社 1957 年版，第 118、119 页。
⑤ 《马克思恩格斯选集》第 4 卷，人民出版社 2012 年版，第 409 页。
⑥ 《马克思恩格斯选集》第 1 卷，人民出版社 2012 年版，第 147 页。

第一阶段和第二阶段此消彼长的根源，即："家长制的，古代的（以及封建的）状况随着商业、奢侈、货币、交换价值的发展而没落下去，现代社会则随着这些东西一道发展起来"①。在这个表述中，他明确地把原始社会、奴隶社会和封建社会归于第一阶段，把现代社会即资本主导下的社会归于第二阶段。这充分说明，他认为，从历史的角度看，这三种社会在本质上是相同的，而它们的这种共同本质与资本主导下的社会的本质则是截然不同的历史阶段性的差别。至于在这三种社会之间存在的那些差别，只不过是在历史阶段本质相同前提下的非本质差别。

在马克思的著述中，像这样的把原始社会、奴隶社会和封建社会放在一起与资本主导下的社会相对立的理论表述，是很常见的。

在马克思关于劳动者和劳动条件之间的关系经历了从统一到分离然后再到统一的发展过程的论述中，就包含着将历史划分成为三个阶段的理论观点。他说："劳动者和劳动条件之间原有的统一｛我们不谈奴隶关系，因为当时劳动者自身属于客观的劳动条件｝有两种主要形式：亚洲村社（原始共产主义）和这种或那种类型的小家庭农业（与此相结合的是家庭工业）。这两种形式都是幼稚的形式，都同样不适合于提高社会劳动的生产力。因此，劳动和所有权（后者应理解为对于生产条件的所有权）之间的分离、破裂和对立就成为必要的了。这种破裂的最极端的形式（在这种形式下社会劳动的生产力同时会得到最有力的发展）就是资本的形式。原有的统一的恢复，只有在资本创造的物质基础上，并且只有通过工人阶级和整个社会在整个创造过程中经历的革命，才有可能实现。"② 在这里，马克思明确地将原始共产主义社会和封建社会视为同一个阶段中的两种形式。虽然他说"我们不谈奴隶关系"，但也并不是要把奴隶社会从历史的第一个阶段中排除出去，只是因为，在正在讨论的第一阶段的这一个主要特征问题上，即"劳动者和劳动条件统一"问题上，奴隶社会是该阶段中的一个反常的特例，需要特别加以分析和说明才行。③ 在这个时候，马克思说"不

---

① 《马克思恩格斯全集》第46卷上册，人民出版社1979年版，第104页。

② 《马克思恩格斯全集》第26卷第三册，人民出版社1974年版，第465、466页。

③ 因为在奴隶社会中，直接的劳动者即奴隶不属于"人"的范畴，而是属于"工具"的范畴，即作为会说话的工具属于"客观的劳动条件"。所以，从这一点上说，是奴隶主在使用着包括奴隶在内的工具进行生产。因此，虽然奴隶社会也是"劳动者和劳动条件统一"的社会，但是这种统一是以奴隶主与他的劳动条件统一的形式存在的，与原始社会和封建社会有很大的不同。在这种情况下，如果不做以上的说明就将它与另外两种社会的形式并列，就可能引起误解，而做以上的说明，又会使论述变得不连贯。这，大概就是马克思采取了这种"不谈奴隶关系"，只用不多的几个字做一下说明的原因。

谈”奴隶关系，并不能证明他把奴隶关系排除在了历史第一阶段之外，反倒是，他认为必须在谈“劳动者和劳动条件统一”这个问题时一定要特别地指出这个反常特例这一点，正好证明了他一直是把奴隶关系同其他两种关系一起看成是第一阶段的三种主要形式的。换句话说，正是因为他一直是把奴隶关系视为第一阶段中的一种主要形式，所以在这时，即在谈到劳动者和劳动条件之间在第一阶段的原有统一时，他才会必然要想到应该在这里特别地指出奴隶关系在这个问题上的特殊性，以免引起误解。按照马克思的这个阐述，历史本身是要经历一个“劳动者和劳动条件原有的统一→生产条件与劳动者相分离→原有的统一的恢复”的过程的，这是一个三个阶段依次出现的否定之否定的发展过程。所以奴隶关系应该而且也只能是属于第一个阶段的关系，只有这样，才符合马克思在这里所揭示出的“肯定、否定、否定之否定”这个历史本身的辩证的发展过程。

马克思在《经济学手稿》中对这个问题作了较为详细的阐述。他认为：第一，原始社会的氏族、部落所有制作为家庭的扩大，是共同体的原始形式。所谓共同体，就是“把生产的客观条件当作自然存在，当作以公社为媒介的单个人的客观存在这样一种关系”①。在开始的时候，共同体是以血缘为纽带的联合体、统一体即实体（部落体），以后，就逐渐发展成为了以地域为基础的联合、统一的非实体（国家、领地）。在这个过程中，所有制形式也经历了公有制、国家所有同私人所有相并列的双重形式、公社所有制仅仅表现为个人所有制的补充等三种形式。第二，奴隶和农奴与后两种所有制同时存在，由于直接的劳动者奴隶和农奴本身与其他劳动工具一样，也是服务于某一个庄园主或共同体的自然生产条件之一，所以他们与客观劳动条件的关系不是共同体成员对客观劳动条件的关系。因此，只有奴隶主和封建领主才是组成为共同体的共同体成员，所以奴隶制和农奴制终究还是共同体的“派生的形式……是以共同体为基础的和以共同体下的劳动为基础的那种所有制的必然的和当然的结果”②。第三，以共同体为基础的古代社会与以交换价值为基础的现代社会的本质区别就在于，“在古代人那里，财富不表现为生产的目的……人们研究的问题总是，哪一种所有制形式会造就最好的国家公民。……因此，古代的观点和现代世界相比，就显得崇高得多，根据古代的观点，人，不管处在怎样狭隘的民族的、宗教的、政治的规定上，毕竟始终表现为生产的目的，在现代世界，生产表现为人的目

① 《马克思恩格斯全集》第46卷上册，人民出版社1979年版，第495页。

② 《马克思恩格斯全集》第46卷上册，人民出版社1979年版，第496页。

的，而财富则表现为生产的目的。”①

在《资本论》第一卷里，也可以看到他将奴隶制度、农奴制度和自由小生产制度都看成是“以自己劳动为基础的私有制”② 的论述。他指出：第一，资本主导生产之前的私有制，是以各个独立劳动者与其劳动条件相结合为基础的私有制，而资本条件下的私有制，是剥削他人的但形式上是以自由的劳动为基础的私有制。虽然它们都是私有制即“劳动资料和劳动的外部条件属于私人”，“但是私有制的性质，却依这些私人是劳动者还是非劳动者而有所不同”。前者是私有制最初的形式，后者是私有制最后的形式，它们之间的差别“不是单纯的形式变换”，而是质的差别。前者只同生产和社会的狭隘的自然产生的界限相容，后者将使劳动社会化，使土地和其他生产资料转化为社会使用的即公共的生产资料。第二，虽然以各个独立劳动者与其劳动条件相结合为基础的私有制只有在自由小生产制度中，即“只有在劳动者是自己使用的劳动条件的自由私有者……的地方，它才得到充分发展，才显示出它的全部力量，才获得适当的典型的形式”，但是“这种生产方式在奴隶制度、农奴制度以及其他从属关系中也是存在的”，它们作为“私有制在最初看来所表现出的无数色层，只不过反映了这两极间的各种中间状态”。即：这些色层都是个人的、以自己劳动为基础的私有制从自己的最初状态开始，在转变成事实上已经以社会生产为基础的资本主义私有制之前，其本身在发展过程中表现出的各种过渡状态。第三，马克思概括了历史所要经历的发展过程：“从资本主义生产方式产生的资本主义占有方式，从而资本主义的私有制，是对个人的、以自己劳动为基础的私有制的第一个否定。但资本主义生产由于自然过程的必然性，造成了对自身的否定。”③

这同样也是一个“肯定、否定、否定之否定”的发展过程——个人的以自己劳动为基础的私有制的（肯定）→事实上已经以社会生产为基础的资本主义私有制的（否定）→在协作和对土地及靠劳动本身生产的生产资料的共同占有的基础上重新建立个人所有制的（否定的否定）。

总之，马克思认为，截止到他生活的时代，人类历史的发展经历了原始社会、奴隶社会、封建社会、资本社会四种社会形态。这是一个十分清楚的事实。与之同时，马克思把原始社会、奴隶社会、封建社会看成是历史的第一个阶段，把资本主导的社会看成是历史的第二个阶段。这同样也是一个十分清楚的事实。

① 《马克思恩格斯全集》第46卷上册，人民出版社1979年版，第485、486页。

② 《马克思恩格斯全集》第23卷，人民出版社1972年版，第829、830页。

③ 《马克思恩格斯选集》第2卷，人民出版社2012年版，第299—300页。

他之所以在把迄今为止的历史分成原始社会、奴隶社会、封建社会、资本社会四种社会形态的同时，又把原始社会、奴隶社会、封建社会看成是历史的第一个阶段，把资本主导的社会看成是历史的第二个阶段，是因为他在自己科学的抽象思维中，看到了原始社会、奴隶社会、封建社会在本质上所具有的共同点，这个共同点就是：它们都具有劳动者和劳动条件统一的特征，说明它们都是以某种共同体为基础的社会，并且因为这种本质而与以交换价值为基础的资本主导的社会从本质上区别开来。

关于原始、奴隶、封建这三种不同所有制的社会，马克思和恩格斯在《德意志意识形态》中叙述欧洲历史的时候是这样说的：历史上的第一种所有制形式是部落所有制。它是与生产的不发达的阶段相适应的，这时，奴隶制已经逐渐产生，只是它还隐蔽地存在于家庭中。第二种所有制形式是古典古代的公社所有制和国家所有制。这种所有制是由于几个部落通过契约或征服联合为一个城市而产生的。公民仅仅共同占有自己的那些做工的奴隶，因此就被公社所有制的形式联系在一起。这是积极公民的一种共同私有制，他们在奴隶面前不得不保存这种自发产生的联合形式。这时公民与奴隶之间的阶级关系已经充分发展。第三种形式是封建的或等级的所有制。这种所有制与部落所有制和公社所有制一样，也是以某种共同体为基础的。他们在这里指出了第一个历史阶段的根本标志，就是它是建立在共同体之上的社会。显然，他们认为，虽然联合的形式和对于直接生产者的关系有所不同，即共同体本身在所有制的性质上有些差别，但是这些差别在这里是无关紧要的。所以，尽管原始社会、奴隶社会、封建社会各有自己特殊的所有制形式（物质的社会关系），但由于它们都是以某种共同体为基础的，因而还是被马克思归于同一个历史阶段，即第一阶段。①

（二）对原始社会所有制问题的思考和学习

1. 原始社会、奴隶社会、封建社会所有制的一致性

一直以来，传统理论总是把所有制的表现形式，作为划分历史阶段的唯一标准。以此为标准，就把原始社会简单地定性为“公有制”社会，与奴隶社会、

---

① 《马克思恩格斯选集》第1卷，人民出版社2012年版，第148—149页。

封建社会截然区分开来，认为它们是性质完全不同的两种社会。这一点也就成为了阻碍传统理论将这三种社会看成是第一个历史阶段的三种形式的无法逾越的障碍。但是，我们已经看到，马克思和恩格斯认为，奴隶社会的所有制，它既是“古代公社”即公有制，同时也是“积极公民的一种共同私有制”。而“古代公社”，它只不过是扩大了的原始社会的“部落”，而“部落”，它又是扩大了的“家庭”。因此，我们可以从他们的论述中合乎逻辑地得出下面这个结论，即：“原始社会”的部落所有制（包括家庭）虽然形式上是公有制，但本质上也与“古代公社”一样，是“以一种共同体为基础的”。得出这个结论，完全符合马克思和恩格斯的观点，这一点可以用他们所说的“潜在于家庭中的奴隶制，是随着人口和需求的增长，随着战争和交易这种外部交往的扩大而逐渐发展起来的”① 这句话来加以证明。——在这句话中，明白无误地包含着家庭、部落所有制是共同私有制的观点：第一，如果说奴隶制隐蔽地存在于原始社会的家庭中，那么这个事实就证明，在人们的家庭生活中，家庭奴隶的主人已经实际地占有着自己的这种财产，而且在人们的观念中，财产已经是属于自己的即是“私有”的了，否则就不能把它称之为奴隶制。第二，无论是发生了“战争”，还是从事了“交易”，它们发生的前提条件都是私有财产已经存在了。因为战争的目的，或者是为了把原来属于别人的财产变成自己的财产，或者是为了不让本来属于自己的财产变成别人的财产。而进行交易，也是在用自己的财产换取别人的财产。

从表面上看，“部落所有制”是部落、家庭成员共有，但是从本质上说，在这种原始共产主义的形式下，隐藏着的却是部落、家庭成员的共同私有制。原始社会的“部落所有制”，应该属于个人的、以自己劳动为基础的私有制的范畴，它是这种私有制的第一个“色层”。马克思对私有制的这个第一个“色层”的描述是：“人——这就是私有制的基本前提——进行生产只是为了占有。生产的目的就是占有。生产不仅有这样一种功利的目的，而且有一种自私自利的目的；人进行生产只是为了自己占有；他生产的物品是他直接的、自私自利的需要的物化。因此，人本身——在未开化的野蛮状态下——以他自己直接需要的量为他生产的尺度，这种需要的内容直接是他所生产的物品本身”。“因此，人在这种状态下生产的东西不多于他直接的需要。他需要的界限也就是他生产的界限。因此需求和供给就正好相抵。他的生产是以他的需要来衡量的。在这种情况下就没有交换，或者说，交换归结为他的劳动同他劳动的产品相交换，这

① 《马克思恩格斯选集》第1卷，人民出版社2012年版，第148页。

种交换是真正的交换的潜在形式（萌芽）”①。也就是说，不论是私有财产，还是私有财产的交换，在原始共产主义社会中都已经以萌芽状态存在了，之所以没有生长发展起来，是因为还没有足够的养料，即生产力太低、物质财富太匮乏。但是，在人们的生活中和观念中，劳动对象、劳动工具和劳动产品已经被他们看作是自己的东西，只是为了在严酷的自然面前能够生存、为了与其他氏族或部落争夺生存空间，他们不得不保持共同所有（共同体作为主体）的形式而已。

马克思十分明确地指出了原始社会和奴隶社会在所有制的性质方面的一致性，指出了它们在历史发展过程中的继承关系。他说：原始社会中的个人作为共同体（家庭、部落等）的成员，是“把他的生产的自然前提看作是属于他的，看作是他**自己的东西**”，即是作为自己的财产看待的，他“作为共同体的一个天然的成员，在公共财产中有自己的一部分，并有特殊的一份为自己占有”②。而当某一个原始的共同体“把生产的自然条件……当作**自己的**东西来对待时，就会碰上唯一的障碍，就是业已把这些条件当作自己的无机体而加以占据的**另一共同体**。因此**战争**就是每一个这种自然形成的共同体的最原始的工作之一，既用于保护财产，又用于获得财产”③。“假如把人本身也作为土地的有机附属物而同土地一起加以夺取，那么，这也就是把他作为生产的条件之一而一并加以夺取，这样便产生奴隶制和农奴制，而奴隶制和农奴制很快就败坏一切共同体的原始形式，并使自己成为它们的基础”④。所以，“**财产**最初意味着（在亚细亚的、斯拉夫的、古代的、日耳曼的所有制形式中就是这样），劳动的（进行生产的）主体（或再生产自身的主体）把自己的生产或再生产的条件看作是自己的东西。因此，它也将依照这种生产的条件而具有种种不同的形式。生产本身的目的是在生产者的这些客观存在条件中并连同这些客观存在条件一起把生产者再生产出来。个人把劳动条件看作是自己的东西（这不是劳动即生产的结果，而是其前提），这是以个人作为某一部落体或共同体的成员的一定的存在为前提的（他本身在某种程度上就是共同体的财产）”，而奴隶制、农奴制就是这个原始的形式的“派生的形式……它们是以共同体为基础的和以共同体下的劳动为基础的那种所有制的必然的和当然的结果”⑤。正因为如此，所以只要仔细研究

① 《马克思恩格斯全集》第42卷，人民出版社1979年版，第33页。
② 《马克思恩格斯全集》第46卷上册，人民出版社1979年版，第489页。
③ 《马克思恩格斯全集》第46卷上册，人民出版社1979年版，第490页。
④ 《马克思恩格斯全集》第46卷上册，人民出版社1979年版，第490、491页。
⑤ 《马克思恩格斯全集》第46卷上册，人民出版社1979年版，第496页。

一下亚细亚的尤其是印度的公社所有制形式，那么奴隶制、农奴制等“私人所有制的各种原型，就可以从印度的公社所有制的各种形式中推出来”①。

在书写这些论述时，马克思把那些关于在原始共产主义社会的本质中包含着或者说自然存在着私有制的文字，用黑体字向读者做了突出的提示——“**自己的东西**”、“**自己的**”、“**另一共同体**”、“**战争**”、“**财产**”。他做这些提示的目的，就是在强调：只是因为在事实上和观念中，某个东西已经是“**自己的东西**”了，所以或者为了保护，或者为了获得“**自己的**”“**财产**”，就必然会导致与也把这个东西看成是自己的财产的“**另一共同体**”发生“**战争**”，并且把这种战争看成是为了自己的生存必须经常进行的主要工作之一。所以，把原始社会称之为原始共产主义社会，只是因为在共同体中，财产在形式上是公有财产。但是，这只是一个只有“共产主义”之名，却没有“共产主义”之实的公有制。在原始共同体中，公有财产同时也是个人“**自己的东西**”，是有别于别的共同体的公有财产即别人的公有财产的“**自己的**”公有财产，即这时共同体是作为主体存在的，个人是作为这个主体的肢体存在的，这就是“共同私有制”。它与古希腊城邦国家的公民仅仅为了共同占有自己的那些做工的奴隶而形成的公社所有制，即积极公民的共同私有制，本质上是一种关系，实现的是相同的原则，完全不同于真正的共产主义。因此，从原始的共产主义里，是绝对长不出真正的共产主义的，因为除了有“公有制”这个表面的形式——在这里，公有制的形式本身并没有什么决定的意义——之外，它根本没有一点儿建立共产主义所需的物质基础，既没有丰富的物质财富和科学的生产手段，也没有高度文化素质的人。

马克思认为原始社会和奴隶社会、封建社会之间并没有什么本质区别的看法，还可以从他对以下两个方面问题的分析中得到说明：一方面，是从“财产”的角度上分析认为，奴隶社会和封建社会的出现，并不破坏原始社会的劳动的条件。——他说：“以部落体（共同体最初就归结为部落体）为基础的财产的基本条件就是：必须是部落的一个成员。这就使被这个部落所征服或制服的其他部落丧失财产，而且使它沦为这个部落的再生产的无机条件之一，共同体是把这些条件看作归自己所有的东西。所以奴隶制和农奴制只是这种以部落体为基础的财产的继续发展。”② 另一方面，是从“奴隶制”的角度上分析认为，奴隶社会和封建社会并没有改变原始社会的本质的关系。——他说：因为在原始社

① 《马克思恩格斯全集》第23卷第95页的脚注，人民出版社1972年版。

② 《马克思恩格斯全集》第46卷上册，人民出版社1979年版，第492页。

会财产形式下，“单个的人从来不能成为所有者，而只不过是占有者，实质上他本身就是作为公社统一体的体现者的那个人的财产，即奴隶，所以奴隶制在这里并不破坏劳动的条件，也不改变本质的关系。”① [这一分析早在《德意志意识形态》中就已经被指出了，即：“隐蔽地存在于家庭中的奴隶制，只是随着人口和需求的增长，随着同外界往来（表现为战争或交易）的扩大而逐渐发展起来的。”②]

恩格斯对俄国的农民公社和对原始共产主义社会所发表的评论，同样也是对他们关于原始社会所有制看法的充分表达。他说：

> 单是这样一个事实：与俄国农民公社并肩存在的西欧资本主义生产正濒于崩溃的时刻，而且在这一时刻它本身已显示出一种新的生产形式，在这种新的生产形式中将有计划地使用作为社会财产的生产资料，——单单这样一个事实，并不能赋予俄国公社一种能够使它把自己发展成这种新的社会形式的力量。在资本主义社会本身完成这一革命以前，公社如何能够把资本主义社会的巨大生产力作为社会财产和社会工具而掌握起来呢？当俄国公社已经不再在公有制的原则上耕种自己的土地时，它又怎么能向世界指明如何在公有制的原则上管理大工业呢？诚然，在俄国有不少人很了解西方资本主义社会及其所有的不可调和的矛盾和冲突，并且清楚地知道这条似乎走不通的死胡同的出路何在。可是，首先，明白这一点的几千人并不生活在公社里，而大俄罗斯的仍然生活在公社土地所有制条件下的整整5000万人，却对这一切一无所知。他们至少对这几千人的观点感到陌生和不可理解，就像1800－1840年的英国无产者对罗伯特·欧文为了拯救他们而设想出来的计划感到陌生和不可理解一样。在新拉纳克的欧文的工厂里做工的工人当中，大多数也是在解体的共产主义氏族制度的秩序和习俗中、在苏格兰克尔特人的克兰中成长起来的，但是欧文一个字也没有谈到这些人对他有很好的理解。其次，要处在较低的经济发展阶段的社会来解决只是处在高得多的发展阶段的社会才产生了的和才能产生的问题和冲突，这在历史上是不可能的。发生在商品生产和私人交换出现以前的一切形式的氏族公社同未来的社会主义社会只有一个共同点，就是一定的东西即生产资料由一定的集团公共所有和共同使用。但是单单这一个共同特性并不会使较低的社会形态能够从自己本身产生出未来的社会主义社会，后者是

① 《马克思恩格斯全集》第46卷上册，人民出版社1979年版，第493页。
② 《马克思恩格斯选集》第1卷，人民出版社1972年版，第26页。

资本主义社会本身的最后产物。每一种特定的经济形态都应当解决它自己的、从它本身产生的任务；如果要去解决另一种完全不同的经济形态所面临的问题，那是十分荒谬的。这一点对于俄国的公社，也同对于南方斯拉夫人的扎德鲁加、印度的氏族公社，或者任何其他以生产资料公有为特点的蒙昧时期或野蛮时期的社会形态一样，是完全适用的。

然而，不仅可能而且毋庸置疑的是，当西欧人民的无产阶级取得胜利和生产资料转归公有之后，那些刚刚踏上资本主义生产道路而仍然保全了氏族制度或氏族制度残余的国家，可以利用这些公社所有制的残余和与之相适应的人民风尚作为强大的手段，来大大缩短自己向社会主义社会发展的过程，并可以避免我们在西欧开辟道路时所不得不经历的大部分苦难和斗争。但这方面的必不可少的条件是：由目前还是资本主义的西方做出榜样和积极支持。只有当资本主义经济在自己故乡和在它达到繁荣昌盛的国家里被战胜的时候，只有当落后国家从这个实例中看到"这是怎么回事"，看到怎样把现代工业的生产力作为社会财产来为整个社会服务的时候——只有到那个时候，这些落后的国家才能走上这种缩短的发展过程的道路。然而那时它们的成功则是有保证的。这不仅适用于俄国，而且适用于处在资本主义以前的发展阶段的一切国家。①

恩格斯明确指出，公有制形式并不能让原始社会从其本身中产生出社会主义社会。这个事实的意义在于，它说明，在划分历史阶段的问题上，所有制不发生任何影响。他强调，社会主义社会只能是资本主导的社会本身的最后产物，这个事实说明了，只有生产力才是划分历史阶段的唯一标准。如果一个在其社会生活中仍然存在原始公有制形式的国家踏上了社会主义道路，这时，公有制的意义仅仅在于它可以利用公有制所造就的传统习惯和人民风尚，来大大缩短自己向社会主义社会发展的过程，并可以避免社会主义在西欧开辟道路时所不得不经历的大部分苦难和斗争。而这一切，只有在下述条件已经具备时才能发生，即：资本主义经济已经在自己故乡和在它达到繁荣昌盛的国家里被战胜，而落后国家的人们从这个实例中，已经看到了"这是怎么回事"，即已经能够理解历史就是人本身也就是生产力本身发展的过程，因而能够理解资本主义经济的本质和历史地位，看到了怎样把现代工业的生产力作为社会财产来为整个社会服务，并且已经具备了能够掌握这种能力的文明程度。

---

① 《马克思恩格斯全集》第22卷，人民出版社1965年版，第501、503页。

2. 原始社会公有制和真正的公有制的区别

马克思曾经借用鲁滨孙单独一个人在荒岛上生活的状态——即“鲁滨孙的一切产品只是他个人专有的产品，因而直接是他的使用物品”① ——来说明真正的共产主义的特质，而他在说明真正的共产主义的同时，也就把真正的共产主义与原始的共产主义明确地区别开了。

马克思把真正的共产主义称之为“自由人联合体”，说人们在自由人联合体中的生活，就是鲁滨孙一个人在荒岛上进行劳动的一切规定在全社会范围内的重演。——在自由人联合体中，人们“用公共的生产资料进行劳动，并且自觉地把他们许多个人劳动力当作一个社会劳动力来使用”；人们把劳动的一切产品直接看成是“社会的产品”，“这些产品的一部分重新用作生产资料”，“另一部分则作为生活资料由联合体成员消费”。因此，“人们同他们的劳动和劳动产品的社会关系，无论在生产上还是分配上，都是简单明了的”②，因而与原始共产主义共同体的这方面关系完全不同。在自由人联合体中，人们根本就没有“自己的东西”这种概念和意识的，也没有任何一件东西因为专门属于某一个个人所有而成为他们产品中的“特殊的一份”。可见，原始共产主义除了公有制这个表面的形式之外，它与真正的共产主义没有任何相同之处，它根本不是能让每一个人都可以自由而全面发展的自由王国，这一点是毫无疑问的。而且，正是原始共同体本身，以及作为原始共同体所具有的公有制形式（即“作为共同体的一个天然的成员，他在公共财产中有自己的一部分，并有特殊的一份为自己占有”③），在成为“**给人带来满足和乐趣的纽带**”的同时，造成了“**个性**的片面发展”，并因此而最终被“个性”在发展中“摆脱”④。

因此，按照马克思和恩格斯以上的这些说明，首先，所有制问题根本就不能成为妨碍我们将原始社会、奴隶社会、封建社会都看成是以某种共同体为基础的社会，并且因而把它们都归属于同一个历史阶段的障碍。其次，就是在所有制问题上，也不能因原始共产主义的公有制形式，就看不到它的共同私有制实质，不能一叶障目不见泰山，而认定原始社会与奴隶社会、封建社会是性质截然不同的两种社会，不能同属于一个历史阶段。

① 《马克思恩格斯全集》第23卷，人民出版社1972年版，第95页。
② 《马克思恩格斯全集》第23卷，人民出版社1972年版，第95、96页。
③ 《马克思恩格斯全集》第46卷上册，人民出版社1979年版，第489页。
④ 《马克思恩格斯全集》第45卷，人民出版社1985年版，第646页。

"共同体"的德语原文是"Gemeinesen"，一般译为"社团"。从马克思和恩格斯使用这个名词的情况看，凡是因为个人必须服从某种共同的条件才能生存而形成了统一体、联合体的群体，都可以被称之为"共同体"。例如，在他们笔下所提到的共同体就有："原始共同体"、"血族共同体"、"自然形成的部落共同体（血缘、语言、习惯等等的共同性）"、"自然形成的共同体：家庭和扩大成为部落的家庭，或通过家庭之间互相通婚，或部落的联合"、"古代共同体"、"每个村落通常都是一个独立的自治的共同体"、"共同的资本即作为普遍的资本家的共同体"、"货币本身就是共同体"、"军事的共同体"，等等。在马克思看来，共同体之所以是共同体，就在于"生产者的存在表现为一种在属于他所有的客观条件中的存在"，人们能动地、现实地"把这些条件变为自己的主体活动的条件"，而"对于单个的人来说，这种关系是由共同体造成、在共同体中被宣布为法律并由共同体保证的"①。

（三）对两种完全不同的个人关系的思考和学习

1. 在生产力、生产方式、生产关系上的质的区别

在提出三阶段理论的时候，马克思就对属于第一阶段的共同体做了详细的分析，指出了这种共同体与第二阶段的那种共同体之间通过生产目的所反映出来的在生产力、生产方式、生产关系上的质的区别。

第一，在生产力上的区别。

第一阶段的所有共同体都具有这样一个共同特征，即它们都是和有限的而且是原则上有限的生产力相适应的。第二阶段的共同体，是与无限的而且是原则上无限的生产力相适应的。

马克思说：

> 凡是共同体以主体与其生产条件有着一定的客观统一为前提，或者说，主体的一定的存在以作为生产条件的共同体本身为前提的所有一切形式（它们或多或少是自然形成的，但同时也都是历史过程的结果），必然地只

① 《马克思恩格斯全集》第46卷上册，人民出版社1979年版，第493页。

和有限的而且是原则上有限的生产力的发展相适应。生产力的发展使这些形式解体，而它们的解体本身又是人类生产力的某种发展。人们先是在一定的基础上——起先是自然形成的基础，然后是历史的前提——从事劳动的。可是到后来，这个基础或前提本身就被扬弃，或者说成为对于不断前进的人群的发展来说过于狭隘的、正在消灭的前提。[①]

在这里，马克思强调指出，第一阶段的共同体不仅是与有限的生产力相适应的，而且还特别强调了，这种有限的生产力是那种“原则上有限的生产力”。什么是“原则上有限”？所谓的原则上有限，就是由共同体的本性所决定的有限。对于历史第一阶段中的共同体来说，由于它们的“生产的目的是……把生产者再生产出来”[②]，也就是说它们的本性决定了它们只生产使用价值，这就意味着它的生产是有限的——只限于满足生活中的直接需要，因而这些共同体是“不适合于把劳动发展为社会劳动，不适合于提高社会劳动的生产力”[③] 的生产力。这样的共同体只能被适合于把劳动发展为社会劳动，适合于提高社会劳动的生产力的另外一种新的共同体所取代，这种新的共同体就是“共同的资本即作为普遍的资本家的共同体”，即“资本是共同体的公认的普遍性和力量”[④] 的共同体。这是一种与第一阶段共同体在本质完全不同的另外一种共同体，由于它生产的目的是生产交换价值，所以它本身是生产的，它的生产本性决定了，它在生产上是永无止境的。

第二，在生产方式上的区别。

第一阶段的所有共同体都有这样一个共同特征，即它们都把生产的客观条件当作自然存在，即当作以共同体为媒介的单个人的客观存在这样一种关系。第二阶段的共同体的特征是，在货币上共同体只是抽象，对于个人只是外在的、偶然的东西；同时又只是单个的个人满足需要的手段。

马克思说：

共同体（部落体）的特殊形式和与它相联系的对自然界的所有这二者的原始统一，或者说，把生产的客观条件当作自然存在，当作以公社为媒介的单个人的客观存在这样一种关系，——这种统一，一方面表现为一种特殊的财产形式，——在一定的**生产方式**本身中具有其活生生的现实性；

① 《马克思恩格斯全集》第46卷上册，人民出版社1979年版，第497页。

② 《马克思恩格斯全集》第46卷上册，人民出版社1979年版，第496页。

③ 《马克思恩格斯全集》第26卷第三册，人民出版社1974年版，第466页。

④ 《马克思恩格斯全集》第42卷，人民出版社1979年版，第119页。

这种生产方式既表现为个人之间的相互关系，又表现为他们对无机自然界的一定的实际的关系，表现为一定的劳动方式（这种劳动方式总是表现为家庭劳动，常常是表现为公社劳动）。共同体本身作为第一个伟大的生产力而出现；特殊的生产条件（例如畜牧业、农业）发展起特殊的生产方式和特殊的生产力，既有表现为个人特性的主观的生产力，也有客观的生产力。

劳动主体所组成的共同体，以及以此共同体为基础的财产，归根到底归结为劳动主体的生产力发展的一定阶段，而和该阶段相适应的是劳动主体相互间的一定关系和他们对自然界的一定关系。在某一定点之前——是再生产。再往后，便转化而为解体。

因此，**财产**最初意味着（在亚细亚的、斯拉夫的、古代的、日耳曼的所有制形式中就是这样），劳动的（进行生产的）主体（或再生产自身的主体）把自己的生产或再生产的条件看作是自己的东西。因此，它也将依照这种生产的条件而具有种种不同的形式。生产本身的目的是在生产者的这些客观存在条件中并连同这些客观存在条件一起把生产者再生产出来。个人把劳动条件看作是自己的东西（这不是劳动即生产的结果，而是其前提），这是以个人作为某一部落体或共同体的成员的一定的存在为前提的（他本身在某种程度上就是共同体的财产）。[①]

虽然马克思以上的分析是针对共同体的原始的形式即“部落体”做出的，但是，除了“财产已经不是什么亲身劳动的个人对客观的劳动条件的关系”[②]——亲身劳动的个人已经变成了奴隶和农奴——这一点之外，其他对原始共同体基本情况的分析，同样也适用于作为原始共同体的派生形式的奴隶制和农奴制。这三种共同体的共同特征，就它们的生产目的都是把个人作为共同体成员生产出来，马克思之所以要特别强调地指出这一点，其目的就是要将作为历史第一阶段的前三种社会形态，与作为历史第二阶段的第四种社会形态即现代资产阶级社会区别开来。马克思分析说，在资本共同体中，

劳动直接生产交换价值，从而生产货币；而货币也直接购买劳动，从而购买工人，只有后者在交换中让渡自己的活动。因此，一方的**雇佣劳动**和另一方的**资本**，都只不过是发达的交换价值和作为交换价值化身的货币的另一些形式。所以，货币直接是**现实的共同体**，因为它是一切人赖以生

① 《马克思恩格斯全集》第46卷上册，人民出版社1979年版，第495、496页。

② 《马克思恩格斯全集》第46卷上册，人民出版社1979年版，第496页。

存的一般实体；同时又是一切人的共同产物。但是，正如我们已经看到的，在货币上共同体只是抽象，对于个人只是外在的、偶然的东西；同时又只是单个的个人满足需要的手段。①

第三，在生产关系上的区别。

第一阶段的所有共同体都有这样一个特征，即个人之间的关系表现为较明显的人的关系。第二阶段的共同的特征是，一切人的关系都变成了物的关系。马克思明确地说：

> 古代的观点和现代世界相比，就显得崇高得多，根据古代的观点，人，不管是处在怎样狭隘的民族的、宗教的、政治的规定上，毕竟始终表现为生产的目的，在现代世界，生产表现为人的目的，而财富则表现为生产的目的。②

具体地说，在第一阶段的共同体中，“个人之间的关系表现为较明显的人的关系，但他们只是作为具有某种规定性的个人而互相交往，如封建主和臣仆、地主和农奴等等，或作为种姓成员等等，或属于某个等级等等”。而人们的这种关系，就是个人之间的人身依赖纽带，因而构成了历史最初的、以“人的依赖关系”为特征的社会形态，即第一个历史阶段。马克思将人们的这种关系称之为“人的依赖关系”，是因为“一切人身纽带至少都表现为**人的**关系”，也就是说“表现为人的限制即个人受他人限制的那种规定性”③，即个人作为人而拥有的、相对于其他个人而言的身份，例如奴隶、奴隶主、地主、农奴等等。以欧洲昏暗的中世纪为例，那时的“人们都是互相依赖的：农奴和领主，陪臣和诸侯，俗人和牧师。物质生产的社会关系以及建立在这种生产的基础上的生活领域，都是以人身依附为特征的。但是正是因为人身依附关系构成该社会的基础，劳动和产品也就用不着采取与它们的实际存在不同的虚幻形式。它们作为劳役和实物贡赋而进入社会机构之中。在这里，劳动的自然形式，劳动的特殊性是劳动的直接社会形式，而不是像在商品生产基础上那样，劳动的共性是劳动的直接社会形式。……所以，无论我们怎样判断中世纪人们在相互关系中所扮演的角色，人们在劳动中的社会关系始终表现为他们本身之间的个人的关系，而没有披上物之间即劳动产品之间的社会关系的外衣”④。

---

① 《马克思恩格斯全集》第46卷上册，人民出版社1979年版，第175、176页。

② 《马克思恩格斯全集》第46卷上册，人民出版社1979年版，第486页。

③ 《马克思恩格斯全集》第46卷上册，人民出版社1979年版，第110页。

④ 《马克思恩格斯全集》第23卷，人民出版社1972年版，第94页。

2. 第一阶段关系和第二阶段关系的本质区别

虽然第一阶段的人的依赖关系“在自己的范围内，在一定的阶段上具有物的性质”①，而第二阶段物的依赖关系也是“作为一定的个人相互发生关系”②的产物。但是，马克思认为，这两个事实不仅不构成对划分三个历史阶段理论的否定，反而是对这个理论的进一步的肯定。

首先，第一阶段人的依赖关系中的物的性质与第二阶段中的那种物的依赖关系之间有着本质的区别。——第一阶段中的人的依赖关系，当它在自己的范围内，在一定的阶段上具有物的性质即“转变成物的关系”的时候，由于“其本身具有狭隘的、为自然所决定的性质，因而**表现为**人的关系，而在现代世界中，人的关系则表现为生产关系和交换关系的纯粹产物”③，即物的关系。

其次，第二阶段生产出物的依赖关系的那种作为一定的个人相互发生的关系与第一阶段人的依赖关系之间有着本质的区别。——第一阶段“个人之间的关系表现为较明显的人的关系”即“一切人身纽带至少都表现为**人的**关系”，“如封建主和臣仆、地主和农奴等等”④，而第二个阶段生产出物的依赖关系的人地关系却是一种“与外表上独立的个人相对立的独立的社会关系，也就是与这些个人本身相对立而独立化的、他们相互间的社会关系”。在历史中，凡是与个人本身相对立而独立化的东西，就是“抽象”的东西。也就是说，这样的人的关系只是表明，在第二阶段，“个人现在受**抽象**统治”⑤，而这个“抽象”就是货币，就是资本。第二阶段中的个人之间的关系，与第一阶段中的人的依赖关系，它们的本质差别是不言而喻的，正是这个本质的差别，集中地体现了奴隶制、农奴制与部落制度在历史意义上的本质同一，以及它们与资本制度之间在历史意义上的本质差异。总之，从表面上看，在第二阶段的资本制度下，人们的相互关系似乎也是一个共同体，即个人只有把自己当作别人的手段，才能把别人当作自己的手段，以达到自己的目的，人们因此结成了一个互为手段和目的的共同体。但是，这个所谓的共同体只不过是一个与第一阶段真正的共同体在本质上完全不同的虚假的共同体，即它不是人的共同体，而是物的共同体

① 《马克思恩格斯全集》第46卷上册，人民出版社1979年版，第111页。
② 《马克思恩格斯全集》第46卷上册，人民出版社1979年版，第111页。
③ 《马克思恩格斯全集》第46卷上册，人民出版社1979年版，第111页。
④ 《马克思恩格斯全集》第46卷上册，人民出版社1979年版，第110页。
⑤ 《马克思恩格斯全集》第46卷上册，人民出版社1979年版，第111页。

即抽象的货币共同体，或者说，是资本共同体。

为了说明这个区别，马克思将那种把资本共同体与人的共同体混为一谈的观点形容为这样的一种观点：它非常简单地“设想有个体力超群的大力士，起先捉野兽，后来便捉人，迫使人去捉野兽，总之，象利用自然界中任何其他生物一样，把人当作自然界中现有的条件之一来加以利用，用于自己的再生产（这时他自己的劳动就归结为统治）”。他明确地说，“这样的看法是荒谬的（不管就某一个部落体或共同体看来多么有道理），因为它是从**孤立的**人的发展出发的”[①]。所谓“设想有个体力超群的大力士”，意思是说，那些生活在货币共同体中的人（即孤立的人），由于他们的共同体就像是一个“体力超群的大力士”一样是一个在他之外统治着他的力量，因此，他就古代共同体也是这样一个体力超群的大力士，而古代共同体从原始社会到奴隶社会再到封建社会的发展变化，就是这个体力超群的大力士起先自己捉野兽，后来便捉人，迫使人去捉野兽而已。陷入这种荒谬的原因，就是用货币共同体的眼光看古代共同体，认为古代共同体和货币共同体一样，也是一种在个人之外的并且统治着个人的力量，殊不知古代共同体就是个人本身。这种荒谬看法的本质，就是认为资本是从来就有的东西。而用这种方法看问题，正是资产阶级的一贯做法，因为资产阶级内心里希望事实真的是如此，这样就可以证明资本的制度是永恒的。所以，这种观点如果不是无知的话，就一定是资产阶级的偏见，是马克思努力要揭穿的谎言。

我们再来看几段马克思关于这个问题的论述：

第一段论述：

> 人的孤立化，只是历史过程的结果。最初人表现为**种属群**、**部落体**、**群居动物**——虽然决不是政治意义上的政治动物。交换本身就是造成这种孤立化的一种主要手段。它使群的存在成为不必要，并使之解体。于是事情就成了这样，即作为孤立个人的人便只有依靠自己了，然而，使自己确立为一个孤立的个人所需要的手段，又使自己成为普遍的和共同体的生物。在这种共同体里，成为前提的是单个的人作为所有者（比如说作为土地所有者）的客观存在，而且这又是发生在一定的条件之下的，这些条件把单个的人锁在这个共同体上，或者不如说，成为共同体锁链上的一环。例如在资产阶级社会里，工人完全丧失了客观存在的资料，他只是主观上存在

① 《马克思恩格斯全集》第46卷上册，人民出版社1979年版，第496、497页。

着；而和他**对立的**东西，现在却变成**真正的共同体**，工人力图吞食它，但它却吞食着工人。①

第二段论述：

货币直接是**现实的共同体**，因为它是一切人赖以生存的一般实体；同时又是一切人的共同产物。但是，正如我们已经看到的，在货币上共同体只是抽象，对于个人只是外在的、偶然的东西；同时又只是单个的个人满足需要的手段。古代共同体以一种完全不同的个人关系为前提。因此，货币在其第三种规定上的发展，破坏了古代共同体。任何生产都是个人的物化。但是，在货币（交换价值）上，个人的物化不是个人在其自然规定性上的物化，而是个人在一种社会规定（关系）上的物化，同时这种规定对个人来说又是外在的。②

第三段论述：

如果说雇佣劳动的前提和资本的历史条件之一，是自由劳动以及这种自由劳动同货币相交换，以便再生产货币并增殖其价值，也就是说，使这种自由劳动不是作为用于享受的使用价值，而是作为用于获取货币的使用价值，而被货币所消耗；那么，另一个前提就是自由劳动同实现自由劳动的客观条件相分离，即同劳动资料和劳动材料相分离。可见，首要的是，劳动者同他的天然的实验场即土地相脱离，从而自由的小土地所有制解体，以及以东方公社为基础的公共土地所有制解体。

而在这两种形式中，劳动者把自己劳动的客观条件看作自己的财产；这就是劳动同劳动的物质前提的天然统一。因此，劳动者不依赖劳动就拥有客观的存在。个人把自己看作所有者，看作自己现实条件的主人。个人看待其他个人也是这样，并且，根据这个**前提**是从共同体出发，还是从组成公社的各个家庭出发，个人或是把其他个人看作财产共有者即公共财产的体现者，或是把其他个人看作同自己并存的独立的所有者即独立的私有者，而在这些独立的私有者之外，原来囊括一切和包罗所有人的公共财产本身，则作为特殊的**公有地**与这些数量众多的土地私有者一起存在。

在这两种形式中，各个个人都不是把自己当作劳动者，而是把自己当作所有者和同时也进行劳动的共同体成员。这种劳动的目的不是为了**创造**

① 《马克思恩格斯全集》第46卷上册，人民出版社1979年版，第497页。

② 《马克思恩格斯全集》第46卷上册，人民出版社1979年版，第176页。

> **价值**，——虽然他们也可能造成剩余劳动，以便为自己换取**他人的**产品，即剩余产品，——相反，他们劳动的目的是为了保证各个所有者及其家庭以及整个共同体的生存。个人变为上述一无所有的**工人**，这本身乃是**历史**的产物。①

古代共同体“表现为人的限制即个人受他人限制的那种规定性”，货币共同体“则在发达的形态上表现为物的限制即个人受不以他为转移并独立存在的关系的限制”。因为古代共同体表现为人的限制即个人受他人限制的那种规定性，共同体就是个人本身，是“自己的人的规定性”，所以古代共同体是人的共同体；因为货币共同体表现为物的限制即个人受不以他为转移并独立存在的关系的限制，是“外部关系”②，也就是说在资本的统治下人生产出来的东西（物）变成了主体，所以货币共同体是物的共同体。这，就是两种共同体的本质区别。

（四）对人的依赖关系和物的依赖关系的思考和学习

1. 人的依赖关系和物的依赖关系

显而易见，马克思是把“人的关系”（即“人的依赖关系”）作为历史中的第一种社会形态或者历史的第一个阶段的本质特征而特别加以强调的，是把“物的依赖关系”作为历史中的第二种社会形态或者历史的第二个阶段的本质特征而特别加以强调的。也就是说，“人的依赖关系”作为一个有着特定的和具体的含义的概念，是相对于第二个阶段的本质特征即“物的依赖关系”而言的，反之亦然。这两种依赖关系是一对相比较而言的反义词，是两个截然相反的对立概念。

“人的依赖关系”概念的含义是：每一个人都依据自己相对于他人而言的某种身份而与他人发生关系。例如，每个人的部落成员身份都是其他部落成员存在的前提；奴隶主和奴隶都是对方存在的前提；封建领主和臣仆或地主和农奴都是对方存在的前提，等等。共同体中的每一个个人的存在，都依赖于拥有与他的身份相对应的另一个有着特殊社会规定性即身份的人的存在。由于对方的

---

① 《马克思恩格斯全集》第46卷上册，人民出版社1979年版，第470、471页。

② 《马克思恩格斯全集》第46卷上册，人民出版社1979年版，第110页。

存在决定着自己的存在，所以他们彼此是依赖的，因此也是相互关心的。马克思把建立在这种人身依赖关系基础之上的社会划分为第一个历史阶段。

"物的依赖性"概念的含义是：个人是独立的，彼此漠不关心的，并且因为个人的存在是不靠其他人的，所以他们是孤立的个人，他们只是通过商品这个"物"为中介，才联系在了一起。个人相互之间如果有商品交换的需要，他们就有关系，如果没有这种需要，他们就没有关系，就是毫不相干的孤立的个人。马克思把这种建立在与"人的依赖关系"完全不同的"物的依赖关系"基础之上的社会划分为第二个历史阶段。马克思把"以**物的**依赖性为基础的人的独立性"作为标志，用以确认一个社会是否属于第二个历史阶段。

所谓物的依赖性是一种"与**人的**依赖关系相对立的**物的**依赖关系"[①]。通过这两个概念的对比，马克思特别强调指出：所谓"物的依赖关系"，是"在发达的交换制度中……人的依赖纽带、血统差别、教育差别等等事实上都被打破了，粉碎了"之后的产物，"表现为物的限制即个人受不以他为转移并独立存在的关系的限制"[②]。所以，"物的依赖关系无非是与外表上独立的个人相对立的独立的社会关系，也就是与这些个人本身相对立而独立化的、他们相互之间的生产关系"[③]。通过"物的依赖关系"这个概念，马克思就是要强调，货币共同体是一个抽象的共同体，"个人现在受**抽象**统治，而他们以前是相互依赖的"，而这个"抽象或观念，无非是那些统治个人的物质关系的理论表现"[④]，表明物的限制即个人受不以他为转移并独立存在的物质关系限制。人类社会的史前时期之所以划分为两个历史阶段，只能从它们之间存在着的这个相比较而言的本质差别中得到解释。

马克思指出，从表面看起来，第二阶段中的个人似乎比第一阶段中的人独立和自由，"而这种表面现象便使民主主义受到迷惑"。但是，这只是一个假象。他说："各个人**看起来似乎**独立地（这种独立一般只不过是幻想，确切些说，可叫做——在彼此关系冷漠的意义上——彼此漠不关心）自由地互相接触并在这种自由中互相交换；但是，只有在那些不考虑个人互相接触的**条件**即不考虑**生存条件**的人看来（而这些条件又不依赖于个人而存在，它们尽管由社会产生出来，却表现为**自然条件**，即不受个人控制的条件），各个人才显得是这样的。"这种表面现象得以产生的原因，是"因为单个人不能摆脱自己的人的规定性，

---

① 《马克思恩格斯全集》第46卷上册，人民出版社1979年版，第111页。
② 《马克思恩格斯全集》第46卷上册，人民出版社1979年版，第110页。
③ 《马克思恩格斯全集》第46卷上册，人民出版社1979年版，第111页。
④ 《马克思恩格斯全集》第46卷上册，人民出版社1979年版，第111页。

但可以克服和控制外部关系，所以在第二个场合他**看起来**享有更大的自由。但是，对这种外部关系或这些条件的进一步考察表明，属于一个阶级等等的各个人作为全体来说如果不消灭这些关系或条件，就不能克服它们。个别人偶尔能战胜它们；受它们控制的大量人却不能，因为它们的存在本身就表明，各个人从属于而且必然从属于它们。"①

2. 物的依赖关系的优越之处

在指出这两种依赖关系的区别的同时，马克思还特别强调指出了物的依赖关系的优越性。他说："毫无疑问，这种物的联系比单个人之间没有联系要好或者比只是以自然血缘关系和统治服从关系为基础的地方性联系要好"②。也就是说，外部的、物的依赖关系的建立，决不是人的依赖关系的消除，物的依赖关系只是使人的依赖关系在对物的依赖中变成了普遍的形式。准确地说，物的依赖关系只是"为人的依赖关系造成普遍的**基础**"③，只有在这个基础上，人，才能成为建立起普遍联系的、社会化的人。

一方面，外部的、物的依赖关系比单个人之间没有联系或者比只是以自然血缘关系和统治服从关系为基础的地方性联系要好。从这个角度上看，这是第二阶段在本质上优于或者说进步于第一阶段的关键之所在。在第一阶段中，造就了人的依赖关系的人身纽带，不论它是原始社会中表现为部落所有制的依赖关系的人身纽带，还是奴隶社会中表现为古代公社所有制和国家所有制的依赖关系的人身纽带，还是封建社会中表现为封建的或等级的所有制的依赖关系的人身纽带，都是不受个人自己控制的自然条件自发地发挥作用的结果，都是在狭隘的范围内和孤立的地点上的人的依赖关系，而不是一种普遍的人的依赖关系。相比较而言，在第二阶段物的依赖关系中发展着的，是人们之间个人可以克服和控制的"普遍的社会物质交换，全面的关系，多方面的需求以及全面的能力的体系"④。

另一方面，物的依赖关系只不过是为人的依赖关系造成普遍的基础，即为第三个历史阶段打基础。从这个角度上看，物的依赖关系又是第二阶段在本质上落后于第三阶段的关键之所在。在物的依赖关系中，个人仍然只是"一定的

---

① 《马克思恩格斯全集》第46卷上册，人民出版社1979年版，第110页。
② 《马克思恩格斯全集》第46卷上册，人民出版社1979年版，第108页。
③ 《马克思恩格斯全集》第46卷上册，人民出版社1979年版，第111页。
④ 《马克思恩格斯全集》第46卷上册，人民出版社1979年版，第104页。

个人”，与第一阶段中的个人一样，只是某种社会规定性上的个人，他们作为这样的个人相互发生关系，所以这种关系仍然属于各个人在一定的、狭隘的生产关系内的自发的联系。马克思称第三个历史阶段是“自由个性”阶段，他说：“同样毫无疑问，在个人创造出他们自己的社会联系之前，他们不可能把这种联系置于自己支配之下。如果把这种单纯**物的联系**理解为自然发生的、同个性的自然……不可分割的、而且是个性内在的联系，那是荒谬的。这种联系是各个人的产物。它是历史的产物。它属于个人发展的一定阶段。这种联系借以同个人相对立而存在的异己性和独立性只是证明，人们还处于创造自己社会生活条件的过程中，而不是从这种条件出发去开始他们的社会生活。这是各个人在一定的狭隘的生产关系内的自发的联系”。第三个阶段的个人是全面发展的个人，“全面发展的个人——他们的社会关系作为他们自己的共同的关系，也是服从于他们自己的共同的控制的——不是自然的产物，而是历史的产物。要使**这种**个性成为可能，能力的发展就要达到一定的程度和全面性，这正是以建立在交换价值基础上的生产为前提的，这种生产才在产生出个人同自己和同别人的普遍异化的同时，也产生出个人关系和个人能力的普遍性和全面性”①。总之，“一切产品和活动转化为交换价值，既要以生产中人的（历史的）一切固定的依赖关系的解体为前提，又要以生产者互相间的全面的依赖为前提”②。

在第一个阶段，单个人显得比较全面，那正是因为他还没有造成自己丰富的关系，并且还没有使这种关系作为独立于他自身之外的社会权力和社会关系同他自己相对立。马克思批评说：“留恋那种原始的丰富，是可笑的，相信必须停留在那种完全空虚之中，也是可笑的。资产阶级的观点从来没有超出同这种浪漫主义观点的对立”③。——资产阶级认为，第二个阶段的物的依赖关系，即单个人已经造成的丰富关系以及已经使这种关系作为独立于他之外的社会权力和社会关系同他自己相对立，就是对原始的丰富和完全的空虚的最完美的克服。在马克思看来，不论是留恋那种原始的丰富的浪漫主义观点，还是资产阶级的观点，都是不懂得历史自然发展规律的表现，都是错误的。他肯定，浪漫主义观点和作为它的合理的对立面的资产阶级观点，将一同升入天堂，人类的历史一定会走进自己的第三个发展阶段——自由王国。

虽然，站在批判资产阶级企图永远占据在社会生活中的主导地位的立场上，

① 《马克思恩格斯全集》第46卷上册，人民出版社1979年版，第108页。
② 《马克思恩格斯全集》第46卷上册，人民出版社1979年版，第102页。
③ 《马克思恩格斯全集》第46卷上册，人民出版社1979年版，第109页。

马克思对资本来到这个世界之后的所作所为，给予了最尖锐的揭露和最无情的鞭笞，说它“对直接生产者的剥夺，是用最残酷无情的野蛮手段，在最下流、最龌龊、最卑鄙和最可恶的贪欲的驱使下完成的”①，“今天出现在美国的许多身世不明的资本，仅仅在昨天还是英国的资本化了的儿童血液”②。这个血腥的事实告诉人们，“资本来到世间，从头到脚，每个毛孔都滴着血和肮脏的东西”③。而在这个问题上，资产阶级“丢掉了最后一点羞耻心和良心……恬不知耻地夸耀一切当作资本积累手段的卑鄙行径”④。

但是，站在批判那种留恋原始的丰富、相信必须停留在那种完全空虚之中的观点的立场上，马克思对资本来到这个世界之后的所作所为，给予了极高的评价和美好的赞扬。他说，只要抛掉狭隘的资产阶级形式，就会看到，资本在其孜孜不倦和永无止境的追求自身增值的欲望的推动下，把财富作为生产的目的的为生产而生产的行为，而这正是它的伟大的历史方面。从历史的角度即人本身的角度看，“财富岂不正是在普遍的交换中造成个人的需要、才能、享用、生产力等等的普遍性吗？财富岂不正是人对自然力——既是通常所谓的‘自然力’，又是人本身的自然力——统治的充分发展吗？财富岂不正是人的创造天赋的绝对发挥吗？”虽然在狭隘的资产阶级形式中，这种发挥表现为完全的空虚，但它仍然是实实在在的“人的内在本质的……充分发挥”⑤。

他认为，资本就是为了完成它解放人类的历史任务，成就这一历史功勋而来到世界上的，因此，只有资本才有资格和能力完成这个伟大的历史使命。这一点，是由人本身的自然即人的本性决定的，并且是以铁的必然性发挥作用的。所以，资本是一定会在历史中出现的，是一个不可违背的历史发展趋势。人类的自由王国（共产主义社会），即真正人的历史，正是要由资本来开创的。——“一方面，需要发展到这种程度，以致超过必要劳动的剩余劳动本身成了从个人需要本身产生的普遍需要，另一方面，普遍的勤劳，由于世世代代所经历的资本的严格纪律，发展成为新的一代的普遍财产，最后，这种普遍的勤劳，由于资本的无止境的致富欲望及其唯一能实现这种欲望的条件不断地驱使劳动生产力向前发展，而达到这样的程度，以致一方面整个社会只需用较少的劳动时间就能占有并保持普遍财富，另一方面劳动的社会将科学地对待自己的不断发展

---

① 《马克思恩格斯全集》第23卷，人民出版社1972年版，第830页。
② 《马克思恩格斯全集》第23卷，人民出版社1972年版，第824页。
③ 《马克思恩格斯全集》第23卷，人民出版社1972年版，第829页。
④ 《马克思恩格斯全集》第23卷，人民出版社1972年版，第827页。
⑤ 《马克思恩格斯全集》第46卷上册，人民出版社1979年版，第486页.

的再生产过程，对待自己的越来越丰富的再生产过程，从而，人不再从事那种可以让物来替人从事的劳动，——一旦到了那样的时候，资本的历史使命就完成了"①。

对李嘉图把资本主义生产方式看作最有利于生产、最有利于创造财富的生产方式，希望为生产而生产的观点，马克思给予了充分的肯定、支持和赞美（这段话本书之前虽然已经引用过，但还是有必要在这里再次引用）。他说：

> 李嘉图把资本主义生产方式看作最有利于生产、最有利于创造财富的生产方式，对于他那个时代来说，李嘉图是完全正确的。他希望**为生产而生产**，这是**正确的**。如果像李嘉图的感伤主义的反对者们那样，断言生产本身不是目的本身，那就是忘记了，为生产而生产无非就是发展人类的生产力，也就是**发展人类天性的财富这种目的本身**。如果……把个人的福利同这个目的对立起来，那就是主张，为了保证个人的福利，全人类的发展应该受到**阻碍**，因而，举例来说，就不能进行任何战争，因为战争无论如何会造成个人的死亡。……这种议论，就是不理解："**人**"类的才能的这种发展，虽然在开始时要靠牺牲多数的个人，甚至靠牺牲整个阶级，但最终会克服这种对抗，而同每个个人的发展相一致；因此，个性的比较高度的发展，只有以牺牲个人的历史过程为代价。至于这种感化议论的徒劳，那就不用说了，因为在人类，也象在动植物界一样，种族的利益总是要靠牺牲个体的利益来为自己开辟道路的，其所以会如此，是因为种族的利益同**特殊个体的利益**相一致，这些特殊个体的力量，他们的优越性，也就在这里。
>
> 由此可见，李嘉图的毫无顾忌不仅是**科学上的诚实**，而且从他的立场来说也是**科学上的必要**。因此对李嘉图来说，生产力的进一步发展究竟是毁灭土地所有权还是毁灭工人，这是无关紧要的。如果这种进步使工业资产阶级的资本贬值，李嘉图也是欢迎的。如果劳动生产力的发展使**现有的**固定资本贬值一半，那将怎样呢？——李嘉图说，——要知道人类劳动生产率却因此提高了一倍。这就是**科学上的诚实**。如果说李嘉图的观点整个说来符合**工业资产阶级**的利益，这只是**因为**工业资产阶级的利益符合生产的利益，或者说，符合人类劳动生产率发展的利益，并且以此为限。②

① 《马克思恩格斯全集》第46卷上册，人民出版社1979年版，第287页。
② 《马克思恩格斯全集》第26卷第二册，人民出版社1973年版，第124、125页。

面对马克思对李嘉图观点的高度赞扬，尤其是其中他用黑体字强调地说出的那些话，我们应该特别仔细地品味一下其中的科学境界，应该有所感悟。

一方面，感悟科学社会主义并不特别强调阶级对立和阶级斗争理论精髓中的那种“科学上的诚实”。

另一方面，感悟蕴含在“为生产而生产”中的“科学上的诚实”。——社会主义市场经济是资本生产方式的社会主义形式，本质上也是“为生产而生产”的。只要为生产而生产，就必然要牺牲一部分“人”的利益。这对于习惯小生产的生产方式的人，对于没有驾驭市场经济素质的人来说，是很不习惯的，甚至是痛苦的。西方国家在实现这个转变过程的时候，经历了不知多少“羊吃人”那般的痛苦，时间上也延续了几百年之久。马克思说，人们即使掌握了历史发展的规律，也不可能通过制定法令来越过历史发展的必然阶段，资本生产方式就是这样一个历史发展的必经之点。但是，掌握历史发展的规律，可以让人们减轻发展过程中的痛苦，缩短所经历的时间。

既然为生产而生产是发展人类的生产力，也就是发展人类天性的财富这种目的本身。人类的才能的这种发展，虽然在开始时要靠牺牲多数的个人，甚至靠牺牲整个阶级，但最终会克服这种对抗，而同每个个人的发展相一致，所以牺牲个人只是历史进步必须付出的代价。既然如此，那么我们就应该本着“科学上的诚实”态度，坦然地面对我国改革开放以来出现的种种困难和问题。首要的一个方面，就是要提高自己的认识和调适自己的心理。提高自己的思想，就是要学习和接受马克思肯定“为生产而生产”正确性的理论，坚信社会主义市场经济一定能够发展中国的生产力，中国人民的幸福生活一定能在生产力的发展中得到实现和保障。调适自己的心理，就是坦然地接受人类的才能的这种发展在开始时要靠牺牲包括自己在内的多数的个人利益这个客观现实，更何况在社会主义市场经济中，这种牺牲基本上是相对而言的牺牲。另一方面，要正确地理解当前遇到的困难和挫折，新事物需要时间来完善，经验需要时间来增长，思想需要时间来改变，习惯需要时间来养成。所以，要对社会主义市场经济建设有耐心，更要为建设社会主义市场经济做贡献，发挥自己的正能量。不要牢骚满腹，怒气冲天，散发负能量。

当年，面对已经进入第二个历史阶段即已经建立起了以物的依赖关系为基础的社会的西欧，马克思希望，通过向工人阶级揭露资本从头到脚每个毛孔都滴着血和肮脏的东西的事实，启发工人阶级的觉悟，并能够从此开始认识到自己的历史使命，了解自己完成历史使命的条件和性质。西欧的工人阶级也正是从这里开始了解和接受了马克思主义的。马克思的夫人燕妮在写给友人的信中所表达出的那种强烈感受，就是一个证明。她写道：

> 如果您已经得到卡尔·马克思的书[①]，我建议您（要是您也像我一样还没有彻底领会开头几章的辨证的奥妙之处的话）先读读有关资本的原始积累和现代殖民学说的几章。我相信，您也会同我一样，从这几章中得到极大的满足。当然，马克思没有医治我们社会的脓血迸流的创伤的任何现成的特效药（现在也以社会主义自许的资产阶级世界正在大声叫卖这种特效药），没有任何丸药、药膏或纱布；然而我以为，他从现代社会产生的自然历史过程中得出了实际结果和运用这些结果的方法，直到做出最大胆的结论；这是一件很不简单的事情——利用统计数字和辨证方法把吃惊的庸夫俗子引导到下述原理的令人头晕的高度："暴力是一切孕育着新社会的旧社会的接生婆。它本身也是一种经济力…… 今天在美国的许多身世不明的资本，仅仅在昨天都还是在英国资本化了的儿童血液…… 如果……货币'生来就在一颊带有血痕'，那末新生的资本从头到脚每个毛孔都渗透着血污…… 资本主义私有制的丧钟响了……"一直到底。
>
> 应当坦率地说，这种朴实得惊人的热情深深地吸引了我，历史对我来说已经像太阳光那样明亮了。[②]

（五）关于划分历史阶段的思考

对还处于人的依赖关系这种小生产的国家，即历史还没有进入第二阶段的国家，马克思更希望向那里的人们介绍的东西，是资本的历史使命和将要建立的伟大功勋。一方面，他对这些国家中仍然存在着的人的依赖关系社会形态表示出了深恶痛绝的反感，期望这些国家能早日在人本身自然规律铁的必然性下尽快摆脱小生产的生产方式。另一方面，他以兴奋的期待心情，盼望着资本的生产方式在这些国家里的出现。

---

① 根据《马克思恩格斯全集》第16卷（人民出版社1964年版）第821页第495条注释，这本书指的是《资本论》第一卷。

② 《马克思恩格斯全集》第16卷，人民出版社1964年版，第636页。

1. 马克思对当时的中国和印度的部分评论

在马克思的著作中，19 世纪的中国是以“世界上最反动最保守的堡垒”的面貌出现的。在他看来，这个世界上最古老最巩固的帝国的名称——“中国”，就是“僵死不动的东西”[①] 的代名词。他将中国这个“天朝帝国”的反动，归咎于它和“地上的世界”即在欧洲发生的、在资本主导下的工业革命之间的“完全隔绝”，并把处在这种完全隔绝状态下的中国，和“小心保存在密闭棺木里的木乃伊”[②] 相提并论。而且，在他看来，这个国家的人民也是处在“历来的麻木状态中”[③] 的。马克思做出这些关于中国的评论，依据的是他在欧洲所能听到的关于中国的消息，虽然在 19 世纪的交通和通讯条件下，他所能获得的信息无论是在丰富程度上还是在准确程度上，肯定都会存在问题，但是他对中国总体情况的了解和判断，还是完全准确的。

与这种对“僵死不动的东西”的深恶痛绝的厌恶之情相反，马克思对于因为受到资本的影响而在中国开始出现的向以物的依赖性为基础的社会形态转变的苗头，即从历史的第一阶段向第二阶段前进的动向，则表现出了由衷的欣慰之情。他在一篇国际评述中说：

> 最后，再谈一谈有名的德国传教士居茨拉夫从中国回来后宣传的一件值得注意的新奇事情。……英国人来了，用武力达到了五口通商的目的。成千上万的英美船只开到了中国；这个国家很快就为不列颠和美国廉价工业品所充斥。以手工劳动为基础的中国工业经不住机器的竞争。牢固的中华帝国遭受了社会危机。税金不能入库，国家濒于破产，大批居民赤贫如洗，这些居民开始愤懑激怒，进行反抗，殴打和杀死清朝的官吏和和尚[④]。这个国家据说已经接近灭亡，甚至面临暴力革命的威胁，但是，更糟糕的是，在造反的平民当中有人指出了一部分人贫穷和另一部分人富有的现象，要求重新分配财产，过去和现在一直要求完全消灭私有制。当居茨拉夫先生离开 20 年之后又回到文明人和欧洲人中间来的时候，他听到人们在谈论社会主义，于是问道：这是什么意思？听了别人的解释以后，他便惊叫

---

① 《马克思恩格斯全集》第 3 卷，人民出版社 1960 年版，第 312 页。
② 《马克思恩格斯全集》第 9 卷，人民出版社 1961 年版，第 111 页。
③ 《马克思恩格斯全集》第 9 卷，人民出版社 1961 年版，第 110 页。
④ 这里指的应该是“洋和尚”即外国传教士。

起来：

"这么说来，我岂不到哪儿也躲不开这个害人的学说了吗？这正是中国许多庶民近来所宣传的那一套啊！"①

显然，这位传教士将中国农民提出的"均贫富"之类的要求等同于了欧洲无产阶级社会主义提出的共产主义理想是一种非常浅薄的看法，马克思只是在借题发挥，即借批驳这种思维上混乱和理论上荒谬的观点之机，说出他对中国未来的期待：

虽然中国的社会主义跟欧洲的社会主义像中国哲学跟黑格尔哲学一样具有共同之点，但是，有一点仍然是令人欣慰的，即世界上最古老最巩固的帝国八年来在英国资产者的大批印花布的影响之下已经处于社会变革的前夕，而这次变革必将给这个国家的文明带来极其重要的结果。如果我们欧洲的反动分子不久的将来会逃奔亚洲，最后到达万里长城，到达最反动最保守的堡垒的大门，那末他们说不定就会看见这样的字样：

中华共和国

自由，平等，博爱②

针对在印度已经发生的事情，马克思还发表了相同的评论。在对印度的殖民统治中，英国人把资本的生产方式引进印度社会，从而打碎了印度自给自足的、封闭的社会制度。对此他评论说：对印度半野蛮半文明的公社而言，

这就破坏了它们的经济基础；结果，就在亚洲造成了一场最大的、老实说也是亚洲历来仅有的一次**社会**③革命。④

---

① 《马克思恩格斯全集》第7卷，人民出版社1959年版，第264页。

② 《马克思恩格斯全集》第7卷，人民出版社1959年版，第265页。

③ 马克思用黑体字书写了"**社会**"二字，意思是说，在印度发生的事情是一场历史性的革命，即是一场让历史从第一个阶段向第二个阶段跨越的革命。这是一场由资本带来的、建立以物的依赖性为基础的社会的变革。这个"社会"概念，是马克思主义理论中的一个特有的概念，其含义是"人的"或"符合人本性的"，即"符合历史规律的"，"反映历史进步的"。对这个特有的概念，本书有专门的论述。

另外，马克思的这篇文章写于1853年6月10日，这时马克思对已经发生了两年之久的太平天国运动是完全知晓和了解的，因为在二十天之前（即5月20日），他还写了一篇分析太平天国运动对欧洲的影响的文章《中国革命和欧洲革命》（《马克思恩格斯全集》第9卷，人民出版社1961年版，第109页）。在完全知晓和了解太平天国运动的情况下，马克思仍然说印度发生的事情是"亚洲历来仅有的一次社会革命"，这就充分证明了他对太平天国运动的历史定位，即非历史性的，不具有促进历史进步意义的。

④ 《马克思恩格斯全集》第9卷，人民出版社1961年版，第148页。

对亚洲历来仅有的这一次“社会”革命，马克思从感情和理性的结合上，做出了深入、细致、全面、透彻的分析。应该说，没有人能做出比他更好、更清晰的表述了。他说：

从纯粹的人的感情上来说，亲眼看到这无数勤劳的宗法制的和平的社会组织崩溃、瓦解、被投入苦海，亲眼看到它们的成员既丧失自己的古老形式的文明又丧失祖传的谋生手段，是会感到悲伤的；但是我们不应该忘记：这些田园风味的农村公社不管初看起来怎样无害于人，却始终是东方专制制度的牢固基础；它们使人的头脑局限在极小的范围内，成为迷信的驯服工具，成为传统规则的奴隶，表现不出任何伟大和任何历史首创精神。我们不应该忘记那种不开化的人的利己性，他们把自己的全部注意力集中在一块小得可怜的土地上，静静地看着整个帝国的崩溃、各种难以形容的残暴行为和大城市居民的被屠杀，就像观看自然现象那样无动于衷；至于他们自己，只要某个侵略者肯来照顾他们一下，他们就成为这个侵略者的无可奈何的俘虏。我们不应该忘记：这种失掉尊严的、停滞的、苟安的生活，这种消极的生活方式，在另一方面反而产生了野性的、盲目的、放纵的破坏力量，甚至使惨杀在印度斯坦成了宗教仪式。我们不应该忘记：这些小小的公社身上带着种姓划分和奴隶制度的标记；它们使人屈服于环境，而不是把人提升为环境的主宰；它们把自动发展的社会状况变成了一成不变的由自然预定的命运，因而造成了野蛮的崇拜自然的迷信，身为自然主宰的人竟然向猴子哈努曼和牡牛撒巴拉虔诚地叩拜，从这个事实就可以看出这种迷信是多么糟践人了。

的确，英国在印度斯坦造成社会革命完全是被极卑鄙的利益驱使的，在谋取这些利益的方式上也很愚钝。但是问题不在这里。问题在于，如果亚洲的社会状况没有一个根本的革命，人类能不能完成自己的使命。如果不能，那末，英国不管是干出了多大的罪行，它在造成这个革命的时候毕竟是充当了历史的不自觉的工具。这么说来，无论古老世界崩溃的情景对我们个人的感情是怎样难受，但是从历史观点来看，我们有权同歌德一起高唱：

“既然痛苦是快乐的源泉，
那又何必因痛苦而伤心？
难道不是有无数的生灵，

曾遭到帖木儿的蹂躏?"①

马克思对中国和印度社会所发生的事情的上述看法，是站在唯物史观立场上得出的必然结论。与此同时，他对同时期发生在欧洲的无产阶级革命的态度，同样也体现了与他对中国和印度所发生的事情的看法完全一致的唯物史观性质，能够帮助我们更好地理解他对中国和印度社会的历史观点。——马克思在1851年所写的《国际评述（三）》中说：

在这种普遍繁荣的情况下，即在资产阶级社会的生产力正以在整个资产阶级关系范围内所能达到的速度蓬勃发展的时候，也就谈不到什么真正的革命。……一切想阻止资产阶级发展的反动企图都会像民主派的一切道义上的愤懑和热情的宣言一样，必然会被这个基础碰得粉碎。②

九年之后，他又在1860年写的《福格特先生》这本书中再次重申了这个观点，并且强调说，他对欧洲社会的这个看法已经被这些年发生的事实所证明，而且，随着

工商业在大陆上得到了前所未闻的大幅度的发展，资产阶级政治统治的物质基础也随之加强了。事实上，在那个时期，"民主主义者们的一切道义上的愤懑和热情的宣言"都被经济关系碰的粉碎了。③

在正确理解历史问题上，马克思给我们树立了最好的范例。按照马克思给我们树立的范例，要想确认中国现在处在哪一个历史阶段，就应该看中国的社会生产力是否向社会化大生产转变了，在多大程度上实现了这个转变。

2. 历史阶段与社会制度的关系

马克思从理论上确认了，如果一个社会探索到了本身的运动规律，它就可以缩短和减轻通过历史发展的自然阶段时所必然要经历的痛苦，用较人道的形式发展生产力，而只有现代无产阶级，才能够真正掌握这个规律。列宁在实践上确认了，在特殊的条件具备之后，一个国家的共产党人完全可以从政治的那一头开始，即从建立无产阶级专政的国家政权开始，在人民当家做主的情况下，完成这个国家发展社会生产力的历史任务。所以，毫无疑问，社会制度对一个

① 《马克思恩格斯全集》第9卷，人民出版社1961年版，第148、150页。

② 《马克思恩格斯选集》第1卷，人民出版社2012年版，第541页。

③ 《马克思恩格斯全集》第14卷，人民出版社1965年版，第479、480页。

国家的历史发展进程来说，意义是十分重大的。但是，无论如何，社会制度任何时候都不是划分历史阶段所依据的标准。

毋庸置疑，马克思当然清楚地知道奴隶社会和封建社会是存在阶级对立的社会，但他并不因此就认为，奴隶社会和封建社会不属于“人的依赖关系”这个“最初的社会形态”即历史第一阶段。在他看来，奴隶主与奴隶、封建主与农奴之间的阶级关系，同时也是他们之间人的相互依赖关系。而且，在这两个社会中，阶级对立和阶级斗争关系并不是个人发展本身，人们之间通过阶级关系的形式所实现的相互依赖关系，即人们生产活动得以进行的基础，才是个人发展本身。

当阶级关系和人的依赖关系同时存在的时候，究竟应该用哪一个事实为标准来划分历史阶段，那就要看哪个事实是历史发展本身即生产活动赖以进行的关系。马克思认为，在原始社会、奴隶社会和封建社会中，只有人的依赖关系才是生产活动赖以进行的基础，所以，当然就应该以人的依赖关系为标准，把它们归为一个历史阶段。奴隶社会和封建社会都是存在阶级对立和阶级斗争的社会，但是，这两种社会形态中的阶级关系与生产关系并不重合，即一方面是贵族和平民、领主和农奴之间的阶级对立和阶级斗争的阶级关系，另一方面是以人身依赖为基础的生产关系，两种关系同时存在，和谐共处。而奴隶社会和封建社会中的阶级对立和阶级斗争（在原始社会中奴隶制是隐蔽地存在于家庭和部落之中的）关系与生产关系不相重合的历史事实只是说明，阶级对立和阶级斗争关系本身并不直接是生产者对生产条件的关系，换句话说，阶级关系并不是基于生产力的发展的要求即不是为了满足生产的需要而产生出来的。它不是生产活动的基础，而是基于一部分人对另一部分人的人身占有，或者一部分人所拥有的社会特权而产生的，因而与生产方式本身无关，与历史即生产力本身的发展无关。

而当物的依赖性替代了人的依赖性成为了生产活动的基础时，历史就进入到了另外一个阶段。马克思明确地指出，在资本占统治地位的社会中，由于生产力本身的发展要求在生产活动中劳动资料与劳动者分离，即“资本”的生产职能和“劳动”的生产职能必须分别由不同的人来承担，——在资产阶级占统治地位的社会里，就是分别由属于不同阶级的人即资本家和工人所承担——，因而生产活动基础既表现为物的依赖关系，同时也表现为阶级关系，也就是说，这两种关系完全地重合在了一起，只有在这个时候——也只有在这个时候，阶级关系才会因为它与生产关系即“劳动”和“资本”之间交换关系完全重合，从而也可以被视为是划分历史阶段的标准。

马克思指出，如果仅仅把物的依赖关系理解为

> **无产**和**有产**的对立，只要还没有把它理解为**劳动**和**资本**的对立，它还是一种无关紧要的对立，一种没有从它的**能动关系**上、它的**内在**关系上来理解的对立，还没有作为矛盾来理解的对立。这种对立即使没有私有财产的进一步的运动也能以**最初的**形式表现出来，如在古罗马、土耳其等。①

也就是说，在人的依赖关系中，“穷人和富人之间”的关系，相对于物的依赖关系中的雇佣劳动和资本的关系来说，只不过是一种“无概念的关系”②。我们从马克思所使用“无关紧要的对立”和“无概念的关系”这样的形容词中，就可以充分理解阶级对立和阶级斗争在这两个历史阶段中的地位和作用。

在与蒲鲁东的论战中，马克思明确地阐释了这样一个思想，即：

> 人们的社会历史始终只是他们的个体发展的历史……他们的物质关系形成他们的一切关系的基础。这种物质关系不过是他们的物质的和个体的活动所借以实现的必然形式罢了。③

按照他的这个观点来理解，三个阶段指的就是历史本身；四种社会形态指的就是活动借以实现的必然形式。三个历史阶段是历史的“内容”，四种社会形态是史前时期历史的“形式”。所以，三个阶段和四种社会形态本质上讲的是同一件事情，一个是就个人的活动而言，另一个是就活动形式而言。历史永远都是内在的实质内容和外在的表现形式的统一。所以，如果非得要问：历史究竟应该分为“三个历史阶段”，还是分为“四种社会形态”的话，那么就是非要人们在这两个划分中选择一个、而且是只能选择其中的一个，而这样提出问题的实质，就是把内容与形式割裂开来，因此问题本身就是一个错误的问题。一个错误的问题，是永远不可能有正确答案的。

因此，对马克思主义是将历史划分为三个阶段还是四种社会形态这个问题的正确回答，应该是这样的：人类历史的发展过程既可以以生产力为标准分为三个历史阶段，也可以以生产关系为标准把人类社会的史前时期分为四种社会形态。三个历史阶段是从生产力的角度，也就是从历史本身即人本身的物质的和个体的活动状态的角度看历史的，而四种社会形态则是从生产关系的角度，也就是人本身的物质的和个体的活动所借以实现的必然形式的角度看历史的。

① 《马克思恩格斯全集》第46卷上册，人民出版社1979年版，第117页。

② 《马克思恩格斯全集》第47卷，人民出版社1979年版，第331页。

③ 《马克思恩格斯选集》第4卷，人民出版社2012年版，第409页。

两种划分都是马克思主义的观点。我们应该而且必须能够从这两个不同角度看历史，因为这是马克思主义的一个非常重要的理论思想。只会从一个角度看历史，不是马克思主义的观点。

在内容和形式的关系中，内容居于决定的地位，形式处于被决定的地位。就这一点而言，由于三个历史阶段所反映的是历史本身，所以它是刚性的，即这三个历史阶段是严格按照先后顺序依次出现的，是不可能出现次序混乱的。而四种社会形态所反映的，是历史借以实现的形式，由于在历史的一般发展进程有时会出现某些偶然的特殊条件，因而造成了不同性质的实现形式同时存在和谐共处的现象，所以它是柔性的。

那些看起来是属于违反常规而出现在历史中的某种形式，或者由于其不符合当时历史的要求而成为一种虚有其表的形式，如古罗马的无产者；或者因为其恰巧满足了当时历史发展的要求而成为历史本身借以实现的特殊形式，如美洲的黑奴制。关于古罗马平民中的无产者，马克思说：

> 这些人本来都是自己耕种自己小块土地的自由农民。在罗马历史发展的过程中，他们被剥夺了。使他们同他们的生产资料和生活资料分离的运动，不仅蕴含着大地产形成的过程，而且还蕴含着大货币资本形成的过程。于是，有那么一天就一方面出现了除自己的劳动力外一切都被剥夺的自由人，另一方面为了利用这种劳动，又出现了占有所创造出的全部财富的人。结果怎样呢？罗马的无产者并没有变成雇佣工人，却成为无所事事的游民，他们比过去美国南部各州的白种贫民更受人轻视，和他们同时发展起来的生产方式不是资本主义的，而是奴隶占有制的。因此，极为相似的事情，但在不同的历史环境中出现就引起了完全不同的结果。①

这种现象的出现说明，表现形式本身并不那么重要，重要的是人本身的发展所达到的文明程度。

针对不能正确区分阶级对立和阶级斗争关系在人的依赖关系中和在物的依赖关系中完全不同的地位和作用的错误看法，马克思分析指出：古代的罗马，阶级斗争只是在享有特权的少数人内部进行，只是在自由富人与自由穷人之间进行，而从事生产的广大民众，即奴隶，则不过为这些斗士充当消极的舞台台柱。因此，由于古罗马的阶级斗争同现代阶级斗争在物质经济条件方面有这样的根本区别，在由这种斗争所产生的政治人物之间，也就不能比坎特伯雷大主

---

① 《马克思恩格斯全集》第19卷，人民出版社1963年版，第131页。

教与祭司长撒母耳之间有更多的共同点了。

奴隶制的古代罗马的阶级斗争只是存在于自由民之间“有产”与“无产”的关系，而这种关系是一个与生产活动无关的关系。奴隶作为奴隶社会中直接从事劳动的劳动者，他们不是人而是劳动工具，是生产者即奴隶主的一部分财产，也就是他们的生产条件之一。古罗马的自由民——不管是富人还是穷人——通过共同占有那些做工的奴隶即他们的生产条件联合在一起，奴隶制在这里并没有破坏从原始社会延续下来的劳动的条件，也不改变人们之间本质的关系。换句话说，是奴隶社会所具有的、符合历史要求的特质，即在“人的依赖关系”中进行生产的历史特质，决定了罗马的无产者不可能成为雇佣工人。换句话说，他们与有钱人之间的阶级关系不是生产关系。

而对美洲的黑奴制，马克思则指出：

> 直接奴隶制也象机器、信贷等等一样，是我们现代工业的基础。没有奴隶制，就没有棉花；没有棉花，就没有现代工业。奴隶制使殖民地具有了价值，殖民地造成了世界贸易，而世界贸易则是大机器工业的必不可少的条件。在买卖黑奴以前，殖民地给予旧大陆的产品很少，没有显著地改变世界的面貌。可见，奴隶制是一个极为重要的经济范畴。没有奴隶制，北美——最进步的国家——就会变成宗法式的国家。只要从世界地图上抹去北美，结果就会出现紊乱状态，就会出现贸易和现代文明的彻底衰落。但是，消灭奴隶制，那就等于从世界地图上把美国抹去。①

在一般的社会形态演进序列中，奴隶制落后于资本主义社会两个时代，但它却在美国和世界现代工业的发展过程中发挥了至关重要的作用，这是一个千真万确的历史事实。为什么会是这样的呢？马克思一语道出了其中的原因，那就是：美国的种植园主是货真价实的资本家。虽然从表面上看，美国种植园主是把黑奴当作自己的私人财产即会说话的工具的、货真价实的奴隶主，但实际上，他们是货真价实的资本家。马克思十分肯定地说：

> 我们现在不但称美国的种植园主为资本家，而且他们确实是这样的人，这是由于他们是作为以自由劳动为基础的世界市场条件下的畸形物而存在的。②

美国种植园主使用黑奴这种“生产工具”所进行的生产，是世界市场中的

① 《马克思恩格斯全集》第27卷，人民出版社1972年版，第484页。

② 《马克思恩格斯全集》第46卷上册，人民出版社1979年版，第517页。

生产，所以其通过奴隶制这种阶级对立和阶级斗争形式进行的生产活动，就具有了资本主义生产的实质，是资本主义生产活动的一种具体方法。马克思说：

> 奴隶劳动或徭役劳动等较低级形式上从事生产的民族，一旦卷入资本主义生产方式所统治的世界市场，而这个市场又使它们的产品的外销成为首要利益，那就会在奴隶制、农奴制等等野蛮灾祸之上，再加上一层过度劳动的文明灾祸。因此，在美国南部各州，当生产的目的主要是直接满足本地需要时，黑人劳动还带有一种温和的家长制的性质。但是随着棉花出口变成这些州的切身利益，黑人所从事的有时只要七年就把生命耗尽的过度劳动，就成为事事都要加以盘算的那个制度的一个因素。问题已经不再是从黑人身上榨取一定量的有用产品，现在的问题是要生产剩余价值本身了。①

这就意味着，资本社会所具有的“物的依赖关系”的历史特质，决定了美国黑奴制度成为了19世纪推动世界资本主义大发展的一股主要力量。

总之，马克思的观点非常明确，即：如果因为古希腊和古罗马出现了除自己的劳动力外一切都被剥夺的自由人，就认为在古希腊和古罗马的财富就是资本，它的所有人就是资本家，或者，如果因为美国的种植园主使用黑人奴隶进行生产，就认为他们不是资本家，这两种看法都是错误的，都是因为不懂得极为相似的事情在不同的历史环境中出现就引起了完全不同的结果这个道理，而导致的错误。

马克思在批评蒲鲁东时指出，蒲鲁东的错误就在于他不知道

> 经济范畴只不过是生产方面社会关系的理论表现，即其抽象。真正的哲学家蒲鲁东先生对事物的理解是颠倒的，他认为现实关系只是睡在“人类的无人身的理性”怀抱里……的一些原理和范畴的化身。②

社会关系虽然是客观存在东西，但是，如果只看到了社会关系，看不到生产它的人本身，这样一来社会关系就变成了睡在“人类的无人身的理性”怀抱里的一些原理和范畴的化身，或者说，就是“把这些关系看成是原理、范畴和抽象的思想”③。原始公有制（部落所有制）、奴隶制（古代公社所有制和国家所有制）、封建制（封建的或等级的所有制）、现代发达的商品交换制度等等，

---

① 《马克思恩格斯全集》第23卷，人民出版社1972年版，第264页。

② 《马克思恩格斯全集》第4卷，人民出版社1958年版，第143页。

③ 《马克思恩格斯全集》第4卷，人民出版社1958年版，第140页。

它们都是经济范畴，是对生产方面社会关系的抽象。正像马克思所指出的那样：

> 经济学家蒲鲁东先生非常明白，人们是在一定的生产关系中制造呢绒、麻布和丝织品的。但是他不明白，这些一定的社会关系同麻布、亚麻等一样，也是人们生产出来的。社会关系和生产力密切相联。随着新生产力的获得，人们改变自己的生产方式，随着生产方式即谋生的方式的改变，人们也就会改变自己的一切社会关系。手推磨产生的是封建主的社会，蒸汽磨产生的是工业资本家的社会。①

如果像蒲鲁东那样，只知道人们是在一定的生产关系范围内制造呢绒、麻布和丝织品的，但却不懂得这些一定的社会关系同麻布、亚麻等一样也是人们生产出来的，那就不会明白，人们的这些物质关系不过是他们的物质的和个体的活动所借以实现的必然形式。就会只看到原始共产主义制度、奴隶制度、封建制度、资本主义制度和社会主义制度等等的社会关系，即政治经济学的范畴，而看不到历史本身即人本身，就会“把种种经济关系看做同等数量的社会阶段”，而这实际上就是“认为这些阶段在自己的逻辑顺序中实现着人类的无人身的理性”②。马克思给这种蒲鲁东式的错误下的结论是：“谁用政治经济学的范畴构筑某种思想体系的大厦，谁就是把社会体系的各个环节割裂开来，就是把社会的各个环节变成同等数量的互相连接的单个社会。其实，单凭运动、顺序和时间的逻辑公式怎能向我们说明一切关系同时存在而又互相依存的社会机体呢?”③

历史是人个体发展的历史，或者说是个人本身力量即生产力发展的历史；而人的物质的和个体的活动必然要通过一定的方式实现，人们在这一定的生产方式中必然会结成一定的生产关系，这种物质的生产关系决定其他一切意识形态的社会关系。所以，在以人的物质的和个体的活动形态特征为标准，将历史分为三个历史阶段的同时，马克思又以在人的物质的和个体的活动所采用的一定的方式中产生出来的物质关系（生产关系）为标准，将既往的历史分为了四种社会形态。这种将人类的历史既分为三个历史阶段，又将既往的历史分为四种社会形态的观点，是具有内在统一性的理论。只有看到这两种分法的内在统一性——既看到了历史的本质，又看到了历史借以实现的必然的方式和形式，同时还看到了本质与形式之间的和谐统一关系——的理论，才是科学理论。

---

① 《马克思恩格斯选集》第1卷，人民出版社2012年版，第222页。
② 《马克思恩格斯全集》第4卷，人民出版社1958年版，第144页。
③ 《马克思恩格斯全集》第4卷，人民出版社1958年版，第145页。

3. 马克思划分历史阶段的两种方法和结论

有一种观点认为，原始社会、奴隶社会和封建社会不是历史上依次出现的三种社会形态；不是这三种生产方式中哪一种生产方式的解体导致了资本主义生产方式的出现，而是包括这三种生产方式在内的前资本主义生产方式的解体导致了资本主义生产方式的出现。

这个观点认识到把历史划分为三个阶段是马克思划分历史阶段的基本理论，这个看法是完全正确的；同时也认为，不是原始社会、奴隶社会和封建社会生产方式中哪一种生产方式的解体导致了资本主义生产方式的出现，而是包括这三种生产方式在内的前资本主义生产方式即产生了人的依赖关系的生产方式的解体，导致了资本主义生产方式的出现，也是完全正确的。

把原始社会、奴隶社会和封建社会概括地统一称之为与“资本主义生产方式”相对立的“前资本主义生产方式”，这种表述精准地确定划分第一个历史阶段与第二个历史阶段的历史坐标，因此起到了准确而干净利落地把这两个历史阶段划分开的作用。

但是，这个观点在把原始社会、奴隶社会和封建社会正确地概括为一个前资本主义生产方式的同时，却在不经意间否认它们本身也是历史上依次出现的三种生产方式（即社会经济形态），则是错误的。

其错误首先表现在理论上。这种观点没有能够做到，既看到历史的本质，又看到了历史借以实现的必然的方式和形式，同时还看到了本质与形式之间的和谐统一关系，而是错误地把历史的本质和历史借以实现的形式不加区别地混为一谈，认为马克思主义划分历史阶段的方法和结果只能有一个，人为地制造出了这两种划分历史阶段方法和结果之间不可调和的矛盾。一山不容二虎，最终导致了在承认从历史本质的角度对历史阶段的划分的同时，否认从历史借以实现的形式的角度对历史阶段的划分的结果。

其错误其次还表现在逻辑上。这种观点没有能够做到，应该在逻辑上区分从不同的角度上所说的“过程”，同时对每一个过程都要区分“总的过程”和这个总过程中的“阶段性过程”，而是错误地把它们混为一谈。

任何一个事物的存在都是一个过程，是一个从量变开始到质变结束的发展过程。一个总的过程又是由若干个阶段性的过程构成的。对阶段性的发展过程而言，从前一个阶段性过程进入后一个阶段性过程，发生的是质变；而对总的发展过程而言，从前一个阶段性过程进入后一个阶段性过程，发生的是量变。

如果把前资本主义生产方式——准确地说就是以古代共同体为基础的、以生产使用价值为生产目的的人的依赖关系——看成一个总的发展过程的话，那么原始社会、奴隶社会和封建社会就是它的三个阶段性发展过程。所以，从原始社会演化到奴隶社会，再从奴隶社会演化到封建社会，就是前资本主义生产方式的阶段性发展过程中的质变，同时也就是前资本主义生产方式这个总的发展过程中的量变。但是，如果是把人类历史看成一个总的发展过程的话，那么古代社会（包括原始社会、奴隶社会和封建社会）、现代社会（即所有建立在市场经济基础上的社会）和共产主义社会就是它的三个阶段性发展过程。从古代社会（即第一阶段）演化到现代社会（即第二阶段），再从现代社会演化到共产主义社会（即第三阶段），就是人类历史的阶段性发展过程中的质变，同时也就是人类历史这个总的发展过程中的量变。

具体是把哪一个过程看成是一个总的发展过程，是由理解和把握事物时的角度和直接体现着这个角度的标准决定的。人们可以把任何一个过程从某个特定的角度看成是一个总过程，因此，总过程是无数的。把人类历史看成是一个总的过程时，是从历史就是人本身发展过程的角度理解和把握历史，以生产力（即人本身的能力）的发展水平为标准来认识这一过程的发展程度的。把人类历史的第一阶段看成是一个总的过程时，是从第一个阶段就是人们在自然形成的以生产使用价值为目的的共同体中的依赖关系的发展过程的角度理解和把握人类历史的第一阶段，以不是作为劳动的结果而是作为劳动前提的生产条件的发展状况为标准来认识这一过程的发展情况的。当我们把人类历史作为一个总过程时，其第一阶段（前资本主义生产方式）的解体和第二阶段（资本主义生产方式）的诞生是一个阶段性的质变，从逻辑上讲，它与我们把第一个历史阶段看作一个总过程时把从原始社会到奴隶社会再到封建社会的演进看成是阶段性的质变是没有任何关系的，这两件事分别属于两个完全不同的逻辑关系，互不相干，根本不能用前一个是阶段性质变，来否认后一个也是阶段性质变。而违反逻辑做出这样的否定，其结果只能是不仅陷入了理论上的混乱，而且在这一否定之中必然地包含了这样一种错误观点（哪怕是提出这一观点的人主观上并没有这种错误认识的情况下也是这样），即好像前资本主义生产方式本身并不是一个从原始社会到奴隶社会再到封建社会依次演进的发展过程，而是一个一成不变的状态。

在第一次系统表述唯物史观理论时，马克思和恩格斯就明确地说出了自己的这样一个观点：

> 人们用以生产自己的生活资料的方式，首先取决于他们已有的和需要再生产的生活资料本身的特性。……个人怎样表现自己的生命，他们自己就是怎样。因此，他们是什么样的，这同他们的生产是一致的——既和他们生产**什么**一致，又和他们**怎样**生产一致。因而，个人是什么样的，这取决于他们进行生产的物质条件。①

在这里，“生产什么”指的是生产力，而“怎样生产”指的就是生产方式和由生产方式决定的生产关系。在《资本论》第一卷中，马克思再次阐述了这个观点。他说：

> 各种经济时代的区别，不在于生产什么，而在于怎样生产，用什么劳动资料生产。劳动资料不仅是人类劳动力发展的测量器，而且是劳动借以进行的社会关系的指示器。②

在这里，马克思分别指出了“劳动资料”——例如“手推磨”、“蒸汽磨”等等——的两个功用，即“测量器”的功用和“指示器”的功用。“测量器”是用来测量经济时代的“长度”的，即每一个经济时代从哪里开始到哪里结束。“指示器”是用来指示经济时代在历史中的“位置”的，即哪一种经济时代应该在历史的哪一个位置上出现。马克思十分明确地说，手推磨产生的是封建主的社会，蒸汽磨产生的是工业资本家的社会。手推磨、蒸汽磨它们本身是不同的生产力，使用手推磨的劳动和使用蒸汽磨的劳动是完全不同的两种生产方式。手推磨生产方式是小生产的生产方式，生产的是使用价值以及与生产使用价值的生产活动方式相适应的以封建主为首的社会；蒸汽磨生产方式是社会化大生产的生产方式，生产的是交换价值以及与生产交换价值的生产活动方式相适应的以工业资本家为首的社会。既然“劳动资料”是经济时代的“指示器”，而劳动资料本身又是一个从简单到复杂、从低级到高级的发展过程，那么它所指示出的第一阶段中的三个社会经济形态和与之相适应的社会形态，也只能依次处于与它的发展水平相一致的历史的不同位置上，呈现出一个从简单到复杂、从低级到高级的前后相接的、连续的发展过程。

在《资本论》第二版出版时，马克思又为他所阐述的这个观点加了一个注：

> 尽管直到现在，历史著作很少提到物质生产的发展，即整个社会生活以及整个现实历史的基础，但是，至少史前时期是在自然科学研究的基础

① 《马克思恩格斯选集》第1卷，人民出版社2012年版，第147页。
② 《马克思恩格斯全集》第23卷，人民出版社1972年版，第204页。

上，而不是在所谓历史研究的基础上，按照制造工具和武器的材料，划分为石器时代、青铜时代和铁器时代的。①

众所周知，作为指示器，“石器”给人们指示的是原始社会，“青铜”给人们指示的是奴隶社会，而“铁器”给人们指示的则是封建社会。作为“指示器”，简单低级的劳动资料是不可能指向复杂高级的社会经济时代的。比如说“石器”是不可能指向资本主义社会的，因为在它们之间存在着本质的差别。

马克思的下面这段话，被提出原始社会、奴隶社会和封建社会不是历史上依次出现的三种生产方式（即社会形态）观点的人看成是支持自己这一观点的理论依据。这段话就是：

在**资产阶级前**的各种关系解体的时期，零散地出现一些自由劳动者，购买这些人的服务不是为了消费，而是为了**生产**；但是，**第一**，即使规模很大，这也只是为了生产**直接的**使用价值，而不是为了生产**价值**；**第二**，例如，如果说贵族除了自己的农奴，还使用自由劳动者，并把他们创造的一部分产品又拿去出售，因而自由劳动者为他们创造了**价值**，那么这种交换只涉及多余的产品，并且只是为了多余的产品，为了**奢侈品的消费**而进行的；因而这实际上只是为了把他人劳动用于直接消费或用作使用价值而对这种劳动进行的伪装的购买。然而，凡是这种自由劳动者的数量日益增多而且这种关系日益扩展的地方，旧的生产方式，即公社的、家长制的、封建的生产方式等等，就处于解体之中，并准备了真正雇佣劳动的要素。②

实际上，这段话根本不能成为这样的依据。因为，“**资产阶级前**的各种关系”、“旧的生产方式，即公社的、家长制的、封建的生产方式”等这样的表述只能证明，马克思以资本主义生产方式、资产阶级关系为坐标，把旧的生产方式即公社的、家长制的、封建的生产方式统统视为前资本主义生产方式，把旧的社会即原始社会、奴隶社会、封建社会统统视为资产阶级前的各种关系。但是无论如何，我们从这段话中看到的，也只有对历史的第一个阶段和第二个阶段以及对两个阶段之间的分界线的具体阐述，根本看不到任何认为原始社会、奴隶社会和封建社会不是历史上依次出现的三种社会形态的意思表示。（当然，我们还可以通过马克思特意使用黑体字书写了“**资产阶级前**”这几个字而深切地体会到，马克思是非常强调资本主义生产方式这个坐标的重要意义的。）

---

① 《马克思恩格斯全集》第23卷，人民出版社1972年版，第204页。

② 《马克思恩格斯全集》第46卷上册，人民出版社1979年版，第468页。

我们有充分的证据证明，马克思认为原始社会、奴隶社会和封建社会是历史上依次出现的三种社会形态。

第一个证据。马克思说：

> 深入研究一下亚细亚的，尤其是印度的公社所有制形式，就会得到证明，从这些形式中怎样产生出解体的各种形式。例如，罗马和日耳曼人的私人所有制的各种原型，就可以从印度的公社所有制的各种形式中推出来。①

通过这段话，马克思明确地表达了这样的意思：①罗马人的私人所有制（奴隶社会）和日耳曼人的私人所有制（封建社会）是从亚细亚的公社所有制（原始社会）中“产生出”的；②因为奴隶社会和封建社会本身就是原始社会“解体的各种形式”，是所有制本身在新的条件下抛弃了原先的旧形式采用了新形式，所以它们是从原始社会中“产生出”的；③奴隶社会和封建社会是直接从原始社会中演化出来的，是在原始社会退出历史舞台之后出现在历史舞台上的，因此从发展过程的总趋势上说，它们与原始社会之间的关系是“产生”与“被产生”的关系，即“直系血亲”关系。

第二个证据。马克思说：

> 发达的价格规定的前提是：个人不是直接生产自己的生存资料，他的直接产品是**交换价值**，因此必须通过某种社会的过程才能成为他的**生活资料**。在工业社会的这一基础得到充分发展的状态和家长制状态之间，隔着许多中间阶段。
>
> 古典古代的历史是城市的历史……亚细亚的历史是城市和乡村无差别的统一……中世纪（日耳曼时代）是从乡村这个历史的舞台出发的……现代的历史是乡村城市化。②

在这两段话中，马克思明确地表达了这样的意思：①“隔着许多中间阶段”这句话表明，从直接产品是生活资料的原始社会，到直接产品是交换价值的工业社会（资本主导下的社会），必须先要依次通过隔在它们中间的几个其他阶段（社会）；②隔在原始社会（亚细亚的历史）和工业社会（现代的历史）之间其他几个阶段（社会），是通过古希腊和古罗马展现出来的古典古代历史阶段（奴隶社会），和通过日耳曼时代展现出来的中世纪历史阶段（封建社会）；③在历

---

① 《马克思恩格斯全集》第49卷，人民出版社1982年版，第193页，注释（1）。

② 《马克思恩格斯全集》第46卷上册，人民出版社1979年版，第141、480页。

史事件的角度上看，古罗马的灭亡和中世纪的开始是同一件事情，在历史的进程的角度上看，中世纪的历史是在古罗马灭亡之后开始的。

把以上的两个证据结合起来，我们就完全有理由说：马克思认为，原始社会、奴隶社会和封建社会是历史上依次出现的、有直系血缘关系的三种社会形态。

那么，在马克思看来，资本主导下的现代社会与其前面的三个社会之间是什么关系？这个问题可以分为两个问题来回答。

第一个问题——资本主导下的现代社会与前三个社会之间有没有“直系血亲”关系？

回答是：没有。

根据是：马克思认为，奴隶社会和封建社会都是原始共同体的派生形式，并没有改变原始共同体的原则，罗马和日耳曼人的私人所有制的各种原型可以从印度的公社所有制的各种形式中推出来，所以它们的生产都是在人的依赖关系中的生产，它们的直接产品都是生活资料，因而它们的生产力也都是原则上有限的自然共同体生产力。而资本主导下的现代社会的所有制是完全不能从原始公社的所有制形式中推出来的，它的直接产品是交换价值，所以它是货币共同体，与古代共同体没有一点相同之处，由于它的生产是在物的依赖关系中追求交换价值的生产，因而它的生产力原则上是无限的。正因为资本主导下的现代社会与它之前的社会之间没有“直系血亲”关系，所以它们才是两个不同的历史阶段。

第二个问题——资本主导下的现代社会是不是从封建社会的基础上产生出来的？

回答是：是的。

根据是：①马克思认为，资本是生产力为了满足自己发展的需要——把劳动发展为社会的劳动——而制造出来的东西；②马克思同时认为：

> 劳动者对他的生产资料的私有权是小生产的基础，而小生产又是发展社会生产和劳动者本人的自由个性的必要条件。诚然，这种生产方式在奴隶制度、农奴制度以及其他从属关系中也是存在的。但是，只有在劳动者是自己使用的劳动条件的自由私有者，农民是自己耕种的土地的自由私有者，手工业者是自己运用自如的工具的自由私有者的地方，它才得到充分

发展，才显示出它的全部力量，才获得适当的典型的形式。①

毫无疑问，资本是在它之前的旧的生产方式所能容纳的生产力全部释放出来因而已经不能为生产力发展提供新的空间的时候产生出来的，而封建社会的生产方式恰恰正是旧的生产方式中能够把旧的生产方式所能容纳的生产力全部释放出来的那种形式。至于原始社会和奴隶社会，它们是旧生产方式中的两个相对较早的形式，这个历史事实说明，当它们在封建社会之前依次灭亡的时候，旧的生产方式所能容纳的生产力还远远没有发挥出来，资本生产方式存在的物质条件也还远远没有在旧社会的胎胞里孕育成熟。所以可以肯定地说，马克思认为资本生产方式只能是从封建社会生产方式中发展出来的，而不可能从原始社会和奴隶社会生产方式中发展出来，因为这不是它们的任务。

事实上，马克思所描述的历史上货币转化为资本的方式——商人购买家庭副业的产品——就是发生在封建社会中的事情。因为这种事情只有在每一个单独的家庭就是一个经济整体，它本身单独地构成一个独立的生产中心（工业只是妇女的家庭副业等等），而且已经成为社会生活中的普遍现象的时候，才能发生。他说：

> 货币转化为资本的方式，在历史上往往非常明显地表现成这样：例如一个商人委托许多以前以农村副业的形式从事纺织的织工和纺工为他劳动，把他们的副业变成他们的本业。结果，商人就把他们掌握在自己手里，并把他们作为雇佣工人置于自己支配之下。后来又使他们离开家乡，将他们联合在一个作坊里——这是第二步。很明显，在这个简单的过程中，商人既没有为织工和纺工预备原料，也没有为他们预备工具、生活资料。商人所做的一切，只是逐渐把他们限制在这样一种劳动形式之内，这种劳动形式使他们依赖于出售，依赖于**买者**，依赖于**商人**，最终他们就只是为他而生产，并**通过他**而生产。最初，商人只是通过购买他们的劳动产品来购买他们的劳动；一旦他们被限于生产这种交换价值，从而必须直接生产**交换价值**，必须以自己的全部劳动换取货币，以便有可能继续生存，这时他们便落入商人的支配之下，而且到头来，甚至连他们好象是把产品**出卖**给商人的那种假象也消失了。商人购买他们的劳动，并且先是剥夺他们对产品的所有权，很快又剥夺对劳动工具的所有权，或者是为了节省商人自己的

① 《马克思恩格斯全集》第23卷，人民出版社1972年版，第830页。

生产费用而把劳动工具留给他们作为**徒有其名的财产**。①

马克思发现和指出了历史发展过程中的一个客观规律，即：

无论哪一个社会形态，在它所能容纳的全部生产力发挥出来以前，是决不会灭亡的；而新的更高的生产关系，在它的物质存在条件在旧社会的胎胞里成熟以前，是决不会出现的。②

恩格斯也认为：

要处在较低的经济发展阶段的社会来解决只是处在高得多的发展阶段的社会才产生了的和才能产生的问题和冲突，这在历史上是不可能的。……每一种特定的经济形态都应当解决它自己的、从它本身产生的任务；如果要去解决另一种完全不同的经济形态所面临的问题，那是十分荒谬的。③

马克思还结合历史发展过程，说明了这个铁的规律的不可违背性。他说：

当使资产阶级生产方式必然消灭、从而也使资产阶级的政治统治必然颠覆的物质条件尚未在历史进程中、尚未在历史的“运动”中形成以前，即使无产阶级推翻了资产阶级的政治统治，它的胜利也只能是暂时的，只能是**资产阶级革命**本身的辅助因素（如1794年时就是这样）。所以，法国的恐怖统治所能起的作用，只是通过自己的猛烈锤击，象施法术一样把全部封建遗迹从法国地面上一扫而光。……因此，人民的流血牺牲只是给资产阶级扫清了道路。同样，如果资产阶级实行阶级统治的经济条件没有充分成熟，要推翻君主专制也只能是暂时的。人们为自己建造新世界……首先必须**创造**新社会的**物质条件**，任何强大的思想或意志力量都不能使他们摆脱这个命运。④

在理论的抽象上，新的资本生产方式是从包括原始社会、奴隶社会和封建社会在内的旧的生产方式中产生和发展出来的。但这只是理论的抽象。在现实中，即在真实的历史发展过程中，新的资本生产方式只能从封建社会生产方式中产生和发展出来。

① 《马克思恩格斯全集》第46卷上册，人民出版社1979年版，第514页。
② 《马克思恩格斯选集》第2卷，人民出版社2012年版，第3页。
③ 《马克思恩格斯全集》第22卷，人民出版社1965年版，第502页。
④ 《马克思恩格斯全集》第4卷，人民出版社1958年版，第331、332页。

正确的理论抽象是直观感性认识的升华，它能够抓住事物的本质。

在理论上把原始社会、奴隶社会和封建社会生产方式不同于资本生产方式的共同点抽象出来，是为了回答和解释这样一个问题，即：新的资本生产方式为什么能够使社会劳动的生产力得到最有力的和无限的发展，而在它之前的旧生产方式所能发展的生产力为什么是有限的，而且是原则上有限的？所以，不承认新的资本生产方式是从包括原始社会、奴隶社会和封建社会三种形式在内的旧的生产方式中产生和发展出来肯定是不对的，说明这种观点还没有达到在理论抽象的高度上抓住这三个社会形式共同具有的历史阶段性的本质。

尊重事实是进行抽象理论思维的前提，它能够保证理论上的抽象不会变成不理会历史事实的任性臆断。

在尊重历史事实这个理论赖以站立的坚实基础之上，承认资本生产方式是直接从封建生产方式中产生和发展起来的，是为了回答和解释这样一个问题，即：人的依赖性这个历史第一阶段的生产方式为什么一定要经历原始社会、奴隶社会和封建社会三种形式，而这个旧生产方式为什么一定是在封建社会这个形式中结束的？所以，不承认资本生产方式是直接从封建生产方式中产生和发展起来也肯定是不对的，说明这种观点还没有认识到，原始社会、奴隶社会和封建社会是第一个历史阶段中逐次提高的三个经济发展阶段，它们各自都有自己应当解决的而且是从它们本身中产生的任务。

一般来说，在抽象的思维中，新的生产方式是从旧的生产方式中产生出来的；具体来说，在具体的现实中，新的资本生产方式是直接从封建社会生产方式中产生出来的。无论是否定原始社会、奴隶社会和封建社会生产方式是资本生产方式之前的旧生产方式的三种形式，还是否定原始社会、奴隶社会和封建社会是旧生产方式中三个依次演变的三种生产方式，在思维方法上都有错误。

总而言之，马克思只是说，自由劳动者的数量日益增多和这种关系日益扩展，都会促使“公社的、家长制的、封建的生产方式”的解体，自由劳动者是真正雇佣劳动的“要素”，仅此而已。所以，虽然这三种生产方式中都可以产生出“自由劳动者”，而且这也是这三种生产方式正在解体的一种标志，但是“真正雇佣劳动的要素”并不等于真正的雇佣劳动，所以根本不能从这里推出马克思认为在原始社会、奴隶社会的解体中可以产生出资本主义社会的结论。自由劳动者作为真正雇佣劳动的“要素”，只是为真正雇佣劳动的产生提供了一个必需的前提条件而已，如果没有另外一个更为重要条件、更为根本的条件即“资本”与它一同出现在现实的社会中的话，这种自由劳动只能被用于生产直接的使用价值，或者是用于生产奢侈品，而不是价值（交换价值），根本就不可能从中产生出资本主义生产方式。

因为马克思通过自己对资本的研究，已经得出了如下的结论：在资本与劳动力的关系中，资本是处于主导的、决定的地位的方面，从逻辑顺序上说，是先有资产阶级，然后才有工人阶级的，工人阶级是由资产阶级制造出来的，是资本家为了生产“价值”而购买劳动力时所创造出来的一个前所未有的新的阶级。正是基于这个结论，他才说：

> 资本的实质并不在于积累起来的劳动是替活劳动充当进行新生产的手段。它的实质在于活劳动是替积累起来的劳动充当保存自己并增加其交换价值的手段。①

我们最不应该忽视的，是马克思在这段话中所指出的那个在假象掩盖下的问题的实质。那就是在说了“在**资产阶级前**的各种关系解体的时期，零散地出现一些自由劳动者，购买这些人的服务不是为了消费，而是为了**生产**”这句话后，就立即使用“但是”这个转折语所指出的问题的实质。——他说，历史上曾经出现的两种这样的情况都表明，这些被人购买并使用的自由劳动者的劳动力并未用来生产价值，而是用来“生产直接的使用价值”，因此这种购买是“伪装的购买”。——这个实质就是，这些零星出现的自由劳动者与资本生产方式毫无关系，尽管说，如果仅仅就其本身而言，他们是真正雇佣劳动的要素。

我们应该记得，马克思说过，他在《资本论》里的好几个地方都提到古代罗马的一些自由农民，在罗马历史发展的过程中，他们被剥夺了生产资料，成为了除自己的劳动力外一切都被剥夺的自由人。但是这些罗马的无产者并没有变成雇佣工人，却成为无所事事的游民，他们比过去美国南部各州的白种贫民更受人轻视，和他们同时发展起来的生产方式不是资本主义的，而是奴隶占有制的。因此，特别强调：极为相似的事情，但在不同的历史环境中出现就引起了完全不同的结果②。所以，如果仅仅根据马克思的那一句在公社的、家长制的、封建的生产方式中都能产生出自由劳动者的话，就认为，从原始社会和奴隶社会中也可以产生资本主义，是根本不对的，完全违背了马克思主义

① 《马克思恩格斯全集》第6卷，人民出版社1961年版，第488、489页。

② 《马克思恩格斯全集》第19卷，人民出版社1963年版，第129、131页。

原理。

在1857—1858年《经济学手稿》这本书的最后，马克思专门研究了真正的雇佣劳动是如何从封建社会中产生出来的这个问题，他的结论是：与封建社会相比较，在它之前的

> 古代人从来不曾超出道地的城市手工艺的范围，因此从来未能造成大工业。大工业的首要前提，是把全部农村纳入不是使用价值而是交换价值的生产。玻璃厂、造纸厂、炼铁厂等等，是不能以行会的方式经营的。它们要求大规模的生产、广大市场的销路、操在企业家手中的**货币财富**（这并不是说，企业家创造了条件，他既不创造主观条件，也不创造客观条件，但在以前的所有制关系和以前的生产关系之下，要把这些条件结合起来是不可能的）。①

我们学习马克思的理论思想，就应该充分地尊重马克思。在历史发展进程问题上，对马克思的尊重首先表现在，要注意到马克思对历史的那些具体分析主要是建立在对欧洲历史的考察基础之上的，所以只要马克思本人没有直接说明，我们就不能硬将这些具体分析简单地套用到其他国家和地区的历史中。其次，对马克思的尊重还表现在，要用马克思对待自己的理论的态度来对待他的理论。马克思明确表示，他完全没有建立什么理论体系的想法，也更没有去建立什么理论体系，自己的理论是“抛弃了**一切**体系，而代之以‘批判地了解实际社会运动的条件、进程和一般结果’”② 的理论。所以他对历史所发表的具体看法，不过是有意识地表达出来的他自己所注意观察了的真实的历史（主要是欧洲历史）。我们要了解马克思观察历史的立场、观点和方法，即他自己所说的正确理解历史的“钥匙”。用这把钥匙打开每一个历史之谜，理解他对历史的看法，如：为什么他一方面会说，从奴隶社会中不可能直接生长出资本主义社会，另一方面又说，俄国的农村公社有越过资本主义“卡夫丁峡谷”的可能，等等。

4. 马克思划分历史阶段理论的思维方法

马克思在解释自己研究政治经济学所使用的方法时说：从“关于整体的

---

① 《马克思恩格斯全集》第46卷上册，人民出版社1979年版，第515页。

② 《马克思恩格斯全集》第14卷，人民出版社1964年版，第476、477页。

一个混沌的表象”着手，“通过更切近的规定我就会在分析中达到越来越简单的概念；从表象中的具体达到越来越稀薄的抽象，直到我达到一些最简单的规定。于是行程又得从那里回过头来，直到我最后又回到”开始着手的整体，但是这回整体“已不是关于整体的一个混沌的表象，而是一个具有许多规定和关系的丰富的总体了”。“在第一条道路上，完整的表象蒸发为抽象的规定；在第二条道路上，抽象的规定在思维行程中导致具体的再现”。同时，他还强调指出，“从抽象上升到具体的方法，只是思维用来掌握具体、把它当做一个精神上的具体再现出来的方式。但决不是具体本身的产生过程。……实在主体仍然是在头脑之外保持着它的独立性”①。在马克思看来，第一条道路是能够产生出抽象理论的正确道路，第二条道路是运用理论研究现实问题的科学道路。

在考察如何划分历史阶段的时候，既往的历史，即由原始社会、奴隶社会、封建社会、现代资本主义社会构成的整体，就是一个混沌的历史表象。从这个混沌的历史表象出发，经过更切近的规定，马克思在分析中达到了越来越简单的概念，即从表象中的具体达到越来越稀薄的抽象，直到达到一些最简单的规定。于是行程又从那里回过头来，回到出发点，但是这时历史在马克思的思维中已不是一个混沌的关于整体的表象，而是一个具有许多规定和关系的丰富的整体，一个已经被他在思维中掌握住了的历史的具体。具体地说，从历史是由四种形式的社会构成的这个混沌的关于整体的历史表象出发，先通过社会有人的依赖关系和物的依赖关系之分这个更切近的规定，把原始社会、奴隶社会和封建社会分析、抽象成为人的依赖关系，把现代资本主义社会分析、抽象成为物的依赖关系，并把它们视为两种完全不同的社会。这一步是把表象的混沌具体，稀薄为了抽象概念。然后，再从抽象，进一步上升到了具有许多规定和关系的丰富整体。在这个丰富的整体中，原始社会、奴隶社会和封建社会作为在人的思维中再现出来的具体，已经是具有许多规定的综合，是一个多样性的统一。这种再现的具体，“思维用来掌握具体、把它当做一个精神上的具体再现出来的方式”②。作为许多规定的综合和多样性的统一，原始社会、奴隶社会和封建社会是人的依赖关系的三种形式，其中原始社会是最初的形式，奴隶社会是派生的形式，封建社会是再派生的形式，不再是混沌表象中相互对立和互不相干的三种社会。同样，现代资本主义社会也不再是混沌表象中的第四种社会形

---

① 《马克思恩格斯选集》第2卷，人民出版社2012年版，第700—701页。

② 《马克思和恩格斯选集》第2卷，人民出版社2012年版，第701页。

式，它单独构成了与由前三种社会形式构成的历史阶段相对立的另一个独立的历史阶段。

当然，从抽象上升到的这个具有许多规定和关系的丰富具体，只是思维用来掌握具体并把它当做一个精神上的具体再现出来时所得到的结果，它并不否认，原始社会、奴隶社会、封建社会、现代资本主义社会生产方式是历史上依次演进的四个时代这个事实。必须看到，精神上的具体不是现实中具体本身的产生过程，不能用它来否认现实中的具体及其产生过程。

5. 欧洲特有的社会现象在马克思理论中留下的痕迹

在表述自己的理论观点时，马克思使用了“在**资产阶级前**的各种关系”、“旧的生产方式，即公社的、家长制的、封建的生产方式”等这样非常有特色的说法。他的这些说法，除了直接表达了应该以是否存在资本生产方式为划分历史阶段的坐标的观点，以及历史的第一和第二阶段之间的对立实际上是人的依赖关系和物的依赖关系的对立这个理论思想之外，作为一种具有鲜明特色的说法，同时也是当时欧洲社会生活中的一个特点鲜明的社会存在现象的反映。——在当时的欧洲，社会的发展程度虽然已经全面进入到了资本主义社会的时代，但是在社会生活的一些个别的点上，却仍然保存着一些资产阶级前的各种关系，旧的生产方式，即公社的、家长制的、封建的生产方式依然在这些个别的点上发挥着作用。

马克思是这样描述欧洲社会中的这种现象的。他说：

> 在日耳曼部落占领意大利、西班牙、高卢等地时，古代类型的公社已经不存在了。但是，它的**天赋的生命力**却为两个事实所证实。有个别的公社经历了中世纪的一切波折，一直保存到今天，例如，在我的家乡特利尔专区就有。然而最重要的是，这种公社的各种特征非常清晰地表现在取代它的公社里面，在后一种公社里，耕地变成了私有财产，然而森林、牧场、荒地等仍为公社所有，所以毛勒在研究了这种次生形态的公社后，就能还原成它的古代原型结构。日耳曼人在所有被征服的国家建立的新公社，由于继承了古代原型的特征，在整个中世纪时期，成了自由和人民生活的唯一中心。①

---

① 《马克思恩格斯全集》第19卷，人民出版社1963年版，第433页。

要考察共同的劳动即直接的社会劳动，我们没有必要回溯到一切文明民族的历史初期都有过的这种劳动的原始的自然形式。这里有个最近的例子，就是农民家庭为了自身的需要而生产牲畜、粮食、麻布、亚麻、衣服等等的那种农村家长制生产。对于这个家庭来说，这种种不同的物都是它的劳动的不同产品，而不是互相交换的商品。①

恩格斯也提到过欧洲社会中的这种社会现象。他说：在古希腊奴隶社会中，奴隶制民主共和国是“直接从氏族社会中产生”②。在之后的古罗马，人们也“像英雄时代的希腊人一样……也生活在一种以氏族、胞族和部落为基础，并从它们当中发展起来的军事民主制之下”③。中世纪（即封建时代）的日耳曼人，给垂死的欧洲注入了新的生命力，但是，“凡德意志人给罗马世界注入的一切有生命力的和带来生命的东西，都是野蛮时代的东西。的确，只有野蛮人才能使一个在垂死的文明中挣扎的世界年轻起来。而德意志人在民族大迁徙之前已经达到并努力开拓的野蛮时代高级阶段，对于这一过程恰好最为适宜”④。一直到中世纪结束之后的现代资本主义时期，这种“氏族制度不知不觉地变成了地区制度”“和国家相适应”的社会现象仍然存在。它“保存了它那种自然形成而为整个氏族制度所特有的民主性质；甚至在它后来被迫蜕变的时候，也还留下了氏族制度的片段，从而在被压迫者手中留下了一种武器直到现代还有其生命力”⑤。

在做理论表述时，马克思使用了“在资产阶级前的各种关系”、“旧的生产方式，即公社的、家长制的、封建的生产方式”等等这样的说法，其实就是这种现实的社会存在在他的意识中的反映。但是，欧洲社会中的这种特殊现象，绝不意味着欧洲没有经历从原始社会到奴隶社会再到封建社会的依次演进过程。马克思的这种说法，也绝不意味着马克思认为原始社会、奴隶社会和封建社会同时并存于欧洲的土地上。欧洲社会是从封建的中世纪进入现代资本主义社会的，这是一个不争的事实，是现实具体本身的真实的产生过程。

---

① 《马克思恩格斯全集》第49卷，人民出版社1982年版，第193页。
② 《马克思恩格斯选集》第4卷，人民出版社2012年版，第134页。
③ 《马克思恩格斯选集》第4卷，人民出版社2012年版，第143页。
④ 《马克思恩格斯选集》第4卷，人民出版社2012年版，第174页。
⑤ 《马克思恩格斯选集》第4卷，人民出版社2012年版，第168页。

6. 一个需要说清楚的理论问题

我们的面前还有一个应该弄清楚的理论问题。

有一种观点认为，马克思曾在《经济学手稿》中说："公社的现实存在，又由个人对劳动的客观条件的所有制的一定形式来决定"，就是以"财产的各种原始形式"① 为依据（即以所有制为标准），将第一个历史阶段划分为几个不同社会经济形态。他的这个观点，与斯大林以公有制作为社会主义基本的特征和本质的属性的观点，在理论上是一致的。

我们首先来阅读一下马克思的这段话：

> 把土地当作财产，这种关系总是要以处在或多或少自然形成的，或历史地发展了的形式中的部落或公社占领土地（和平地或暴力地）为媒介的。在这里，个人决不能象单纯的自由工人那样表现为单个点。如果说，个人劳动的客观条件是作为属于他所有的东西而成为前提，那么，在主观方面个人本身作为某一公社的成员就成为前提，他以公社为媒介才发生对土地的关系。他对劳动的客观条件的关系，要以他作为公社成员的身份为媒介；另一方面，公社的现实存在，又由个人对劳动的客观条件的所有制的一定形式来决定。……公社或部落成员对部落土地（即对于部落所定居的土地）的关系的这种种不同的形式，部分地取决于部落的天然性质，部分地取决于部落在怎样的经济条件下实际上以所有者的资格对待土地，就是说，用劳动来获取土地的果实；而这一点本身又取决于气候，土壤的物理性质，受物理条件决定的土壤开发方式，同敌对部落或四邻部落的关系，以及引起迁移、引起历史事件等等的变动。②

在这段话里面，马克思并没有说可以以所有制为标准，把第一个历史阶段分为几个阶段，而是说，"公社的现实存在，又由个人对劳动的客观条件的所有制的一定形式来决定"，即所有制的形式决定了公社的具体形式。例如，以家庭为单位分散地占有使用公社的土地，还是全体公社成员集中地占有使用公社的土地，就决定了公社本身较为松散形式和较为紧密的形式。但是，不管是较为松散的形式，还是较为紧密的形式，公社的性质是一样的。总之，所有制决定

① 《马克思恩格斯全集》第46卷上册，人民出版社1979年版，第502页。

② 《马克思恩格斯全集》第46卷上册，人民出版社1979年版，第483、484页。

的是同一历史阶段上的公社的具体形式，而不是不同历史阶段的。所有制的这个定位，是由它本身的性质决定的。

所有制之所以不能成为这样的标准，是因为：所有制是以个人客观的存在方式为前提而产生的财产关系，在现实的社会生活中，它是被宣布为法律的现实存在的个人权利。可是，虽然现实的个人权利（即个人客观的存在方式）的是由法律来保证的，但绝不是用法律制造出来的，也绝对不能用法律来制造。对原始社会的财产关系马克思是这样说的：

> 既然财产仅仅是有意识地把生产条件看作是**自己所有**这样一种关系（对于单个的人来说，这种关系是由共同体造成、在共同体中被宣布为法律并由共同体保证的），也就是说，既然生产者的存在表现为一种在**属于他所有的**客观条件中的存在，那么，财产就只是通过生产本身而实现的。实际的占有，从一开始就不是发生在对这些条件的想象的关系中，而是发生在对这些条件的能动的、现实的关系中，也就是实际上把这些条件变为自己的主体活动的条件。①

法律只不过是被宣布为法律的客观现实存在的权利。这是一个早就被马克思确立起来的观点。

他在 1842 年的《论离婚法草案》中就说过这样的一段精彩的话：

> 立法者应该把自己看作一个自然科学家。他不是在**制造**法律，不是在发明法律，而仅仅是在表述法律，他用有意识的实在法把精神关系的内在规律表现出来。如果一个立法者用自己的臆想来代替事情的本质，那么人们就应该责备他极端任性。②

1845 年，他又在与恩格斯合写的《德意志意识形态》中继续发展完善了这个观点。他们旗帜鲜明地批判了施蒂纳将“法”与“法律”混为一谈的理论错误说：

> 我们应该在这里向读者揭露我们这位圣者的一个巨大秘密：他关于法的全部论述是从对法的一般解释开始的，可是当他在讲到法的时候，法却从他那里“溜跑了”，而只有当他谈到完全另一件事，即谈到法律的时候，他才重新把法抓回来。③

---

① 《马克思恩格斯全集》第 46 卷上册，人民出版社 1979 年版，第 493 页。

② 《马克思恩格斯全集》第 1 卷，人民出版社 1956 年版，第 183 页。

③ 《马克思恩格斯全集》第 3 卷，人民出版社 1960 年版，第 376 页。

他们说，这位圣者这样做的目的就是想让人们相信，“社会内统治者的意志=法”，即宣扬法就是统治阶级的意志这样的谬论。他们指出：“在现实的历史中，那些认为**权力**是法的基础的理论家和那些认为**意志**是法的基础的理论家是直接对立的”，前者是唯物主义观点，后者是唯心主义观点。

> 如果……承认权力是法的基础，那末法、法律等等只不过是**其他**关系（它们是国家权力的基础）的一种征兆，一种表现。那些决不依个人“意志”为转移的个人的物质生活，即他们的相互制约的生产方式和交往形式，是国家的现实基础，而且在一切还必需有分工和私有制的阶段上，都是完全不依个人的**意志**为转移的。这些现实的关系决不是国家政权创造出来的，相反地，它们本身就是创造国家政权的力量。在这种关系中占统治地位的个人除了必须以**国家**的形式组织自己的力量外，他们还必须给予他们自己的由这些特定关系所决定的意志以**国家**意志即法律的一般表现形式。……这些个人通过法律形式来实现自己的意志，同时使其不受他们之中任何一个单个人的任性所左右，这一点之不取决于他们的意志，如同他们的体重不取决于他们的唯心主义的意志或任性一样。他们的个人统治必须同时是一个一般的统治。他们个人的权力的基础就是他们的生活条件，这些条件是作为对许多个人共同的条件而发展起来的，为了维护这些条件，他们作为统治者，与其他的个人相对立，而同时却主张这些条件对所有的人都有效。①

这样，马克思和恩格斯就给出了一个十分明确的公式——“权力→法→法律”。作为一个公式，其内在的本质就是这样的一个客观的规律：权力决定法，法决定法律。所谓“权力”，就是个人客观的存在方式，即人们的相互制约的生产方式和交往形式所决定的关系。所谓“法”（马克思他们也把它称之为“法权”），就是被个人意识到了、并以个人意志的形式出现的个人权力，因此有时也被他们称之为“意志”。所谓“法律”，就是以国家意志或者说统治阶级的意志的形式出现的个人权力。而在形式上，它们各自直观地表现出来的得以存在的特殊依据是：“权力”是不以人的意志为转移的客观存在，“法”是反映客观存在的个人的意识和意志，“法律”是国家或者统治阶级制定出来的规范。这个公式是他们唯物史观的体现，他们使用这个公式来说明有关的问题。

比如，马克思和恩格斯指出，工人阶级作为被统治阶级，当工人们开展反

---

① 《马克思恩格斯全集》第3卷，人民出版社1960年版，第377、378页。

对资产阶级的斗争时，

> 法律和国家是否存在，这也不是他们的意志所能决定的。例如，只要生产力还没有发展到足以使竞争成为多余的东西，因而还这样或那样地不断产生竞争，那末，尽管被统治阶级有消灭竞争、消灭国家和法律的“意志”，然而它们所想的毕竟是一种不可能的事。此外，当关系还没有发展到能够实现这个意志以前，这个“意志”的产生也只是存在于思想家的想象之中。①

在“只要生产力还没有发展到足以使竞争成为多余的东西”一句中的“生产力”，和“当关系还没有发展到能够实现这个意志以前”一句中的“关系”，都是“权力”在不同角度上的不同说法，这段话的意思是说，如果在“权力”还没有变化之前，“意志”就想改变“法律”的话，那么“意志”所想的就是一件不可能的事，而且这种“意志”只能出现在思想家的想象中，而不会出现在现存的权利就是其现实的生存方式的普通人的头脑中，也就是说，这个所谓的“意志”并不是客观真实地存在于历史中的“意志”（即“法”）。

再比如，马克思在分析两个商品所有者的关系时说：

> 每一方只有通过双方共同一致的意志行为，才能让渡自己的商品，占有别人的商品。可见，他们必须彼此承认对方是私有者。这种具有契约形式的（不管这种契约是不是用法律固定下来的）法权关系，是一种反映着经济关系的意志关系。这种法权关系或意志关系的内容是由这种经济关系本身决定的。在这里，人们彼此只是作为商品的代表即商品所有者而存在。在研究进程中我们会看到，人们扮演的经济角色不过是经济关系的人格化，人们是作为这种关系的承担者而彼此对立着的。②

“商品所有者”就是个人的生存状态即“权力”（经济关系）；“私有者”就是人们意识到了自己生存状态后所产生出来的“意志”即“法”或“法权”（法权关系或意志关系）；而“法律”则是人们制定出来用以固定“法权”的强制性规范。

而在斯大林的理论中，“权力→法→法律”这个公式却被颠倒过来，变成了“法律→法→权力”这样一个公式。他是这样说的：

---

① 《马克思恩格斯全集》第3卷，人民出版社1960年版，第378页。

② 《马克思恩格斯全集》第23卷，人民出版社1972年版，第102、103页。

在社会主义制度下……生产资料的公有制是生产关系的基础。这里已没有什么剥削者，也没有什么被剥削者。生产出来的物品是根据“不劳动者不得食”的原则来按劳动分配的。这里生产过程中人们相互关系的特征，乃是不受剥削的工作者间的同志合作和社会主义互助。这里生产关系与生产力状况完全相适合，因为生产过程的公共性质是由生产资料的公有制巩固的。①

他的第一句话是：“在社会主义制度下……生产资料的公有制是生产关系的基础”。这就是说，社会主义制度（即生产资料公有制）是前提，是决定着生产关系的基础性质的东西。众所周知，国家制度是由国家的统治阶级通过其所制定的宪法规定的，因此，社会主义制度属于“法律”，而生产资料的公有制是具体化的社会主义制度。至于生产关系，则属于“权力”，被意识到了并转变成“意志”的权力是“法”即“法权”。所以，说生产资料的公有制是生产关系的基础，就是说法律决定法。所以在第一句话中，斯大林就明确地表达出了法律决定法（法权）即“法律→法”观点。

最后一句话是：“这里生产关系与生产力状况完全相适合，因为生产过程的公共性质是由生产资料的公有制巩固的”。首先，所谓生产过程的公共性质，应该被正确地理解为社会化的大生产。这种社会化的生产力，决不是由生产资料公有制生产出来的，也不是由生产资料公有制来巩固的。生产过程的公共性质是由生产力即人本身的发展水平决定的，它只能在生产力的不断发展进步中得到巩固。这其中的道理，与恩格斯所说的公有制形式并不能让原始社会从其本身中产生出社会主义社会，是一样的。社会化的生产力是社会主义的本质特征，是社会主义生产关系的基础，也是生产资料公有制存在的理由。如果反过来说“生产过程的公共性质是由生产资料的公有制巩固的”，就等于说，法律决定法，法决定权力，即“法律→法→权力”。

而且，使用“这里生产关系与生产力状况完全相适合，因为生产过程的公共性质是由生产资料的公有制巩固的”这样的表述，就等同于说，生产力与生产关系是否相适合取决于生产关系而不是取决于生产力，即个人的生存方式不是人本身不断地将它再生产出来，而是由生产关系不断地把它再生产出来（所谓“巩固”，就是不断地把它再生产出来）。

还有，斯大林所说的“生产过程的公共性质”，实际上可能并不是指社会化

① 《苏联共产党（布）历史简明教程》，人民出版社1954年版（第8版），第165页。

的生产力，而是指“没有剥削”和“按劳分配”等。如果是这样的话，那“生产过程的公共性质是由生产资料的公有制巩固的”这句话就等于是说，公有制是由公有制巩固的，根本就是一句没有意义的空话。

再有，“公有制”是财产关系，而财产关系是生产关系的法律用语。因而说“生产资料的公有制是生产关系的基础”，其实就是在说“生产关系是生产关系的基础”。在把生产过程的公共性质理解为“没有剥削”和“按劳分配”的情况下说“生产过程的公共性质是由生产资料的公有制巩固的”，也就等于说“生产关系是由生产关系巩固的”，都不过是不断重复的同义语的反复而已。斯大林在一大段话，说来说去，其实只说了生产关系这一个东西。这只能说明，在斯大林的视野里，“生产关系”覆盖了一切。

我们只能把“生产过程的公共性质”理解成为“社会化大生产”，而被社会化大生产召唤到世界上来的生产方式，就是资本的方式（即市场经济的生产方式），与之相适应的生产关系，就是资本的生产关系。所以，科学而诚实的说法应该是：在人类的历史进入自由王国之前，生产过程的公共性质是在与之相适应的资本的生产关系中、在市场经济的制度中，不断巩固和发展的。公有（即相对于个人所有而言的国家或集体所有）是否能够成为巩固生产过程的公共性质的东西，完全取决于生产力的发展水平是否提出了实行公有的要求。恩格斯说：

> 只有在生产资料或交通手段**真正**发展到不适于由股份公司来管理，因而国有化**在经济上**已成为不可避免的情况下，国有化——即使是由目前的国家实行的——才意味着经济上的进步，才意味着达到了一个新的为社会本身占有一切生产力做准备的阶段。①

公有制本身，既不应该，也不能自以为是地和一厢情愿地去“巩固”什么生产过程的公共性质。

在生产力的公共性质问题上，我们必须看到，在人类历史还没有进入自由王国之前，即在人类的史前时期（我们现在就处在这个时期），这种所谓的“公共性质”，在资产阶级占统治地位的国家，只是在事实上具有了公共性质，即马克思所说的那种造就出资本主义大私有制并成为其基础的“社会生产”。在工人阶级占统治地位的国家，生产力也并没有改变它的这种只是在事实上具有了公共性质的状态，它与前者的不同之处也仅仅在于，这种事实上的公共性质在法

---

① 《马克思恩格斯选集》第3卷，人民出版社2012年版，第665页。

律制度上得到了承认，仅此而已。也就是说，这种公共性质只是表明，生产力在其本身的发展方面，确切地说，是在实现由社会本身占有一切生产力方面，已经达到了一个新的准备阶段。只要生产力还没有发展到足以使自己具有真正的公共性质，因而还这样或那样地不断地使劳动变成谋生的手段，那么，尽管工人阶级有消灭竞争、消灭国家和法律的意志，然而他们所想的毕竟是一种不可能的事。当生产力和生产方式，以及相应的生产关系还没有发展到能够实现这个意志以前，这个意志的产生也只是存在于思想家的想象之中。

主要参考文献

1. 陈潮光主编：《马克思主义理论与实践》，人民出版社 2009 年版。

2. 戴劲：《马克思的感性存在论研究》，人民出版社 2011 年版。

3. ［德］路德维希·费尔巴哈：《费尔巴哈哲学著作选集》，荣震华译，商务印书馆 1984 年版。

4. ［俄］A·A·玛丘金、Д·A·丘加耶夫：《苏联恢复国民经济的过渡时期（一九二一——一九二五）》，王勋、张伯刚、蒋煌译，时代出版社 1954 年版。

5. ［俄］B. M. 梅茹耶夫：《我理解的马克思》，人民出版社 2013 年版。

6. 方松华、陈祥勤、姜佑福：《中国马克思主义学术史纲》，学林出版社 2011 年版。

7. 顾海良主编：《斯大林社会主义思想研究》，中国人民大学出版社 2008 年版。

8. 韩立新主编、姜海波副主编：《新版〈德意志意识形态〉研究》，中国人民大学出版社 2008 年版。

9. 高放主编：《科学社会主义的理论与实践》，中国人民大学出版社 1990 年版。

10. 康健：《辉煌的幻灭——人民公社警示录》，中国社会出版社 1998 年版。

11. 李凤鸣主编：《社会主义本质研究》，黑龙江人民出版社 2003 年版。

12. 李昆明主编，徐军、许恒兵副主编：《马克思主义基本原理研究报告（2006－2009）》，人民出版社 2011 年版。

13. 联共（布）中央特设委员会编：《苏联共产党（布）历史简明教程》，人民出版社根据莫斯科外国文书籍出版局 1953 年中文版排印，1954 年第 8 版。

14. 李鹏程：《马克思早期思想探源》，人民出版社 2008 年版。

15. 刘新刚：《马克思现代社会发展理论的价值维度》，中央编译出版社 2010 年版。

16. 林猹主编：《后改革中国——交锋后的交锋》，红旗出版社 1998 年版。

17. 吕希晨、何敬文主编：《中国现代唯物史观史》，天津人民出版社 2003 年版。

18. 马立诚：《大突破》，中华工商联合出版社 2006 年版。

19. 马立诚、凌志军：《交锋——当代中国三次思想解放实录》，今日中国出版社 1998 年版。

20. 庞元正主编：《中共中央党校哲学学科年鉴》，中共中央党校出版社 2008 年版。

21. 曲庆彪：《超越乌托邦——毛泽东的社会主义观》，北京出版社 1996 年版。

22. 宋定国：《人的本质的揭示和唯物史观的创立》，广西人民出版社 1985 年版。

23. 苏联科学院经济研究所编：《政治经济学教科书》，中共中央马克思恩格斯列宁斯大林著作编译局译，人民出版社 1955 年版。

24. 石仲泉：《毛泽东的艰辛开拓》，中国党史资料出版社 1990 年版。

25. 孙新彭：《时代性质判断与社会主义实践选择》，人民出版社 2010 年版。

26. 王贵贤、田毅松编著：《〈1844 年经济学哲学手稿〉导读》，中国民主法治出版社 2011 年版。

27. 王铭铭：《人类学是什么》，北京大学出版社 2002 年版。

28. 王伟光总主编，潘维、廉思主编：《中国社会价值观变迁 30 年（1978－2008）》，中国社会科学出版社 2008 年版。

29. 魏小萍：《探求马克思——〈德意志意识形态〉原文文本的解读与分析》，人民出版出 2010 年版。

30. 吴江：《社会主义资本主义沟通论》，中国社会科学出版社 2003 年版。

31. 吴振坤主编：《社会主义市场经济理论基本难题研究》，中共中央党校出版社 1996 年版。

32. 肖前、李秀林、汪永祥主编：《历史唯物主义原理》，人民出版社 1983 出版。

33. 徐浩特、冼开林：《中国化的马克思主义人权理论研究》，长春出版社 2004 年版。

34. 许庆朴等：《马克思恩格斯学说与中国现实》，人民出版社 2007 年版。

35. 许鲁洲、苗启明：《马克思实践人类学哲学探索——对广义人类学哲学的实践特性研究》，云南人民出版社 2012 年版。

36. 徐恕：《社会主义发展阶段理论与实践》，中国人民大学出版社 2002 年版。

37. ［英］肖恩·塞耶斯：《马克思主义与人性》，冯颜利译，东方出版社 2008 年版。

38. 于光远著述：《“新民主主义社会论”的历史命运——读书笔记》，韩刚诠注，长江文艺出版社 2005 年版。

39. 俞吾金主编，陈学明、吴晓明副主编：《国外马克思主义研究论丛（第 1 辑）》，人民出版社 2009 年版。

40. 俞吾金：《被遮蔽的马克思》，人民出版社 2012 年版。

41. 虞云耀、杨春贵主编：《中共中央党校讲稿选——关于当代世界重大问题》，中共中央党校出版社 2002 年版。

42. 袁贵仁：《马克思的人学思想》，北京师范大学出版社 1996 年版。

43. 臧峰宇：《马克思政治哲学引论——以人学为视角的当代解读》，中央编译出版社 2009 年版。

44. 翟昌民：《回首建国初——从新民主主义向社会主义过渡的回顾与思考》，中共中央党校出版社 2005 年版。

45. 张康之：《总体性与乌托邦：人本主义马克思主义的主体范畴》，吉林出版集团有限责任公司 2007 年版。

46. 赵甲明、吴倬、刘敬东、王峰明：《马克思主义基本原理专题研究》，社会科学文献出版社 2009 年版。

47. 赵曜、王伟光、鲁从民、蔡长水主编：《马克思列宁主义基本问题》，中共中央党校出版社 2001 年版。

48. 中共中央党校马克思主义理论教研部、中国马克思主义研究基金会编：《马克思主义关于人的学说》，人民出版社 2011 年版。

49. 中共央党校哲学教研部编著：《当代哲学前沿问题探索》，中共中央党校出版社 1996 年版。

50. 中共中央文献研究室编，逄先知、金冲及主编：《毛泽东传（1949 - 1976）》，中央文献出版社 2005 年版。

51. 中国人民大学科学社会主义系科学社会主义教研室编：《科学社会主义原理》，中国人民大学出版社 1983 年版。

52. 中国社会科学院哲学研究所《国内哲学动态》编辑部：《人性、人道主义问题讨论集》，人民出版社 1983 年版。

53. 中国社会科学院哲学研究所《哲学译丛》编辑部编译：《关于马克思主

义人道主义问题的争论（译文集）》，生活·读书·新知三联书店1981年版。

54. 中山大学哲学系主编、中国人民大学马列主义发展史研究所副主编：《马克思主义哲学史稿》，人民出版社1981年版。

55. 周国平等：《关于人的学说的哲学探讨》，人民出版社1982年版。

56. 周一良、吴于廑主编：《世界通史》，人民出版社出版。

57. 朱炳元、朱晓：《马克思劳动价值论及其现代形态》，中央编译出版社2007年版。

后 记

在本书出版之际，应该感谢在本书的写作过程中一直鼓励和提供帮助的领导、同事和朋友们。

感谢崔万恒老师，他以马克思主义理论方面的渊博知识和开阔的眼界，一直以来在本书的写作过程中给予了作者很多指导和帮助。

感谢赵顺仁老师、刘宏老师、王婵娟老师、孙玉华老师、梁小楠老师、任雪梅老师在俄语方面给予的帮助。

为了弄清楚有关的俄语方面的问题，作者第一个请教的是刘宏老师，与她的讨论让作者基本确信列宁和斯大林所说的俄国社会主义革命时所没有的现成的关系不是同一个东西。我们讨论的次数最多，她始终非常热情，并联系和安排了与俄国专家的讨论。作者与赵顺仁老师的讨论次数也很多，他渊博精准的俄语知识让作者注意到了问题的关键，大大增强了作者坚持研究探索的信心。

特别要对俄罗斯专家亚历山大·博奇卡廖夫夫妇表示作者深深的谢意，是博奇卡廖夫先生的详细解释让作者终于找到了问题的答案。

感谢丛明才老师和王歌老师在德语方面给予的帮助。

感谢柳玉刚老师在法语方面给予的帮助。

感谢邹瑞凯老师在英语方面给予的帮助。

感谢老领导李柱同志，她是从抗日战争的烽火中走过来的老革命，是作者的前辈，她一直关心和鼓励着本书的写作。感谢孙吉田同志和林丛钢同志在本书写作过程中给予的鼓励。

对所有没有在此一一提及的、在本书的写作过程中提供了支持和帮助的朋友们，表示歉意和感谢。

后记